U0938656

清代通史

五

萧一山 著

商务印书馆
创于1897
The Commercial Press
2019年·北京

第五册目录

下卷

第一篇　太平天国之始末

下　卷

第一篇　太平天国之始末

第一章　太平天国革命之背景

一　民族革命之先驱

（一）革命之由来与会党

自清人入主，明室灭亡，故国遗民，抱蛮夷猾华之痛，慨然思有以光复之，因假秘密结社，以"反清复明"为职志，所谓天地会、三合会，即以是为宗旨相结合者也。此种革命集团，初起于闽台，流传于浙粤，浸及长江以南，二百年来，借此发难者，盖不乏人。或则蓄养未厚，卒鲜成功。如上卷所述张念一、朱一贵、张玉、林爽文之事，皆其显著之例。及乾、嘉之际，白莲教以"官逼民反"为词，假宗教迷信之力，以号召群众，作反抗政府之运动，骚动五省。清廷竭海内之力，犹十年而后定。而其支流余裔，蔓延各地者，又有红阳、青莲、八卦、无为诸名目，后卒酿拳变之祸。至于抱革命目的之天地会，则以组织散漫，一时不能大有所为，但江湖豪侠尽力传播之，故老遗臣复从而恢扬之，其影响乃深中于人心。流风未沫，潜势日增，内延川鄂，外达南洋，随处皆有洪门袍哥之结合，以从事于排满之工作。当沿海寇乱，宁陕兵变之后，江西人胡秉耀（《东华录》作秉辉，误）、钟体刚，遂拥朱毛里为后明王，年号晏朝，在奉新、进贤、崇义一带起兵，以积善禅林为根据地，遍发书札，招纳贤俊。江西巡抚阮元于编查保甲时发觉之，派兵会攻，秉耀、体刚仓卒抵御，不敌，均被擒获，以大逆罪凌迟处死。同党程麟祥、曾化龙等七十余人皆被杀，毛里逃亡。秉耀临刑，告刽子手云："余意一刀举起，则人头落地，岂烦尔等数十刀乎？"越日，阮元得秉耀在狱中所贻之诗四首云：

能解《春秋》有几人？漫将刘备作黄巾。读书怕见《东林传》，为有儒生入《贰臣》！

南渡词臣说彦章，笔锋能抑亦能扬。为怜未解金人祸，草制徒工杀李纲！

几多豪杰辅元胡，富贵人生不可无。论古且看明代史，因何文庙贬姚枢？

读书万卷桑维翰，五代雄才有几人？惟向胡儿轻屈节，何如邯邑铁将军！

此诗于民族思想，忠义气节，跃然纸上，对阮元等之讽刺，亦可谓淋漓尽致。诚如吕晚村所云："此曹岂云不读书，真是未明大义耳。"而阮元读后，仅曰："此人尚懂得文字。"不知其于"惟向胡儿轻屈节"之句，能无惭于衷乎？元以是功加太子少保，赐花翎。时嘉庆十九年十月也。其后三十余年，戴理钊复起于长宁、崇义、南安、赣州，巡抚吴文镕讨平之。邵阳魏源著《圣武记》云：

楚粤边郡，奸民为天地会缔党插约，横行乡曲，小剽掠，大擅杀，各有名号。兵役皆其耳目羽翼，一呼百诺，吏不敢问。而郴、桂、两粤奸民已所在蠢动。党与漫三省，逋逃薮聚，论者谓边防隐患，在苗瑶之右。

魏氏所谓"边防隐患"、"在苗瑶之右"者，盖瞩于天地会之势力已遍布于湘、粤一带矣。自是两广、两湖隐然为民族革命策源地，迄于辛亥，终成推翻满清之功，是皆植基于斯时者也。

（二）天地会党人之起事

先是，嘉庆间以教匪滋扰北方，侵及宫廷，事后侦缉余党，颇为人民之扰累。二十二年，因暴风自东南来，尘霾四塞，其象甚异，诏求直言。给事中卢浙疏言：风沙示警，请禁员弁贪功妄捕，扰累平民。得旨："所奏甚是。林清案内逸犯饬缉,承缉员弁,辄以他犯塞责。番役兵丁,乘机肆虐,诬陷索掳,无所不至,比到官审明,业已皮骨仅存,赀产荡尽,甚有因而殒命者,冤苦莫诉;宜致斯灾。所有次要五十余犯,概令停缉,即祝现等六犯,亦只交刑部存记,获日办理。嗣后捕役有犯前情,该管官严刑重惩,以其家产付诸被诬家,庶可儆恶习而安良懦。”清帝虽以宽大处逸匪,而民心之不安也如故。道光二年七月,河南新蔡县有教徒朱麻子作乱。命巡抚程祖洛捕诛之。十二月,虞城县卢照常等作乱,亦扑灭之。十五年山西赵城县曹顺作乱,知县杨延亮死之,遂围霍州,命鄂顺安剿办,不久即平。顾此皆教乱之余波,初无与于天地会之民族革命也。及十三年台湾嘉义人张丙、陈辨起兵,十六年,湖南新宁人蓝正樽起兵,十七年山东潍县马刚、台湾嘉义沈知又起兵,似皆为会党举义之先声。然台鲁之变旋平,而影响最大者厥惟蓝正樽。正樽习教传徒,聚众数千,攻武冈州城,诏责湖广总督讷尔经额严缉正樽,久不获,革职留任。是时会党势力已蔓延永州、桂阳一带。十七年,诏降讷尔经额为巡抚,调林则徐为湖广总督。限一年捕正樽。有讹传已被乡勇殴毙者,讷尔经额率据入奏。清廷以所奏不实,交林则徐核审。则徐疏言:“乡勇殴毙三贼,有正樽在内,以衣物为证。”诏斥衣物出于事后呈验,不足信,褫讷尔经额职,予三等侍卫。则徐以随同附和,迁就了事,降五级留任。而正樽逸去,终未获。此后十余年,湖南一带,叠起义兵,均以楚粤边境为逋逃薮,则天地会之滋蔓可知矣。于是贵州仁怀县之谢法真、湖北崇阳县之钟人杰亦遥为响应,连克郡县,被伊里布裕泰所扑灭。此道光十八年洎二十一年事也。不二年,而湖南武冈之曾如炷、耒阳之杨大鹏(《金壶七墨》云:“诸生钟人杰富而好善,百姓感之,遂奉人杰为首,抗粮不完,聚众至二万人。兵械火器甚盛。大吏得报,解散党羽,调兵纵谍,擒首乱数人。事甫定而有耒阳之变。耒阳人杨大鹏者,小有才,亦以漕价太重,集众数千人作乱。知府高人鉴及其部署未定,平之。大鹏亦诸生,家小康,非有司激变,岂至是哉?”)复起,杀武冈知州徐光弼,巡抚吴其濬、陆费泉讨平之。至二十七年后,雷再浩与李沅发先后又起于新宁,黄三起于道州,吴吮起于嘉义,攻城戕官,以绍蓝正樽之余绪,自此楚粤群盗如毛,始为太平天国之前驱焉。沅发被焚死,其弟沅宝继之,事亘一年始平,而会党多逃往广西。于是两粤风起云涌,大小不下数十股,其较著者,如大头羊(张钊)、大鲤鱼(田芳)、罗大纲(均在大黄江口,《贼情汇纂》谓罗为揭阳海盗),颜品瑶、颜品喜、苏凝三(高、廉一带),李士青(钦州),张家福、钟亚春(庆远),陈亚葵、陈东懇、山猪箭(柳州),刘官方、梁亚九(武宣),区振组(象州),谢江殿(浔州),张嘉祥(高要人,在贵县为魁,拥众万人,以劫富济贫为号召,有"扶弱锄强张嘉祥"之谣。按察使劳崇光招抚之,改名国樑。后随向荣追击太平军,代向荣为江南大营总统,舞台《铁公鸡》一剧,即演其事也)、凌十八等,大半皆与天地会有深切之关系。惟会党以组织平等故,彼此不相统属,各建名号,散漫无力。因是湖南党人有焦亮者,始假托明裔,自称"天德皇帝",开山堂曰"老万山"于广东,欲借以统率会党,联合反清,或可于事有济。此即轰传一时之人物,为后来历史疑案之洪大全也。

(三) 天德皇帝之事略

大全原名焦亮,湖南衡山县人(《贼情汇纂》谓衡州府清泉县人,《发逆初记》谓新宁县人),身干颀伟,天资聪颖,九岁能背诵十三经,粗通诗词。读书一目数行,好论兵法,以诸葛自居,故取名曰亮,初应童子试,屡次被抑,为商为吏,皆若不屑。遂披剃,复还俗。每被酒肆言,多诋时事及官吏,尝谓承平日久,文恬武嬉,法令不行,百事废堕。且财用匮乏,惟复人丁税一条可以救时。诸臣顾惜身名,不肯冒不韪以图补救,逮至势不可支,苛令必百倍于此。况疆宇辽阔,处处为守,处处皆不足守,若有豪杰揭竿而起,一溃将不可收拾。耆老闻其言,以为狂悖,公首拘讯,以无左证得释。自此遂亡命江湖。游广东,与天地会首领张天佐(改名赤松子)、李丹相结,立老万山堂,大全假托朱姓,为崇祯帝之十一代孙,以天佐为香主,称徐先生。时叶名琛为巡抚,对天地会党人取"格杀无论"之策,所谓"红巾贼"(天地会起事,多以红巾裹头,俗呼红头贼,或曰红巾贼)之被杀者,约十余万人。名琛被虏后,与英人追述其杀戮会党事,自夸"若将屠毁村镇包括在内,当四倍于此"云(见《叶名琛浮海记》〔*Yeh's Portrait*〕)。当时法人卡勒与伊凡合著之《中国叛党起源志》(Callery & Ivan,

L'Insurrection en Chine Depuisson Origine Jusau alade Nankin. 1853),述其事最详,兹节录如下:

> 张天佐之被获,广州之杀戮,与夫清军胜利之消息,虽喧传甚盛,然叛党并不因此而止也。为反应此种强暴与浮夸之举,遂宣布彼等之皇帝曰"天德"者,以与满廷争天下。未几,天德之名,即充满全国。此假托者且将画像广播于众,其目的在示人民以恢复明朝之衣冠而已。吾人现能确知叛乱初期之事实,与其首领精密强固,及一切深远之政策。在一年间天德常居暗幕之中,其党徒均欣传明朝后裔之依然存在。然仅宣告如是,从不以其示人也。此新皇帝被封藏于神秘的幢影之中,即其党徒亦只能在长距离之时间见之。

据此可见天德皇帝之宣布,乃天地会党人于失败后欲借以鼓励人心者,其为大全之假托无疑。《叛党起源志》刊有天德王画像一幅,乃当时大全广播于众之物,峨冠龙袍,即后日本学者误认为洪秀全之像也。又载其布告数通,有一示悬赏购粤督徐广缙之首,署天德二年六月五日,法人注为一八五〇年七月十三日,即道光三十年六月五日也。"天德"原为张念一拥戴朱三太子于大岚山起义时之年号,天地会多沿用之,大全取此称号以为复明之象征,故天地会党人如东莞万大洪(《中国秘密社会史》作汉阳人)、厦门黄威等,发布之文告,皆署有天德年号。大洪之安民告示略云:

> 奉天承运总理军机都督大元帅万大洪为剀切晓谕伐暴救民事:照得天下贪官,甚于强盗,衙门污吏,无异虎狼。皆由虏廷之懦柔,远君子而近小人,卖官鬻爵,压抑贤才,以致利风日炽,上下交征。富贵者纵恶不究,贫穷者有冤莫伸,言之痛心,殊堪发指!……刻下大兵云集,广西已定,湘鄂二省,不得不先行晓谕。凡我百姓,各安生业……顺吾者付印回籍。其余豺狼差役,概悬首示众。倘有流贼借端滋事,准尔等指明具控。

此告示具见各野史,不备录,但有书万大洪作万岁洪者,若为万岁洪,决非洪秀全,或即洪大全耳。因大全与秀全曾并称万岁也。余于英伦博物院所发现之抄件,附有洪秀全等九人之职名单,于洪秀全下,注“封太平王”,年四十二岁,耳大、口大、眼大、头大、身大。万大洪则注年三十二岁,身高、头大、眼大。其职封大元帅,显然为天地会之官衔,而不合于太平天国之制度。然谓封秀全为太平王,则此封之者,亦必为天德皇帝无疑矣。虽秀全自起炉灶,无需受他人之封,然天地会则视为同门共气之一支,在大明天德皇帝臣属下之太平王也。因天地会以“反清复明”为口号,故历来举义者,必拥戴一朱姓之人,拟为朱三太子之后裔,此朱姓者既为洪大全所假托,则秀全欲帝制自为,势非脱离天地会之范围不可,此即洪秀全排斥天地会另组上帝会之惟一原因。观其所云:“三合会宗旨在反清复明,在康熙年间该会初创时,原属不错,但今已逾二百年,我们只可说反清,不可再说复明矣。恢复汉族山河,自当开创新朝,如仍以复明为号召,如何能鼓励人心?且三合会拜魔鬼邪神,及发三十六誓,刀加其颈,迫人献财,更卑之不足道也。”(见瑞典教士韩山文著《洪秀全之异梦及广西乱事之起源》〔Theodore Hamburg, *The Vissions of Hung Siu-Tsuen and Origin of the Kwang-si Jusurrectieon.* 1854〕及日人平山周《中国秘密社会史》)可以证明秀全不与天地会合作之深意,纯为若复明则须拥戴故君耳。但其最初与天地会有往来,洪大全《供词》所述甚明,不然彼亦不能优礼大全而尊之为天德王,二人并称万岁也。道光末年,江西之建抚,广东之潮嘉,福建之漳泉,俱剪红色绸缎绫约三尺长为包巾,四周用“共同合和”戳记印之,亦有忠义堂三字者。上写彪彪彪彪彪五字,下注一房、二房、三房、四房、五房某姓名。系以口号六首。俱附“长发”打先锋,人目之为“红头贼”,于是各处闻风四起,拜会结盟,洒血抒意(见曹大观《寇汀纪略》)。可见当时天地会党人起义者,已遍及闽赣两粤湖广。黄威系代领陈正成之众,正成于道光二十九年起事于厦门,被捕拷死。威以八千人攻占厦门,自称“汉大明统兵大元帅奉旨征厦”。署天德年号,其时为咸丰三年,大全已被俘杀于北京,而威仍称“天德”者,更可见天德皇帝为天地会党人传说中之典型人物,亦犹明桂王虽死,而台湾郑氏仍用永历纪年也。洪大全在广东时,天地会党人起事者,不仅潮、嘉,各府属皆有,克城十余,渐逼广州。以叶名琛滥杀故而其势稍戢(名琛,咸丰六年七月奏堵浔州匪,擒斩一万四千余人。七年闰五月,奏克肇庆,擒斩首伙三万有奇。其他可知矣)。大全西入广西,始与洪秀全联合而寄人篱下。《中国叛党起源志》云:

> 当天德之军队已控制是乡,此假托者由家族兵士侍卫之拥护,建一强固之地,位于紫荆山(Mountain of Tse-Hing 之译音)。广西巡抚邹(Tseow 之译音似,即邹鸣鹤)派一使者韩绪(Hanheou 译音)等往招降。天德谓之曰:“吾大明崇祯皇帝之十一世孙也。现正招集士卒,以图恢复旧疆。昔吴三桂借满兵入关,剿平闯贼,清遂奄有中土。吾先人嘉其平寇之功,不即逐之,许以二百年之天下为酬,不可谓不厚矣。今公义尚存,余正招集士卒,恢复先业,清人应即退出关外,各安故土。此意更当使军民共晓。君等皆汉人也,明孔孟之教,宁忘其合法之太子,而甘为外人臣属哉?”此假托者旋弃山乡而据平原,清军屡败,势且及于桂林。(当时人以为太平军亦属于天德,故于广西事杂述之,殊不知此时之天德,已为洪秀全之座上客矣。)……叛党退出永安州。不久惊奇之消息,传播人口,则天德确已被俘解送北京矣。……天德赋有明敏之才智,与过人之精力,而坚苦卓异,实由秘密社会之训练而来也。

据此可知洪大全确有相当之势力,而天德皇帝之称号,纯出于明后之假托。会党分散各地,虽有名义上之拥戴,未必有实际上之统属,故力量不能集中,而成效亦少。其起事较太平天国为早,适足以为洪秀全作驱除难耳。

(四) 朱九涛、洪德元之事略

天地会在广东起义者,往往不得主名,检叶名琛之奏报,被其剿杀之会首,先后有蒋万成、董言台、蒙其英、李士奎、刘八、凌十八、刘文楷、颜品瑶、何名科、陈二、吴三、颜品喜、颜三、李士青、杜锦刚、梁培友、李亚快等十余人,无一朱姓者。然其与粤督徐广缙之联合奏折,则云:“大凡会匪姓名,随时更易,本无一定。且多冒称朱姓,为前明之后裔。并间有假称洪武字样者,更可借此为煽惑之由。”(军机处档案咸丰元年原折)。既称多冒朱姓,而清廷据程矞采奏获湖南左家发一案,供述老万山朱九涛为会首,饬其查复。何以徐、叶先称“获犯供有朱九涛……指明在老万山”,而后又报“粤境老万山,并无朱九涛会匪”?盖徐、叶只知老万山为珠江口外之最高山,属香山县南境,而不知“老万山”为会党开山堂之名也。只知会匪之姓名更易无定,而不敢承认朱九涛假托之天德皇帝,以加重其责任耳。当时外国人在香港者,报章(如《遐迩贯珍》)、著作(如英人白瑞之《太平叛党志》〔Lindesay Brine, *The Taopin Rebellion in China*〕)多有天德之名。英驻华公使之报告亦言:“往时叛党之首领天德(Teen Tih)于数月前已死去,继之者曰太平王。”(见 *Papers Respecting the Civil War in China*, 1853. 第十六页)一时喧腾中外之首领天德,谓英人能知之,而徐、叶不能知之,岂非愦愦!明明会党供出有朱九涛及老万山字样,叶名琛以擅杀会匪数十万人自豪,独不敢承认会匪中有天德朱九涛其人者,想以据地称尊之事,为朝廷所最忌,乃故以潢池跳梁视之,斯为作官者避重就轻之术,即或有失,亦不致遭显戮耳。不然,何以谓会匪多冒朱姓,而不予以指名耶?又何以获犯供出,而偏谓老万山无之?此即舞文弄墨之妙用也。天德文告迄今尚有存者,《国立中山大学校报》于民国二十五年五月二十八日曾发表一通,系温廷敬于张子周处获得者,用正军师赤松子之名义。但称奉天承运皇帝诏曰,自明末闯乱说起,谓吴三桂引清兵入关,何异前驱虎而后进狼。又数清廷云:“虽有圣主,无如一日曝而十日寒;纵得贤臣,其奈齐人傅而楚人咻?况尔祖初年,南山贻讥,敦化之源安在?东床遇害,刑于之道奚存?”上联平情论事,反足博人同情,“南山贻讥”句谓康熙帝有纳姑、纳妹之说,见《烧饼歌解》,“东床遇害”句,指吴三桂子应熊尚主而被杀。其文骈丽典博,洋洋数千言,似非大全无此学识也。大全文才,极为当时官私各方所称许,其假托明裔,必有一朱姓之名,大概即朱九涛。因咸丰元年九月初三日湖广总督程矞采奏言:

湖南衡州地方斋匪最多,经知府陶恩培访获谢发祥等犯,究获头目左家发,并于获犯萧二家起获旗帜、黄巾、马褂,及木印、令签、阵图、书信、伪照多件。提讯左家发,据供系听从广东人李丹入会,以广东老万山即狗头山之朱九涛为会首。又有张天佐(天原奏作添)改名赤松子,在湖北、湖南各处,借名卖药,暗行勾结。朱九涛自称太平王,李丹称平地王,张天佐称徐先生(原奏作徐光王似误),朱九涛约令该犯勾结匪徒,其令旗等件,系李丹由广东寄来,用有伪印,并写"老万山"三字。现又接李丹自广西来信,派伊为衡州总管,嘱令勾人等情。

即广东督抚徐广缙、叶名琛亦奏称:

窃湖南衡州斋匪为日已久,溯查道光二十八年,曾经拿获由湖南来粤传教之衡阳县人蒋万成等,及由江西来粤传教之南康县人董言召等,均供称:"于二十六年、二十七年等在湖南衡阳县先后拜清泉人刘振林为师,传习金丹教。复又结拜'天地会'。"并起获经牌、图章等件,究出刘振林潜匿在湖北黄陂县地方,当即飞咨该省秘拿就获。合计粤省陆续获犯共六十一名。臣等会同迭次具禀,奉旨:尽法惩办各在案。此次湖南复经查办,难保非以前根株未绝,萌蘖潜滋。据获犯供出有朱九涛自称太平王,李丹为平地王(原奏作地平),指明在广东老万山等。诚如训谕,若不协力查拿,势必滋蔓愈甚。(见军机处档案原折)

此奏为徐、叶答复清廷查询朱九涛事者,广东所获六十一犯,固皆已供出有朱九涛与李丹矣。其事在道光二十八年,与左家发所言,完全相同。惟湘吏谓广东人到湖南传教,而粤奏又谓湖南人到广东传教。虽系当时天地会在湘、粤往来活跃之事实,而大吏已不免有互推责任之用心矣。但两省均言朱九涛为广东老万山会首,其下有李丹、张天佐二人,到处招纳豪杰入会,并予以令旗等物。咸丰元年,李丹已随朱九涛至广西,并派家发为衡州总管。其事确凿，且适与外人纪载天德皇帝事若合符节。张天佐已被清吏俘戮，而九涛及李丹辗转入广西，此朱九涛盖即天德王洪大全也。何以左家发、蒋万成等谓其称太平王？盖以天德称号，为天佐被杀以后之事，左家发等入会，乃天佐漫游两湖，借名卖药之时，据蒋供当在道光二十六七年间。及咸丰元年，则太平王之名已大著，家发出于推想，徐奏乃系追溯。均不免有强就新起事实之意。或者洪大全在未称天德皇帝前，曾称太平王，亦未可知。盖“太平”字样，乃天地会之术语也。因是官私纪载，多谓洪秀全师事朱九涛而承其余绪。如《清史稿·洪秀全传》云：

> 有朱九涛者，倡上帝会，亦名三点会。秀全及同邑冯云山师事之，九涛死，众以秀全为教主。

湖广总督官文所监修之《平定粤匪事略》云：

> 粤东狗头山朱九涛始亦踵袭前匪(似指白莲教)，而狡饰尤出人意表，初造邪说，则云铁铸香炉成，可驾以航海(此由天地会以白定香炉底铸“反清复明”四字而附会者)。秀全既师事九涛，阴结党羽。久之，知其教不足大惑众而行其志，乃至广西桂平县，与其妹婿萧朝贵之比邻杨秀清相结识，又得花县人冯云山倡立上帝会，自为教主。

此说在有清末叶为一般人所深信不疑者。民国初年之教科书尚采用之。惟另一说则言秀全师事洪德元，如黄钧宰《金壶七墨》云：

> 广西土瘠民贫，僮、瑶杂处，林深箐密，久为逋逃渊薮。有洪德元者，种山课徒，善占卦及日者术。英吉利初犯广东之岁，德元私习邪教，传授乡里，诱受财物，初无异志。及英夷和议大定，谂知武备废弛，官兵懦怯不足畏，乃隐有揭竿之心。于是更立名目，益务诡秘，分拆洪字，以三八二十一为号，出入楚粤之交，广收徒众。每岁征银五

两,名为香火,实则供其饔飧浪游之费。见者皆称为“洪先生”云。方是时,两粤匪徒种类繁多,而德元藏迹愈深,归之者愈多。广东花县人郑秀全者,与兄仁发、仲达,同父异母,皆以种山自给。秀全少尝读书,粗识文义,顾体质肥钝,了无异人处。同学友冯云山,才识明练,尝为秀全演说古今成败事,教以煽惑人心。故二人深相结。一日秀全病死,而胸腹不冷,七日复苏。自是言语怪诞,问以往事,茫不记忆,但历称耶稣神异,上帝命劝世人,皈依耶稣,免祸得福。动辄僵卧一室,禁人窥伺,私携干粮,历数日而复出。则谓与上帝议事,不食亦不饥也。其荒唐诡谲类如此。云山又从而衍之,谓人心机诈,大难将至,不拜上帝,则蛇虎螫人。立教之初,不强取,不多求,愚民稍稍从之。至是闻德元传教广西,与云山徒步往投,一见大喜,相倚如左右手。岁余德元病死,秀全与其妻子谋,匿德元尸而沉之,诡云升天。而己冒洪姓,代领其众,势益张。(沈懋良著《江南春梦庵笔记》说同)

以上两说,均谓秀全承袭天地会之势力,无论其首领为朱为洪,而九涛倡三点会,德元以三八廿一为号,称洪先生,固明明系天地会也。秀全崇拜上帝,皈依耶稣,后说谓在事德元前,殊可信,因秀全得异梦为道光二十三年事,与大全结识,当在其后,似系二十四年,即秀全漫游入粤西之岁也。因大全口供谓相识仅数年。前说谓秀全先事九涛,久之,知其教不足大惑众而行其志,乃另与冯云山创立上帝会。此说亦可信,因冯云山在紫荆山倡上帝会时,秀全已回花县,道光二十七年七月始再至广西而知之。其时虽与洪大全相识,殊不满于天地会缺乏宗教色彩,故借天父、天兄作“煽惑”之用,洪大全之口供所述甚明。二说均言大全狡饰诡密,藏迹不露,此足与《叛党起源志》神秘之说,互相发明,颇有可采。惟师事九涛,及改郑姓为洪姓之说,乃传闻之误。然在精神上秀全承袭天地会之反清思想,固无疑也。朱九涛在官牍中谓为湖南郴州逆首邱倡道,于咸丰五年四月初九日上谕中见之,乃巡抚骆秉章所奏报。今人辄据此武断朱九涛为湖南一会首,而与洪秀全无任何关系。实则邱倡道何以又称朱九涛?揆其供词亦如左家发所言朱为会首,而获之者,乃一郴州小武官戚天保,妄报了案,以免清廷追究而已(左家发案,清廷对朱九涛事追究多次)。官牍之言宁能尽信?然必有人问:如以朱九涛为洪大全之托名,大全于咸丰二年已死,何以咸丰五年即其死后三年,尚能为人认为会首?此非熟于天地会之掌故与内容不能知之也。天地会创于台湾郑氏之部下,其时成功已死,而大哥仍以延平虚拟之。张念一以后,又以万云龙为大哥,万出马即阵亡,以后会众言大哥必曰万云龙。亦犹朱三太子与小主朱洪祝之永为明后象征耳。如程矞采于咸丰元年九月奏称:"湖南衡、永、宝三府,郴、桂两州,以及长沙府之安化、湘潭、浏阳等县,教匪充斥。……又有'斋匪',名曰青教,皆以四川峨眉山会首万云龙为总头目。"会中传说,万云龙死于雍正十二年,又何能于一百余年后为首乎?此可以例朱九涛矣。至洪德元则显系洪大全之谐音影射。虽秀全未必以大全为师,但与大全之天地会连络,借其力量,乃势所必至,理有固然,盖其早蓄反清之志,宁能不与数百年来从事民族革命集团之人物相结托乎?观国父孙中山先生最初革命之利用洪门,甚至不惜与保皇党议合作,即可知矣。故所谓朱九涛与洪德元,皆焦亮、洪大全之假托者耳。

(五)洪大全之被俘及口供

洪秀全于金田起义之时,正大全不得志于广东之日,乃率众依附之,欲与合作。故在广东方面之传说,谓天德皇帝之部下已控制广西(见《中国叛党起源志》)。在秘密社会之传说,则谓三合会各头目,有武器者一归秀全军(见《中国秘密社会史》)。秀全对大全甚为优礼,尊为天德王,称为贤弟,一切用兵之法,向其请教。天德亦改名洪大全(天地会人以洪为姓,均称洪英),以博其欢心,二人并称万岁,俨然两头政治之规模焉。夫秀全之初起也,冯云山早属心膂之寄,杨秀清等亦开国元勋,刘备之加礼诸葛,关、张且不悦,何物洪大全,反能屈为之下乎?想大全必有被尊之资格在也。此资格当包括两种:一曰实力之凭借,二曰名义之尊崇。盖仅有实力者,则秀全可致高爵之封,或如韩信之真王三齐;若仅有名义者,则秀全可修康公之教,或如郑成功之优礼鲁藩;皆不必奉为敌体也。此种局势,殊非历史上所恒有,故当时人不能解,而张皇点缀,原非首要之说,可以转移事实,耸人听闻,后来并大全之有无而疑之,亦事出有因矣。然则大全之势力为何?曰天地会是已;名义为何?曰大明天德皇帝是已。观中外所记,朝野所传天德之事,即可知也。然究因此种形式,有悖于"天无二日,民无二王"之观念,而大全虽极力韬晦,不以王位自居,仅自称先生,亦终不免被陷身死焉。咸丰元年闰八月初一日,太平军入永安,秀全、大全于初七日坐轿进城,同住衙门正屋。二年二月十六日,太平军由永安城突围,大全由萧朝贵保护最后逃走,因朝贵不听令,遂为清军所俘。清钦差大臣赛尚阿奏获大全之经过云:

> 北路湖南兵等十余人,追及乘轿贼目,前后悍贼数人,正与兵勇相持格斗。仅先守备全玉贵向前将贼目擒获,审系贼中大头目,自称天德王洪大全,与洪秀全为兄弟,贼中呼为万岁,所有运谋划策,俱伊一人掌握,而洪秀全坐享其成。知为贼中首要逆犯,该逆大伙,必死命来夺,立即派员并兵丁是夜护解大营。旋据报称:贼中哭声震天,犹未远窜……旋即遇贼大队扑来,大呼还我天德王,否则拼命决一死战……不意兵勇连日苦战,又当露宿饿行之后,大雨淋漓,山径险滑,适值云雾罩合,被贼拼死冲突,一经挫折,以致垂成功败……至所获大头目洪大全复讯据称:与洪秀全结为兄弟,因从洪姓,洪大全非其本来姓名……上年湖南抚臣所禀永安城中,有朱九涛、李丹其人,该犯口操楚音,恐其改名隐匿。又传闻洪秀全入永安后,曾邀来天德王入住城中。又闻贼中有一湖南和尚与洪秀全伎俩相等,兼通兵法。其被获时头戴风帽,身穿袍服,自行锁纽,拥护男妇多人,与逆目萧朝贵督领后队。及被获后又有贼众千余拼命索夺,断为贼中首要逆犯。且其主张逆谋,罪情重大,必应解京明正典刑,当即派令步军统领衙门郎中联芳,升任户部员外郎丁守存押解赴京。兹将供词先行恭录进呈,犹恐其中不实不尽,因远道解京,未便刑讯。请饬刑部再行严究,按律定拟具奏。(赛氏疏见军机处档案,官书中无录之者。)

此奏折对于大全被俘获之情形,历历如绘,亦不讳言其追敌失败。总兵长瑞阵亡。帮办都统乌兰泰素以忠勇著名，围攻南路（北路系向荣，东路刘长清），负追剿责任，不久即负伤而死。全玉贵乃其部下，大全被擒，为二月十八日午时，先解乌兰泰营，曾说乌应乘胜急追。故乌兰泰遗折云："生擒伪天德王洪大全。"赛尚阿于二月十九日见大全，次日（二十日，盖大全由永安逃出为十六日夜五更，即十七日辰也），即令郎中联芳、丁守存及参将苏斌率兵二十名，押解大全赴京。明心道人所著《发逆初记》述其事云：

> 在古苏冲地方杀死贼军多人，守备全玉贵生擒一人，以为杨秀清，便解到帅营询问。问其"是杨秀清么？"答曰："杨秀清是我臣崽。"又问："你是何人？"曰："我是天德王。"众击掌曰："这就是洪秀全矣！"逆见合营甚是欣骇，即狡曰："我非洪秀全。"更欺诈云："洪秀全是我兄弟，我名洪大全，我好饮，弟好色，我肯屈膝，弟则不能。我项上缚有铁索，弟兄不睦可知。"坚不吐实，未便刑讯。复思兔脱云："现弟已无路可逃，如令我去招其投顺，必能听从。"……令其作书数函，拟缚箭杆射入贼中，以冀受降。道人闻之转陈曰："知己知彼，百战百胜，今四镇阵亡，众军畏罪，何堪引虎入山？此逆供系天德王，以杨秀清为臣崽，其为逆首无疑。如置营中，非所宜也。"赛帅于次晨解逆入都，竟寝招降之议。奏报擒获逆兄洪大全，沿途拨解，笼禁寄监。

明心道人时在乌兰泰幕中，亲眼所见，亲耳所闻，并建议不可引虎入山，不宜久置营中。广西巡抚邹鸣鹤得报即先奏闻，并立派按察使姚莹驰赴永安，安抚百姓，姚莹及赛尚阿之武巡捕萧长龄，幕宾方靖，亦有类此记载。二十五日大全解至省城，邹鸣鹤加派员弁，护送过境。众目昭彰，赛尚阿何能于一日之间，伪造人供，以欺骗清廷乎？乌兰泰当垂死之际，又何致与赛尚阿通同作弊乎？且乌兰泰于太平军溃围后，即追敌荔浦，与赛尚阿并未谋面，赛尚阿岂敢以其部下所获之要犯，妄为改换面目乎？当时及后世人辄疑此所获之洪大全，乃无其人，无其事，并无其供，真匪夷所思

矣。兹将洪大全之供词,全文录如下:

洪大全口供(咸丰二年二月二十七日赛尚阿奏折)

附单　三月十七日奉朱批即有旨钦此

据洪大全供:“我是湖南衡州府衡山县人,年三十岁,父母俱故,并无兄弟妻子。自幼读书作文,屡次应试,考官不识我文字,屈我的才,就当和尚。还俗后,又考过一次,仍未取进,我心中愤恨,遂饱看兵书,欲图大事,天下地图都在我掌握中。当和尚时,在原籍隐居,看兵书不少,古代战阵兵法,也都留心。三代以下,惟佩服诸葛孔明用兵之法,就想一朝得志,趋步孔明用兵,自谓得天下如反掌。数年前游方到广东,遂与花县人洪秀全、冯云山认识。洪秀全与我不是同宗,他与冯云山皆知文墨,屡试不售,也有大志。先曾往来广东、广西,结拜无赖等,设立天地会名目。冯云山在广西拜会,也有好几年。凡拜会的人,总诱他同心合力,誓共生死。后来愈聚愈多,恐怕人心不固,洪秀全学有妖术,能与鬼说话,遂同冯云山编出天父、天兄及耶稣等项名目,称为天兄降凡,凡事问天父,就知趋向。生时就为坐小天堂,就被人杀死也是坐大天堂,借此煽惑会内之人,故此入会者固结不解,这是数年前的作用,我尽知的。是道光三十年十二月间,等他们势力已大,我才来广西会洪秀全的。那时他们又勾结了平南县监生韦正,即韦昌辉,广西人萧朝贵、杨秀清等,到处造反,抢掠财物,抗官打仗。拜会的人,有身家田产妻室儿女,都许多从他,遂得钱财用度,招兵买马,胆智起大。又将会名改为上帝会。我来到广西,洪秀全就叫为贤弟,尊我为天德王,一切用兵之法,请教于我。他自称为太平王,杨秀清为左辅正军师东王,萧朝贵为右弼又正军师西王,冯云山为前导副军师南王,韦正即韦昌辉,为后护又副军师北王。又设立丞相名目,如石达开称为天官丞相右翼王,秦日昌称为地官丞相右翼公。又封胡以洸、赖汉英、曾四为侍卫将军,朱锡琨为监军。又有曾玉秀为前部正先锋,罗大纲即罗亚旺,为前部副先锋。此外又有旅帅卒长等名目,姓名记忆不清。旅帅每人管五百人,卒长每人管百人,或几十人不等。打仗退后即斩,旅帅卒长,都要责打;胜的升赏。历次被官兵打死的也不少。我叫洪秀全为大哥,其余所有手下的人,皆称我同洪秀全为万岁,我叫冯云山等皆呼名字。去年闰八月初一日攻破永安州城,先是韦正同各将军先锋带人去打仗,杀死官兵。我同洪秀全于初七日才坐轿进城的。止有我两人住在衙门正屋,称为朝门,其余的人,皆不得在里头住的。历次打仗,有时洪秀全出主意,多有请教我的,我心不以洪秀全为是,常说这区区一点地方,不算什么,那有许多称王的?且他仗妖术惑人,那能成得大事!我暗地存心,借他猖獗势子,将来地方得多了,我就成我大事。他眼前不疑心我,因我不以王位自居,都叫人不必称我万岁,我自居先生之位,其实我的志愿,安邦定土,比他高多了。他的妖术行为,古来从无成事的。且洪秀全耽于女色,有三十六个女人,我要听其自败,那时就是我的天下了。那东王杨秀清统掌兵权,一切调遣交给他管。那韦正督军打仗,善能谷战,是他最勇。常说他带一千人,就有一万官兵也不怕。在永安州这几个月,城内就称为天朝,诸臣随时奏事。编有历书,是杨秀清造的,不用闰法,我甚不以为然。近因四路接济不通,米粮、火药也不足用,官兵围攻,天天大炮打进城内,衙门房屋及外间各处,都被炮子打烂,不能安居。因想起从前广东会内的人不少,梧州会内的人也不少,就起心窜逃。二月十六日是我们的历书三月初一的日子,发令逃走,是三起走的。头起于二更时,韦正带二千多人先行,二起是三更时候,杨秀清、冯云山等,共约五六千人,拥护洪秀全,带同他的妇女三十多人,轿马都有。第三起就是我同萧朝贵,带有一千多人,五更时走的。我离洪秀全相去十里路远,就被官兵追上。萧朝贵不听我令,致被打败,杀死千余人,将我拿住了。我们原想由古東去昭平、梧州,逃上广东的。出城时,各人都带几天干粮,如今想是各处抢掠,才有用的吃的了。那晚走的时候,东炮台火起,是烧的住屋,都是众兄弟主意。在城外着火,城内便好冲出。至于本姓,实不姓洪,因与洪秀全认为兄弟,就改为洪大全的。洪秀全穿的黄绸衣,黄风帽,即东西南北王,亦戴的是黄镶边红风帽。其余丞相、将军、军师长等，每逢打仗，都穿黄战裙，执的黄旗。我在州衙门，也有黄袍黄风帽，因我不自居王位，又不坐朝，故不穿戴的。所供是实。”

以上供词，除并无兄弟妻子一句，显系大全故意隐避，以免家属牵连，其余皆系事实。惟对于在广东称天德皇帝之经过未述，亦有不愿两案并发之意。但言“在广东会内的人不少，在梧州会内的人也不少”，足见其于两粤天地会尚有相当之势力。此证以广东于咸丰元年后，天地会曾占领十余城市，即可知。欲借秀全“猖獗势子，成我大事”，是二人固早已同床异梦矣。赛尚阿奏称：湖南抚臣所禀永安城中有朱九涛、李丹其人，又传闻秀全邀来天德王，贼中有一和尚，与秀全伎俩相等。是皆指此“口操楚音”之洪大全，谓其“改名隐匿”。由此观之，朱九涛与天德王洪大全宁非一人乎？大全曾为和尚，则口供及各家纪载均同，天地会原以寺庙为机关，历来相传之五祖大哥皆和尚，可见在洪秀全基督教之系统中，洪大全之天地会另成一派，非秀全所能完全左右者。秀全对天地会党人加入，虽表欢迎，但令其舍弃旧习，皈依新教（韩山文书中提及此点）。此点极类国民党之容纳共产党，而令其膺服三民主义也。在秀全诸事草创，党派之见，必不甚严，故乐予容纳，以增厚己力；在大全则散漫之余，秀全新起势锐，同气相投，亦可借以振作，故能融两派于一炉也。然天地会党人“因其教义相异，不久辄散去，惟广东人罗大纲从之”（《中国秘密社会史》说）。实则大头羊张钊、大鲤鱼田芳，及张家祥等，早已脱离，投降清军，仅林凤祥、李开芳、罗大纲始终未去，在太平军中浸占重要之地位。而大全被俘后，贼中哭声震天，大呼还我天德王，足证秀全之优礼大全，不仅在其名义上之尊崇，亦以其尚有相当之实力在也。趁突围而陷害大全，正是洪秀全、杨秀清辈所欲得之机会，故《贼情汇纂》云：

大全教行仁义，所过之处，掳七留三，所陷官绅，概予世袭，不变衣冠，但取归心，各处可传檄而定。杨秀清既忌其才，又恶其说，遂囚之。永安突围出，大全囚服，项悬铁锁，坐竹兜，由小路潜逃，为今升总兵全玉贵所获。使相（指赛）献俘京师，磔之。或曰：凡首逆逃窜，皆着囚衣,俾可支吾得脱,未知孰是。凡在永安军中者,皆言大全才识非常,若赦而用之,必可灭贼,或大全果有过人处,非洪、杨诸贼比,亦未可知。

《贼情汇纂》为曾国藩幕下张德坚所编,乃曾氏用兵时之对敌情报,既赞大全之才,转惜其未被赦用,则大全之为人可知矣。

(六) 洪大全呈递之表文

关于大全囚服被俘之事,官书所记,不详其因,而大全《口供》亦未及。最近在故宫博物院所存军机处档案中,发现军机大臣大学士祁寯藻等于咸丰二年四月十五日折呈洪大全之表文,可以解决此一疑问矣。表文如下:

逆犯洪大全呈递表文

罪臣洪大全跪奏为陈情破贼事

圣主陛下:罪臣生在岭南,长在湖南,自九岁温习经史,日诵万言,至十二岁已学成文武才具,始应童试,满拟指顾鸣珂,内为国家陈治安之策,外为边疆展御侮之能。谁料命途多蹇,不为试官所容,自是之后,无岁不考,辄无名,俗人以为耻,至臣殒命者数矣。伏闻圣主龙兴,每县增置生员,臣以为必遇恩泽,奈后不为车顺轨所取,臣惭愤入寺为僧。长老待臣甚薄,臣不能堪。已而贼首太平王遣使以黄金三百两聘臣为军师,臣以为会匪必无能为,天命未改,国法犹在,因此往李星沅营中效用,意图灭贼,以立功名。奈李星沅辱骂,不肯收用。臣往山中自缢,遇贼将胡以晃见而解脱,引臣见太平王。贼深奇臣才,号臣为赛诸葛,封天德王。臣实不敢当,奈贼势方张,不容不受,感其恩遇,为之尽力,屡败官兵。及贼据永安州,多行无礼,臣尝以疏谏之曰:“弟观兄所为,大类秦政、屈丐。秦政自谓功德高三皇、五帝,而兄鄙羲、农而非尧、舜;秦政十月为岁首,而兄灭闰月;秦政杀降王,而兄杀降兵;秦政掘孔墓,而兄鞭挞遗像;秦政烧书,而兄以经史置污秽中。屈丐蒸土为城,而兄筑重城以自固;屈丐号其城门曰‘招魏’、‘朝宋’、‘服凉’、‘平朔’,而兄欲吞九州万国。观兄所为,狂悖之至也。”贼由是不悦。贼僭号改元,不许群下薙发,多杀无辜,伪立三十六宫,臣又谏之曰:“昔袁术在淮南,董昌在浙西,皆连城数十,妄自尊大,不旋踵而亡。今兄据手掌之地,崇虚名而受实祸,非良策也。昔李文成蓄发,旋就灭亡;兄宜戒之!兄又高拱深宫,多掠子女以自娱,委事于庸儿,肆行凶虐,以刀锯鼎镬威左右,罪甚于高洋、闯献,事将如何?”贼大怒,因此疏臣。有说臣者曰:“昏主之下,难以久居,不赏之功,奸邪侧目。今军师威名日著,不如潜兵入宫,杀太平王而代之,不然后将噬脐。”臣叹曰:“我昔为试官所不容,屡濒于死,复受李星沅之辱,解带自缢。幸遇太平王脱贫贱而致富贵,言听计从。夫人深信我,我图之,不祥。彼纵负我,我实不忍负彼!”贼多杀降兵,妄称天父天兄,以愚众人。独臣以为不可,斥曰:“祸莫大于杀已降,白起、项羽、李广可鉴也。兄不能以才武制群下,而专用妖言,张角、孙恩、吕用之、徐鸿儒何足法哉?开辟以来,未见以妖术成功者,宜急改之。”贼滋不悦。俄尔,杨秀清说太平王曰:“君自谓谦恭下士,宽人得众,人乐为之死,孰与赛诸葛?临危制变,算无遗策,孰与赛诸葛?博览古今,洞悉时务,又孰与赛诸葛?”太平王曰:“均不如也。”萧朝贵曰:“既知不如,何不早图之?不然,必为后患。”太平王曰:“我方倚之以平荡中原,今大功未就,而先戮智计之士,恐失群下之望。”遂不许。已而密谓臣曰:“弟有兵书,何故不肯授我?”对曰:“弟有此书能利人亦能害人,故不敢妄以相授耳。”太平王曰:“弟每战辄身先士卒,一旦殒命,谁可代替?”臣曰:“观诸将刚而自矜,酷而无谋,皆不足以代弟之位也。”太平王曰:“既如此我当学弟之兵书,与弟同享富贵,不然将斩弟。”臣曰:“兄如用我,当为兄划策,如不用我,我必不能见笑于孙膑、李靖也。生杀惟命,兵书不可得也。”至十二月二十六日,赛中堂进围永安州,臣又献奇计,贼不能用。臣愤曰:“鼠子不足与谋!我死无日矣!”遂私自夜遁,欲往峨眉山修行。为贼追兵所获,锁入空室,严兵防护。臣屡次求死皆不许。杨秀清曰:

“不如杀之以警诸将。”太平王曰：“昔齐杀斛律光而国亡，梁杀刘镬而国亡，唐杀林仁肇而国亡，今战争方始，安可先戮良将乎？”爰暨今年，贼势日蹙，终不为之设一谋，但曰：“有尔天父天兄在，我安用哉？”贼忌臣愈深，而终不肯杀臣者，欲得臣兵书故也。至二月十六日贼挈家眷夜走昭平，将臣手用大锁缚住，更用大链锁臣颈，防卫周密。被臣略施小计，暗遁深谷，贼四面追寻，皆不见，大惊曰：“彼殆投官军去矣。将若何？”已而太平王闻臣走，将监押官尽斩之。传令有能获臣者，即封为天德王。臣隐在谷中，备闻其语，贼徒既不见臣，震恐丧魄，以故官兵追及，贼不能御。是日，盖二月十八日正午时也。贼自造反数年，未有此败。臣自谷中出降官军，官军数苦臣，争欲杀臣。独全玉贵以为不可，生缚臣以献诸将军（按此指乌兰泰）。臣乃说诸将军曰：“贼挈妻孥同走，各顾其家，更兼连日饥疲，心慌足肿，今复遭此败，贼徒丧胆，莫有斗志，此天亡之时，不可失也。且贼首尽聚于此，若官兵乘胜急追，彼智不及谋，勇不及怒，一鼓可尽歼也。今若缓之，彼得简兵设备，以御官军，则难制矣。”而诸将军以臣新降不知心腹，遂按兵不动。失此机会，九州铁不能铸此错矣。臣窃笑诸将之无能也。至次日辰时交战，贼出兵才千余人，而官兵十倍，前锋稍却，大众悉溃。臣又谓诸将军曰：“贼虽小胜，然数日积劳，必不能穷追，况我兵甚众，若能与之力战，可以反败为胜。况据此险山，两面合击，今若遁逃，路狭人多，自相残踏，必大挫衄，此自弱也。”诸将又不能从，争先逃命，踹死无数。臣亦几被踹死者数矣。赖全玉贵、张金灿竭力扶臣，幸得残生。至十九日引见赛中堂，中堂以礼相待，臣为写书离间贼党，无送书之人，将箭射去。二十日，赛中堂复以礼送臣进京，臣视死如归，并无惧怯。奈两手头颈皆被锁伤，两足腹背被踹伤，昼夜痛楚，所以不即自裁者，盖欲上为国家平淫虐之贼，下为生民解倒悬之苦，兼欲报数月锁缚之大仇也。臣在贼中立功不少，出战未尝败北，贼不能赏，反忌臣才，臣深恨之！倘生不能剪此贼，死当为厉鬼以灭贼也。臣观会匪盈天下，而湖南、福建、两粤尤多。若不早图，必将蜂起。臣本欲言天下大计，奈恐触众官之怒，昔宗泽上表数千，皆为黄潜善所匿,脱脱击破李士诚,哈麻反以败闻,况臣疏远,兼负重罪,纵有奇谋良策,安能上达圣听耶?人之将死,愿竭愚忠。天下之所以未安者,文官贪酷而无能,武官庸懦而怯死耳。陛下欲保民而官府淫刑以逞;陛下欲求才,而官府嫉才如仇。大河以北臣不能知;大江以南,臣略知之;以故贼得因以为资,摇动南服。贼之初起,本无他长,因疾试官之不公,县令之贪暴,遂构逆谋。臣窃观贼中,文学之士,其才皆过于翰林进士,而曾不得一名,是以甘心为贼所用也。贼兵不过万人,余党皆分踞远方,未能猝聚,而官兵以数省之兵讨之,三年不能克,诸将之无能,亦可知矣。臣在乌都统营中,二日细察,士卒亦多精锐,所以不能制贼者,将不得其人也。贼以区区之众,当天下万分之一,鏖战三年,杀伤无数,非贼之强,贼之人才过于官军也。然贼之所恃者为臣,臣既归降,贼亦无能为矣。臣在贼中秘谋颇多,贼按臣旧法,犹可以沿数月之命。今为目下平贼之计,敕试官不得卖秀才、举人,豪右不得欺凌贫民;下赦书于南国,使会匪悉焚其妖书,各安生业,一无所问,剪其羽翼,使贼无以为资;令贼首自相捕斩者,即除其罪,此一策也。令诸将简精兵为前列,优以重赏,约日齐奋,有进无退,胜则疾追,此一策也。分守险要,制其入湖南、广东之路,巡逻必严,探候必谨,使贼不能越险而过,粮尽援绝,势将自溃,此一策也。行此三策,而贼犹不能捕灭,则非臣亲行不可。愿陛下缓臣旦夕之诛,臣请以尺组系太平王之颈,致之阙下,报臣前日之仇,万死无恨。若必戮臣以快贼心,臣亦愿面见圣容,陈国家大计,用兵秘谋,使臣留名于后世,菹醢之惨,其甘如饴矣。愿陛下如殿试之制,面试臣才,看臣筹略何如?陛下傥能用臣计,屠此小丑,如反掌耳。贼闻臣来必不敢以锋刃相拒,就其逆命设奇破之,容易极矣!赛中堂虚怀引士,臣在贼中亦知其忠良。今又蒙其礼款,遣参将苏斌引兵二十名护送,昼夜监守,颇能用心。又臣上书于联芳、丁守存亦蒙优礼相待,此皆国之忠臣,伏惟陛下详察。臣不胜惶恐待罪之至,谨拜表以闻。兹因手恸,书法不佳,在信阳州力疾手书,临表瞻望,不知所云。咸丰二年三月二十四日辰时谨写,身抱重病,不曾起藁,死罪。

此表文为一重要之发现，可与《口供》内外表里，互相发明，洪大全与洪秀全之关系能窥察过半矣。惟谓太平王遣使以黄金三百两聘为军师，因会匪无能为，乃往说李星沅，星沅时为钦差大臣，专任剿太平军事。大概洪大全于抵达金田后，观秀全举措失宜，知其不能成事，乃暗中潜投星沅幕，亦犹张国樑、张钊、冯子材等事也。惜星沅不能用，而反辱骂之，以致此奇才异能之士，不得如张国樑之建功立业，无面目更见秀全，乃在山中自尽。遇胡以晃解救，始返就军师之位，而被尊为天德王。盖大全始终讳言广东事，以冀清廷能宽其诛，获一线生机耳。其于秀全，概称兄弟，不类臣子，虽秀全对杨秀清等亦称兄弟，但秀清等却不敢如此放肆，辄呼秀全曰万岁，秀全亦自称为朕。而大全对秀全直言规谏，亦可谓毫无忌惮，则二人之关系，绝非平常，可以推知矣。大全因私逃被囚，而秀全犹不忍杀之，足见秀全仗其计谋以获胜，实欲使其传授兵法也。二月十六日晚，秀全由永安突围，锁大全手颈，随萧朝贵军于五鼓出城，即十七日寅时矣。大全匿山中，十八日正午，始出而投降清军，清军争欲杀之，赖全玉贵保护致之乌兰泰营中。十九日辰时，太平军反攻，清军大败，不听大全拼死力战之言，互相残踏，踹死无数，而大全亦几濒于死，又赖全玉贵、张金灿竭力扶持，方得于是晚至赛尚阿大营，此与赛幕、乌幕诸人之纪载悉合。尤以关于大全致书太平军招降事，以箭射入敌阵，只《发逆初记》载之。赛尚阿、乌兰泰对之均以礼相待，因大全系投降而非被俘也，故于杀降不祥一端，再三借规秀全事以言之，实对清廷示讽也。在赛营仅十余小时，《供词》想亦自写，如今自白书之类，非刑讞之语。奈清廷愦愦，不能听其言，亦不赦其人，使大全甘就鼎镬，留名后世之意，不特未达，且杀后又谓其非首要，致令后人怀疑，真可痛惜矣。而官书记大全突围时，项悬铁链，及《发逆初记》言兄弟不睦被锁，皆可得一直接史料而获证明。《贼情汇纂》谓故作囚服，则系官方曲解可知。所谓使萧朝贵保护，朝贵不听令，当是大全随朝贵军出城而朝贵自行，不理大全，故大全始匿藏以投降清军耳。丁守存奉檄献俘于京师，巡抚邹鸣鹤促其兼程前进，数日抵全洲。丁知大全衡产，恐为贼党所篡取，乃阳檄陆路驿站，拨兵护送，而改由水路昼夜蹿行，置大全内舱，塞其窗无少隙。又八日而抵长沙。大全不知船行之速,每曰到衡州便当陆行,兵役漫应之。至是绐曰:“衡州到矣。”大全出舱四顾曰:“此长沙也,不谓汝辈能令我至此,吾其休矣!虽然秀清竖子,不从吾言,终亦成擒耳。”(见《金壶七墨》)盖大全以衡州为其故乡,又多天地会党人,必能劫囚车以纵之,殊不知丁守存之诡计得售而大全无生望矣。大全解至长沙,新宁县典史周颖初问之曰:“汝是焦亮也!”答曰:“我如今改名了。”《发逆初记》谓焦大者,湖南新宁县人也,质本聪颖,一目数行,好论兵法,以诸葛自居,盗名曰亮。以后骆秉章《克服南路肃清折》有云:

> 据衡、永、郴、桂道转据嘉禾禀解自行投案之首逆焦三,即焦玉晶,女贼许氏,即许月桂,到省。当即饬县司提讯,据焦三供:即咸丰二年广西阵擒首逆洪大全之弟,许氏女即洪大全之妻。……当广东贼窜郴州时,该犯等乘机倡乱,聚众数千,许氏女自称大元帅,焦三充当三省贼营军师,攻城掠地,罪大恶极。

幸得此疏为证,不仅洪大全之来历已明,即其妻其弟,亦非常人也。大全于湖南之势力已不弱,何况衡、永、宝三府郴、桂两州,宿为天地会之根据地哉!自道光十六年新宁蓝正樽起义以后,迄于咸丰五年四月,许氏自首,约二十年间,湘南始终为天地会所蟠踞。若两粤之起事,实受楚边影响,两方沆瀣一气。大全之得假托天德皇帝,更当渊源有自矣。

(七) 洪大全供词释辨

大全之才略学识,既为当时中外官私所一致称赞,其人自应高标史册,为吾民族革命之一先烈,乃以后来太平天国排斥天地会,故意泯灭其迹,而清廷复惑于当时舆论,对洪大全亦复轻慢视之,遂引起后人之怀疑。但最初只言其是否首要,如广西临桂之龙启瑞(道光二十一年辛丑科状元)在《洪杨纪事诗》注云:“洪大全为从贼伙党,原非首要渠魁。”龙时在桂林协同防守,仅知洪秀全、杨秀清、冯云山、萧朝贵、韦正为太平军之重要人物,绝不知大全为天地会首领,且亦有妒功之意。给事中陈坛于三月底，即大全起解途中，应诏陈言，奏陈《时事艰难疏》有云：“贼众窜出，无可如何，不得不张皇点缀，借壮国威，并以稍掩己过。”无名氏《咸同遗事》曰：“敌由永安州分窜，赛尚阿以擒一洪大全与洪秀全同姓，遂捏成洪之谋主，驰奏邀功。”此皆因赛尚阿督师久而无功，后且得罪，一般人怵于洪秀全之势方大张，而不信其能将首要擒获，故疑赛尚阿捏报邀功。因此清廷上谕，初言：“洪大全即逆首洪秀全之谋主，为贼中著名头目。”系据邹鸣鹤、赛尚阿之奏。其后又云：“伪军师洪大全，原非首要之匪。”则系陈坛、龙启瑞之说。此其先后矛盾之故也。殊不知陈坛在京，大全尚未解到，相距数千里，何从知之？且清廷于克复永安，擒获洪大全之赛尚阿，不特未予奖叙，且以未能迅奏肤功，将降四级留任，向荣、乌兰泰均革职留任，并拔乌花翎。有何功可邀乎？大全于被押解经过湖南、湖北、河南以至北京，各省督抚均有押解过境之奏报，原件存军机处档案。刑部尚书恒春周祖培又有广西逆首洪大全押解到京专折，系咸丰二年四月十七日递解。陈坛请将大全无庸解京，不知清廷早有谕令程矞采酌办，倘恐或有疏虞，即可就地正法。而程矞采不肯就地正法，可知其视为要犯也。刑部审讯大全时，大全不置一词，此可于祁寯藻会同刑部亲加讯究折中见之。以是折只附大全表文，及逆匪会匪名单而无口供也，刑部无法交代，乃随意造一简单供词，将其正法。此供词只《剿平粤匪方略》载之，完全不合事实。如谓“咸丰元年二月，洪大全往广西闲荡，与胡以洸会遇，胡引至贼营，与洪秀全见面，彼此投契，结拜兄弟。屡与官兵打仗，俱系洪大全主谋，洪秀全僭称伪太平王，封洪大全伪天德王”等语。何以洪大全于北京不能如在广西时之口供，重述一遍？据《清代七百名人传》云：

抵天津，时已至四五月之交，天热索求巾扇，守存以纸扇与之。举酒痛饮，因感慨悲愤，题词二首于扇，其一云：“寄身虎口运筹工，恨贼徒不识英雄！漫将金锁绾飞鸿，几时生羽翼，万里驭长风？一事无成人渐老，壮怀要问天公。六韬三略总成空，哥哥行不得，泪洒杜鹃红！”写后讽诵再三，掷笔碎杯，泣数行下。曰：“吾不复御此矣。”既至京师，下刑部狱，部吏讯以太平天国事，辄不语。言及天下大事，则滔滔不绝。旋磔于市,年甫三十。

大全题词,《平定粤匪纪略》、《金壶七墨》、《英雄墨宝》均载之。简又文在信阳柴家抄出,信其为柴之父执书扇者,得表文可作证明。因表文为在信阳所书,大全在该地当小有勾留也。此词以寄身虎口寓与太平军合作,以洪、杨不识英雄而詈为贼徒,以被系而比作“金锁绾飞鸿”,以“壮怀”莫展、“六韬成空”而恨若望帝之泣血。悲愤填膺,有死而已,复何言哉!复何言哉!此英雄自叹穷途末路之必有事也。不谈太平事,盖心所有不屑耳。或以在广西已供出,又奚必多所费辞?清末革命党人秋瑾被讯时,只书“秋风秋雨愁煞人”七字,亦有同概。后人谓丁守存给大全暗药,故不能发言,以为赛尚阿弥缝。殊不知赛尚阿明明奏称:“犹恐其中不实不尽,因远道解京,未便刑讯。请饬刑部再行严究。”丁守存敢以暗药封其喉而自罹罪戾乎?齐东野语,何足置信?刑部既不能取得大全之供词,而清廷又蔽于舆论,不信赛尚阿之言,乃仓卒将大全处决,致贻后世以疑窦。故清末韩文举(扪虱谈虎客)著《中国近世秘史》乃云:

以吾所闻于故老,实无洪大全其人。即有,亦不过一极寻常流辈。吾考之史籍,洪秀全曾自称天德王,初起时,有将名洪天德,见王氏《瓮牖余谈》,初无洪大全封天德王之事。说者谓洪氏初起,气势锐甚,官军莫敢撄其锋。赛尚阿督师久,惧谴责,乃捏造此人,以欺朝廷。后世秉笔者多不察,辗转抄录,几成故实。中国历史之多诬,即此一端可见。

韩文举尚不敢断定果无其人,只疑为赛尚阿捏造。至梁任公先生著《中国历史研究法》则竟云:

有事迹纯属虚构,然已公然取得第一等史料之资格,几令人无从反证者。例如前清洪、杨之役,有所谓贼中谋士洪大全者,据云当发难时,被广西疆吏擒获。然吾侪乃甚疑此人为子虚乌有,恐是疆吏冒功，影射洪秀全之名以捏造耳。

任公先生所谓吾侪，即指韩而言，因扪虱谈虎客之为韩文举，由《饮冰室诗话》而知，韩、梁为万木草堂同学，亡命日本，合办《新民丛报》。任公作此断语，想由韩著而起，惟更加甚其辞，曰纯属虚构，曰子虚乌有。殊不知韩为此言，正是子虚乌有纯属虚构也。韩所据之王韬《瓮牖余谈》，不惟无"有将曰洪天德"及"洪秀全曾自称天德王"之纪载，其《洪逆颠末记》反谓：

> 距金田数十里有剧盗，伪号"天德"，素在大黄江口劫行旅，拥众积资自雄，官军无如何。洪逆(秀全)遂往投之，奇洪逆状貌，与之歃血订盟，结生死交。然洪逆不肯为之下也，后独留天德守巢，而悉众出劫，与官军遇，佯北引去，官军遂捣其巢焚之，天德歼焉。洪逆反兵攻官军，大胜之，出天德尸于灰烬，哭而瘗之，于是尽收其众，势益强，伪号太平天国。

又注云："按《粤匪纪略》：咸丰二年二月，官军收复永安州，阵擒伪天德王洪大全，槛送京师，磔于市。此大略传闻异词，今姑仍之而著其误。"此王氏知有官书，载洪大全被俘事，惟以天德已歼，恐传闻异词，姑存其说，而注其误。彼所信者，天德乃拥众自雄之剧盗，洪秀全曾往投之，而不肯为下，借官军力以陷之，尽收其众。此种情节，岂非与洪秀全利用天地会而借官军陷害洪大全之事，完全相合乎？"天德"建号在太平天国前，得王氏说，更可与西人之纪载互相印证矣。韩氏于官书、载记、邸抄、外籍，一无所知，率尔曰："闻于故老。"故老何人？能优于亲眼目睹之当事者乎？而梁先生以史学之权威，亦不考核，轻加结论，甚矣！"中国历史之多诬也！"后生小子(如罗尔纲辈)，乃袭其余义，而沾沾自喜，视此为伪传说伪史案，欲一扫而空，武断洪大全无其人，无其事。及俞大纲君发表在军机处档案寻出之《洪大全口供》，则不能谓无其人无其事矣，乃又狡辩曰：无其供，供词乃赛尚阿所捏造。此岂考据家所应有之态度乎？兹再

据《供词》考之,以塞悠悠之口。爰举三证如下:

一、口供:“冯云山在广西拜会也有好几年。”按洪秀全于道光二十四年(即一八四四年)三十二岁,与冯云山由广东到广西贵县赐谷村,住黄盛均家凡三月。其年七月,洪以黄家艰苦,期东归,盛均泣留。因遣云山先回。殊不料云山至浔州,就同张永绣等转往紫荆山一带传教。住在曾玉珍家,数年未动。洪秀全在黄家又住三月,待黄子为正出狱,始东归。及抵花县,方知云山未回。秀全与其弟洪仁玕研究教义,在家三年,始偕往广州,向美教士罗孝全请教,欲受洗而未果。然后从广州再游广西,以道光二十七年七月至赐谷村,黄盛均告知冯云山在紫荆山,随即往访。可见初在紫荆山一带创立上帝会而传教者,乃冯云山非洪秀全也。一般人对洪、冯二人之行踪,总分不清。最近韩山文之《太平天国起义记》及太平天国十一年刊行之《太平天日》两书发表,始得明了。此事隐藏约及百年,不特赛尚阿之智识,绝对不能知,即太平天国之高级干部,亦未必能知。只有洪秀全最有关系之亲友如洪大全、洪仁玕等方能知之。岂赛幕所得而捏造耶?

二、口供:“尊我为天德王,他自称为太平王,杨秀清为左辅正军师东王,萧朝贵为右弼又正军师西王,冯云山为前导副军师南王,韦昌辉为后护又副军师北王,又设立丞相名目……此外又有师旅卒长两司马等。”按太平军制官制,不特赛尚阿全不知道,即向荣跟踪追剿数年,亦全然不知。尤其是“尊我为天德王”、“并称万岁”,绝非一般人所能想像者。任何人均不能述太平内幕诸王官职如是之详且确也。

三、口供:“编有历书是杨秀清造的……二月十六日,是我们的历书三月初一的日子。”按太平天国的历法,在永安时已创行,为冯云山所设计,杨秀清领衔奏定。以三百六十六日为一年,用阴历干支纪日,节气则每月十五或十六日,非阴非阳,极难推算,不特当时清军,懵然无知,即后来史家,穷年累月,根据许多史料,加以排比,亦尝有一日之差。外国人之纪载,如《大英政府文书》有关太平文件,亦如是。口供所述之日期,与太平历书完全符合,有人谓相差一日者,殊不知咸丰三年二月初十日,正当太平军攻破南京时,推讹一日。故干支亦迟一日,见《瓮牖余谈》。据癸丑以后之纪载，以推算前年，则全误矣。简又文《天历考》已知此意，惟不知脱漏在何日，遂假定为二年正月初八日，又早一年矣。即此可知绝非赛尚阿之智识所能捏造者也。

上述三点，系就其彰明较著者而言，其余一字一句，在今日新史料发现甚多，皆可证明其真实性，至于赛尚阿之所知者，据其奏疏云：

> 大股会匪自窜入永安以后，各路侦探间谍，时常购募，惟该逆防范甚密，诡谲异常，多有被其戕害者。即探来之信，亦不甚划一。有谓伪太平王系胡以洸，一万岁，洪秀全九千岁，冯云山八千岁，罗亚旺七千岁，范连得六千岁。韦正为左辅正军师，杨秀清为右弼又正军师，萧朝贵其伪号称为正天命天国，又称天觉。又有谓太平王仍系韦正者。冯云山穿道士衣，称为军师。胡以洸又名胡二妹，均三十余岁。

赛尚阿奏疏，《大清文宗显皇帝实录》均未载，《平定粤匪纪略》所录亦甚少，如非有原档为之证明，则“不白之冤，将沉海底”。以胡以洸、胡二妹为万岁，以韦正为太平王之人，岂能造出二洪并称万岁之假供？《江南春梦庵笔记》谓洪秀全镌石碑一座，以纪念死难诸烈士，上额书“天堂路通”四大字，小字书各人姓名。时在内乱后，有东王杨秀清、西王萧朝贵、南王冯云山等二十二人，无韦昌辉而有愍王洪大全。按谥法帝王殉难，始称“愍”、“哀”，可见大全在太平军中之地位矣。故当时人在伦敦所藏《天命诏旨书》中有飞签云：“前日闻人说道，天德并不是国中之主，乃一偶像也。太平王有军旅之事，必问之而后行，与奉乩坛无异。”又曰：“天德乃太平王之弟，死后刻一木主，奉事惟谨，颇有灵响。”此可见秀全于其初起共事之伙伴，尚不忍弃之如遗也。乃清廷愦愦，于大全供词，既付之邸抄，使外人得转译以公诸欧美，而又不认其为首要。设使军机处档案不公开，或虽公开而大全之原供无存，则仍可谓为外人胡说，而此谳终不能平也。余所以哓哓为大全辨者，非疾其殁世而名不彰，乃以近代民族革命源流，由天地会迄于同盟会，其间有一贯之系统，固不容中断耳。

二 社会动乱之原因

(一)一治一乱之循环律

我国社会自秦、汉以后,根深宁极,变动甚少。生齿日繁,而货不加增,一切乱源,皆由于此。孟子所谓一治一乱,即盛衰循环之法则,如不能求富于既庶之后,以维持生计之均衡,则演化委诸自然,淘汰自属铁律。惜秦火以后,中庸道衰,汉儒抱残守缺,渐弃微言大义于不顾,魏晋玄谈、隋唐词艺、宋明理学,徒肆口说,无裨实际,于是五千年文明华裔,一任命运之支配,殊可慨叹也。俗语云:"三十年一小乱,一百年一大乱。"大乱之后,人烟减少,有荒可垦,田产敷用,生活逐渐提高,四民各安生业,此为一般心目中之黄金时代。及人口日增,荒地日少,土壤不能改良,水利不知兴修,粥少僧多,生寡食众,生活降低,犹难温饱,懦者靠天任命,烧香拜佛,乞祷上苍降福,强者则与其填之沟壑,毋宁铤而走险,一遇荒年,萑苻叫起,民不聊生,则小乱酿成大乱,而人民无噍类矣。经过多年相争相斫,其结果人口减少,乱极思治,又趋承平,人民始得而喘息焉。此吾国旧社会之循环套,盖皆受天然淘汰之支配者也。嘉庆时洪亮吉《意言·治平篇》云:

> 人未有不乐为治平之民者,然言其户口,视三十年以前增五倍,视六十年以前增十倍,视百年百数十年以前,不啻增二十倍。试以一家计之:高曾之时,有屋十间,有田一顷,夫妇二人,宽然有余。以一人生三子计之:至子之世,父子四人各娶妇,即有八人,子又生孙,孙又娶妇,已不下二十余人。又自此而曾焉玄焉,视高曾时已不下五六十倍,不分至十户不止。隙地闲廛增六倍五倍而止矣,田与屋之数,常处其不足,而户与口之数常处其有余。又况有兼并之家,一人据百人之屋,一户占百户之田,何怪乎遭风雨霜露饥寒颠踣而死者之比比乎?

又《生计篇》云：

> 今日之亩，约凶荒计之，岁不过出一石，今时之民，约老弱计之，日不过食一升，率计一岁一人之食，约得四亩，十口之家，即须四十亩，其宽广即古之百亩也。工商贾所入，至少者人可余百钱，士佣书授徒所入，日亦可得百钱，是士工商一岁之所入，不下四十千。闻五十年以前，吾祖吾父之时，米升钱不过六七，布匹钱不过三四十，一人岁得布五丈，为钱二百，得米四石，为钱二千八百，是一人食力可以养十人。今则不然，农十倍于前而田不加增，商贾十倍于前而货不加增，士十倍于前而佣书授徒之馆不加增，且升米须钱三四十文，丈布须钱一二百，所入愈微，所出益广。于是士农工商各减其值以求售，布帛粟米各昂其价以出市，此即终岁勤劳，毕生皇皇，而自好者居然有沟壑之忧，不肖者遂至生攘夺之患矣。何况户口既十倍于前，游手好闲者更数十倍于前，遇有水旱灾疫，其不能束手以待毙也明矣。

洪氏所谓人口三十年增加五倍之说，系就一家约计，实则统全国言之，三十年不过增加一倍，然田数不加增，产量不加增，已不免有攘夺之患矣。若百年而增加十余倍，则几何不酿成大乱乎？其间或以人事之调剂而垦荒增产，多扩充士农工商之活路，但二三百年亦必达到饱和点，而无法再持其均衡，于是一遇水旱灾疫，则大乱终不可避免，此周期循环律自秦、汉以来，固历历不爽者也。清代当明季丧乱之后，顺、康、雍、乾已有约一百五十年之盛世太平，人口在顺、康两朝，不过二三千万，因当时有丁税，隐瞒者多，绝不可靠。自雍正定“丁随地起”之制，以丁税摊入田赋中，人丁无需纳税，又变编审为保甲，不易隐瞒，故乾隆六年，即有一万四千余万。乾隆二十七年至二万万，乾隆五十五年至三万万，而小乱起矣。嘉庆一朝，自教匪、回乱、海寇、苗瑶，以及天地会之革命，几无宁日，人口仅减少二千万左右。教匪平后，又逐渐增加，道光初达三万五千万，道光十五年，即达四万万。其时土地垦殖之面积，不特未增加，且减少数十万顷，以故天地会党人在湘鄂两粤首先发难，太平之大乱，乃接踵而起矣。

(二) 土地分配之问题

依中国疆土之辽阔,养四万万之人口,本不成问题。其所以成问题者,除地未能尽其利以外,则分配之不平均,乃历代执政所最感困难之问题。所谓井田、王田、均田、露田、限田之类,皆欲解决此问题,而终未能得当。人民生活既困,势必竭泽而渔,卖田济饥,于是富豪商贾得借以兼并土地,造成贫富悬隔之现象。如京师米贾祝氏,富逾王侯,居连千厦;怀柔郝氏,膏腴万顷,一餐及亿。而贫无立锥之地,饔飧不济者比比也。乾隆十三年湖南巡抚杨锡绂奏云:

> 臣谓"米价腾贵"由于田归富户者:盖国初地余于人,则地价贱;承平以后,地足养人,则地价平;承平既久,人余于地,则地价贵。向日每亩一二两者,今至七八两,向日七八两者,今至一二十两。贫而后卖,既卖无力复买;富而后买,既买可不复卖。近日田之归于富户者,大约十之五六。旧时有田之人,今俱为佃耕之户,每岁收入,难敷一年口食,必须买来接济。而富户登场之后,非善价不肯轻售,实操粮价低昂之权。夫一物也,一人市之,价必不能增也;十人市之,则一时顿长矣。十人出售,价不能求多也;一人独售,则任其高勒矣。如此米谷安得不贵乎?

当时有主张限田者,如漕运总督顾琮请限每户不得过三十顷,即属一例。可见拥有三十顷以上之地主必不少,杨锡绂谓田归富户者约十之五六。何况清朝的旗田、官庄、屯田又占十分之一,则是以四万万之人口,而仅靠十分之三之土地为养活,故章谦《备荒通论》中云:"其得以暖不号寒,丰不啼饥,而可以卒岁者,十室之中,无二三焉。"(原文见卷中经济篇)一般农人,占人口中之绝大多数,每岁收入,难敷一年口食,青苗则借高利之债,秋收又需贱价出粜,乐岁且不免于饥寒,凶岁常填入于沟壑矣。而富豪之家"席丰厚,乐骄逸,诙调歌舞,穷园林亭榭倡优巧匠之乐",两相对照,则舍革命外宁有他途?此洪秀全所以有《天朝田亩制度》之提出也。

(三)政府官吏之榨朘

官吏原为理民而设,自应为百姓解除痛苦,但清代官吏并未因社会之困穷而稍缓其榨朘,反之且加甚焉。盖清以异族入主,借利禄诱惑士大夫而压制反侧。结果造成"今之风俗,弊在好谀而嗜利,故自公卿至庶人惟利之趋"(《柏岘山房文集书后》语)。"好利胜者量必容,其流也倚势营私而终归于不知耻。""得志则利弊贤否,泛然听之,无敢议其非。"(郭嵩焘语)况清廷以捐纳卖官而培植贪污,以薄俸陋规而驱使贪污,社会上又以"书中自有黄金屋"而奖励贪污,于是中国政府无论在中央在地方,均以贪污自私为其本分矣!王命岳于《惩贪议》说:

> 臣闻治理必先惩贪,惩贪必先旌廉。议者谓小吏之不廉,大吏导之也,至大吏之不法又谁导之?臣于是不能为在内部臣讳也。盖其一能鬻朝廷之爵,而使天下无廉吏;一能卖朝廷之法,而使天下之贞良无所劝,污黩无所惩也。夫天下无廉吏,而又善者无所劝,恶者无所惩也,几何不纵千百虎狼于天下,而吮尽天下之苍生哉?

吮尽天下苍生之虎狼,随处皆有,和珅当国二十年,查抄财产八万万两以上,琦善两任总督,亦有一千万两以上。"三年清知府,十万雪花银。"此当时谚语也。林则徐作官数十年,仅遗几万两产业,在清代为极难得者,其子在京,每月收入八十两,尚称清苦,但"食贫之人,一日有银一钱,则诸凡宽裕矣"(则徐语)。可见官宦人家之排场,不能不图额外之收入以资弥补,因此"操临民之业者皆大赢"(《我佛山人传》中语)。以官为市,奔走钻营,于是虎狼遍天下,而民生益困矣。官吏既以贪污为能事,则所谓理民惠民之政,早置之脑后,以畏葸为慎,以柔靡为恭,退缩、琐屑、敷衍、颟顸、习俗相沿,苟安无过。龙启瑞《上梅伯言书》云:

> 抑某窃有进者,奸民固非重州县之权不办,今州县虽无权,然察一结盟聚党之奸民固力有余也。特上之督抚,不肯担待处分,又乐以容忍欺饰为事。有一二能办之员,且多方驳饬之,使逆知吾意不敢

为。然督抚亦非真以为事之宜如此也,大抵容身固宠,视疆场若无与,苟及吾身幸无事,他日自有执其咎者。又上之,则宰相风示意旨,谓水旱盗贼,不当以时入告,上烦圣虑。国家经费有常,不许毫发细故,辄请动用。……为督抚者类皆儒生寒素,夙昔援引迁擢,不能不借助于宰相,如不咨而后行,则事必不成而有碍,是以受戒莫敢复言,盖以某所闻皆如是也。金田会匪萌芽于道光十四五年,某作秀才时已微知之。彼时巡抚某公(指梁章钜),方日以游山赋诗饮酒为乐。继之者(指周之琦)犹不肯办盗,又继之者(指郑祖琛)则所谓窥时相意旨者也。

龙氏所谓时相,即王鼎尸谏排牴林则徐之穆彰阿也。庸暗无能,惟以敷衍为事,梁章钜日征逐文酒之会,自命风雅,有谈政治者,则曰"俗吏",郑祖琛更以念佛消灾而放任无为,故龙启瑞以金田萌芽于道光十四五年,正天地会起事于湘粤之时,则洪氏承其余绪可知矣。胡林翼曰:"夫以今日之天下,学校衰而下无实学,科举滥而士无真才;负贩之贾,得乘君子之车;六部之胥,无异宰相之柄。衣食为农桑之要,而野鲜力田之民;政事为财用之源,而上无端本之治。凡此久大之谋,固非一手足之烈与旦暮之功,所能拨而正之也。"(《上王植书》)以此种无能之政府,贪污之官吏,当大难之来临也,只有束手听其溃决而已。

(四) 鸦片战争之影响

以上数端,皆吾国内部社会变乱之原因,其时尚有一最大之因缘由外而来者,即西洋帝国主义之闯入是已。英人自并吞印度,就其地种植鸦片以输入中国,耗吾人之财,斫吾人之体,从此我国置身国际舞台,而日益孱弱,扰攘百年,迄今未已,滔滔白祸,殊可畏也。吾国对外贸易,以茶丝易绵毛,本为出超,及鸦片大量涌入,则变为入超,道光十三年以前,约有三千七百万两之纹银出口,道光十八年一年即输出一千余万两。金融外溢,势必至于钱贱银贵。当时御史黄中模、章沅、刘光三等多有所论列。嘉庆以前,每两易钱约一千文,道光初至一千二百文,十八年至一千六百文,二十五年换至二千文至二千二三百文。曾国藩《备陈民间疾苦疏》云：

昔日两银换钱一千，则石米得银三两，今日两银换钱二千，则石米反得银一两五钱。朝廷自守岁取之常，而小民暗加一倍之赋。州县竭全力以催科，吏役四出，昼夜追比，鞭扑满堂，血肉狼藉。民之完纳愈苦，吏之追呼亦愈酷。或本家不能完，则锁拿同族之殷实者而责之代纳，甚者或锁其亲戚，押其邻里，真有民不聊生之势。

此犹就催科纳租而言也，人民之负担已增加一倍，而交易工资多以钱计，易银则只合一半。吴嘉宾《拟上银钱并用议》云："银每两值钱二千，佣不过十千，只易五两银，流亡之众，逋赋之多，实由于此。"英帝国主义者以毒品吸收纹银，使银贵钱贱，人民生活，增加一倍之痛苦，故清廷不得不禁止鸦片之输入，因此而有鸦片战争，战败之后，五口洞开，漏卮益甚。清廷既无法善其后，且暴露军队腐败之弱点，使人民轻视官府，跃跃欲逞矣。《金壶七墨》附《羊城日报》云：

粤东之变，调兵万有七千，兵不可谓不多；各省支饷数百万，用不可谓不足；木料采于广西，火药器械，运自江、皖，军装不可谓不备。而决裂溃败，一至于此，固由贪懦者失策于前，抑兵实不足恃也。奉调之初，沿途劫夺，诉之领兵官，无从查问。甚至指骂官长，捶挞贫民，将弁瞠目视之，不能发一语。抵粤以后，喧呶纷扰，兵将不相见，遇避难百姓，指为汉奸，攘取财物。教场中互相格斗，日有积尸，莫之究诘。自古无不可用之兵，视乎统领训练之人，不教而用，诛赏不行，宜乎强者骄，弱者靡矣。夏初楚兵昼夺十三行，背负肩担而去。呼群结党，散赴各乡，累日不归，不知所事。军书虽在，从无按籍稽查者。时都守以上，驻扎城中，守台兵丁，望见夷船，急发空炮，卷包而逃。大帅许逃兵入城，而百姓不许出，一二守军法恤民隐者，略加约束，忘平日糜饷之恩，衔一时肃法之怨，不变即溃矣。国家养兵卫民，文武并重，及承平日久，民不知兵，兵亦不知兵，世既右文轻武，武弁又自甘颓放,不求振作,其弊遂至于隳行伍,朽器械,猝然召之,糜烂而不可用。

《日报》又云:“南海、番禺乡民,纠集义勇,直攻夷船,击杀酋目百麦,夷兵十数。会湖广兵闻胜掩至,争夺首级,反攻民勇,两县令出城解围,兵勇始散。……三元里民鸣金号召,一百三村,男妇数万人,执梃而集,围之数重。夷兵千余,突围奔溃,死者八九十。又杀死夷官二人,击伤者无数。时我兵皆立城堞,作壁上观。……自破虎门以来,鸱张豕突,玩易中国,未有如此受创者,三战皆民勇之力,广勇著名自此始。然百姓以兵不击贼,反阻民勇截杀,自是咸怀愤激,益轻视官兵矣。”《粤氛纪事》谓:当时民谣曰:“百姓怕官,官怕洋鬼,洋鬼怕百姓。”夫至于能怕其官之所怕,则浸浸乎玩大府于股掌间矣。盖粤省为天地会党人聚集之地,在鸦片战前,民族思想以“反清复明”为事,及鸦片战争爆发,又转为驱逐英夷,外御其侮。战后见清军御侮不足,残民有余,则欲御侮必先反清,此种思想之转变,实为后日革命策源于粤省之重要原因也。故鸦片战前之举义者,多在两湖,战后多在两粤,自洪大全、洪秀全以迄于国父,皆受此反清攘夷二种思想之影响者矣。

三　来人、土人之争斗

(一) 来人、土人之宿怨

光绪《浔洲府志》云:“狼、僮曰土,广东惠、潮人曰来。”所谓“狼”、“僮”,当指原住广西之居民而言,未必尽属苗、瑶一类,所谓“惠”、“潮”,当指广东东部之客家人,而非粤省土著也。客家乃宋室南渡,中原望族,随之南迁。其后二帝蹈海,由浙而闽而粤,以止于潮、嘉、惠一带之山地者也。故今客家话仍多中原古音,此系道地之华族,彼时因外来,土人称之曰“客”。英教士康伯尔(George Campbell)云:

客家人比城里人勇敢,富有特立独行之气概,渴爱自由。普通山居的民族，大都如此，客家人亦是如此。满洲人入主中国，客家人降服得最迟，并且曾经一再起兵反抗，第一次就是太平天国的事。（见美国亨丁顿著《种族与品性》〔Elisworth Huntington, *The character of Races*〕）

客家人赴广西寻觅生活，广西土著又称之曰“来”，是来人者，又外来之客家也。初粤西地广人稀，客民多寄食其间，莠多良少，莠者结土匪以害土著之良民，良民不胜其愤，聚而与之为敌。桀黠者啸聚其间，千百成群，蔓延于左右江千里之间。而其原因州县不理其曲直，邪教见民冤抑之状，因好鬼之俗，倡为蛊惑之词，盖自道光二十二三年祸基已兆。其时抚臣前为梁章钜，后为周之琦，郑祖琛继之，以好佛遂至养痈成患（见《七百名人传·周天爵传》）。此为客人与土人结怨之由。实则客人初莅异地，争土著生活之利，因习俗不同，其势难于融合。龙启瑞《粤西团练辑略序》曰：

> 外郡地多山场旷土，向招粤东民佃种，数世后，其徒益繁，主客强弱互易。其桀者倡为西洋天主教，以蛊惑愚民，用是党滋益多。州县官欲绳以法，则恐生他变，欲据实上陈，则规避处分，而畏干时忌。逮酿成大患，则破败决裂，不可复治。（《经德堂文集》）

由上可知来人、土人在数世以后，已强弱易势，反客为主矣。客人中又多信西洋教（龙氏谓天主教恐非是），与土人之好鬼者不同，嫌隙一生，则吾国两姓械斗之风，非蔓延于来、土人间不可也。

（二）来人、土人之械斗

粤东来佃种之客家人大概多在桂平县紫荆山一带，亦有在该县平隘山作烧炭工人者，大约起自康熙以后，历数世而滋生益繁，渐成聚落。道光间，署桂平知县王济，开掘县北陇颈六班山银矿，召集来人，五方杂至，良歹不分。其掘而得利者来去不常，缺本者日则开设赌场，夜则潜出为盗。贫农、炭工、矿工三种,为当时来人之职业,冯云山初至传教,即以此三种人为对象,而后成为太平天国之基本部队。据《贵县志》引《潜斋见闻随笔》云:

道光年间,县令杨曾惠不以盗越为事,逆匪冯云山遂由大墟入北山里龙山中,潜到开矿之处,纠串匪徒拜会。时有里中武生赴县禀报,县官竟将原禀掷回不收。三十年,有会匪千余,聚桂贵交界之沙墟,竖木为东西辕门,开炉铸炮。附近各团以巡抚方严办土、来械斗之案,不敢起练往剿,屯扎约三十余日而去。

所谓土、来械斗之案,据《光绪浔州府志》云:

道光三十年夏四月,贵县土、来斗,来人富豪温阿玉艳土人农氏女美,餂夫家退婚,强娶之,遂相仇杀。来人败走,无归者附金田以叛。初,土、来既斗,会陈香晚率贼三千由宾州入贵县龙山,出棉村,声言寻仇。土人谓来人勾结也,团练御之,杀千余人,贼遁去。北岸来人乃约南岸贼黄河左叶阿长率贼数千由瓦塘渡江,屯覃塘。钟阿春、杨捞家、徐阿云率贼万余由东津渡江,屯大墟。土人殊死抵御,互杀四十余日,贼遂饱掠去。来人见势孤,急挈家奔南岸,及桂平、蒙墟等处。至是,遂合矿徒叛附金田。

贵县来人与土人械斗,来人勾结股匪,土人组织团练,战争越八月,来人终不敌,而相率败走,加入洪秀全之上帝会,太平军之势始炽。桂平匪苏十九扰中都、木根各处,窜劫马平、罗秀,遂勾客民依附洪秀全。洪秀全、冯云山皆客家人,故能在广西山区中布置一根据地以从事于反清运动,而土、来之争,实为金田发难之导火线,凡此则皆太平天国之革命背景也。

第二章　太平天国之创建

四　洪秀全早年事迹

(一) 洪秀全之异梦

洪秀全者,广东花县客家人,其先世为宋洪皓之裔,迁粤后,初居潮洲之丰顺,数世又分嘉应州石坑派。康熙二十五年,花始置县,东西割南番之一隅,荒陬僻壤,土旷可耕,秀全之十一世祖松三始携二子往垦殖,居官禄㘵。宗祠联云:"由嘉应居石坑,尊祖敬宗,长念馨香俎豆;迁花峰居官禄,光前裕后,宏开礼乐冠裳。"盖纪实也。秀全原名仁坤,小名火秀,祖国游,父镜扬,以农为业。秀全读书聪慧,应童子试列十名内,惟府试辄不售,未能青一衿。道光十七年,二十五岁(嘉庆十八年十二月初十日生),又赴广州领考,于学院前街转至龙藏街,遇一基督教士,长发道装,传布福音。授一书曰《劝世良言》,盖即中国教徒梁亚发所编印之宣传品也。或言系莫理逊所译《圣经》,教士为西人 Edwin Stevens。秀全得书,置箱中未阅读。及道光二十三年,四次赴试落第,心中忧愤,渐蓄异志。有诗云:"龙潜海角恐惊天,暂且偷闲跃在渊。等待风云齐聚会,飞腾六合定坤乾。"揆以此诗,不第宜也。回家即病,病中偶翻书箧,得《劝世良言》读之,懵懂中梦魂游天堂,见无数天使,龙袍角帽,以礼相迎。至金殿,壁挂规铭宝训,天使为之剖换心肠,老妇携往天河沐浴。有顷,一金发黑袍高大老人,召之前,赐一剑,垂泪告之曰:"吾召秀全来此,令尔知天下人尽是我生我教,食我食,衣我衣,眼见耳闻,皆我所造。无一人知恩谢恩,反认做木石偶像之恩,世人何无心一至于此?尔切勿效之!”嘱毕,即命放胆行之。又梦一龙、一虎、一雄鸡来至榻前,遂翻身起坐。告家人以必不久于人世,有负父母兄长教育之恩。及晓,鸟语喧哗,乃吟一诗:“鸟向晓兮必如我,太平天子事事可。身照金乌灾尽消,龙虎将军都辅佐。”吟后,红日入窗,毛骨悚然,大病霍愈。起告其父兄曰:“天下万国人民归我管,天下钱粮归我食,我乃天父上帝真命子,有时讲杂话,是上帝教我桥水,使世人同听而不闻也。”旋又梦转天大战妖魔,连喊亚哥帮手,有时喊杨家将,有时唱赵玄郎,三子爷亲统两傍天将天兵,赶逐妖魔,遂将闯尚高天妖魔逐一诛落地狱矣。上帝赐玺与之,玺颁到之处,妖魔远遁。又赐“天王大道君王全”七字。(据《英杰归真》洪仁玕云:“天父暗置一硃书在燕寝门眉罅中,批云此七字。”可见乃秀全故弄之玄虚也。)秀全因取人王之义而改名焉。自此四十余日,众以为疯狂,而秀全唱《十全大吉诗》曰:

> 三星共照日出天,禾王作主救人善,尔们认得禾救饥,乃念日头好上天。人字脚下一二三,一直不出在中间,玉清不好起歪心,全敬上帝不愁难。清朝灯草就日头,照明天下不用愁,贵人也要三星照,升天享福正修悠。且说金炉是名头,日月照明不用愁,灯草开来对日洪,信实天父自悠悠。功名顶头借金引,不拘大小再真心,戒净邪花酒多少,得福公子贵如金。琵琶鼓乐箫来和,金玉堂中快乐多,正人上天真享福,胜起高楼顶上坐。朝中公子胜公郎,出在深山金玉堂,富贵功名天分定,灯草对紧日头上。笛子出在玉堂中,扇子不拔自有风,山顶白云风吹散,真心敬天不愁穷。黄金财宝是名头,为人修善不用愁,正人自有升天日,天堂享福万千秋。题名头顶半金黄,为人真心总不妨,且看江水何处去,尽归一统转天堂。

以上十诗,秀全于太平天国三年刊布曰《天父上帝言题皇诏》,列旨准颁行诏书总目之首。而安福二王即其兄仁发、仁达所著之《王长次兄亲目亲耳共证福音书》,言十诗皆上帝亲教秀全所读。秀全继唱之诗及预诏尚有二十余首,大旨皆同,惟“皇天上帝是亲爷,那个魔妖冒得他,天父定然天子识,各人跑路莫跑差。"及"堂堂天母朕亲妈,天子定然识得他,劝谕尔们信我讲,云中雪莫惹来加。"又"耶稣救主朕胞兄,万权在握实煌荣,当前三十三天上,几多磨过云雪中。"是为秀全自称天子,而以耶稣为兄之始。因告其父兄曰:"太平真主是我的,我睡紧都坐得江山,左脚踏银,右脚踏金。我是真命天子。"其姊凤姐见之,又用手比写:"我乃太平天子,左手拿日头,右手拿月亮。"洪仁玕《供词》述其时秀全有诗二首云:

手握乾坤杀伐权,斩邪留正解民悬。眼通西北江山外,声震东南日月边。展爪似嫌云路小,腾身何怕汉程偏。风雷鼓舞三千浪,易象飞龙定在天!

手持三尺定山河,四海为家共饮和。擒尽妖邪归地网,收残奸宄落天罗。东西南北效皇极,日月星辰奏凯歌。虎啸龙吟光世界(原作"直捣黄龙须尽醉"),太平一统乐如何!

前一首余于英伦博物院发现其抄件,谓在花县水口庙题诗,第七句作早知历数归吾体。注有此真主四十二岁,红须字样。就此诗可知,秀全假异梦以图龙飞,自称太平天子,已有汉高祖斩白蛇起义师之意。其后造符命,称人王,皆源于斯时,所谓真命天子,手持日月,太平一统,金玉满觉,固仍是一般下阶社会之意识。既假托基督教以神其说,而又言"洪家天子杨家将"及赵玄郎,则其最初所信之宗教,固已不纯矣。得病及异梦事,太平官刊书及洪仁玕供词均言为道光十七年丁酉三月初一日。应极可靠,实则不然。据《太平叛党志》为道光二十三年,因是年洪秀全仍赴广州应考,归而始病,非得《劝世良言》之岁也。证以洪仁玕《供词》,及壬戌十二年颁行之《太平天日》,均谓秀全、仁玕及冯云山同往石角潭浸洗在二十三年。若十七年即有异梦,何能迟至六年之久,方告其亲密之二友以皈依上帝乎?此似建国后故意牵合得书未阅即上天堂,而使人信其梦为真耳。据钦定《英杰归真》云:"天酉年转天时……又于癸荣年未曾看明天书以前。"又《千字诏》云:"丁酉年岁,季春和舒,蒙接升堂,指示根株,命锄务本,芟剔歼除,继或些昧,赐对部书。癸卯斯载,如晦才曙,互相印证,历合玺符。”是皆明言丁酉(十七年)得梦,癸卯(二十三年)阅书,互相印证,方始如晦才曙也。若得梦在先,对书在后,又何能知其为上帝、耶稣?而必待六年后始互相印证耶?仁玕《供词》更注明得《劝世良言》为圣寿二十五岁,余所获仁玕《自述》抄本亦言:“余自道光二十二年壬寅岁,蒙兄洪秀全在丙申年所得《劝世良言》,一一指示。”壬寅、丙申均较癸卯、丁酉早一年,当系追忆之误,然则先得书而后有异梦固可信矣。

(二)洪秀全之出游

秀全既有异志,正如黄巢之不第而造反,但造反必先结合同志,则冯云山、洪仁玕即其最初之同志也。英伦博物院所藏《戈登文书》中,有《粤匪起手根由》云:“洪秀全去到省府考,行至中途,得赞美天书一本,考不赴即回。回时到同学友王纶干家内,纶干云:‘如何不赴考而回?’秀全云:‘有所不知,行至中途,得天书一本,故回,特来,付你一看。’纶干将书仔细观看,与秀全议论:‘此真是天书,最难得,其中大有天缘凑合。’王纶干云:‘且慢,我代你排算八字,看大运临身。’王纶干一排,后来定有九五之尊。洪秀全云:‘我代你推算八字看大运。’秀全一排,后来定为我君师。王纶干云:‘倘能如此大愿有天下,感恩封开国君师。’二人欣然大笑。王纶干云:‘我还有一友,姓冯名云山,知天文地理,可邀来同议此事如何?’洪秀全云:‘果有此人,二人同往一拜。’即至冯云山家,说起洪秀全赴考途中得赞美书一本,后代推算八字,命有九五之尊,故来与你共议大事。洪秀全又将所得天书呈与冯云山观看。云山云:‘此书难得,今观赞美书,昨看天文亦合,果然国运已退矣。’云山又代秀全排算八字云:‘果有九五之尊。’于是三人仰天大笑。洪秀全云:‘虽命有九五之尊,兵马、粮草、将官全无,如何能有天下?’云山云:‘兵将、粮草不愁,但本省不能久住。’秀全问:‘到何处去是好?’云山云:‘最好到广西,广西山多人野,最好招集英雄,买马聚粮。’洪秀全云:‘如是要三人同去。’王纶干云:‘我家中贫苦不能远行,我在家静候佳音。’故二人装着算命先生而行。”上记出于太平军人,颇奇异,类小说家言,事虽不合,而情节宛然,英雄起于草泽,或不能不受小说之影响,观《天情道理书》,有“绝胜常山赵子龙”、“岂逊关张志独雄”、“豪雄胜愈蜀黄忠”、“功盖周家姜子牙”、“漫夸管乐精神壮”诸句,屡言关、张、赵,固仍系桃园结义、拜将封神之想也。王纶干即洪仁玕之讹。秀全于读《劝世良言》后,即逢人宣传。《太平天日》云:“年三十一岁,在癸荣(卯)六月,主有族弟干王洪仁玕,颇有信德见识,主将此情对他说明,他即醒悟。主又将此情说知南王冯云山,三人同在天父面前悔罪,同往石角潭浸洗。”盖秀全以三月初得病,病中胡言乱语,至四十余日,始复原。行止坐立,肃然以正,戒除烟花酒癖,隐然以作君自居,端重其威仪矣。秀全、仁玕、云山均为塾师,遂将馆中所立孔子、文昌及灶君位除去,又捣毁龙母庙、六窠庙。有闻而即信者,有闻而执拗者,有闻而不敢遵守者,有不信而后悟其真者,信者打毁偶像,不信者反殴辱彼等。仁玕之《自述》如此。秀全于其时又有二诗云:

五百年临真日出,那般爝火敢争光?高悬碧落烟云卷,远照尘寰鬼蜮藏。东北西南群献曝,蛮夷戎狄尽倾阳。重轮赫赫遮星月,独擅贞明照万方。

近世烟氛大不同,知天有意启英雄。神州被陷从难陷,上帝当崇毕竟崇。明主敲诗曾咏菊,汉皇置酒当歌风。古来事业由人做,黑雾收残一鉴中。

前诗据《英杰归真》仁玕所述为秀全梦拾落月抛之,醒而吟出。首句作“天下太平真日出”,系其所改,欲附会太平天子者。故太平玉玺秀全名作洪日。《自述》及《起义记》均原作,盖用《孟子》五百年必有名世者之典也。二句“火”作“焼”,则以秀全小名“火秀”,天主名“耶火华”,避其讳,令改“洪秀”或“洪全”,合为“洪秀全”,故太平避“火”为“焼”,避“耶”为“耳”,避“华”为“花”。后诗则秀全明白道出受鸦片战争之影响,而始有“打江山”之意,谓为“知天有意启英雄”。观《英杰归真》仁玕之言曰:

昔吾从游真圣主,每与谈经论道,终夜不倦,言笑喜怒,未尝敢薄待己身。讨论时势,则慷慨激昂,独恨中国无人,尽为鞑妖奴隶所惑矣!余问其故,则答以难言。再三问之,则谓弟生中土,十八省之大,受制于满洲狗之三省,以五万万之华人(避华为花)受制于数十万之鞑妖,诚足为耻为辱之甚者!兼之每年花中国之金银几千万为烟土,收华民之脂膏数百万为花粉,一年如是,年年如是,二百年中国之民,富者安得不贫?贫者安能守法?不问伊犁省或乌隆江或吉林为奴为隶乎?兴言及此,未尝不拍案三叹也!

秀全之从事民族革命,系受鸦片战争之刺激而起,仅仁玕所言,及上述两诗,最近真实,盖先有英雄乘时鼓动之思想,始假托神权以号召。其基本精神,与白莲教“弥勒降世”、“二八中秋黄花落地”相同,虽利用天地会之势力,而于天地会不假神怪之旨不合,故始终与洪大全同床异梦也。以后讳言与天地会合作,乃当然之事。秀全因破除偶像而失馆,始到处活动,系道光二十四年。据《太平天日》云:

年三十二,岁在甲辰,二月十五日,王同南王冯云山、冯瑞嵩、冯瑞珍出游天下,将此情教导世人。始由广东省城,继由顺德,复旋回,转游南海、番禺、增城、从化、清远、英德、函江阳珊(山)连珊(山)等处。

秀全所游之十余县,正是天地会势力所在之处,洪、冯既欲“招兵买马”,能不一拍即合?其与大全相结交,盖即此时。秀全于广西回花县后,一住三年,无所事事,征之大全《口供》,可知其与天地会联络,而为太平文献所深讳者也。

(三) 洪、冯赴广西传教

广西山多人野,容易集事,又可避官府耳目,此冯云山所建议于秀全者。故二人于出游后,至连山八排劝化瑶人,由蔡江转趋广西。瑞嵩、瑞珍二人系云山族人，到白虎圩即回家，仁玕始终以家贫年幼未行。只云山随秀全至广西贵县赐谷村，住黄盛均家（或言盛均王姓，系秀全母家之表兄，后避天王讳改姓黄），黄子为正被告入狱。秀全住三月，以黄家艰苦，期东归，盛均泣留，因遣云山先回。及黄子得释，秀全始回花县。盖秀全以自称传教士之身份为地方官吏所顾忌，故盛均留以营救其子也。云山抵浔州，遇张永绣，乃同往紫荆山一带传教，住曾玉珍家，以教读为名。信徒渐众，始成立"拜上帝会"。秀全回家，知云山未归，常与洪仁玕盘旋，对基督教更加深其信仰，《悔罪诗》云：

吾侪罪恶实滔天，幸赖耶稣代赎全。勿信邪魔遵圣诫，惟崇上帝力心田。天堂荣显人宜慕，地狱幽沉我亦怜。及早回头归正果，免将方寸俗情牵。

自此秀全在家约住三年，仁玕追述其事甚少，惟《起义记》载道光二十五六年仍执教鞭为业，仁玕在清远授徒，常与秀全相见。秀全乃告以中心之秘密及其对满洲人之仇恨。上目所录《英杰归真》仁玕告投降者之言，即斯时事也。但秀全初云难言，经再三问之，始告以受制满人与社会贫困之故。可见秀全蓄异志已数年，常以宗教为掩护，不肯尽情相告，因仁玕对宗教迷信较深，其志趣不同于冯云山耳。然秀全岂安分者？此三年能在村塾作猴狲王耶？意其与天地会积极联络反清，均在此三年中。但天地会为彰明较著之"叛徒"，恐其家庭虑有灭门之祸而阻挠之，故对仁玕尚有若干保留。早年事皆仁玕所述者，只是一片神话而已。如云：

人生天地，眼无三光之明，及五行之火，虽泰山湖海亦不见，其眼光非由己光，是天之光扶助也。鼻之呼吸，刻不能不与天气相通，若半刻不呼，必死无疑。口食之米菜等物，耳通之风声，性灵之降，自维皇上帝，无一不是上帝保佑世人，刻不能少。何世人忘本瞒天，不识生命之源，反说自己本事得来，何其被妖魔菩萨迷蒙至此！即古圣贤虽有功德于人，不独念伊功，且当实力效法，何世人一拜便了，竟不学

尧舜、孔孟之德,独冒为其徒可乎?(见洪仁玕《供词》)

道光二十六年,秀全闻一莫姓(Moo)人云:“有外国教士罗孝全者,在广州宣传真道。”翌年秀全偕仁玕遂往广州,《太平天日》云:“年三十三岁,在丁未二月初,主与干王洪仁玕到广东省城礼拜堂,后干王仁玕回归,主独留礼拜堂,与花旗番(指美国人)罗孝全共处数月。”《洪秀全来历》云:“丁未年将向日所得《劝世良言》,同洪益谦(仁玕原名)到省城礼拜堂对验,更学道理数月,受洗礼功食。”(见大英博物院所藏抄本)而罗孝全《洪秀全革命之真相》云:“约在一八四六或翌年,有两位中国人士到我广州寓所,宣称意欲学习基督教道。其中之一人,未久即回家,但其他一人,则继续留在我处约有两月余。在此期间,彼研究《圣经》,听受功课,而品行甚端,此人似是洪秀全。而叙述其事之人,或即与其同来而先回家者。彼请求受洗礼,但在吾人认为合格以前,彼已往广西去矣。”按罗孝全(Rev. L. Roberts)上文为致教会一公函,载于 *The Chinese and Geneuar Mission and Gleaner*. London. 1852。首谓:“曩余在香港时,关于中国广西之乱事,余曾有重要之发现,有革命军人物,曾到香港探视彼处之传教士,为其笔述革命起事之源始及进程,余曾亲读其文,今乃将其大义复述于次。”罗氏所谓革命军人,即洪仁玕,笔述革命起源,即大英博物院所藏抄本《洪秀全来历》及洪仁玕《自述》。香港传教士即韩山文(Theodone Hamburg)。后韩著《太平天国起义记》,即根据仁玕所述也。惟仁玕述其家世及秀全得异梦事,均亲见,述广西事则皆传闻,故不免有误会处。洪秀全于道光二十七年复入广西,起义后,曾派江隆昌二次回花县,约仁玕前往。并召洪、冯两族人及在粤信徒。仁玕偕五十人西上,以清吏搜查甚严,中途折回,辗转逃至谷岭被逮捕。旋以挣脱囚索,逃至香港,投韩山文处。以香港生计艰难,不久离去,又以清吏捕之急,乃乔装为算命先生,走入东莞县牛眠埔村,隐居张姓家授徒为业,后壁凿穴通后山,以备清兵搜捕逃亡之用。咸丰三年复乔装至香港,访韩山文,在伦敦布道会正式受洗,为基督教徒。翌年假道上海,欲入天京,人不信为天王之弟,仍回香港,习天文历算,授教夷牧。在火轮船赋诗云:

船帆如箭斗狂涛，风力相随志更豪。海作疆场波列阵，浪翻星月影麾旄。雄驱岛屿飞千里，怒战貔貅走六鳌。四日凯旋欣奏绩，军声十万尚嘈嘈。

五　金田之起义

（一）冯云山创拜上帝会

冯云山于道光二十四年由贵县东归，至浔州复折回桂平大冲曾玉珩家教读，宣传基督教，往来邻近诸县，由大墟入北山里龙山中，潜到开矿之处，纠合矿工拜会，其组织曰拜上帝会，一时附从者甚众。《瓮牖余谈》谓云山为桂平人，少尝从叔氏流寓花县，与秀全共塾读书，习举子业不售，乃设帐于村中（禾落地乡，距官禄㘵甚近）。为人尚权诈，多诡谋，时为村人讲说《水浒》演义，以吴用为世间第一流人。秀全闻村人言：冯先生今智谋之士也，因往访之，倾怀结纳，尽忘顾忌（此言甚有意义，盖秀全于仁玕尚有所顾忌也）。及别去，出指其室曰："此即南阳之草庐也，今何时乎？岂尚可高卧乎哉？子若肯为我出，天下不足平矣。"村人多不解其语，二人相视而笑。由是旦夕往来，踪迹益密，遂弃家室，与洪周历各处，诡称与洪同乡。云山在桂平、贵县一带之山区活动，即以矿工、炭工、佃农之客家人为对象，从事秘密结合。首先附之者，杨秀清也。秀清桂平县人，原籍广东嘉应，先居武宣，后徙桂平平隘山，以种山烧炭为业。容貌瘦削，躯干猥琐，面色青白，目不识丁。《天情道理书》谓其生长深山之中，五岁失怙，九岁失恃，零丁孤苦，困阨难堪。然《清实录》言杨秀清为湖南耒阳杨大鹏之子，道光二十三年大鹏起事被诛，秀清越狱逃广西。如此说果确，则杨秀清亦天地会党人，宜其后之不能与秀全相终始矣。其继则萧朝贵、石达开、韦昌辉、秦日纲。朝贵武宣庐陆峒乡人，种田垦山，终岁力作，狼躯猿臂，多力善斗，与秀清邻，与相识，因秀清以入会焉。《天情道理书》称其境之逆，遇之啬，难以枚举。达开贵县北山里来人，躯干停匀，面白皙，家素豪于资，至达开尤饶裕。少亦读书应试，喜以谋略自见，因之结纳遍于远近。昌辉原名正，桂平金田乡人，面瘦黑，长身鹤立，性奸刻，机诈百出。家业农,衣食充裕,曾纳粟为监生,时出入衙门,干预公事,乡人颇信惮之。《天情道理书》称石、韦为富厚之家。日纲原名日昌,桂平白沙人,少佣于人,颇勤慎尽力,长以制菽乳为业。与秀全早相结,秀全谓其忠勇信义,可恃之为爪牙心膂。或言日纲精拳棒,尝杀营弁,逃命粤东,闻秀全名,往从之。洪、冯传教,尝受乡民殴辱,二人文弱,辄狼狈。日纲身材魁伟,勇悍慑人,人皆不敢犯,类秀全之保镳也。秀全于道光二十七年复入广西,至贵县,闻黄盛均言,始知云山所在,因往投之,亦住桂平曾玉珩家。踪迹诡密,人莫能测,云山拥戴为教主,故示神奇,惟与冯、杨、萧、韦、石、秦六人深相结,以冯为天父第三子,杨第四,韦第五,石第七。其六则秀全之妹洪宣娇也。宣娇为绳伎,颇有姿色,卖艺广西,朝贵礼之甚恭,尝执鞭以随之,因结为夫妇。是年冬,秀全、云山率曾沄照及卢六至象州,捣毁甘王庙,秀全作诗题其壁云:

> 题诗草檄斥甘妖,该灭该诛罪不饶。打死母亲干国法,欺瞒上帝犯天条。迷缠男妇当雷劈,害累人民定火烧。作速潜藏归地狱,腥身那得挂龙袍。

冯云山亦题一诗,惟《太平天日》载之,他书罕见者,特录之:

> 奉天讨伐此甘妖,恶孽昭彰罪莫逃。迫我弟妹诚敬拜,诱吾弟妹乐歌谣,生身父母谁人打,敝首邪尸自我抛,该处人民如害怕,请从土壁读天条。

秀全又降童子言,以造作符命,云:“三八廿一,禾乃玉食,人坐一土,作尔民极。”三八廿一为“洪”字,天地会之暗语也。禾乃为“秀”字,“人坐一土”为全字,谓洪秀全当得天下以作之君也。白石赤符之谶,当不过是,由此可见秀全利用宗教以愚民,初固不限于基督耶稣之语,而每有告诫,即降童子言,因以萧朝贵附耶稣,代之惑众。《醒世文》所谓:“天排西王真忠勇,冲锋破敌武略精,天兄下凡亲降托(九月初九日),大作担当救世人。帝婿雄心护真主,右弼军师甚艰辛”是已。惟杨秀清于道光二十八年(戊申岁三月初三日)忽称天父下凡,令代世人赎病,口哑耳聋,艰苦备尝,此必非秀全所愿闻者。据《瓮牖余谈》云:

> 尝与西贼妻宣娇私,贼伙至不及避,乃故作天父下凡状,曰:“宣娇我第六女,秀清之胞妹,可易姓杨。我命秀清卧,为天下兄弟赎病也,命宣娇同秀清卧,为天下姊妹赎病也。胞兄妹同卧何害,众勿疑,遂自号禾乃师赎病主,其诡妄如此。

又云:“宣娇微有姿,东贼每创密谋,必集其舍,出入无忌,遂与之私,西贼亦甘受其愚,佯若不知。一日为众所见,乃假天父下凡,谓天下男女赎罪,呼西贼为贵妹夫。西贼弗以为耻,转以夸耀于人。”此说似可信,盖秀清初假天父下凡以遮羞,至道光三十年,忽又口哑耳聋,耳孔出脓,眼内流水,装成病废之状,以为十月初一日,金田团营时天父下凡之证。自此借天父以攫获军政大权,后且胁制秀全矣。秀全之信徒皆来人,与土人积不相能,其毁庙捣神也,土人指为邪教谋叛。生员王作新首告之。并起团练拘获冯云山,交保正曾祖光解官,会徒抢为解脱。道光二十八年,作新又起团勇逮捕秀全、云山及曾玉珍、卢六交大湟江司。该司只将冯、卢送县。秀全赴广东谋上诉未达,又回广西。卢六囚毙(洪追封为㫰王),冯云山被押解回籍,途中说解差释放之。知秀全东归,亦返花县。秀全因云山东返,复回家与之定计。二十九年五月,始同赴桂平。其后黄为正亦被捕瘐死,即《太平天日》中之觐王,为洪秀全所追封者也(《太平诏旨抄》谓追封烈天义)。

(二) 金田之团营及发难

来、土人相争械斗,是为金田发难之前奏,因拜上帝会信徒多来人,土人假团练以攻之,来人败后无所归,均逃赴金田。秀清即令每地籍为一军,以旗识别,上书“太平广西某地黄旗”字样。团营者,即命令教徒集中之谓也。当时除桂平外,尚有平南、贵县、博白、苍梧、武宣等县,有众数千,均冒充团练,掩护会合。浸浸与官兵为敌矣。据《天情道理书》云:“金田团营,时维道光三十年十月初一日(一八五〇年十一月四日),天父大显权能,使东王忽然复开金口,耳聪目明,心灵性敏,掌理天国军务。”盖秀清病数月而始愈,特假此以军事领袖自居。其时秀全、云山等均匿居平南花洲胡以晃家,以云山逃犯,为官兵所困。韦昌辉原为金田富绅,教徒聚众抗官,官方指昌辉左右之,发兵往捕。会党抗拒,杀巡检张镛。秀清乃派蒙得恩带队往花洲,迎接秀全等回金田。又与黔军开战获胜,其势已如箭在弦上,不得不发矣。《洪秀全来历》云:“己酉年(道光二十九年)上帝降言云:‘人将瘟疫,宜信者得救。’后果然,故信从愈众。庚戌年(三十年)又降言云:‘有田无人耕,有屋无人住。’后土人、来人相杀,又验帝言。虽然如此,本不欲反,无奈官兵侵害,不得已而相抗也。”《洪仁玕供词》述起事之缘由较详,录如下:

众人心目中,见我主能驱鬼逐怪,无不叹为天下奇人,故闻风信从,且能令哑者开口,疯瘫怪疾信而即愈,尤足令人来归。故于癸卯、甲辰、戊申、己酉等年,与南王冯云山往返粤西数次,俱有树立。至庚戌年,因来人温姓富豪欺人,与土人争斗,而贵县知县准土人与来人相杀启衅,即有张家祥、大鲤鱼、陈贵、苏三相、李士魁等寇,打邻劫乡,相率为祸。而拜上帝会之人俱不准其帮助,只令凡拜上帝者团聚一处,同食同穿,有不遵者依例逐出,故该抢食贼匪被官兵逐散一股,即来投降一股。惟恐天王不准,故严守天条规律,不敢秋毫有犯。天王劳心,即将博白、贵县、象州、金田、花洲、如来、扶主等队,俱立首领,编以军帅、师帅、旅帅以下等爵,男女有别,虽夫妇不许相见,故所至无不胜捷。且有东、西、南、北、翼五王为之谋猷,有李开芳、李开明、林凤祥、罗大纲、陈承瑢、秦日光等为统兵之将。一时风云会合,非人力所能为也。且东王蒙上帝降托,能知过去未来,令人钦服之至。且能代人赎病,至耳聋流水,口哑流涎,二月余之久,众有疑为废人者。殊后有一日即开口病愈,每有所言即应验。而西王萧朝贵蒙天兄降托,而能大获胜仗,故当时所战克者,皆西王蒙降托之力也。

> 又细推其在金田起义之始，固由历年神迹所致，乃众心坚如金石。又因当时拜菩萨者忌恶拜上帝者毁其所立偶像，因各攻迫，日聚日众，凡有攻伐，皆有天助神奇。贵县、白沙兄弟，被山尾村抢去耕牛，十余兄弟追杀至该村大胜。该村人演戏旺其菩萨，又看戏人自惊，自相残踏，该村数千家无人敢欺者，被十余人打胜。又博白、鹿川等处团聚数千兄弟，路经半月，到金田、象州亦被迫团聚数千到金田。此时天王在花洲胡豫光家驻跸，乃大会齐各队到花洲，迎接圣驾，合到金田，恭祝万寿，起义正号太平天国元年，封立幼主。

就以上所述，则知土、来私斗，以及上帝会受官方攻迫，日聚日众，为金田起义之序幕。秀全本有民族思想、英雄壮志，以辅佐真命天子，同享太平天福为号召，此固一般人平素所最歆羡者，故于十二月初十日，趁徒众为其祝寿时，乃高揭反清之义旗，而建太平王之号焉。所谓天下太平，乃民众之谚语，亦天地会党人所常道，如曰："暗藏三点革命，誓灭清朝，扶回大明江山，同乐太平天下。"(《洪门小引》)诗句有："渡过乌龙见太平"、"一统山河定太平"。又有太平墟、太平圩等。所谓天国，乃自喻为上帝之国，如《圣经》云"天国近矣"。即此可见秀全之革命思想，乃杂糅天地会、基督教而一之，以后政令，皆不外是：洪仁玕所谓"新天新地新人新世界"者也。以民族主义而另建新朝，以宗教革命而除旧布新，此秀全之基本态度也。惟会众虽有私斗之经验，却无行军之方略，杨秀清统之，直同乌合。及天地会党人相率加入，而洪大全亦以失败来投，遂为之定军制、严组织，太平军之势力渐强。初时清兵亦以太平异军特起，犹未指名，只顾追逐他盗。及其羽翼既成，兵数满万，再欲扑灭之，则已不可制矣。

(三) 清廷对广西乱事之处置

方是时清政府新以鸦片战争之失败，举二百年京旗绿营积弱之实况，一旦暴露于天下，草野有志之士，已窃疑朝廷统治力之不足，相率加入天地会，从事于民族革命运动。重以连年凶歉，流亡相属，强悍无赖者，不为寇盗，无以为生，而地方文武，方苟求一日之恬嬉，漫无准备。道光末叶，两粤大饥,群雄并起,所在剽掠,而以广西之柳、庆、思、浔、梧、宁五府一州间为尤甚。湖南天地会党人雷再浩、李沅发举事,先后扰粤边,窥桂林。道光三十年沅发始平,而粤乱复起。庆远则张家福、钟亚春,柳州则陈亚葵、陈东、山猪箭,武宣则刘官方、梁亚九,象州则区振组,浔州则谢江殿,而亚葵势尤众,其余如张家祥、大鲤鱼等当不下数十股。广西巡抚郑祖琛老病惮事,虽严檄所司缉治,而不能戢。居民知官军之保护不足仰,乃自创团练相守望,不受地方官之约束。秀全即借此聚众造械,以图大举。广西警报达清廷,诏命两广总督徐广缙赴梧州戡乱,广缙以广东韶、连间方有天地会发难,无暇兼顾,乃益促郑祖琛出省督军。祖琛移驻平乐府,度力不能歼敌,奏请命大将会剿。清廷先后命固原提督向荣、前云南提督张必禄驰驿前往。向荣至桂林,改授广西提督,往来击逐,张家祥等皆投降。祖琛多病佞佛,专事慈柔,给事中袁甲三劾其弥缝欺饰,豢贼酿乱。因着徐广缙查奏,并起前云贵总督林则徐为钦差大臣,驰赴广西,督率剿抚。广缙复奏祖琛工于粉饰,文武皆不畏服。得旨着即革职,以林则徐暂署巡抚。则徐由闽兼程奔赴,至潮州病薨,张必禄甫抵浔州亦卒。诏更以故两江总督李星沅为钦差大臣,以故漕督周天爵署广西巡抚,加总督衔,专办军务。巡抚一职,由布政使劳崇光暂行代理。而张必禄所统贵州、安徽绿营兵之屯浔州者,星沅饬镇远总兵周凤岐接统之。凤岐令副将伊克坦布往攻金田,秀全众初未经战,皆疑惧议固守。萧朝贵曰:“金田无险可扼,无城可凭,且起兵矣,既不能战,又焉能守?”遂率五百人首先陷阵,清军大败,伊克坦布死焉。此为清、洪两军接战之始。天爵以金田裹胁日众,将为劲敌,咨调向荣由横州移师以剿之。秀全初起,军粮未备,又禁抢掠,仅昌辉、达开倾家产济饷,何克供应大军?秀清、朝贵乃谕令概行食粥,以示节省。时大头羊、张钊等亦合于太平军,而素行不改,秀全众多有利其财货欲往随之者。朝贵乃降托天兄下凡,指其为贼匪,非真心敬拜上帝之人,勿受其惑。张钊等不容于金田,亦投降清军。《天情道理书》谓旋将妖党概行剿灭。此乃宣传语,非实情也。据《大清实录》咸丰元年三月,寄谕钦差大臣李星沅等:“徐广缙奏:投诚贼目,叠次杀贼出力。据称张钊即大头羊,田芳即大鲤鱼,侯志即卷嘴狗,关巨即大只具,经藩司劳崇光准其投首，督率在金田剿捕会匪一次，又在大黄江剿捕会匪一次，本年二月初三等日，进剿会匪，张钊等皆随同杀贼。初八日火烧大黄江，牛排岭，张钊等首先施放火箭，焚毁贼巢，似此以毒攻毒，未始非化盗为民之法。”又二年正月庚午（二十日）谕军机大臣等：“据孙锵鸣奏：‘广西难平之患，尚不在永安一处，其召募之广勇及各处壮勇，均不受节制，战不向前，处不安静，并有暗中通贼者。间与裁汰，遂肆劫掠。新到潮勇，尤节节滋事，经过梧州地方，闭城数日。其招安之巨匪，如大头羊、大鲤鱼等，仍在浔、梧一带江面，包货抽税，剽劫如常’等语。……至大头羊即张钊、大鲤鱼即田芳等投诚以来，是否真能效力，现在如何驱使，若仍在沿江劫掠抽税，地方官隐忍姑容，必致又酿巨患。以上情节，均着赛尚阿严密访查，据实惩办，切勿受人蒙混！”可见张钊、田芳等在脱离金田后即随同清军作战，一年后尚在浔、梧一带包货抽税也。咸丰元年正月，秀全等由金田出经八峒水而至大黄江，向荣战不利。太平军分扰桂平附近诸县，前锋且及象州。秀全屯大黄江，自称太平王，以秀清为左辅正军师，朝贵为右弼又正军师，云山为前导副军师，昌辉为后护又副军师。二月，清廷调广州副都统乌兰泰赴广西，佐理军务，与向荣分道防战。两方虽时有接触，而太平军势力不稍衰。星沅、天爵又以事相龃龉，疏请统帅。清廷乃遣大学士赛尚阿，率都统巴清德，副都统达洪阿将京旗兵四千余人，赴粤督师。赛尚阿以四月陛辞出都，带部府库银二百两充军饷。未至，而星沅病卒，乃授赛尚阿钦差大臣，先以天爵权之。而天爵复劾向荣不遵节制。廷议天爵年老，罢督师，褫总督衔，以邹鸣鹤为广西巡抚。清人论者，率以金田初起，不过乌合，苟军略一致，举动得宜，未尝无坐弭巨敌之望，然自则徐道殁，期月之间，将帅屡易，文武不合，秀全得乘间煽动，势焰始炽，是知祸变之来，有莫之致而致之者已。殊不知近代民族革命，久已孕育于我国社会间，天地会历康、雍、乾、嘉四朝而运动弗衰，迄道光已一发不可收拾。洪秀全承其余绪，易以新帜，既鼓荡革命之细流为狂澜，复假借外洋之宗教作掩护，教民耳目一新，团结愈坚，一旦发难，势岂可侮？即令则徐未死，将帅和衷，以向荣、周凤岐所率数千绿营兵，欲一举而歼灭其万余之众，诚戛戛乎难矣！况太平又利用天地会在两粤之势力为羽翼，绝非枯朽之清兵所能应付者，莫之致而致之语,岂笃论哉?

六　太平军之北上

(一) 永安之建号

《大清实录》道光三十年十二月己卯(二十二日)谕军机大臣等:"劳崇光、向荣进剿金田会匪情形一折。广西桂平县属之金田村,有会匪屯聚,经署总兵周凤岐等督率兵勇,分投防剿,并派副将李殿元等驰往堵御。该署总兵等,宜如何设法布置,奋勇争先,乃在思旺墟追击,被贼分股四扑,官兵失利,以致副将大员阵亡(指伊克坦布),文武员弁被害,虽因贼势猖獗,亦由调度无方,遂致堕贼术中,深堪痛恨。着李星沅等查明失机文武员弁,据实严参。向荣剿办横州等处贼匪,屡获胜仗,现据奏称督带官兵驰往桂平,督同周凤岐合力兜捦,自当相度形势,熟审贼情,将此股逆匪,克日歼除。至该匪诡装壮练,溷入我军,尤当豫为设防,勿致售其奸计。"据此则金田未起义前,清军已因其团营屯聚而加以攻击矣。咸丰元年正月,金田村贼首韦正、洪秀泉之名,始见诸上谕。而周天爵探闻贼匪情形一折,并提及洪大全。二月,李星沅又有遵查贼匪股数名目一折。惜《实录》未载。仅有逆首韦正、韦元玠、洪秀泉及各股匪首等语。四月,方谓:贼首韦正、洪秀泉、冯云山、杨秀青、胡一洸、曾王秀等,既访得确实,即当设法悬赏钱,使贼党自猜。可见清廷对于秀全初起即已注意,而洪大全率天地会党人与之合作,亦必在道光三十年十二月间,此与大全之《口供》悉合。不然,何能见诸天爵咸丰元年正月之奏疏,而此后两年间即未闻有洪大全之名耶?大概张钊、田芳、侯志、关巨等皆天地会党人,因不满秀全压迫其信基督教,反降清以攻太平,大黄江之战,即有钊等参加。大全之党与既相率离去,仅罗大纲、林凤祥从之,其势已孤,故虽尊为天德王,称万岁,然已非主要人物矣。时广东天地会党人凌十八、陈十六、赖八、梁十八、梁二十、刘八、温大、货五等,有众数万,均纷纷向金田集中,因被阻于清军,在梧州、郁林一带,攻城掠地,由徐广缙带兵督剿,始终未能越罗境。以故秀全之势力,得由裹胁之民众以充之,其性质转趋单纯,于是民族革命之精神，亦逐渐为宗教之气氛所笼罩。此固秀全团结军心之一道，而亦终归失败之原因也。元年三月，杨秀清假托天父下凡，谕众："要认得真天父天兄，要真心扶主顾王，若不扶主顾王，一个个都难逃命。"继而萧朝贵又假托天兄下凡，要大家守天条，遵命令，同心同力，同打江山。时太平军已由大黄江退桂平新墟，逾紫荆山而抵武宣东乡。正受清军包围。杨、萧乃借此以鼓励士气耳。六月初四日，赛尚阿抵桂林，添募广勇、潮勇，合先后所调兵三万余，分路严堵。饬乌兰泰克期会剿，军迫象州。太平军自武宣至象州中坪，复占领紫荆山、金田一带，前后以新墟、双髻山、猪仔峡为要隘。七月，清军达洪阿、乌兰泰、李能臣、巴德清、向荣等分四路进击，尽夺双髻山诸要隘，薄风门坳，韦昌辉之弟亚孙（清廷谕旨称韦元玠）等十一人战死。八月，秀全令分水陆两路攻永安，水路由杨秀清、冯云山统带，陆路由萧朝贵、韦昌辉、罗大纲统带，经大梨至永安。乌兰泰、向荣亦分道追之，乌兰泰军经鹏化山，阻山内，秀全反击向军，乘雨薄之，向军大败。闰八月初一日，克永安，此为太平军自起事以来首先占领之城池。秀全先于咸丰元年二月二十一日，在武宣东乡，宣布其国号曰太平天国，自立为天王，妻赖氏为后，子贵福为幼主。至是始正式建号改元[1]，封杨秀清东王，萧朝贵西王，冯云山南王，韦昌辉北王，石达开翼王，其授职诏令如下：

天王诏令：通军大小兵将，各宜认实真道而行。天父上主皇上帝才是真神，天父上主皇上帝以外皆非神也。天父上主皇上帝无所不知，无所不能，无所不在，样样上。又无一人非其所生所养，才是上，才是帝。天父上主皇上帝而外，皆不得僭称上，僭称帝也。继自今众兵将呼称朕为主则止，不宜称上，致冒犯天父也。天父是天圣父，天兄是救世圣主，天父、天兄才是圣也。继至今众兵将呼称朕为主则止，不宜称圣，致冒犯天父、天兄也。天父上主皇上帝是神爷，是convenient爷，前此左辅右弼前导后护各军师，朕命称为王爷，姑从凡间歪例，据真道论，有些冒犯天父，天父才是爷也。今特褒封左辅正军师为东王，管治东方各国；褒封右弼又正军师为西王，管治西方各国；褒封前

> 导副军师为南王,管治南方各国;褒封后护又副军师为北王,管治北方各国。又褒封达胞为翼王,羽翼天朝;以上所封各王,俱受东王节制。另诏后宫称娘娘,贵妃称王娘,钦此。

其余秦日纲、胡以晃、罗大纲等及有功将士八百余人皆按新定官制,授丞相、总制、军帅、师帅。惟洪大全以客位仍尊为天德王,与秀全并称万岁,居朝内正屋。东王称九千岁,西王称八千岁,南王称七千岁,北王称六千岁,翼王称五千岁。初秀全之谋起事也,密令徒党蓄发易服制,伏山林间,及与清军相见,前发鬖然,衣冠皆古,清军谓之发逆,俗呼为“长毛”。官牍以其发难广西也,谓之粤匪,亦称会匪。而外人则多称为太平军云。惟据洪大全呈递清廷《表文》言“不许群下薙发,多杀无辜”,系在永安“贼僭号改元”后,是初起尚无严格规定也。秀全始在永安建号改元,不仅大全之说可为证,即《太平历书》前载之天王诏旨,亦屡言“二月二十一日是太兄及朕登极节”,及“二月念一哥登极,亦朕登极人间和”。是秀全建号之日,为咸丰元年二月二十一日,已明定为节日矣。历书所载六大节日:正月十三日太兄升天节,二月初二日报爷节,二月二十一日登极节,三月初三日爷降节,七月二十七日东王升天节,九月初九日哥降节。而天王生日及起义纪念日不与焉。可见秀全对起义之日期,尚不重视,特于建号改元,以与东王升天定为两大节日,余四节纪念天主耶稣者,无关人事可不论耳。简又文《太平天国典制通考·天号考》对于建号累数千言以驳谢兴尧之说,笃信事后追忆之洪仁玕《供词》,谓建号在金田起义时,郭廷以《太平天国史事日志》亦同。殊不知追忆称谓,及病后胡言,全非事实,而太平天国固明白规定登极之节日,不可夺也。惟此所谓登极节,亦系纪念之义,盖当时只建号曰太平天国元年,而尚未改历,至永安,始正式改历建元,封赏功臣。故洪大全以“贼僭号改元”系于永安时也。简先生以登极节解释为耶稣复活节,恐洪氏当时尚无推算复活节之知识,徒以该日为复活节,后遂附会为太兄及朕登极节也。若就登极字面而言,无宁谓为秀全建号之日为愈耳。清帝于即位后,亦有登极大典,秀全盖仿而行之云。

〔1〕按《英杰归真》洪仁玕云:“幼主降世二年,岁在庚戌,有粤西大臣黄盛爵、侯昌伯来接,是晚屋上发红圆光一道,远见者疑为焚烧,近者见渐高而散,一连两夜如是。及到天京时,吾幼主万岁才几龄,乃于梦觉中常发声云:‘日头王,照万方。’是岂泛常之语乎?”外人所著《太平天国起义记》、《太平叛党志》均谓天王幼子,生于一八四九年(道光二十九年)十月初十日,有百鸟翔集之瑞。妻赖氏生二女一子。赖氏之里居,即官禄㘵西十余里之九间乡。其弟赖汉英即于道光三十年送姊赴粤西而随同起义,初封侍卫将军。见《洪大全口供》及抄本《万大洪告示》所附职名单。而沈懋良《江南春梦庵笔记》云:“伪幼主洪天贵,伪国舅赖汉英子,道光二十九年十月初一日生,咸丰二年,从继母被掠于武昌。”又云:“伪后赖氏,黄瑞兴女,年十六,嫁赖汉英为继室,其姑服役余家,亦比邻。氏与汉英父子及予皆为赞逆所掠,时嫁未逾月也。洪逆于舟次见之,屡挑以目,赞逆遂令易男装以进。”斯言甚异,然绝不可信。盖秀全于永安即有后宫及幼主之封,而赖汉英之参加革命,亦在金田起义时也。即以情理度之,秀全在永安,已有后妃三十六人,岂能更目挑一被俘之妇,而遽立为后?天王位尊,亦未必竟与俘虏同舟。且幼主既非秀全子,亦非赖氏出,何能立以为嗣,而爱护若此?此岂人情乎?然沈氏所记,固若确凿有据者,某人之女,某人之妻,某人之子,又系比邻而同被掠,赖姑且服役沈家。沈在蒙得恩部下任书记,其纪载太平事,史家谓颇多重要之点,何以于此事荒唐乃尔?意者男女别馆,界制森严,鄂渚果有一女,被掠入宫,而沈氏遂为附会之谈欤?

(二)永安之溃围

时广西乱事,渐次肃清,陈亚葵、颜品瑶等皆剪灭,余或依附太平,或投降清军,清军乃得专意对秀全。咸丰元年九月,赛尚阿移屯阳朔,督诸道兵以十一月合围永安,军凡数十营。向荣统北路,乌兰泰统南路,两人以战略不合,互有违言。时秀水知县江忠源(字岷樵,湖南新宁人,道光丁酉举人)以父忧去官,赛尚阿闻其知兵,疏调军前,募故所团勇五百,使弟忠浚帅以至,号曰“楚勇”。湘勇之募集与出境助战,自忠源始。太平军势方张,分屯城外,清军数万莫敢撄。楚勇至,敝衣槁项,诸军皆匿笑,忠源筑垒近敌。太平军以其少,且新集易与也,急攻之。忠源坚壁如不敢战。及太平军近堑,忽开壁驰之,斩首数百。乌兰泰附掌语人曰:“君等蔑视楚勇,今何如?”向、乌不合,忠源颇往复调停其间,卒不能得,因引疾去。清军围永安四阅月,不下。秀清使间谍以重赂贿向荣幕僚说荣曰:“兵法围城,当缺一隅,不然,困兽犹斗,杀伤实多。”荣信之,故清军合围,独留城北一面。秀全孤城无援,火药垂尽,众穷蹙有散意。秀全乃通令军中曰:“天王诏令通军男将、女将:千祈遵天令,欢喜踊跃,坚耐威武,放胆诛妖。任那妖魔千万算,难走天父真手段,江山六日尚造成,各信亾爷为好汉。高天差尔诛妖魔,天父天兄时顾看。男将女将尽持刀,现身着衣仅替换,同心放胆同诛妖,金宝包袱在所缓。脱尽凡情顶高天,金砖金屋光焕焕,高天享福极威风,最小最卑尽绸缎,男着龙袍女插花,各做忠臣劳马汗。钦此。”而杨秀清、萧朝贵亦发布讨清文告,遍张通衢,其词曰:

真天命太平天国禾乃师赎病主,左辅正军师东王杨,右弼又正军师西王萧为奉天讨胡,檄布四方,若曰:嗟尔有众,明听予言!予惟天下者,上帝之天下,非胡虏之天下也;衣食者,上帝之衣食,非胡虏之衣食也;子女民人者,上帝之子女民人,非胡虏之子女民人也。慨自满洲肆毒,混乱中国,而中国以六合之大,九州之众,一任其胡行,而恬不为怪,中国尚得为有人乎?妖胡虐焰燔苍穹,淫毒秽宸极,腥风播于四海,妖氛惨于五湖,而中国之人,反低首下心,甘为臣仆,甚矣哉,中国之无人也!

夫中国首也,胡虏足也;中国神州也,胡虏妖人也。中国名为神州者何?天父皇上帝真神也,天地山海,是其造成,故从前以神州名中国也。胡虏目为妖人者何?蛇魔“阎罗妖”邪鬼也,鞑靼妖胡,惟此敬拜,故当今以妖人目胡虏也。奈何足反加首?妖人反盗神州?驱我中国悉变妖魔?罄南山之竹简,写不尽满地淫污;决东海之波涛,洗不尽弥天罪孽!予谨按其彰著人间者,约略言之:夫中国有中国之形象，今满洲悉令削发，拖一长尾于后，是使中国之人变为禽兽也。中国有中国之衣冠，今满洲另置顶戴，胡衣猴冠，坏先代之服冕，是使中国之人忘其根本也。中国有中国之人伦，前伪妖康熙，暗令鞑子一人管十家，淫乱中国之女子，是欲中国之人尽为胡种也。中国有中国之配偶，今满洲妖魔悉收中国之美姬，为奴为妾，三千粉黛，皆为羯狗所污，百万红颜，竟与骚狐同寝，言之恸心，谈之污舌，是尽中国之女子而玷辱之也。中国有中国之制度，今满洲造为妖魔条律，使我中国之人无能脱其网罗，无所措其手足，是尽中国之男儿而胁制之也。中国有中国之语言，今满洲造为京腔，更中国音，是欲以胡言胡语惑中国也。凡有水旱，略不怜恤，坐视其饿莩流离，暴露如莽，是欲使中国之人稀少也。满洲又纵贪官污吏，布满天下，使剥民脂膏，士女皆哭泣道路，是欲我中国之人贫穷也。官以贿得，刑以钱免，富儿当权，豪杰绝望，是使我中国之英俊抑郁而死也。凡有起义兴复中国者，动诬以谋反大逆，夷其九族，是欲绝我中国英雄之谋也。满洲之所以愚弄中国，欺侮中国者，无所不用其极，巧矣哉！

昔姚弋仲胡种也，犹戒其子襄使归义中国。苻融亦胡种也，每劝其兄坚使不攻中国。今满洲乃忘其根源之丑贱，乘吴三桂之招引，霸占中国，极恶穷凶。予细查满鞑子之始末，其祖宗乃一白狐、一赤狗交媾成精，遂产妖人，种类日滋，自相配合，并无人伦风化。乘中国之无人，盗据中夏，妖座之设，野狐升据；蛇窝之内，沐猴而冠。我中国不能犁其窟而锄其穴，反中其诡谋，受其凌辱，听其吓诈，甚至庸恶陋劣，贪图蝇头，拜跪于狐群狗党之中。今有三尺童子，至无知也，指犬豕而使之拜，则艴然怒，今胡虏犹犬豕也，公等读书知古，毫不知羞。昔文天祥、谢枋得誓死不事元，史可法、瞿式耜誓死不事清，此皆诸公之所熟闻也。予总料满洲之众不过十数万，而我中国之众不下五千余万，以五千余万之众，受制于十万，亦孔之丑矣！

今幸天道好还，中国有复兴之理，人心思治，胡虏有必灭之征。三七之妖运告终，而九五之真人已出。胡罪贯盈，皇天震怒，命我天王肃将天威，创造义旗，扫除妖孽，廓清中夏，恭行天罚。言乎远，言乎迩,孰无左袒之心?或为官,或为民,当急扬徽之志!甲胄干戈,载义声而生色;夫妇男女,抒公愤以前驱。誓屠八旗,以安九有。特诏四方英俊,速拜上帝,以奖天衷。执守绪于蔡州,擒妥欢于应昌。兴复久沦之境土,顶起上帝之纲常。其有能擒狗鞑子咸丰来献者,或能斩其首级来投者,又有能擒斩一切满洲胡人头目者,奏封大官,决不食言。盖我中国之天下,今既蒙皇上帝开大恩,命我主天王治之,岂胡虏所得而久乱哉?

公等世居中国,谁非上帝子女?倘能奉天诛妖,执蝥弧以先登,戒防风之后至。在世英雄无比,在天荣耀无疆。如或执迷不悟,保伪拒真,生为胡人,死为胡鬼。顺逆有大体,华夷有定名,各宜顺天,脱鬼成人。公等苦满洲之祸久矣!至今而犹不知变计,同心戮力,扫荡胡尘,其何以对上帝于高天乎?予兴义兵,上为上帝报瞒天之仇,下为中国解下民之苦。务期肃清胡氛,同享太平之乐。顺天有厚赏,逆天有显戮。布告天下,咸使闻知。

此檄文为太平天国二年《颁行诏书》中三通之一,系初次对外发布者。重在排满,未多倡教,用语颇类明太祖之讨元檄文,可见太平起义,仍以民族主义为号召,与天地会之反清革命,如出一辙也。所谓上帝,乃作真命天子之符,且以是胶固人心耳。杨、萧皆非能文者,恐出大全之手。咸丰二年二月,洪秀全以孤城困守,不能坐而待毙,乃下令天地会主将罗亚旺(大纲)破寿春营,得由古苏冲小路出关,准备突围。全军分三起,于十六日夜陆续出城,舍昭平、平乐大道,由小路经牛角瑶山,过马岭、六塘、高田径扑桂林。乌兰泰邀击之,洪大全被执。萧朝贵返扑清军,会天雨,山径险滑,云雾罩合,兵将咫尺,不能相顾。朝贵部固多山民,攀陟如猱,辄据优势,遂大败清军,乌兰泰坠涧(大洞山),总兵长瑞、长寿、董光甲、邹鹤龄死焉。向荣先引所部遁桂林,乌兰泰收残卒蹑太平军后,至六塘墟距桂林仅六十里。秀清见势迫,谓朝贵曰:“乌兰泰虽残破,而勇悍善战,请弟以所部歼之。”朝贵遂设伏将军桥,清军至,以炮轰之,乌兰泰中炮伤,兼旬而殁,其遗折云:

为身受重创,医药罔效,谨具遗折恭谢天恩,仰祈圣鉴事:……该逆窜据永安,乘雨夜遁,奴才追至古東山内,斩杀二三千名,并生擒伪天德王洪大泉。讵意接仗之际,忽起云罩,咫尺莫辨,以致兵勇紊乱,功败垂成。……嗣闻贼匪窜扑省城,赶即跟踪尾追,于三月初一日午刻行抵桂林城外,探知该逆正在攻城,飞速督兵前进,该逆措手不及,我兵乘胜掩杀,斩获无算。查将军桥为扼要之区,奴才当即勒马桥上,催兵追杀,讵该逆从两旁破屋内施放枪炮,一时躲闪不及,致伤左膝。兵勇见奴才受伤,赶即回救,将军桥得而复失。奴才伏思两次打仗,俱因大胜之时,致成大挫,总由奴才不善用兵,致有此失,悔恨何及!惟有赶紧医治,仍当勉竭驽骀。不料受伤过重,炮子打入骨缝,万难取出,以致毒火攻心,周身疼痛,自料万无生理。伏念自到军营以来,办理一年有奇,经九十余战,毫无尺寸之功,愧忿交加,不能图报万一……

清廷对永安溃围,曾严旨切责,先谓:“蕞尔孤城,如果严杜接济,则贼匪踞城半载,盐粮火药,何以不见困乏,仍能抗拒自如?”后言:“金田会匪,尤为凶悍,相持日久,仍被突围而出,甚至挫师折将,省城戒严。前此破陷永安,合城文武,殉难捐躯,迨贼他窜后,州城及莫村、水窦各处,仅留瞽病数人,是城内居民,或不得已而被其裹胁,或不甘从逆而遭其屠杀者,不知凡几?赛尚阿及带兵大员等,务各激发天良,勿致复蹈故辙,国典俱在,朕非不能执法之主也。”赛尚阿并未因俘获洪大全而邀功,且获降四级之处分,向荣、乌兰泰皆革职留任。及乌死,始加恩照阵亡例议恤,予谥“忠武”。乌与向荣均为对洪、杨军事负责之人,自此只向荣跟踪尾追,于南京城外建江南大营。最后亦愧愤而卒,几与太平天国相终始矣。据清廷谕旨所述永安收复,仅留瞽病数人,可知太平军裹胁之众,无怪乎以不过万人之师,能逐渐扩至数万数十百万也。

(三)桂林之攻守

太平军既破乌兰泰兵于将军桥,清军骤失大将,皆夺气,洪、杨之革命基础,渐臻稳固。秀清乃分全军为三,围攻桂林南门、文昌门、西门两昼夜。时向荣已先入,与巡抚邹鸣鹤固守,二人各有兵千余名。太平军于象鼻山架炮轰击,铅丸飞落城内如雨。又近城布云梯,清军爇油燔之。复以大竹制吕公车,高与城齐,数十人登车平攻,清军以枪炮对击,扎长竿缚火炬烧之。相持三十一日,不克。知府李孟群带兵勇赴援,扎营城外。赛尚阿亦由荔浦移营阳朔,分阨要隘,督兵攻剿。清廷饬湖南派提督余万清统兵一千名驰赴桂林。而江忠源闻警,亦出私财增募千人,倍道赴援,进扼鸬鹚洲,三战皆捷。其时桂林城内外已有兵勇万余,布置周密。秀全以顿兵坚城不利,咸丰二年四月初一日,解围北去,议取湖南。途中又颁行奉天讨胡檄文,劝谕汉人,弃暗投明。仍以杨、萧二人之名义发布,其词曰:

为情实劝谕,弃暗投明,共出迷途,各保福禄。夫天下者,中国之天下,非满洲之天下也;宝位者,中国之宝位,非满洲之宝位也;子女玉帛者,中国之子女玉帛,非满洲之子女玉帛也。慨自明季凌夷,满虏肆逆,乘衅窃入中国,盗窃神器,而当时官兵人民,未能共愤义勇,驱逐出境,扫清膻秽,反致低首下心,为其臣仆,迄今二百余年,浊乱中国,钳制兵民,刑禁法维,无所不至。而一切英雄豪杰,莫不为之制而甘为之用,是则令人恶之痛心,恨之刺骨者矣。然从前尔等官兵为满所用,本系被其迫胁,且前时未逢圣主首出,无所依归,尔等又不能共创义举,自不能舍国他适,亦犹黑暗之中,未睹天日,暗中摸搔,不辨方位,何能不误入迷途,以待天晓乎?兹者三七之运告终,九五之人已出,恭维天父天兄大开天恩,命我真主天王降凡御世,用夏变夷,斩邪留正,誓扫胡尘,拓开疆土,此诚千古难逢之际,正宜建万世不朽之勋。是以不时智谋之士,英杰之俦,无不瞻云就日,望风景从,诚深明夫去逆效顺之理,以共建夫敬天勤王之绩也。惟是尔等官民人等,虽曾为满官满兵,亦皆是天父之子女,不过从前误为满用,不能不听其驱使,助满为害,迹虽可恨,情实可原。今既逢真主当阳,自宜弃暗投明,共归正道,涤旧染之污俗,作天圣之子女。且我天王恩德高厚,援救苍生,果能敬天识主,倾心归附,莫不一视同仁,无分畛域,本军师等诚恐尔等执迷不悟,受满蛊惑,用是不惜援手,竭诚拯溺,特将顺逆之大原,利害之实迹,为尔等明谕之。夫满洲之笼络汉人,首以官职,尔等试思凡有美缺要任,皆系满人补授,而冲繁疲难者,则以汉人当之,使之亏空挂误,动辄得咎,名虽为官,何异桎梏?若夫升迁调除,满人则通问保荐各踞显要,一属汉人,不遭批驳,即受阻隔,纵使功绩赫奕,终亦非贿不行。至兵则满兵双粮,汉兵单饷,一遇战阵,则汉兵前驱,满兵后殿,故每天兵临压,立成齑粉,其肝脑涂地,尸首堆山者,惟汉兵最多。而满兵在后,虽前锋失利,而鼠窜奔逃,故世俗谓乡勇为"挡死牌",而呼汉兵为"替死鬼"也。至于颁赏犒赐,则又满兵多得,而汉兵无与焉。且尔等之所以抛父母,离乡井,披霜触暑,出生入死者,非欲图建功名耶?而满虏于军中功名,则又无所定准,任是红蓝白顶,皆是虚无假借,故俗以军功顶戴谓之"太平消"。盖以急则与之,缓则夺之也。尔等又何苦以百战之余生,而博此虚假之名器乎?且千里征调,飞符迅急,千山万水,跋涉从戎,露宿风餐,辛勤毕备,身未建夫功名,生已丧夫锋镝,良可惜也!况尔等为兵为勇之人,半以平日胡作非为,是以借兵勇为逃死之地,其视尔等如同蛇蝎,而满虏又严其法纲,多方责治,而使一旦归乡,人即共相诛殛,非活埋诸土,即生弃诸渊,此实本军师在粤时,并躬历八省,实所亲见。尔等无论不能躬致显荣,即或少有寸进,亦终不能荣归故乡。谚有之:"富贵不归故乡,如锦衣夜行。"乃尔等从军则有死无生,还家则以生就死,容身无地,死而后已,午夜自思,曷堪悲痛!是皆尔等为满所用,故乃一至于此!然此不过就尔等为兵勇者大约言之。至于荼毒生灵,贻害黎庶,则又截南山之竹,书罪无穷;决东海之波,流毒无尽者矣!故满虏之世仇,在所必报,共愤义怒,歼此丑夷,恢复旧疆,不留余孽,是则天理之公,好恶之正,何反含毒忍耻,为之奴隶,违背天朝,不思归附?是何异购安宅而不居,舍正路而不由?嗟嗟,可恨也已!尔等须知我天朝廓达大度,胞与为怀,不分新旧兄弟,皆是视同一体。大功大封,小功小赏,上而王侯将相,下而兵士妇孺,得使衣食得所,居处相安,有家者和乐致庆,无家者婚姻及时,虽在军旅之中,

> 仍不废家庭之乐。以视尔等流离异域,横死疆埸者,真不啻有天渊之别也!况于共扶真主,各建殊勋,千载一时,功名何既。矧太平在即,不三四年,俱为开国勋臣,尔时分列茅土,衣锦荣归,此皆大丈夫之所为,尔等何又昧于徒速而不早图变计乎?天朝天恩高大,往者不追,果能悔悟来归,定能量材录用。弗以曾为满官,自怀疑惧,回首及早,速出迷津,本军师实有厚望焉。倘仍至死不悟,甘为满奴,转瞬天兵大至,噬脐无及,尔时悔之,亦已晚矣!本军师念切中土,被满披靡,故实情明谕,虽痛切不知所言,孰得孰失,当自思之。务速先成之识,勿贻后至之诛,庶无负本军师等谆谆晓谕之至意。布告尔众,咸使闻知。

太平军起事年余,清廷所得奏报,率以韦正为首,而云山次之,即或言及秀全,亦列名在昌辉下。赛尚阿且有胡以晃为太平王之说。及洪大全被俘以后,供词奏闻,《清实录》始见有逆首洪秀泉、杨秀青、萧朝贵、韦正之谕旨矣。

(四) 冯云山、萧朝贵之战死

桂林解围,太平军由兴安攻全州,湖南宝庆都司武昌显守全,而所部仅五百人,刘长清、余万清诸军援全者,皆壁十数里外。太平军肉薄城根,昌显令煎松胶沥糖为饼,火之投下。太平军乃穴地烧湿薪,烟障迷目,又以地雷轰破城壁,克之,守将皆死,屠杀三日,遂乘胜入湖南境。秀全欲乘湘水涨,劫民船顺流而下,计不过三四日可抵长沙。冯云山谏曰:“蓑衣渡水湍而狭,两岸多山林,一军扼之,足以致吾侪之死命。不如先以陆军循两岸行,而以舟师载辎重继之。”秀全曰:“陆行迟,需时日,长沙知有备矣。”欲率舟先行。云山曰:“此绝地也,设有不测,后事何堪?弟请以身先之。”遂趋舟师而东。时江忠源设伏蓑衣渡,伐林木为堰,张旗帜为疑兵。太平军见之,遽退,水湍急,操楫者不能自进退。忠源纵伏兵要击,云山并力拒之,鏖战两昼夜,遥望太平军后队旗已见,楚勇将退矣,忽炮弹堕云山舟,云山被炸死(或言云山在全州受伤,蓑衣渡之败,被舁东岸,因伤重而死),军遂乱,尽弃辎重登陆。前队舟师,遂为清军烬焉。秀全闻之恸哭曰:“天不欲我定天下耶?何夺我良辅之速也!”时咸丰二年四月间也。云山为人,坚忍多奇计,遇疑难事,得云山一二言立决。太平军之发难,酝酿数载,实皆云山一人主之,秀全倚之尤重,跬步不能离。观洪大全《供词》,及被拟为天父第三子,即知其地位原在秀清上。但以秀清土著,部众多其党羽,又假托天父下凡,以胁制秀全,故秀清于起事后即综揽军政大权。但以云山勋名,尤足制之,及其死,则秀清更无忌矣。秀全舍船由东岸登陆,至道州。湖南提督余万清弃城走。道州固多天地会党人,太平军据城月余,从者益众。另立道州大旗,所至争为效死,势复大张。时湖广总督程矞采以行边驻衡州,备防堵,闻警北走,提督鲍起豹亦议去永州。会闻蓑衣渡之捷,防兵始安。矞采仍还衡州。太平军既克道州,分兵取江华、宁远、永明、嘉禾、蓝州、桂阳,进占郴州。郴当湘、粤之冲,商贾辐辏,秀全未知所向,顿兵不进。萧朝贵不耐,夜叩秀清营告曰:“顷得谍报,长沙方治城垣,尚无备,可袭而取也,弟愿以所部袭长沙。”秀全、秀清皆不许。朝贵不听,径率死士千余人绕山道东北行,破安仁、攸县,由醴陵趋长沙。先是,太平军据道州,兵犹不满万人(合家属计之,当不止此),江忠源建分防不如合剿,远堵不如近攻之议,当事皆漫不省。至是,南部诸城,相继失守,长沙戒严。清廷罢骆秉章湖南巡抚,以张亮基代之,逮治余万清,以云贵总督罗绕典方赴任,道长沙,令留办防务。咸丰二年七月二十八日,朝贵进至石马铺,距长沙十余里,总兵福诚、副将尹培立率陕军千余,仓卒拒战,败死。时城中官绅,料太平军当从永、衡来,嗣得民报谓已过醴陵,省方以醴陵令无公牍,怒其不确,将斩之,会溃兵遁走城中,绕典方巡城,乃遽还塞南门,然犹不辨何军。城外居民,亦未谂太平军之骤至,朝贵至城南,有误以为达官,求谒献策者。城内仓卒无备,本可袭据,兵士望城东南隅高楼,以为城门,趋之非是,返而城中已乘机分守矣。太平军发炮击城,弹丸及城中,街有卖浆者,方食而碎其碗,城中大震。秉章统兵勇数千,将弁数百,不敢言节度。诸生及举贡各自请领百人或二十人,佐巡垛口,日诣绕典言事。鲍起豹至舁城隍神像置城南楼与对坐,欲借以安民心。而赛尚阿驻永州,程矞采驻衡州,皆逡巡不赴。新任巡抚张亮基已至宁乡,闻警还屯常德集兵,惟总兵和春、常禄、李瑞、德亮与江忠源倍道驰至。清廷夺赛尚阿、程矞采职(赛革职拿问,程革职留营),以徐广缙并代之,促向荣赴援。荣自四月称疾居桂林,诸统帅交章劾之,终不肯起。及闻赛尚阿罢,乃疾行抵长沙,亮基偕幕僚左宗棠亦至,缒城而入。朝贵兵单,不能合围,扼南门、小西门,筑垒于妙高峰、鳌山庙示持久。忠源遍察省城形势,以南城外天心阁地势高,与蔡公坟犄角,可以屏蔽东北。太平军方栅其上,忠源急率所部争之,太平军退。因移垒近敌,相去不过数十武,共汲一井,击柝相闻。自是长沙止南门受敌。而朝贵背水面城,业已身当绝地,盖恃勇而无谋者也。清援兵日集,众数倍于太平军,朝贵知不能得志,疏请大营趋长沙。秀全欲拔队,秀清曰:“西王刚愎,不稍挫之,后不听命,俟其自归可也。”秀全曰:“设有不测奈何?”秀清曰:“西王勇悍,纵有小挫,清妖不敢逼,必能自脱。”朝贵妻请秀清以诏召朝贵,朝贵得诏怒曰:“彼欲挫辱余耶?”乃誓将士,期在必克,出全军攻城,死者枕藉,卒不退。朝贵亲督阵往来指挥,自日出至日中,垂登矣,有走卒从城上指告炮兵曰:“彼黄衣挥刃而往来驰驱者,讵即所谓西王耶?”遽发炮击之,弹中朝贵,遂死于阵。时八月二十日也。部将李开芳驰报秀全,秀全自郴州闻之,大愤,悉众而北,益募郴、桂矿夫,穴地攻城。于时清援军大集,数近五万,向荣以赛尚阿亦至,不乐居城,率所部渡湘,独搏战,不利。诸军相视,莫往城南。和春屯白沙井,自以扞遏为功。江忠源以官军四面集,惟河西一路虚,请调重兵驻回龙塘,扼西窜之路。大吏韪之,而河西诸将逡巡莫敢前当。新督徐广缙尚未至,城内外有督抚大臣四人,提督二人,总兵十人,莫相统摄。两军跧伏屯内,屯外行人往来自如,入城者惟避南门,其余六门,皆可缒以出入,衢巷间妇女嬉游,酒食过从,盛于平时,几忘其为围城焉。

(五) 武汉三城之攻克

咸丰二年九月二十九日,长沙南城魁星楼地雷发,城裂四丈,太平军蜂拥而上,参将张协中抢护殒命。副将邓绍良驻天妃祠,部兵方摊钱博戏,绍良独拔刀当城阙,手刃数人,弁兵闻至,尽力御之,团练辇木石塞缺口,城得复完。长沙未破,仅一间耳。十月初二日己卯,城外金鸡桥地雷再发,和春堵之。十八日,魁星楼地雷又发,副将瞿腾龙力扼缺口,皆不破。时地道已尽,久无功,复缺油盐,军中有携贰者。秀全取玉造玺,诡称天赐,众皆呼万岁。次日夜半,结浮桥渡湘西走,道回龙塘趋宁乡,故分小股南向。明日日中,城军瞭望垒空,动色相告,将帅愕视,不知所往。或言太平军必犯湘潭,乃传令诸军南向,而太平军已破益阳掠船至资口,渡洞庭,达岳州矣。咸丰二年十月,太平军至岳州,湖北提督博勒恭武,道员王东槐与府县官先三日俱已弃城走。城内旧藏吴三桂所遗炮位,尽为太平军所得,军储因以充足。时岳州为防江计,以土人领渔船五百,塞土星港,数月间遮留估舟约五千余,至是太平军尽劫之而东。艨艟万艘,帆帜蔽江,所过城镇,望风披靡。十一月初九日薄汉阳,十二日克之。遂烧汉口,延绵十五里,火隆隆五昼夜不绝。汉阳与武昌隔一江,江面广阔,值北风起,则断渡;冬令水涸,江中涨巨沙洲,太平军以铁索系船为浮桥,络绎达武昌,往来渡兵,风涛不作。乃旁城四周筑垒,日夜环攻之。向荣自湖南追袭,营于东门外之洪山,不下万余人,称劲旅,隔太平军垒不能进。遣谍约城内夹攻,巡抚常大淳恐民志未孚,启门或致逃匿,欲俟援兵抵城下始出接应。会寒雨大沛,火药不燃,兵士疲困,向军止城外三里。先是大淳令毁城外民房,以防穴地,惟文昌门滨江未及,太平军已穴深丈余。十二月初九日,地雷忽发,省城崩,内外守援军皆匿走旁邑。太平军遂入城,巡抚常大淳及学政藩臬两司道府诸官皆死之。秀全既克武昌,有众号五十万,船以万计,与杨秀清等议所向。先是秀全克永安,有道州举人胡孝先者往谒,以为间谍,系之。孝先自狱中上书,暴清廷罪恶。秀全得之,大喜,与论大计。孝先曰:“关中天府之国,周秦之所以兴,欲争天下,必先取咸阳,然后出山右,定燕都,天下可传檄定之。”秀全称善,置之左右,称先生而不名。秀清忌之,破兴安、全州时,适孝先在军,杀诸道,以陷敌闻,秀全甚悼焉。至是有言据武昌为都城,遣兵道襄樊北伐中原者。秀全欲遵孝先遗策,循汉水,趋汉中,袭咸阳,出山右,以窥燕蓟。浙江归安人钱江因上策曰:

伏以大王起事之初,筓发易服,欲变中国二百余年索虏之俗,志谋远大,创业非常,其不以武昌为止足之境明矣。今日之举,有进无退,区区武昌,守亦亡,不守亦亡,与其坐而待亡,孰若进而冀其不亡?不乘此时为破釜沉舟之计,长驱北上,徒苟且目前,懈怠军心,诚无谓也。清初吴三桂举兵之时,不数月而南六省皆陷,地广众附,称帝自雄,可谓骤矣。然遣将四出,不越湖南一步,抢攘十数年,终抵灭亡,前车可鉴也。或谓武昌依阻江湖,襟带汉、湘,扼险自固,然后间道出奇:以一军出郧阳,攻潼关,趋陕西,扰彼关内外地;以一军出荆州,攻夔庆,趋成都,先取四川为基业。不知秦陇四塞,地错边鄙,人悍物啬,粮食维艰,且重关叠隘,纵我攻必克,大费兵力,劳而莫必,固宜后悔,得不偿失,尽弃前功。况削其肢爪,究不如洞其心腹之为愈也。至四川小局,昔日已形,在蜀汉当日,先以诸葛之贤,继以姜维之勇,六出九伐不得中原寸土。且江南水邦,赖吴据之,以为唇齿,联络援应,尚难得志,况今日哉?天下财赋,大半萃于东南,当此逐鹿于宁谧之中,而欲以一隅敌天下,江决其无能为也。以江愚昧,不若舍西而东,金陵、建业,古帝王建都之所,凤、泗、汴梁真圣人龙起之方。江谓宜先取江宁,以裕军饷,继取汴梁,以为犄角,终趋济南,以图进取。扼齐、鲁之运河,可以坐困通仓之食;截江南之邮转,可以牵制勤王之师。然后约我"老万",以攻梁、夏,檄我舟山,以攻温、处。所过则秋毫无犯,所至则招纳贤能,而民有不完发易服,箪食壶浆以迎者,江未之信也。南京不下,则江东不可渡;丰、沛不陷,则青、兖不得进;山东不摇,则燕京不得戒严。粮漕困于内,人心离于外,孟子所谓"不嗜杀人者能一之",正此时也。今日之事,势成骑虎,万一颓惰,转致蹉跎,成败之机,间不容发。我军远离乡井,志切从龙,闻进则同心同力,踊跃争先;闻退则畏首畏尾,存亡莫保。戎衣两截,舍命冲陷,渡湖而后,无复有南还之望者,皆欲立功名,享富贵,誓九死以垂勋,不愿一生以伏莽也。诚因时而励之,群策群力,一可当百,战何敢辞?时哉不可失,席前之箸,江愿借而筹之;马上之策,江愿指而先之也。俟南京底定之后,招集流氓,秣厉兵马,扼众南堵,挥军北上:左出则趋江北以进战,急则可调淮阳之军以继之;右出则握河海以拒敌,急则可调开归之军以应之。南阳、汝宁则发一军以突其西，略取河内州县。乘胜入晋，直抵燕、冀，无返旆。杭、嘉、金、衢则发一军以冲其东，应我沿海舟师，相机定浙，伺间窥闽，无轻举。兵不止于一路，计必出于万全，内固江南之根本，外安新造之人民，修我政理，宏我规模，则西而秦蜀，南而湘粤，可传檄而定，此千古一时也。自汉迄明，天下之变故多矣，分合代兴，原无定局：晋乱于胡，宋亡于元，类皆恃彼强娄，赚主中夏。然种类虽异，好恶则同，亦不数十年奔还旧部，从未有毁灭礼义之冠裳，削去父母之毛血，仪制甚匪，官人类畜，中土何辜，久遭荼毒，若斯之酷者也！帝王自有真，天意果何属？大任奋兴，能不勖诸！更有期者：旌旄所指，与民无逆；提剑号召，是汉即从。使天下咸知今日之举，并非无名之师，亦使天下咸知中国之仍为华，不皆终于夷。王者发轸，彰明较著，阵堂旂正，不容秘诈，军行令肃，所至如归，彼纵有满洲、蒙古殚心竭力之臣，吉林、索伦精骑善射之旅，苟不望风投顺，我百姓其许之乎？方今天下，以利为治，上下交征，风俗之坏，亦已极矣！人心之愤，亦已久矣！纳赂损名，觍然民上，缙绅之途，亦已污矣！而英雄豪杰之士，抱负名节，伏处于山林莽野之间者，亦已困矣！磅礴郁勃之气，积久必宣，有真人起，孰不欲去其旧染之污，拭目而观新命之鼎哉？布置调度，此其大略，欲成基业，愿勿他图！夫草茅崛起，缔造艰难，必先有包括宇宙之心，而后有旋乾转坤之力，知民之为贵，得民则兴，知贤之为贵，得贤则治。如汉高祖之宽宏大度，如明太祖之夙夜精勤，一旦天人合应，顺时而动，事机之来，无可言喻。否则眷恋武昌，预怀得寸则寸之思；偏隅自足，因循岁月，疆宇不增，粮竭众危，四面受敌，大势已去，不能复振，噬脐之悔，诚有非吾属之所忍言者矣。江合观天下之际，详察地理之宜，谨撰兴王之策十有四条，伏乞采择施之！

洪、杨皆然其说，遂决意东下。按胡孝先、钱江之事，说者多谓传闻之辞，未可轻信。实则湖南乘时而起之书生，不止孝先一人，传左宗棠亦尝私谒秀全于长沙，而劝其舍基督以尊孔、孟，秀全不从，宗棠投张亮基、骆秉章幕府,终佐曾国藩以成勘定之业,且勒兵天山,自喻今亮。盖亦洪大全、胡孝先之流亚耳。惟大全见扼于秀全,孝先被陷于秀清,左公则适逢文正,亦有幸有不幸也。钱江抑何尝不然!江以屡试不第,纳资为监生,南游广东,值禁烟事起,欲一宣其郁勃之气,故鼓励粤人反英。其加入天地会,当在此时。万大洪《告示》抄件中,有“钱江封三法大司马”字样,列曾玉秀、朱耀先间,曾玉秀事已见《实录》谕旨及洪大全《口供》,朱耀先似即监军朱锡琨,何能谓钱江不在反清阵营乎?据钱江建议书中所云“约我老万”一辞推之,其为天地会党人无疑。盖“老万”者,老万山堂之简称,乃天地会自谓同志之暗语也。此何能由后人假造?若假造又有何作用乎?且钱江策中更有:“旌旄所指,与民无逆,提剑号召,是汉即从。使天下咸知今日之举,并非无名之师,亦使天下咸知中国之仍为华,不皆终于夷。王者发轸,彰明较著,阵堂旂正,不容秘诈”等语,秘诈二字,极有分寸。盖钱江不满于洪、杨之假托天父天兄,而谓以汉排满,以华驱夷,民族大义,彰明较著,已足为堂堂之鼓正正之旗矣,又曷容秘诈为?以此讽之,含而不露。洪、杨纳其议而不重用其人,钱江遂于抵南京后,离洪而投清刑部侍郎帮办军务雷以諴,亦犹左宗棠之入骆幕也。但以諴仅采用其抽厘之策于仙女镇,以济军饷,其后各省仿行,竟为库空饷竭财政紊乱之清廷,维持一线生机。曾、胡、左、李所以能成戡乱之业,胥赖于此。故谓平洪、杨者,湘、淮军也,而使湘、淮能成军者,乃厘金也,乃钱江也。天地会党人初投太平而见摈者,多愤而降清,以与洪、杨敌,张嘉祥随向荣,支持江南大营垂十年,其例最为显著。太平晚叶,李秀成攻上海,相传王韬曾建连合外人之议,世多不之信,及军机处档案发现黄畹上太平将领书,其事始白。钱江献策,岂非同揆?今军机处档案,亦有雷以諴以杀钱江奏折,否则,又可断为无其人无其事矣。《清史稿·雷以諴传》云:“钱江者,浙江长兴诸生,尝以策干扬威将军奕经,不能用,林则徐戍伊犁,从之出关,以是知名。谒以諴于邵伯,留佐幕。饷绌,江献策,遣官吏分驻水陆要冲,设局卡,行商经过,视货值高下,定税率千取其一,名曰厘捐。亦并征坐贾,岁得钱数千万缗。江与同幕五人赴下河督劝,不从者胁以兵,民间目为五虎。江自以为功,累保奖至道员,气矜益盛。以諴不能堪,会饮,江使酒骂座，以诚执而杀之，以跋扈狂肆谋不轨闻。后各省皆仿其例，以济军饷，为岁入大宗焉。”此史馆对于钱江事之正式纪载也。而王韬《瓮牖余谈·记钱江事》云：“字东平，少时读书，目十行俱下，颖悟冠常儿。皆曰：此钱家千里驹也。稍长习帖括，不肯竟，曰此徒足以困顿英雄耳。喜涉猎卜筮术数之学。最好兵家言，于孙、吴之书，皆能洞其底蕴。偶得许洞《虎钤经》，如获拱璧，昼夜研读不释卷。久之曰：吾得之矣。于是所学益进。顾里中人未之奇也。君益发愤自雄，旁究地理，于天下扼塞险阻之处，常反复致意。为人负奇气，以豪杰自命，肯济人之急，数千金可立致。被酒谈兵，慨然有澄清天下之志。南游于粤，所交多俊彦。时禁烟议起，海氛甚恶，当事者虑跋扈不可制，易剿为款，已有成说。东平因激众怒，将发义举，作讨罪檄文，传示遐迩。当事者闻之，以其梗沮大局，祸见不测，亟逐之出境，粤民集资馈其行，于是义声振于岭东西间。后卒以事遣戍，东平慷慨就道，无难色。在塞上驰马击剑，与诸健儿友，皆能得其欢心。无何遇赦还，浮沉江、浙间，渐折节读书。将赴都应北闱试，以博一第。秀水诗人于源赠以诗云：‘乍脱蛮乡又塞垣，十年奔走别家园。劝君休再夸雄略，杜牧谈兵是罪言。思量尘土染京华，何似青山学种瓜？归去扁舟应不恶，一湖碧浪采蘋花。’东平笑曰：‘此岂我辈可隐时耶？’人皆笑其言之妄。明年盗自桂、管蔓延及湖、湘，江、皖震动，君已至北方，要结齐、鲁、燕、晋诸壮士，驰抵淮阳。时左副都御史某，募勇为一军，驻东路之万福桥，东平径诣其营，副宪留以为己助。以军务初兴，艰于筹饷，东平乃始创厘捐议，由是各省效之，大营借以资给。有在营某同知，嫉其能，时谗之副宪，副宪亦以其常拂己，爰于谒见时，令武士刺之。武士为张小虎，乃虎头之子，而以通贼闻。或曰：曾见奏牍中言钱江久在营作记室，见其踪迹诡密，密察之，乃得其与贼交结状，搜其箧笥，得往来书累累，乃寘之法。其实皆莫须有事也。惟东平酒后放言，有似灌夫骂座，又复不知忌讳，动言事不可为，而谓天下之坏，坏于官，以此丛忌，卒至于身败名裂也。哀哉！”此私人所录，大旨与《清史稿》同，惟皆隐其投身太平军中，而反谓募壮士于北方，殊无其事。《清代七百名人传》所述最为质白，其文曰：“英人肇衅，则徐以罪去，心大愤，集众明伦堂，倡议拒敌。及朝议易剿为款，以江煽动愚民,梗阻大局,革监生,欲坐以法。知县梁星源捕之,遣戍新疆。抵戍所,将军以下,皆折节与交,亦时兴穷愁哀怨之感,尝赋诗以见志云:'大荒落日旆悠悠,独坐穹庐动九愁。一曲关山千里月,五更风雨万家愁。穷边羁旅悲苏武,市井功名哭马周!却忆故园金粉地,苍茫荆棘满南州。伊犁河水绕孤城,直送黄流接帝京。天马奇才呈御厩,胡笳新曲杂边声。九霄露湛团花帐,万骑风高细柳营。寄语守边诸将帅,承平武备要修明!'遇赦归,游京师,以才辩动公卿间。未几乘薄笨车南下,浮沉江、浙,发奋读书。一闻太平军下武昌,投袂起曰:'此吾锥处囊中脱颖时也。'乃叩见天王洪秀全,上书论天下大势。……乃以江为军司马,帮理军民事务。未几天京内哄,达开既去,江亦离军,怀刺往谒雷以諴,创二策:一曰劝捐军饷,疏请空白部照千余纸,随时随地,皆可劝募,即行填给。与以前报捐数载,奏奖不闻者,迥然不同,于是商贾巨室,踊跃输将,不旬日间遂得饷十余万。一曰抽厘法。于商贾所得利,出入一钱,官取其厘,分别城市大小,居者立局,行者设卡,所取甚廉,商贾不病,而所入甚巨。于是各省仿行,饷糈始裕。自是江上诸帅,率依以諴为长城,而以諴则视江为仲父。积官至监司,自恃功大,玩视同僚,以諴亦阴不能平。一日会饮行营,与持论不合,以諴怒,江掷杯起曰:'即不然,能杀我耶?'以諴大愤,拍案曰:'即杀汝,敢有何言?'立叱左右牵出斩之。有盐知事张翌国者,素为江所轻慢,至是得以諴令,掣剑而行,残酒未终,江头已献于麾下矣。以諴乃以恣肆跋扈,将谋不轨入奏。并附亲笔所书谶语,为'满地红樱子,须防白帽来。若要此河开,必须刘基才。'所谓红樱子,当指太平军之红巾而言,刘基则江自况也。"以上于钱江生平,颇能道其真象,而广东遭遣之由,扬州被杀之状,亦皆述焉能详,较之官书私记为优矣。此畸人畸事,宁不可传哉!

七 太平军之东下

(一) 安庆之攻克

武昌被破,清廷大震,诏逮治徐广缙,以向荣为钦差大臣,命故大学士琦善选兵驻河南,以张亮基署湖广总督,潘铎署湖南巡抚,骆秉章署湖北巡抚,罗绕典防荆、襄,而起在籍侍郎曾国藩治团练,驻长沙。咸丰三年正月初二日,秀全弃武昌,悉众东下。陆军夹两岸行,以春官丞相胡以晃及西王部将李开芳、林凤祥等将之;东、北、翼诸王及天官丞相秦日纲,冬官丞相罗大纲,夏官丞相赖汉英等将水军,资粮军火,财帛妇稚,尽置舟中,旌旗蔽野,帆樯如云。诸王皆衣黄袍,侯以下衣红,绣龙织凤,间以云物及麟狮鸾鹤之属,冠亦如之。时据船楼上置酒会饮,悬灯结彩,夜半照耀如大龙。择男女姣好者各傅脂粉,锦衣珠饰,俾执役于左右。后舱则鸣金擂鼓,丝竹间作。过黄州、蕲水、蕲州,长驱至武穴,清寿春总兵恩长战死,舟师尽溃。先是,清廷命两江总督陆建瀛为钦差大臣,督兵进防江、皖,建瀛疏言:"小孤山扼长江要隘,然设防于小孤山,不如于上游黄、蕲等处。"乃遣兵三千往防湖北武穴下游之老鼠峡。又遣恩长为翼长,率松江提标兵二千继之,至老鼠峡会合守兵,共谋堵御,舟师未及登岸扎营,而太平军骤至,恩长督战阵亡。建瀛率亲兵千余人与幕客员弁,初出师,中军以上属櫜鞬,敬候大帅祭旗,而建瀛久不出,则与爱姬执手涕泣,不忍遽别也。建瀛以咸丰二年十二月晦次九江,休兵数日,则太平军已至武穴。方命移舟上驶,而从兵闻败报,汹惧四散,建瀛仅以十七人二舟踉跄走江宁。江西巡抚张芾驻防瑞昌,扼入赣之路,九江未设防,太平军遂薄九江而下,十七日,克安庆,巡抚蒋文庆死之。山阳鲁一同《安徽巡抚蒋公神道碑》云:"当日陷败,由于寿春镇之去,自古以孤城当贼冲,未有不为犄角之势而能御敌者。寿春镇公之手足,而皖省之肢体也,陆制府既夺公之手足,而断皖省之肢体矣,易之以江南新兵二千,驻之城外。二千人皆客兵,王鹏飞又客将,其心已与抚标不一,彼见制府统大众趋上游,耳目声息,皆视上游为进退。制府走则二千人之心去,二千人去则守城数千之兵与城中数万之众之心俱去,虽有孙、吴之法,墨翟之守,不能善其后矣。"此虽为文庆辩,而安庆实未尝一日守也。建瀛归江宁,议以江南舢板及广艇分屯东西梁山,阨敌舟,未及行,而众溃,建瀛益惶遽,闭门称疾不出。独福山总兵陈胜元率所部水师逆江而上。秀全留安庆三日,尽运藩库银三十万两,漕米四十余万石登舟,连下太平、芜湖,以二十六日与胜元战芜湖江上,胜元中炮坠水死。遂以二十九日薄江宁,连营二十四座,列舟自大胜关达七里洲,水陆号称百万,昼夜环攻。《瓮牖余谈》云:"金陵为自古帝王建都之地,土厚水深,周广数十余里,崇堞巩严,深壕环卫,所谓金城汤池不啻也。洪秀全率党扰金陵,陆路分营二十有四座,每营多者约二三百人,少者不过五六十人。粤东西积贼仅十之二三,余皆携自皖、楚各省者。贼船自大胜关泊至七里洲,首尾衔接,计数千余艘,贼数约男子四五万,妇女二万,幼童一万,皆密排于夹江中,舳舻蔽空,帆樯隐日,伪王船悉在中段。"据此则秀全陆军不过六七千人,居舟中者不过七八万人,所谓百万者,似皆饰词耳。

(二) 南京之奠都

太平军至江宁,据长干寺塔为炮架以攻城,又得清所藏火药于报恩寺,于是飞炮满城,民屋多毁。以上新河之木为攻具,日焚寺观偶像,或取列山冈以疑人。聚宝门外米商自团练勇,备防御守城,官兵发炮助之,误伤数人,义勇骇散。城内兵民拒守七八日,弹丸尽,至实石大炮以发,布政使祁宿藻目击悲忿,呕血死。咸丰三年二月九日,仪凤门地雷发,太平军骤登,而穴内尚埋地雷二,须臾又发,登者皆毙。清军争割耳献功,守陴兵力转弱。当时人纪载,或言初十日爆炸城坍,太平军由缺口上者二三百人,为城内园户所杀。而太平军已从三山门以云梯越城入,先至北极阁一带,遇建瀛于小校场杀之。将军厚祥副都统霍隆武率满洲驻防兵分内城,二日夜亦陷,厚祥等皆死焉。太平军搜杀三日,城中官绅军民死者四万余人。广衢无人,衣物狼藉,屋宇门户,倾圮载望。金和《秋蟪吟馆诗钞·椒雨集·痛定篇》描写破城事曰:

> 二月初九夜,炮急不容瞬,迟明绕城呼,贼自北城进。北城地临江,隧道贼暗浚,城根失凭依,一角炮自震,砉然若阺溃,险步贼乃趁。是时守城者,尚欲衅其衅,囊米积如薪,畚土实诸榇,所崩恃补苴,功颇奏之迅。入城贼数百,大半亦饮刃。谁知他城兵,得贼入城信,一唱百和逃,夺命自蹂躏。西曰清凉门,芜蔓略不润,近南有矮城,其差

将及仞，万贼攻方环，忽见解严阵，遂以云梯登，诸山斗合烬。督师来自东，巷战以身殉，其余数十官，先后死其印。狼虎从㷭烋，街市渐充牣，刀枪极天鸣，走避骇齯龇。夜听鼓角震，借问在何所？八旗驻防兵，只今称劲旅，防者防此邦，本借固江圉，满汉久一家，在围皆心膂，何期邠岐人，终欲外齐楚！当贼初来时，意已略龃龉，四城筹守策，仅以什伍与，谓此外城事，自居谋越俎。及闻北城摧，第一气消沮，西南弃城走，熟先曳戈杵，猥以保内城，内城大几许？如树之有巢，如水之有渚，水溃树既颠，巢渚岂可处？纵令独瓦全，孤寄等雀鼠。……徒令贼致力，面面合锋炬，户万口五万，裹创及妇女。岂不奋臂呼，各以死战拒，一隅果难支，贼如毛羽举。试听今夜声，痛哭遍郊墅，何不昨者晨，仍结外城侣，固知寇已深，南人劫方巨，要之秦越视，吾终疑其语。

观此可知外内城攻破之情形，驻防旗兵，以内城为口实，不助城守，卒至树颠巢倾，同归于尽矣。太平军令人民抬尸，弃之城外。十五日，杨秀清先入城。越日，秀清迎秀全于江干舟中，天清色明，旌旗蔽空，十万人簇拥跪接，军官带兵前驱，秀全坐黄轿，以三十六人舁之，王娘三十六人从，皆大脚，短衣长裤，不穿裙，骑马，手撑日月伞，驱策万众，喧阗数十里，居然万乘之尊。秀清等亦坐十六人轿，鼓吹鸣锣，卫以牌刀手，仪从长约二里，路人皆俯伏，不准仰视。于是拓总督衙门为天王府，周围筑墙，厚若城垣，高又过之。改江宁曰天京，兼并故家大宅以为诸王府，皆穷极侈丽。惟军士入城，队伍甚肃（见汪士铎《乙丙日记》）。盖太平初起，即采公产制，食馔山积，听人自取，无敢私藏者，故不待掠夺也。又别男女为馆，夫妇虽觌面亦不敢交言，籍男子入伍，曰“拜兄弟”，给以腰牌。老病立牌尾馆，工役设机匠局，又设杂行菜圃，读书识字者，分各馆为书吏。人人皆纳入组织，无谋生之自由矣。各省年少豪富，闻风响应，或赠以金钱，号曰进贡。居民震撼迁徙，或筑寨自固，京朝官吏，至相率称疾求去，人心之动摇有如此。设使秀全能扩清畿辅，简练军实，北伐西征，先占据一二省以为基础，然后相机进取，则清室命运，不绝如线耳。无耐毫无策略，仅恃天助,困处孤城,日耽女色,一切皆依杨秀清治理之,以致造成内乱,其势骤衰,即无曾、左辈出,恐亦不能成事也。

(三) 清之江南、江北大营

金陵之破也,清朝野上下,咸归咎于陆建瀛之偾事。如祁寯藻《哭弟诗》云:“岩岩制府公,抵掌运才智。提兵扼九江,库藏悉罗致。神炮五百余,尽数充武备。京帑六十万,并取无遗置。遗之以危城,置之于死地。疆帅控上游,初议岂不壮。舳舻亘千里,江皖赖保障。前矛甫遇贼,一战总戎丧。翩然乃飞退,踉跄弃兵仗。匿迹归白门,吾民复奚望。城中千万户,湍决各奔放。大府方闭阁,猜嫌仍未望。追思偾事由,后懦而前亢。若使谋乃进,掘险审所当。纵退时犹迂,援军势可仰。岩城民气固,内外力足抗。此错竟谁铸?此灾实无枉。”于是说者谓建瀛贻误大局,实军兴第一罪魁,嗣以薢茩黄巾,身膏乱斧,清帝悯其一死,亦不复追究封疆,此正朝廷体恤之深心也。殊不知当时官兵,暮气已深,固不能独为建瀛咎。金和《江宁死事诗》云:“群医同酿病,俞扁尚难回。孤军况羸者,深入能战哉?矢忠房太尉,鼓谤石邛徕。地下鬼雄在,应呼杀贼来。”尚系持平之论。惟建瀛回宁尚出示安民,言贼已败遁,去八百里,禁民迁徙,又降乩请仙顿丧生平,其过亦不可掩耳。是时向荣追蹑太平军后,师行甚速,倘能如桂林、长沙之坚守一二月,则援军渐至,太平军当难得手。全国鼎沸,归咎守土之责,盖亦人之恒情也。咸丰三年正月十二日,向荣之前锋张国樑(即张嘉祥)已至九江,顾以无舟不得济,乃移文南昌索舟,得漕船以行。二月十日,即太平军攻破南京之时,荣进抵安庆,而琦善亦率直隶、陕西、黑龙江马、步诸军,与直隶提督陈金绶、内阁学士胜保自豫、鄂兼程赶至。琦善与向荣议:仍分沿长江两岸前进,俾声势联络,得收加击之效。翌二日,两军同时东下,向荣军以二十一日达南京城外,则城陷已旬日,乃结营城东朝阳门外之孝陵卫,是为“江南大营”。陈金绶、胜保于二月二十七日由浦口东山外越,击破江边太平军,以三月九日合琦善兵进攻扬州,分营城外宝城、司徒庙,各距扬州三里,是为“江北大营”。清廷令向荣相机进剿,琦善分兵布防淮、扬,期前扼江北为南岸声援,后据黄河为北路屏障。此种战略在军事上虽未能迅奏肤功，然而牵制太平军只在长江一带游弋，断其北伐军之接济，使江北不至糜烂，曾、胡能徐收勘定之功，其作用亦甚大。向荣督兵进攻迭获胜仗，以三月六日袭破通济门外敌垒三座，十一日占领七桥瓮，十三日夺钟山，十七日夜复战，喷筒火箭直射城中，自是清军大营十八座皆逼近城垣。顾只限城东南一隅，城西城北，则太平军往来征伐自若。且官军暮气已深，有内应者亦莫敢急攻。如上元诸生张继赓字炳垣者，变姓名为北王属，潜结湖南北之被裹胁者，以利害怵之，皆为所动，因以五千人之名上诸向荣，愿应外兵。荣喜而嘉许之，既与约皆失期。城中人皆咎继赓语不诚，稍稍散。继赓往来向营连络，数濒于败。至次年正月，乃约二月五日杀神策门守兵纳清军。张丫头习拳勇，至期袖大刀，尽杀守兵二三十人，候外兵，外兵未赴，以雨辞，张丫头为太平军搜捕死。继赓被捕，毒刑拷掠，乃伪指军中剽勍能出死力者以为党伙，凡死四百余人，讯者悟，乃镮其尸。其时金和已逃出城，回全椒，曾谒向荣请急攻，而向不应，故其诗有："忍泪替添衣上线，请兵为献马前书"，及"二月二十三，传闻大兵至。贼魁似皇皇，日或警三四。南民私相庆，始有再生意。桓桓向将军……未及理此事"之句也。又诗云："将军迟不发，贼愈得意鸣。一军将北旗，一军将西旌。居然据蜗角，豕突思长征。前所得健士，逃归半空营。城内更选人，千万立取盈。凡在工商贾，按册寻其名。……编伍既略备，命为前驱兵。其后楚北虏，再后楚南黥。最后数粤贼，高旗司鼓钲。日必穷足力，次第相告侦。苟有反顾者，速杀尸前横。饮泣操戈矛，安知几许程？犹幸所至溃……万死无一生。捷音则曰贼，某日先登争。臣等获大胜，此战敌克勍。可怜苍与赤，遂作鲵而鲸！"即此可见向荣顿兵坚城，其奏捷所杀之敌，则皆太平军新俘被迫之人，粤党居最后督战，湖南北人，又分作前后队。两方主力，似甚少接触。是以居蜗角而思长征，竟能相持至十余年，亦可谓之怪现象矣。

第三章　太平军与湘军

八　太平军之北伐

（一）林凤祥、李开芳之入豫

太平军攻克南京之后，林凤祥、李开芳、罗大纲、曾立昌等原为天地会党人者，即移师镇江、扬州，以咸丰三年二月二十一及二十三日克之。断南北清军之联络，且扼其漕运。杨秀清欲自留守金陵，因说秀全曰："河南居天下之中，古东京也，进可以窥幽、燕，退可以据武昌，入蜀、滇，不如取之，以建都焉。"秀全然之，将谋北伐。有老舟子言："河南水少而无粮，敌困不能救，而江南有长江之险，民富财足，舍南京而都河南，非计。"于是秀全定议改江宁为天京，"无志远出"，而令林凤祥等率兵北上。并诏之曰："师行间道，疾趋燕都，无贪攻城夺地，縻时日。"大纲语人曰："天下未定，乃欲安居此都，其能久乎？吾属无类矣！"时河南重兵皆趋江北，中原空虚，凤祥率数千人出滁州，据临淮关，以四月二十一日克凤阳，清将胜保急令军蹑之。杨秀清复遣李开芳及副丞相吉文元由浦口犯亳州、蒙城，遂与凤祥合军乘间入河南，五月七日克归德。河南巡抚陆应谷先后奏报称：

> 臣于初八日（由永城）拔营折回归德应援，甫行五里，即据探报，贼于初六日潜聚归德东南城外，初七日午刻用炮攻城，并有奸细接应，即由南北两门抢入，郡城失守。并称刘家口已有贼匪数千占住，将欲渡河等情。（五月十三日）

> 逆贼自扬州窜出以来,在事诸臣,皆以为仅一二千人,无足为虑。臣在归德,以数千之师,与贼转战三日,亲见贼匪,以数百人为一队,有进无退。又往往从后路抄袭。其由亳至汴者,约计在数万以外。又据探称,由陈留至省路中,横排二三十里,贼势如此之大,而犹云无虑,是直粉饰目前,以为托卸地步。(十七日)
>
> 本月十三日据报,贼之前队约二千余人,已由陈留赴省。臣原带兵勇三千有余,自归德失利后,各兵溃散不少,连日收集仅数百名,军火器械,多半不堪应用。臣随身兵勇,止百余名,实不足以资攻剿。(同十七日)

又据布政使沈兆沄奏称:贼供自扬州逃出,不过千人,沿途裹胁约万余人。可见林凤祥原率之兵不多,至皖北而与李开芳、吉文元合军,已达万余人,再加所招捻匪(周天爵奏言:贼匪以李姓及林、吉二姓为大头目,处处皆有土匪响应,而皖省之凤阳一带土匪,尤多且横),则入豫已数万矣。陈善钧《癸丑中州罹兵纪略》记其事云:

> 豫省向有捻匪为地方害,如南阳、汝宁、归德、陈州各府属,即在平时每逢冬令,必聚众四出摽掠,惟不敢公然与官为敌耳。及发乱起,捻匪愈多,势亦猖獗,归德抢劫尤甚。太守陈公(介眉)御之严,癸丑春,剿杀无算,漏网者因以挟仇,乘粤匪犯蒙、亳前往煽惑,引以西来,直犯归德,遂于五月七日失守。除陈守陆中丞在永城防堵,及商丘令斩关而逸外,其在城官员,同时被害。

太平军留归德仅二日,即由刘家口沿河堤突至宁陵县,克之,初十日破睢州、杞县,十一日过陈留、兰仪径抵开封城下。因军行甚速,渡河即直隶境,清廷以“情形万分吃紧,贼势剽悍异常”,令大学士讷尔经额及直隶布政使张集馨严密堵御,勿稍疏失,为京师保障。十三日,太平军攻开封,布政使沈兆沄以四千兵勇,婴城固守。是夜忽大雷电,风雨交注,城外壕水,深至数丈,火药尽湿,军士被雨而僵,避于繁塔寺。吉文元告凤祥曰:

“我军贵往来剽疾,使清妖苦于奔命,然后俟其罢而击之,可以得志。若顿师于坚城之下,旷日持久,老我师徒,非计也。不如掠朱仙镇而渡河。”十七日遂解围去。陆应谷所谓“万难支持”之危城,竟赖天时以保全,此亦太平北伐军存亡之关键也。凤祥以实力损失颇多,在朱仙镇屯集整补,并派朱增发(安徽人)赴天京乞援,增发行抵扬州司徒庙,为陈金绶拿获。太平军由朱仙镇经中牟、郑州、巩县,在汜水口搜煤船渡河。所编九军,号称十万,实止三万余人耳。因人多船少,二十八日尚未渡尽,而清江宁将军托明阿、提督善禄等之马队追至,未渡者因折返汜水,越南山,向东南逃窜,经新郑、长葛、许州、临颍、西平、确山、罗山而入湖北之麻城。有众万余,沿途清军截击,抵麻城仅数千人,为署督张亮基所歼。以故凤祥等渡河者,不过二万余人,兵力既分,势始渐弱。六月初三日,太平军由武陟、温县进围怀庆府(沁阳),以怀庆火器最多,志在必得,乃围攻五十余日尚未破,而清军渐集渐多,更进而作一反包围矣。

(二) 怀庆之攻守与津沽之相持

时清廷以豫省为滨河要区,已命直隶、山东、山西督抚合力防河,授直隶总督讷尔经额钦差大臣,总统河北军,并调蒙古、察哈尔兵及总兵董占元、花里雅布逊等自大名、兖州会师。托明阿军由萦阳渡河,巡抚陆应谷率师驻磁州。山东巡抚李僡、副都统双成、前理藩院尚书恩华、陕甘总督舒兴阿亦分路督兵会剿。太平军围怀庆,掘地道实火药轰城,城垣崩十余丈。知府余炳焘、河内知县裘宝镛募集死士,力守待援。宝镛自城颠死而复苏,犹坐墙中呼众开枪,以击退扒城之敌。炳焘死拒缺口,太平军不能登,城得复完。凤祥因取“长围久困”之法,于要路挖壕,盖板铺土,外扎木营,时用地雷攻城。城中粮尽,掘草而食,又值大疫,死者万余,城垂陷。外援虽多,距城每在十里之遥,以枪炮轰击,不敢前冲,又均在东北两面,无法接济城中民食。会胜保至,商请托明阿派马步队千余名驻扎崇义镇二郎庙,以扼南路,而自率吉林兵,首先突阵,猛攻太平栅垒。吉文元以数十骑御之,驰入吉林军,直取胜保,中流箭坠马死。凤祥、开芳闻之痛哭曰:“胜败常事,今文元死,吾二人孤矣!”血战十余次,均未得手,恐久屯军心涣散,乃于七月二十八日长趋而西。当太平军之渡河而北也,或议乘清军未集之际,直趋天津,以为攻心扼吭之策,而林凤祥欲先破怀庆,扼黄河要害,相持日久,则清军已云集,攻守之势为之一变。凤祥自怀庆解围,众尚二万余人,顾以重兵扼其东,黄河阻其南,太行山脉亘其北,惟西方黄河、太行山之间,有小道逶迤通山西。八月,凤祥自垣曲出曲沃,据平阳,直抵洪洞。清廷罢山西巡抚哈芳,以恒春代之。胜保追至平阳,四面围攻。李开芳求援天京,杨秀清命朱锡琨往援未至。胜保攻之急,开芳曰:"粮饷将尽,而援兵不至,坐以待困,非计也,不如突围以求食!"乃弃平阳。由屯留、潞城、黎城入直隶,据邯郸县北之临洺关。薛福成《庸庵笔记》云:

故相讷近堂阁部讷尔经额之总制直隶也,酣嬉废事,吏治日坏。咸丰三年以钦差大臣督兵驰救怀庆,适贼解围奔窜山西,讷相督兵回防直隶。初有献计者言潞城、黎城之间,有一小径循太行东出,可由河南之武安径趋直隶之临洺关,近时商买,皆由此往来,其路甚捷,然有险可扼,若遣兵五六百人守之,虽十万之众不能过也。讷相拘守太平时旧制,以为潞城、黎城皆山西地,乃具咨文请山西巡抚派兵守之。咨未及达,而贼已陷潞城、黎城,果由此路东出。是时讷相方督凯旋之军万余人,次临洺关,先一日有冒讷相旗帜责州县供张者,盖贼之先驱,已过而北矣,而讷相尚未知也。次临洺之日,贼大众麕至,官军仓皇失措,车驰卒奔,万余人溃散略尽。讷相以数十人走入广平府城,尽失其关防、令箭、军资、军书等物,幕友、隶仆皆星散,既已不能具奏,广平知府为之禀达省垣。是时桂燕山相国桂良以刑部尚书驻守保定,为之入奏。讷相奉旨革职拿问,贼焰由此大张。盖讷相为承平大吏,已数十年,养尊处优,素不知兵,行军既无侦探,又无营垒,加以拘牵文例,故及于败云。

太平军以九月七日克深州,距北京仅六百里。讷尔经额当胜保收复平阳,自请驰回保定,为备御计。诏夺钦差大臣关防,以与胜保。既而走广平,诏革职逮问。清廷以畿辅重地,命惠亲王绵愉为奉命大将军、科尔沁郡王僧格林沁为参赞大臣,督京营及察哈尔精兵会胜保进击。并于京城设巡防所,以左都御史步军统领花沙纳、右翼总兵达洪阿、军机大臣穆荫专办之。太平军据深州十余日,旁扰栾城一带,烽火相属。九月十九日胜保遣将军绵洵、桂龄、蕴秀等攻城之西北、西南,善禄等攻城之东南,而自将马队直捣东北,两军会战,太平军挫,死者七八百人。遂以翌日弃深州走天津。天津沽防已备,又城外新经洪水,道路阻洳,艰于行军,而胜保等复疾行蹑其后,凤祥不敢围攻,以十月退据静海,分屯独流、杨柳青等处。胜保屡战获胜,进逼津卫口,太平军倾全力以攻之,胜军大败,蒙古副都统佟鉴、知县谢子澄阵亡。至是太平军始得支撑于津、沽之间,与清军相持。时咸丰三年十一月间也。

(三) 直隶之困守与失败

胜保既败,清廷命僧格林沁率兵往援。建以围为攻之策,太平军因筑垒树栅为固拒计,而粮食火药渐匮,不复能进取。咸丰帝以畿辅扰攘,北京动摇,严旨饬催,以期速清。于是僧格林沁亲冒矢石,鼓勇前进。四年正月,凤祥、开芳弃独流由静海据东城、陈官、桃园等处趋阜城,分占附近各村庄。二月僧格林沁亲至相度形势,派副都统郭什纳、达洪阿等分攻堆村,以草束火药,焚毁林场房屋,乘势进击。太平军军官士卒死者数千人,敛众入城,势渐蹙。杨秀清闻之,密令黄生才等由安徽率军渡河,扰山东,由金乡、巨野、郓城、花县、寿张、东平窥临清,故以分清兵势力,借抒阜城之困。于是僧格林沁自围阜城,遣将军善禄等分赴山东,而胜保亦以三月奉诏往援。生才用地雷轰城,墙塌数十丈,烟焰灼天,乘势而入,杀知州张积功、副将德庆、参将吉兴、游击阿克东阿等。清廷逮山东巡抚张亮基遣戍(五年五月释回,发湖北军营,以御史宗稷辰疏保,七年命赴云南,旋授巡抚)并夺胜保、善禄等职,仍令戴罪自效。生才据临清,坚壁不出,而掠胁至数万人,无所得食。清军自三面攻之,卒以二十六日收复,生才战死,余党溃散略尽。时太平夏官副丞相曾立昌、冬官又副丞相许宗扬,亦奉命北援,将兵出山东,破曹县据之。胜保移军来攻,立昌迎战,大败,清兵追至漫口支河,逼溺入水,立昌淹没。时四月初九日也。宗扬逃至天京,诏逮东牢,旋杀之(官书谓其亦溺毙)。凤祥困月余,知援绝,亦于是时并力突围,越三壕三垒,南据连镇。胜保自曹县移军与僧格林沁合围。开芳谓凤祥连镇无险可守,须取高唐州为犄角,遂率轻骑袭而据之,胜保复移师而东。自是开芳、凤祥各自为守,而兵力始分矣。连镇旧滨河,分东西二镇,凤祥自恃其军皆百战精锐,立木栅掘壕沟守之。凡七月西镇始破。太平军聚保东镇,未几粮尽,军士羸饿,至不能举戈矛。僧格林沁竭力骤攻,连镇遂破。士卒皆争就死,无一降者,独不见凤祥。清军搜之,获于地窖中,方挟二美人痛饮,已薙发易服,将脱身归天京。既被执,夷然曰:"吾孤军深入,犯兵家之忌,取败宜也,且我为汉族战而死,死亦得所,汝等可斫吾头去!"僧格林沁遂槛送京师,遂被杀。时咸丰五年正月间也。

胜保围高唐,开芳于缘城立木栅,悉用土壅,周挖壕沟陷坑,又挖地窖,兵皆潜居窖中,炮火不能及。且有地道通城外,每黑夜辄出数百人劫营,清军死者合连镇计之共约八千余人。胜保铸大炮树云梯皆无功,已而胜保获谴,僧格林沁自连镇移攻,故撤高唐南门围军,诱太平军出城。开芳以粮且尽,弃马骑,突围出,据冯官屯。屯距高唐四十五里,距茌平十八里。胁民夫遍掘陷坑,树木桩,排列枪炮,守御极严。屯内本多富户,高楼大厦,外匝砖墙,形势甚固。清军追至屯外围之,开芳持旗登楼眺望,见敌军近,即放枪炮,清军率受重创。僧格林沁审度形势,依前广西左江道张祥晋谋,欲引运河水以灌之。先于屯外筑围墙,墙外掘壕沟甚宽广,掘得之土,即以之壅墙成堤。遂挖挑运河,自东昌三孔桥起,至冯官屯石桥止,共一百二十三里,宽一丈余,深七八尺,历二月而成。乃引水入壕,雇民夫数千人,车水灌入墙内,墙外筑墩,站兵勇瞭望,防敌突出,挖墙倒浸。阅三日,屯内水深四五尺,粮草火药尽湿。开芳遣心腹百余人,杂难民中囚水出降,欲借为外应。清军分拨各营,当晚皆杀之。太平军皆楼居,清军复以炮轰楼,岌岌欲坠。四月十六日,僧格林沁命兵勇越墙四面进攻,忽大风骤起,飞沙扬尘,不辨南北,遂撤队。而开芳不得已,遣使约降,先缴军械,僧格林沁许之。尽调马步军数万张左右翼以待。日将午,太平军百余人高张红伞,拥开芳前进,抵清营,僧格林沁遽命擒之,囚其部将八人,传开芳进见。开芳戴黄绸绣花帽，服月白绸短袄，红裤红鞋，携两童，年各十四五，均服大红绣花衣，姣好如女子，左右挥扇，随开芳入帐中。开芳向僧格林沁屈一膝示礼意，不答，即盘腿坐地下，两童东西侍立，毫无惧色。帐内总兵以下，持刀环立，怒目而视。开芳仰天大笑，一帐皆失色。久之，僧格林沁询之曰："尔何笑也?"开芳曰："吾天朝待臣民敌国皆以信，今背约囚降以要功，是满廷之王，其信不及吾左右之童子，安得不笑?"僧格林沁曰："吾即降汝，汝亦能招金陵、湖北诸酋共降乎?"开芳复笑曰："一之为甚，岂可再乎？吾头固在，王勿多言。"因请酒食，遂开怀大嚼，旁若无人。僧格林沁疑惧，解开芳及部将黄懿瑞等八人于北京杀之。年约三十二三。于是太平北伐之师，扫地尽矣。李、林皆天地会旧党，投太平隶萧朝贵部，称军中虎将。《清实录》谓朝贵广东人，曾为盗，或其初亦与天地会有关乎？北伐之败在深入无援，又二分兵力，若突围南返，何至坐以困死。盖林、李志在北京，不愿见江东父老耳。其初北上也，天王特封凤祥靖胡侯，开芳定胡侯，吉文元平胡侯，朱锡琨剿胡侯，黄益芸灭胡侯，死后，追封凤祥彰王，开芳开王，文元祥王，锡琨抚王，益芸曾王，曾立昌经王。惟黄生才无封，或即益芸乎？北伐军事中有两事颇可注意者：其一，太平军以信仰基督教故，到处毁坏佛寺道观，而李、林之军于豫于直，甚少关于此事之纪载，其驻军开封繁塔天清寺竟无破坏，且得保存，见《中州罹兵纪略》及姚宪之《粤匪滋扰纪略》等书。是天地会之旧党，对洪秀全之新教固仍有若干距离也。其二，据《清实录》咸丰四年七月己未上谕："本日据胜保片奏：在高唐州城外擒获伪总制一名供称：逆首杨秀青籍隶湖南耒阳县，住城外西乡三角坪地方，伊父杨大鹏犯罪，早经明正典刑，家中尚有亲属等语。着骆秉章迅即遴委妥员密速驰往查访，即将逆族亲属尽法惩治，并将该逆祖父坟墓发掘焚烧以除孽种。"骆秉章办理之情形如何，《实录》未续载，或者以查无实据了之。但太平军中之总制，地位比军帅高，亦重要首领也。其所言并非毫无根据。盖李、林之军，皆天地会党人，此总制必系湘南会党，故亦传秀清为党人之裔耳。即此二事可见太平初起，其主力军皆天地会旧部，故秀全不能不尊洪大全为天德王。及大全被陷，而李、林及罗大纲之军力尚强，故秀全入南京，尚以木主祀大全而奉之如神,民间传说非无由也。其后立纪念碑书大全曰愍王,则仍以帝王视之。秀全每战必令罗、李、林为前锋,李、林北伐,大纲西征,虽以其勇悍而利用之,亦实有听其消灭之意存焉。是北伐不为之援,西征则任其死。《瓮牖余谈》云:"凡披坚执锐犯难以当官军者,皆林、李二酋之力,故以为首功……大纲本股匪,勇悍善战。自庚戌后党附东贼,屡为先锋,冲坚陷锐,号称无敌。使陷镇江,嗣调安庆、庐州,称冬官丞相。大纲能与贼同甘苦,得贼众心,其临阵时骤马往来剽迅如风,在诸悍酋中最称猖獗,凡贼遇穷蹙之时,辄以大纲往,而大纲至,亦惟知身先士卒,舍命与官军相抗而已。咸丰己卯五月,窜江北,我军遇之,以抬枪击中其腹,几洞,伤剧至金陵死。"大纲在纪念碑上书奋王。观此可知李、林、罗在太平军中所处之地位矣。

九　太平军之西征

(一) 安徽抚定与南昌、田家镇之攻守

太平军北伐之师,既以半年间横行四省,转战四千五百余里,同时杨秀清复遣豫王胡以晃、丞相赖汉英、石贞祥等西上安徽、江西,以争长江上游,屏蔽天京。以晃以咸丰三年五月四日克安庆,汉英以是月十八日由九江、湖口进围南昌。安徽民情强悍,以太平宗教法制之不相习也,多方抵抗。秀全命翼王石达开赴皖安抚。达开既至安庆,以诚意相要结,择村里之有声望者为乡官,缉盗贼,严军旅,使各安其业。更督民造粮册,按亩输钱米,于是乡里之暴者抑制之,无告者赈恤之,立榷关于大星桥,截江上行舟征其税,数月以后,经营粗定,军用充裕,百姓安堵,颂声大起。汉英围南昌,江西巡抚张芾与在籍尚书督办团防陈孚恩登陴拒守。时江忠源已以战功累迁至道员,署湖北按察使,方奉命赴江南大营,行次九江,芾急檄邀之。忠源以金陵残破之区,效迟而事易,江西完善之土,祸急而事难,遂兼程往援,驰四日至南昌。太平军望见楚勇旗帜,惊曰:"江妖来何速耶?"忠源入城,即会同布防,连战皆捷,人心以安。六月太平军轰城二次,皆不克。汉英亲督兵掘地道,以地雷实之,届期火发,城崩数丈,军士

摩厉将登。汉英误记有第二雷,戒勿登,久待不发,缺口复完。士众交咎,汉英不信,检视土将军文报,始知其误,大悔恨。汉英攻南昌不下,乃分军入腹地,以图牵制,而吉安会党大起,遥为声援。忠源飞书湖南告急。侍郎曾国藩、署巡抚骆秉章遣湘勇千二百,楚勇二千,营兵六百,属道员夏廷樾、编修郭嵩焘、知县朱孙治、忠源季弟忠淑等护之往。而诸生罗泽南复率其乡人子弟,成一军与偕。湘勇出境攻战自此始。廷樾至南昌,一战不利,诸生死者七人,收众入城。忠源以新军不可当大敌,令往击土寇。于是廷樾驻章树,罗泽南攻安福,忠淑及刘长佑攻泰和,旬日之间,诸会党悉平。忠源守南昌无后顾忧,益奖励兵民,同心敌忾。太平军包围九十余日,知不可取,遂解围登舟扬帆去,湘、楚勇之名,始大显矣。太平军既不得志于南昌,杨秀清以武汉为天京上游,不宜委弃,因调赖汉英援扬州,而自将征湖北,任石祯祥为先锋。咸丰三年九月,祯祥北出湖口,破九江,连樯而西。时湖广总督张亮基调抚山东,以新任吴文镕未至,尚留武昌,闻太平军上溯,急遣同知劳光泰率炮船扼田家镇,道员徐丰玉、张汝瀛会办防堵,编巨筏横江,载炮数十其上,遏太平舟师。秀清命据田家镇之半壁山。江忠源援九江无及,亦由瑞昌、兴国趋至,望见太平营垒,叹曰:“此天险也,军情地利两得之,我军何能战?”谋以次日营羊角山为对峙。秀清侦知,即遣舟师乘风上驶,忠源急赴水营拒敌,半壁山以炮下击,清防兵先溃。劳光泰所募潮勇皆不战而逃,且有投降者。忠源率鹤丽镇兵搏战失利,突围走广济。徐丰玉、张汝瀛等皆战死。时九月十三日也。太平军水陆大进,连破黄州、汉阳,吴文镕方次长沙,闻败状,急驻守武昌。十月太平军分道北进,一军克孝感,一军自应城犯德安。时学政青麟按试德安,闻警急檄卸署襄阳知县张开霁募丁防守,一日得二千人。而按察使唐树义、总兵杨昌泗先由黄州田家镇退黄陂,至是合屯杨店,以遏太平军。太平军两路皆被阻,不得进,乃退汉阳,复为同知伍煋击败,更悉众而东,据黄州守之,以俟机会。

(二)庐州之破与江忠源之战死

太平军西征之师,既顿兵黄州,不能得志,而同时安徽之声势,则已大振。先是五月间,石达开至皖省安抚,大得民心,秀清颇忌之。十月,秀清命达开回京襄理朝政,以燕王秦日纲代之,谋旁出。自安庆再陷,清安徽文武大吏,皆侨寄庐州,以为省治。而在籍侍郎吕贤基奉命治团练,驻舒城。是月,日纲引军北上,乘雨直扑集贤关,杀清将赓音太、伍登庸,进攻桐城。邑绅马俊三率乡勇迎战,复大败之,克桐城。贤基闻警报,誓死守。日纲围之,猝不能拔,乃选军中矫捷者十余人,夜缘壁入城纵火,城中乱,贤基自杀,遂克舒城,乃收军入安庆。秀全因命胡以晃直趋庐州。时江忠源回军汉阳,清廷授为安徽巡抚,诏以楚、皖一体,当审缓急为去留,不必拘于成命。忠源以庐州危急,上疏请行。遂率所部千人冒雨进至六安,将帅多病,忠源亦惫甚。六安吏民遮留,忠源不可,惟分所部大半,使总兵音德布守之。而自将余兵,力疾至庐州。李元度《江忠烈事略》云:

> 时曾文正公办团练于长沙,见官军胜不相让,败不相救,且往往私斗甚勇,而公战则怯。所征调则东省一百,西省五十,几同乌合。将与将不相知,卒与卒不相识,欲练乡兵万人,同心一气,俾公统之,以清中原。于是公疏请增兵万人当一路,然仓猝莫就,又准行省新改庐州,为南北枢纽,救稍迟,贼且北窜。遂以二千人先发,而湖北巡抚强留公所遣援军,公于是益孤矣。至六安则舒、桐告陷,士民遮道留公,公病入城,缮守备,人心稍定。庐州警报日夕至,知府胡元炜,具言城中军实裕,团丁万余人,请速往。公乃留千人守六安,自率数百人入城,知府来谒,公询守具,以"方筹画"对,糗粮军火,一无所有。公审其有异志,拟诛之,未果,越二日,贼大至。

《庸庵笔记》,载其事更详,不具录。或谓元炜乃太平间谍,特诡辞具禀,设计以陷忠源也。庐州民闻忠源入城,人人自壮,登陴助守者近万人。而以晃率步骑数万踵至,重重围之。忠源自率所部驻水西门,以当以晃。以晃穴东城威武门为隧道,忠源掘横穴拒之,与外隧道通,反募死士出穴口,斩太平军卒长一人,众哗噪。清兵自城上掷火弹击之,皆反奔。以晃怒,复穴水西门,城崩数丈。忠源手大旗缘陴上,挥士卒力拒,太平军不克登，城复完，乃四出乞师。未几，援军大至：总兵玉山率滁州东关戍卒援拱辰门，陕甘总督舒兴阿率万五千人驻冈子集，总兵音德布率鹤丽镇兵自六安驰援驻枣林，忠源弟忠濬、同知刘长佑率湘军驻西平门外之五里墩，声势浩大，太平军反被困。以晃欲解围去，部将李秀成(初名以文，后封忠王，天王始改其名曰秀成。广西藤县新旺村人，幼沉默寡言笑，而孝亲甚挚。秀全起兵，征教民入伍，焚其室，令挈全家以从。秀成父故教民，以年髦，执炊役。秀成年二十八，发前敌为走卒。迨破永安，叙功升两司马。秀成性好学，得民间书籍，辄于枕戈时讽诵之。时军中目经史为妖书，有禁令，犯者罪或至死。有怨秀成者，以秀成叛教攻妖书举发之，军帅按之信，已缚赴刑者，拟大辟矣，会清军夜袭营，全军溃退不及携之去。清军见秀成囚服桎梏，疑为被虏者，释之。秀成以父故，间关三日夜，追及本营，其军帅喜曰："子脱罪而仍来归死，忠信人也，予当奏免汝罪，擢汝为卒长。惜汝父以忧惧故，已于前二日升天矣。"秀成大恸，遂偕母弟从征，自金陵积功至师帅)持不可。以晃曰："然则锐力攻城耳。"秀成曰："忠源善守，而庐州城坚，攻之必多死伤，而援师复乘我后，我军殆矣。不如分兵先破援师，援师虽众，皆客军，不相统属，多存观望，可一击而走也。"以晃怒曰："汝亦言军事耶？今益汝新兄弟万众，即责汝破援师，不克，我不复见汝矣。"秀成慨然允诺，率众薄滁兵营，新军畏胁不敢进，秀成愤怒，自率所部驰入敌阵，新军感动，大呼从之，滁军大溃，杀玉山。舒兴阿、音德布救之皆败北，独忠濬遣卒挟白镪油烛夜半缒城入，以饷忠源。以晃复穴水西门埋火药为地雷，十二月十六日，火发城崩，以晃挥大旗先登。忠源挥兵搏战，死伤过半，天且明，雾蔌蔌如雨。败军血刃拥忠源行，以晃率百骑蹑之，大呼以忠源献者，赏万金。忠源惧被执，手剑自刎，不殊，有健儿负之走，啮其项，脱身投古塘死。以晃收其尸以礼葬之。清廷闻变震悼，赠忠源总督，谥忠烈。忠源性英敏，读书究心经世学，不屑为章句。磨盾草檄，飒飒若风雨，有远识，独察机先。初客京师，与曾国藩、郭嵩焘等友善。尝从容语国藩曰："新宁有青莲教匪，乱端兆矣。"既归，阴戒所亲，无得染彼教，团结丁壮，密缮兵仗，冀事发有以御之。及金田事起，忠源以乡人子弟，自为一军，号楚勇。团练之助剿，盖自忠源始。洎后曾国藩奉命督办团练,大起湘军,卒以成勘定之功者,实忠源有以启之也。

(三) 吴文镕之败死与湘军出征

当是时太平大军屯黄州,湖北援师不能遽达皖,而曾国藩方驻衡州治水师,议以天下大局,武昌为必争之地,先保武昌,而后可以扼金陵上游,固荆、襄门户,通两广、四川运道,因移书总督吴文镕,谓南北两省,以坚守省会为主,俟水师成乃可言剿。文镕故国藩座师,颇倚重之,报书亦戒以无轻赴敌,必俟成军乃行。及庐州陷,江忠源战死,湖北巡抚崇纶与文镕有隙,劾督臣闭门坐守。清廷降旨切责。时文镕方调胡林翼率黔勇七百来鄂,而并约国藩率水师夹攻黄州,期大举。会崇纶促之急,文镕叹曰:"吾年逾六十,受国厚恩,岂犹惜死耶?所以迟迟者,以麾下将卒宜选练,且候黔勇及水师来夹击耳。今若此,不及待矣!"遂以三年十二月赴黄州督师,驻堵城,距府治可二十里。咸丰四年正月,太平军张灯高会,饮酒欢剧,文镕侦知谓有机可乘,急出兵击之,苦战累日,杀伤颇重。而军士以大雪之故,僵毙相属,反为太平军所乘。十五日,秀清分军绕文镕后,设伏山冈,命部将率城军扑清垒,文镕拒战,伏起火发,十三营皆破,清兵弃大帅走。文镕死乱军中。按察使唐树义督水师炮船,退赴金口,收集溃卒,图再举。而太平军乘胜复入汉阳,树义拒战,落水死。秀清因分兵溯襄河,连破德安、随州、枣阳,而复遣石贞祥率大队越武昌而上,以二月克岳州,入湘阴,武昌形势,已在太平军包围之中。其时荆州将军台涌代文镕署总督,未至,崇纶又以丁忧解职,仅学政青麟自德安至,代为巡抚,筹防守。而标兵仅千余,颇不敷用。旁近诸邑,又多残破,莫能为外援,势益岌岌。会湖南水师新成,诏益促曾国藩赴援。初国藩编练湘军,专主剿平土寇,故自咸丰三年以来,屡遣刘长佑、李朝辅、王鑫、孙祖荣、罗泽南等讨平常宁、来阳、阳山、衡山诸土寇,而已则设发审局于长沙,治保甲,益广招募,教练乡勇。南昌之围,江忠源往援,因乞师湖南。国藩以罗泽南将湘勇出醴陵,江忠淑将楚勇出浏阳,署盐道夏廷樾将营兵继泽南后,进援南昌。意营将积敝不可用,纯用书生为营官,率皆生童,以忠诚相期奖,然未经行阵,故以楚勇百战者偕。楚勇久助攻剿,尚剽锐,营制疏略,乃命千总张登科领湘勇二十人为前哨，因戒忠淑、登科曰："哨探必百里，至瑞州待湘军行。"忠淑狃其家军称劲旅，心笑国藩怯，驱而前。中途讹言敌至，哗而溃走，民噪惊之，弃军械饷银，退还义宁，留十余日乃进。泽南至南昌，战城下，书生争奋搏，敌阳退抄其后，军败，附生谢邦翰，童生罗镇南、易良干、罗信东战死。泽南收众入城。于是国藩闻之，以为湘勇果可用，虽败敢深入，官兵不如也。当忠源之初至九江，奏请增兵，拟募勇四千，合营兵凑足万人，自成一军。国藩致书云："夫六千之兵，必有一二镇将统之，其势不能相下，而又多卑庸无足与语者。鄙意欲练乡勇万人，概求吾党质直晓军事之君子将之，以忠义之气为主，而辅之以训练之勤，相激相劘，而后可以言战也。"盖忠源尚持兵勇合用之说，而国藩则主不用营兵，独练乡勇也。时湖南仅楚勇二千，湘勇一千，国藩又添募湘军一千人。楚、湘勇皆赴援江西，而楚勇以索偿复溃，健锐者皆弃去，江军遂弱，故有田家镇之败。及忠源赴皖，国藩乃欲扩充六千人，合忠源所将成一万，为义师。水陆兼有，必训练成而后出战。其复忠源信云：

添勇六千之说，昨因令弟达川带勇一千进省，即令其先将此勇，赶紧赴皖，以备阁下爪牙之需。其余五千须俟船炮办齐，水陆并进，乃可有济。省中诸友及璞山（王鑫）之意，皆欲急急成军以出。国藩思此次由楚省召勇东下，一以为四省合防之计，一以助阁下澄清之用，必须选百练之卒，备精坚之械，舟师则船炮并富，陆路则将卒并愤，作三年不归之想，为百战艰难之行。岂可儿戏成军，仓卒一出，人尽乌合，器多苦窳，船不满二百，炮不满五百，如大海簸豆，黑子着面，纵能迅达皖省，究竟于事何补？是以鄙人愚见，总须备战舰二百号，又辅以民船载货者七八百，大小炮千余位，水勇四千，陆勇六千，夹江而下，明年成行，与麾下相遇于九江、小孤之间，方可略成气候。否则名为大兴义旅，实等倭人观场，不值方家一哂耳！明知阁下盼望此勇甚切，然速而无益，不如迟而有备。

总之，国藩欲"精选久练"，以助忠源作"澄清之用"，初无意于远略也。如《与彭筱房曾香海书》云:“岷樵(忠源字)勋望日隆,全握兵柄,是意中事。鄙意欲练勇万人,概交岷老统带,以为扫荡澄清之用。”及忠源、文镕相继战殁,清廷乃益促国藩出师,于是国藩始率湘军建旗东征,而大任亦非国藩莫属矣。

十　湘军之缘起

(一) 官兵腐败之情形

乾、嘉以来,绿营兵力之不可用,既已暴露于天下。于是人民自谋团结,以为正当防卫之计,而白莲教之乱,卒赖以敉平。洪氏倡义以来,不过二年,风靡数省,其故一方以太平军多少年英锐,久蓄革命之志,而一方则官军腐败已极,不足当大敌也。《湘军志·曾军篇》曰:“军兴而养兵之利害尽著,诸帅臣则稍稍召募,而江忠源以楚勇显。然兵妒勇益甚,所屯则私斗,战败固不救,反陷之。咸丰二年冬,湖北大营患潮勇横恣,罢遣之,归乃益道掠,公奸良民妇衢市,所至焚杀。愚民以为官兵不如寇,则奸人倡伪议,谋通贼,及结盟拜会相梃起矣。”而《营制篇》复述其腐败之状曰:“军兴调发,而将帅莫知营制,被调者辄令绿营将官营出数十人,多者二百人,共成千人二千人之军。将士各不相习,依例领军械锅帐锹斧枪矛,皆窳顿不足用。州县发夫驮运载,军将拱手乘车马出入于公馆。其士卒或步担一矛,倚民家及旅店门,居人惶怖,惟恨其不去。及遇寇,作屯垒,壁不及肩,负贩往来营门,隘杂哗嚣,十军而九。有能者因宜约束,自为风气,诸将虽欲划一,率非所统,无所行其禁令。惟满汉军稍整齐,而骄横贵倨,言语不相晓,其死亡辄当奏报。又各有贵将,督抚莫能统,尤不轻调发,所发者多绿营额军。其弊如此,民间徒知其扰累,莫肯怜其送死,故征役者益怨恨仇掠于寇所不至之地,而愚民避官迎贼之议起矣。”观此可知当时人民痛恨官军,甚于盗贼,以官军之行径,亦诚不亚于盗贼也。金和《秋蟪吟馆诗钞·兵问》有曰:“何知汝身在,身在心死久。烟床鸩毒甘,博局枭采负。帐下畜村童,路上诳民妇。村民米与衣,结队恶声取。纵免将军诛,可告汝家否?”《将问》有曰:“神州之兵死亿万,以罪以病不以战。

大官之钱费无算,公半私半贼得半。奏捷难为睡后心,筹粮几夺民家爨!今春自楚东下时,贼船如马江头驰。将军何事来偏迟,坐令严城入贼手,五月不能攻下之?公等尚学饮醇相,白头老尽连营师。"兵则吸鸦片,嗜赌博,蓄娈童,奸民妇,纵劫掠;而将则劳师糜饷,畏葸不前,睡后奏捷,其何能战?故金氏十六日至秣陵关,《遇赴东坝兵有感》一首云:

初七日未午,我发钟山下,蜀兵千余人,向北驰怒马。传闻东坝急,兵力守恐寡,来乞将军援,故以一队假。我遂从此辞,仆仆走四野。三宿湖熟桥,两宿龙溪社,四宿方山来,尘汗搔满把。僧舍偶乘凉,有声叱震瓦。微睨似相识,长身面甚赪,稍前劝勿瞋,幸不老拳惹。婉辞问何之,乃赴东坝者。九日行至此,将五十里也。

东坝赴援之兵,九日而行五十里,说者或以金氏形容刻薄,嘲讽诙谐,不免过分,然金氏身当其时,目睹其事,且自谓:"笔端何事好讥弹,公事公非欲掩难,尚留百分为国讳,敢诬一字与人看!"是则王、金二氏之著述,不可谓非当时实录也。官军公战虽卑怯,而私斗则甚勇,忌团练之奏功,时欲凌辱之,曾国藩即受其扼,至避地衡阳。王氏志中已言之。不特此也,官军与官军私斗,或因强奸民妇,或因争夺财物而起者,亦指不胜屈。如金氏《双拜岗纪战诗》云:

我过双拜岗,红日渐西入,一队蜀郡军,赴战意甚急,道旁皆狐疑,相随顿云集。前行未百步,楚士兵各执,狙伺何人家,环屋四边立,尚欲逾垣看,攀树当梯级。蜀军自东来,呵逐楚士开,楚士转身斗,战声驰如雷。大刀狂有风,长槊疾如雨,双拳鹰膀兜,独角象鼻吐,贴地捷进猱,冲天善飞虎,身挟车轮盘,气振屋瓦舞。才惊彼洞肩,却是此断股,额批创更裹,胸贯骂犹苦,直是父母仇,岂但酒肉怒!从来攻城时,未见今日武!虽各数十人,半里暗尘土,观者魂尽褫,前揖敢笑阻?两军战方酣,一人怒驰马,竟从此门出,瞬已到山下,楚士纷逐之,谰语饿鸱哑。马上必蜀人,楚士所捉者,蜀军志拥护,鸦散亦走野。吾侪好选事，略息行人喧，稍稍相问讯，来窥此家门，门中一幼妇，赪颜但呼冤，我亦不必问，汝亦不必言。

金氏所谓："从来攻城时，未见此日武！"痛哉斯言，怯公战而勇私斗，殆吾国军人之天性哉！此商鞅之所以执严法以绳也。道、咸间官军腐败之情形，见于当时人之纪载者，尚不止此。《李秀成供状》亦云："初到阊门，街上店铺房门首，俱贴字样云：'同心杀尽张、和两帅官兵。'民杀此官兵者，因将丹阳之下到苏州，水陆民财，概被其兵抢劫，故恨而杀之也。"张国樑、和春皆江南大营继向荣而为统帅者，逴踯有声，其兵乃如此，太平军之势，焉得不张？惜秀全革命思想太不彻底，而佐之者又非其人，卒以失败。不然，虽有三四曾、胡，六七左、李，恐亦无裨于清室之危亡也。

（二）清廷之提倡团练

官军之不可用，清廷亦非不洞知其情，故当教匪乱时，既屡谕川、楚人民，团结自卫，结果则其效大著。太平军初起，清军云集，征调频繁，终无寸功。于是清廷一面添派各省劲旅，亟思一鼓荡平；一面复有奖励团练之谕，如咸丰元年三月壬辰谕内阁："朕闻该省绅士商民，各处团练，同仇奋义，自必率同士勇合力歼除，断不容釜底游魂，扰我乐土！"而江忠源以三百人从乌兰泰军，即乡勇之奋起者也。及忠源屡奏奇功，楚勇之名大著。清廷又恐团练不能稽查约束，以致奸徒溷迹，抵抗官府，因命在籍侍郎曾国藩督办团练事宜。旋谕："嘉庆年间，川、楚教匪，蔓延数载，嗣后行坚壁清野之法，令民团练保卫，旋就荡平。即今广西、湖南地方，多有团勇保护乡里，贼不敢逼，且有杀贼立功者。况各处乡村，良民多而莠民少，若得公正绅耆，董理其事，自不至别滋流弊。即地方间有土匪，一经约束，亦将去邪归正，并保乡闾。惟在良有司素得民心，必可收众志成城之效。着各该督抚分饬所属，各就地方情形妥筹办理，并出示恺切晓谕，或筑寨浚壕，联村为堡，或严守险隘，密拿奸宄。无事则各安生业，有事则互卫身家。一切经费，均归绅耆掌管，不假吏胥之手。所有团练壮丁，亦不得远行征调,各团中如有捐资倡助,或杀贼自效者,地方官即申详大吏,据实奏闻,朕必立加奖叙。如广西、湖南各乡团出力者,无不渥沛恩施。凡土著良民,各有产业,与其仓皇迁徙,抛弃田庐,转不免土匪乘机抢掠,何如坚守乡里,以子弟卫父兄,以家赀保族党乎?”洎后太平军由武昌东下,安庆、金陵相次失守,清廷迭命在籍大臣,督办团防。兹条其人地年月如下:

省名	督办团练大臣	任命年月	附记
江苏	沈　岐　在籍前任左都御史	咸丰三年正月乙亥	安庆已失守
	季芝昌　前闽浙总督		
	侯　桐　前吏部侍郎		
	程庭桂　前左副都御史		
	温葆淳　前宗人府府丞		
	钱宝琛　前江西巡抚		
	王　藻　前湖南布政使		
	汪本铨　前浙江布政使		
直隶	孙葆元　前兵部侍郎	咸丰三年二月壬午	金陵尚未失守(第一次任命)
	梁宝常　前浙江巡抚	同年月乙丑	(第二次任命)
	杨禄之　前甘肃凉州镇总兵		
河南	周之琦　前广西巡抚	同年月日	
	祝庆蕃　前内阁学士		
	王庭兰　前广东布政使		
山东	梁萼涵　前山西巡抚	同年月日	(第一次任命)
	李璋煜　前江苏布政使		
	王　简　前河南布政使		
	孙毓桂　前浙江按察使		
	王允中　前湖南按察使		
	刘耀椿　前四川按察使		
	刘韵珂　前闽浙总督	同年月甲申	(第二次任命)
	黄恩彤　前广东巡抚		
	傅绳勋　前江苏巡抚		
	冯德馨　前湖南巡抚		(第三次任命)
	李湘棻　前漕运总督	同年月庚寅	(第四次任命)
	陈　阡　前江西侍郎	同年月辛丑	
	车克慎　前工部侍郎		

续　表

省名	督办团练大臣	任命年月	附记
浙江	戴　熙　前兵部侍郎 李品芳　前内阁学士 朱　澜　前内阁学士 陆费瑔　前湖南巡抚	同年月丙戌	
江西	程焕采　前江苏布政使 刑福山　前大理寺卿	同前年月庚寅	
贵州	朱　树　前漕运总督 陶廷树　前陕西布政使 唐树义　前湖北布政使	同前年月甲午	江宁已失守
安徽	吕贤基　工部左侍郎	同前年月丁酉	先是正月丁卯，清廷以太平军已由九江东下，军事紧急，特命贤基驰赴安徽及前漕督周天爵会同巡抚蒋文庆办理军务。及安庆失守，天爵改任巡抚，贤基抵宿，因有是命
福建	廖鸿荃　前太常寺卿 杨庆琛　前光禄寺卿 李廷钰　前浙江提督 孙云鸿　前江西福山镇总兵	同前年月戊戌	

既而令武英殿刊刻明亮、德楞泰《筑堡御贼疏》，龚景瀚《坚壁清野议》，及示谕条款，颁发各省，广为传布。一切经费，均由绅民量力筹办，其有绅士办理不善，不协乡评，或衰老不能任事者，着地方官查明，毋庸管理。清廷之注意团练，盖可知矣。

（三）曾国藩之出身

清廷之提倡团练，任命大臣，既如上文所述，惟各省中之办理团练有声者，除最初任命之曾国藩外，率阒焉无闻。其故则所保绅士人数众多，事权不协,又其中多衰老不能任事者。吕贤基之初莅安徽,屡陈兵事,颇有可为;然舒城一败,贤基死难,故中兴之功,终属国藩焉。国藩字涤生,原名子城,字伯涵。湖南湘乡人,家世力农,五六百岁,无与科目显者。祖玉屏字星冈。少时喜任侠,已乃折节下士。尝曰:

> 吾少耽游惰,往还湘潭市肆,与裘马少年相逐。或日高酣寝,长老有讥以浮薄,将覆其家者。余闻而立起自责,货马徒行,自是终身未明而起。余年三十五,始讲求农事,居枕高嵋山下,垄峻如梯,田小如瓦,吾凿石决壤,开十数畛而通为一,然后耕夫易于从事。吾昕宵行水,听虫鸟鸣声,以知节候,观露上禾颠以为乐。种蔬半畦,晨而耘,吾任之;夕而粪,佣保任之。入而饲豕,出而养鱼,彼此杂职之。凡菜茹手植而手撷者,其味弥甘,凡物亲历坚苦而得者,食之弥安也。吾早岁失学,壮而引为耻,既令子姓出就名师,又好宾接文士,候望音尘,常愿通材宿儒,接迹吾门,此心乃快。其次老成端士,敬礼不怠。其下泛应群伦,至于巫医僧徒堪舆星命之流,吾屏斥之,惟恐不远。旧姻穷乏,遇之惟恐不隆,识者观一门宾客之雅正疏数,而卜家之兴败,理无爽者。邻里讼争,吾常居间以解两家之纷,其尤无状者,厉辞诘责,势若霆摧,而理如的破,悍夫往往神沮。或具酒通殷勤,一笑散去。君子居下则排一方之难,在上则息万物之嚣,其道一耳。津梁道途废坏不治者,孤嫠衰疾无告者,量吾力之所能,随时图之,不无小补,若必待富而后谋,则天下终无可成之事矣。

父麟书,事亲至孝。玉屏生平督子最严,往往稠人广坐,壮声呵斥,或有不快于他人,亦痛绳其子,竟日嗃嗃,诘数愆尤。麟书屏气负墙,踧踖徐进,愉色如初。麟书生子五人:长国藩,次国潢,次国华,次国荃,次国葆。麟书积苦力学,久困于学政之试,徒步橐笔,以干有司。年四十三,始补县学生员。国藩以嘉庆十六年生,中道光甲午(道光十四年)举人,戊戌(道光十八年)成进士,选庶吉士,散馆授检讨。道光二十三年升侍讲,四川乡试正考官,文渊阁校理。二十四年,充教习庶吉士,转侍读。二十五年,历升右庶子翰林院侍讲学士，日讲起居注官，旋充文渊阁直阁事。二十七年，擢内阁学士，兼礼部侍郎衔。二十八年充稽察中书科事务。二十九年，诏授礼部右侍郎，兼署兵部右侍郎。三十年，奕詝立，诏求直言。国藩奏："今日当所讲求，尤在用人之端，人才有转移之道，有培养之方，有考察之法，三者不可废。"奉旨奖许。咸丰元年，诏保举人材，国藩荐李棠阶、吴廷栋、王庆云、严正基、江忠源五人可大用。时乱事已棘，国藩疏陈简练军实以裕国用。其言曰：

臣窃维天下之大患，盖有二端：一曰国用不足，一曰兵伍不精。兵伍之情状，各省不一：漳泉悍卒，以千百械斗为常；黔蜀冗兵，以勾结盗贼为业。其他吃食鸦片，聚开赌场，各省皆然。大抵无事则游手恣睢，有事则雇无赖之人代充，见贼则望风奔溃，贼去则杀民以邀功。章奏屡陈，谕旨屡饬，不能稍变其痼习。至于财用不足，内外臣工，人人忧思，自庚子以来，至于甲辰，五年之间，一耗于夷务，再耗于库案，三耗于河决，固已不胜其浩繁矣。乙巳以后，秦、豫两年之旱，东南六省之水，计每岁歉收，恒在千里以外。又发帑数百万以赈救之，天下财产，安得不绌？宣宗成皇帝每与臣下言及开捐事，未尝不咨嗟太息，憾宦途之滥杂，悔取财之非计也！臣尝即国家岁入之数，与岁出之数而通筹之；一岁本可余二三百万，然水旱偏灾，尧、汤不免。以去年之丰稔，而江、浙以大风而灾，广西以兵事而缓。计额内之歉收，已不下百余万，更有额外之浮出，其将何以待之？今虽捐例暂停，而不别筹一久远之策，恐将来仍不免于开捐。以天下之大，而无三年之蓄，汲汲乎惟朝夕之图，而贻君父之忧，此亦为臣子者所深耻也。当此之时，欲于岁入常额之外，别求生财之道，则搜括一分，民受一分之害，诚不可以妄议矣。至于岁出之数，兵饷为一大宗。臣尝考本朝绿营之兵制，窃见乾隆四十七年增兵之案，实为兵饷羸绌一大转关，请即为我皇上陈之：自康熙以来，武官即有空名坐粮。雍正八年，因定为例。提督名粮八十分，总兵六十分，副将而下以次而减，下至千总五分，把总四分，各有名粮。又修制军械有所谓公费银者，红白各事，有所谓赏恤银者,亦皆取给于名粮。故自雍正至乾隆四十五年以前,绿营兵数,虽名为六十四万,而其实缺额常六七万。至四十六年增兵之议起,武职之粮,另行添设养廉,公费赏恤,另行开销正项,向之所谓空名者,悉令挑补实额,一举而添兵六万有奇,于是费银每年二百余万。此臣所谓饷项赢绌一大转关者是也。是时海内殷实,兵革不作,普免天下钱粮,已经四次,而户部尚余银七千八百万。高宗规模宏远,不惜散财以增兵力,其时大学士阿桂即上疏陈论,以为国家经费骤加不觉其多,岁支则难为继。此项新添兵饷,岁近三百万,统计二十余年,即须用七千万,请毋庸概增。旋以廷臣议驳,卒从增设。至嘉庆十九年,仁宗睹帑藏之大绌,思阿桂之远虑,慨增兵之仍无实效,特诏裁汰,于是各省裁兵一万四千有奇。宣宗即位,又诏抽裁冗兵,于是又裁二千有奇。乾隆之增兵,一举而加六万五千,嘉庆、道光之减兵两次仅一万六千,国家之经费,耗之如彼其多且易也,节之如此其少且难也。臣今冒昧之见,欲请汰兵五万,仍复乾隆四十六年以前之旧,骤而裁之,或恐生变,惟缺出而不募补,则可徐徐行之,而万无一失也。医者之治疮痈,甚者必剜其腐肉,而生其新肉,今日之劣弁羸兵,盖亦当为简汰,以剜其腐者;痛加训练,以生其新者。不循此二道,则武备之弛,殆不知所底止。自古开国之初,恒兵少而国强,其后兵愈多则力愈弱,饷愈多则国愈贫。北宋中叶,兵常百二十五万,南渡以后,养兵六十万,而军益不竞。明代养兵至百三十万,末年又加练兵十八万,而孱弱日甚。我朝神武开国,本不借绿营之力,康熙以后,绿营屡立战功,然如三藩、准部之大勋,回疆、金川之殊烈,皆在四十六年以前。至四十七年增兵以后,如川、楚之师,英夷之役,兵力反远逊于前,则兵贵精而不贵多,尤为明效大验也。八旗劲旅,亘古无敌,然其额数常不过二十五万,以强半翊卫京师,以少年驻防天下,而山海要隘,往往布满。国初至今,未尝增加,今即汰绿营五万,尚存汉兵五十余万,视八旗且将两倍,权衡乎本末,较量乎古今,诚不知其可也。近者广西军兴,纷纷征调外兵,该省额兵二万三千,土兵一万四千,竟无一人足用者,粤省如此,他省可知,言念及此,可胜长虑!

此疏对清代兵额及当时弊端，言之綦详，建议去腐生新，痛加训练，已不啻为后来事业，留一先兆。又上疏陈君德三端，语更切直。奕詝怒，摔其折，欲罪之。赖祁寯藻、季芝昌为之疏解，得免，且优旨褒答。寻兼署刑部左侍郎，充顺天乡试搜检大臣。咸丰二年，兼署吏部左侍郎，命典江西乡试。行次安徽，丁母忧归。时太平军围攻长沙，不克，旋解围去，浮洞庭而下，破岳州、汉阳、武昌，大江南北，土匪蜂起。清廷诏谕湖南巡抚张亮基，令国藩帮同办理本省团练，搜查土匪事宜。国藩已具疏请终制，且言行军用兵非素习。适庶吉士郭嵩焘至，力劝之曰："公本有澄清天下之志，今不乘时而出，拘守古礼，何益于君父？且墨绖从戎，古之制也。"国藩弟国荃亦赞之，于是始投袂而起。

（四）湘军之编练

国藩至长沙，与亮基治守御，且上奏曰："团练之难，难于捐赀。湖南行伍空虚，以练兵为要务。自军兴以来，二年有余，靡饷不为不多，调集大兵，不为不众，而往往见贼逃溃，未闻有鏖战者，所用兵器，皆大炮鸟枪，远远轰击，未闻有短兵相交者，其故何哉？由兵未练习，无胆无艺故也。今欲改弦更张，于省城立一大团，择乡民壮健朴实者招募来省，练一人收一人之益，练一日有一日之效。"又曰："湖南会匪，自粤逆入楚，大半附之而去，然犹有串子、红黑、边钱、香会，成群啸聚，如东南郴、桂、衡、永，西南宝庆、靖州，万山丛薄，为卵育之区。有司亦深知其不可遏，特不欲其祸自我而发，相与掩饰弥缝，苟且一日之安，积数十年应杀不杀之人，而任其横行。今乡里无赖之人，嚣然不靖，彼见夫命盗首犯常逍遥于法外也，见夫粤匪猖獗而莫制也，遂以为法律不足惩，官长不足畏。若非严法峻刑，无以折其不逞之志。臣欲纯用重典，以锄强暴，即良民有安生之日，臣虽得残忍严酷之名，所不敢辞。今之急务，在使通省无不破之案，而尽除大小各会匪，则涤瑕荡秽可期也。有曾经抢掠拜会结盟者，请即用巡抚令旗，恭请王命，立行正法，内奸既清，外寇虽至，无能为也。"是知国藩之办团，已不同于流俗，绝非仓卒招募，而即驱之疆场，必须严加训练，方可以成劲旅。团勇所以卫乡，又必先用重典以肃清土寇，始能御强敌，于是立三等之法,重者斩,次杖毙,小鞭责释之,不以烦府县狱。十旬中戮二百余人,一时谤言四起,至有“曾剃头”之称,国藩不顾也。先是,太平军自湖南趋湖北,诸将帅援军随之东,长沙守兵才四千,惟江忠源所部乡勇最骁劲,号曰“楚勇”。而湘乡诸生罗泽南、王鑫请于知县朱孙贻募乡勇千人教练,泽南将中营,鑫将左营,罗信南将右营,屯县北马托埔,防县城。巡抚张亮基闻之,令各募一营助战守,号曰“湘勇”。及武昌陷,亮基移督湖北,挈江忠源从,而楚勇留长沙者,以其弟忠濬及刘长佑统之。诸义勇起自田间,初不能成营制。国藩奉命治团练,至长沙,及总统诸军,颁订营制,稍用明戚继光法训练之,其特色有六:

一、在素质上　是时承平日久,人不习兵,而绿营呰窳骄惰,虽征调四出,迄不得一兵之效。国藩尽屏滑弁游卒不用,专选士人领山农,但求其精,不求其多。如《与彭筱房曾香海书》云“无取浮华之辈,而求土作之类”是已。此种人皆保存我国乡民固有之诚朴与勇敢,未染军营浮滑之习,故容易训练也。

二、在编制上　国藩颁订营制,以三百六十人为营,后增至五百人。营分四哨,哨分八队,有劈山炮、抬枪、小枪、刀、矛诸队,合亲兵六队,共三十八队,每队正勇十名或十二名,什(队)长伙勇各一名。每营长夫一百八十名。数营或数十营设统领一员。水师每营三百八十八人,船长、炮手、篙、柁、橹、桨各有定制。

三、在训练上　仿戚继光束伍成法,逐日操练,阵法技击,无不演习。操练至少两月,凡体弱者、艺低者、油滑者即淘汰之。最要者,仍为精神训练。国藩云:“恐民心一去,不可挽回,誓欲练成一旅,秋毫无犯,以挽民心而塞民口。每逢三八操演,集诸勇而教之,反复开说至千百语,但令其无扰百姓。自四月以后,间令塔将传唤营官,一同操演,亦不过令弁委前来,听我教语。每次与诸弁兵讲说至一时数刻之久,虽不敢云说法点顽石之头,亦诚欲以苦口滴杜鹃之血。练者其名,教者其实,听者甚逸,讲者甚劳,今各弁固在,具有天良,可复按而一一询也。国藩之为此,盖欲感动一二,冀其不扰百姓,以雪兵勇不如贼匪之耻，而稍变武弁漫无纪律之态。”（《与张石卿制军书》）顽石点头，杜鹃泣血，此种精神教育，实训练最大之成功也。

四、在精神上　带勇之人，第一要才堪治民，第二要不怕死，第三要不急急名利，第四要耐受辛苦。四者似过于求备，而苟阙其一，则万不可以带勇。带勇须智勇深沉之士，文经武纬之才。然此种人才不可多得，至少亦须有“忠义血性”者，而为书生之忠诚所感化。是即孔孟杀身成仁，舍生取义之教也。故国藩尝引岳飞“不要钱、不怕死”二语自誓。其《林君殉难碑记》云：“我不知战，但知无走，平生久要，临难不苟。”湘军之精神如此，岂非已得兵学之要点乎？

五、在粮饷上　衣食足而后知荣辱，国藩对物质条件亦能顾虑周到。故初办团，即规定口粮，操演一日给予一钱，出征本省土匪，每日一钱四分，征外省粤匪，每日一钱五分。队长、哨长以次而加。养伤银上等三十两，中等二十两，下等十两。阵亡恤金六十两。征土匪减半。比绿营加一倍。后来又规定：陆勇每月饷四两二钱，水勇三两六钱。又因钱多银少，行对放之法，每两多给五百文，每人津贴，暗加千钱以上，生活自不成问题矣。

六、在团结上　国藩云：“湘勇佳处有二：一则性质尚驯，可以理喻情感；一则齐心相顾，不肯轻弃伴侣。其不佳处亦有二：一则乡思极切，无长征久战之志；一则体质薄脆，不耐劳苦，动多疾病。”盖湘军所召募者，皆其同县人，共为一营，如湘勇、邵阳勇、平江勇、道州勇、新化勇等。呼朋引类，齐心相顾，自属必然。此种团结互助之精神，诚有“人怀忠愤，如报私仇，千磨百炼，有进无休”（《江忠烈公神道碑铭》）之气概矣。

总之，国藩以为欲图谋大局，必先诸将一心，万众一气，而后可以言战。自须别开生面，崭新日月，方可练成有主义之军队，以变化营伍之积习。惟王鑫不愿从国藩营制，欲自带三千人一手经理，乘势东下，大有不受节制之意。国藩令其直属骆秉章，受左宗棠之卵翼，而更挑参将塔齐布、守备周凤山加入湘军。因此引起提督鲍起豹、副将德清之嫉恨。德清首言:将官不统于文吏,虽巡抚例不问营操,而抚标中军塔齐布日阅所部军,训练有法,谄国藩,坏营制。起豹昏庸自喜,闻之则扬言盛夏操兵,虐军士,且提督现驻省城,我不传操,敢再妄为者,军棍从事。塔齐布沮惧不敢出,司道群官皆窃喜,以为可惩多事矣。提标兵固轻侮练勇,倚提督势,益骄。适湘军试火枪,伤营兵长伕,因发怒,吹角执旗,列队攻湘勇,城上军皆逾堞出,城中惊哗。国藩为鞭试枪者以谢,乃已。俄而辰勇与永顺兵私斗,辰勇者塔齐布所教练也,提标兵益傲怒,复吹角列队,讨辰勇。国藩念内斗无已,不置之法,吏民将益轻朝使,无以治奸宄。乃移牒起豹索主谋者。起豹怒,谩曰:"今如命缚诣辕门。"而标兵汹汹满街,国藩欲斩缚者,虑激变,犹豫未决。提标兵乃公围国藩公馆,刀矛竞入,刺伤随丁。巡抚骆秉章继亮基、潘铎后复任。以国藩所为,异于诸团练大臣,心诽之,至是阳惊,反谢遣缚者,纵诸乱兵不问。司道以下官,亦公言国藩过操切,致有此变。国藩客皆愤欲上闻。国藩叹曰:"时事方亟,臣子既不能弭大乱,何敢以己事渎君父,吾宁避之耳。"即日移屯衡州。已而湖北事急,吴文镕奏调湘军,秉章以寇棘尼其行。忠源擢抚安徽,兵不能进,侍郎宋晋请发湘军援皖,国藩仅令忠源弟忠濬率千人往。然新募壮勇,分击土寇,未尝休息会合,而军饷乏绌,器械旗服朴陋,非水师成固不能出征也。

(五) 水师之编练

湖南之治水师也,由江忠源、郭嵩焘倡议,而国藩成之。先是咸丰二年冬,湖北巡抚常大淳奏曰:"寇水陆攻武昌,船炮充斥,闻湖南大军有广炮船,江南水师有广艇炮船,及中小号炮船,请调集江上下游,乃可制遏贼势,断其粮运。"诏徐广缙等饬行。然当时武备废弛,徒存水师名,无船也。徐广缙奏有卢应翔以炮船战于长沙,长沙人未之闻,及诏问,乃知云陆建瀛防江,有大小舢板八桨船。向荣继起督师,奏遣张国樑率湖南炮船,所谓湖南炮船者,以民船载炮而已。诏征登州水师船,亦募商舟充之。秀全由武昌东下,连舟数千,皆商舟也。江宁将军厚祥奏言:江宁留船十,以分防芜湖、梁山已足矣,其不知水战如此。三年春,九江陷,向荣奏调广东外海战船快蟹大巴百余,取海道至江西,而粤督叶名琛复称所调战船颇笨重,恐难驶入长江。后又调上海之柁罟战船,温州之头莽等船,亦仅由上海道吴健彰雇领舢板船三只,由海入江。然自后始有练习船炮者,而麟桂、李德麟、吴全美之徒稍有闻矣。五月,太平军既北渡淮河,南围南昌,御史黄经上书言兵势,始请吴、楚、蜀三省,各造船练士,乘流攻击,乃指名及湖南。诏饬巡抚骆秉章,秉章以力不及置之。当忠源之初援湖北也,与国藩论江皖大局,议造船数百,先清江面,以事甚艰巨,未暇实行。及嵩焘从忠源守南昌,侦敌皆舟居,始极言东南皆水乡,敌据有江路,而我以陆击之,势常不及,必与敌争长江之险,而后乃可以言战。因为忠源草奏,请饬两湖、四川各造战船数十艘,自广东购炮千尊配之,并交曾国藩管带部署,得旨允行。于是国藩由长沙移驻衡州,锐意起炮船,苦不知其制。依古法作筏载炮,将以截流,又欲为艨艟大舰,皆不能旋运。有水师守备成名标者,颇能言广东快蟹舢板船法式,国藩亦以己意用商船改造为长唇宽舷,试发炮,果不震。资费又无所出,乃奏截大营粤饷银八万,兴水军四千,船二百,其大自五百石至千余石,炮自二百斤至三千斤。又推五日竞渡船意,为短桡长桨如蛇足,以人力胜风水。奏征右江道张敬修率战船,不果来,而广西同知褚汝航奉檄代敬修至,上长龙船制。国藩乃以名标董衡州船役,而于湘潭设分厂,使褚汝航董之。先成长龙五十,继成快蟹四十,舢板百五十,于是闽、越船制略备。然亦非有法,直以意为之,屡改乃成。招募壮丁习水战,以儒生农民或陆营官弁为营哨官。其营制:每营凡快蟹长龙,舢板船各若干(《湘军志》谓长龙、快蟹各一,舢板八。王定安《曾文正公事略》云:"每营置快蟹一,营官领之,长龙十,曰正哨;舢板十,曰副哨。"两说人数皆不合,故不取),一长龙:桨十六人,橹四人,舵一人,头篙一人,炮手二人。一快蟹:桨二十八人,橹八人,舱长一人,头篙一人,炮手六人。一舢板:桨十人,舵、头篙各一人,炮手十人。计三百八十八人而成营。其军器虽亦有刀盾枪矛无所用,置炮于船之首尾,旋而发之,炮一发船一顿,则其进愈疾。或置腰炮,美观瞻,临敌亦无所用。其作营法,相距相疏,小船依洲,大船横流,设遇风暴,不致相撞。接流争先,小舟为强,故全恃舢板。然暴风掀波,舢板必摧,则保于大舟,大舟不可战也。长龙、快蟹备指挥而已,败则弃之乘舢板以归。舢板露载无篷板,覆以夹帐,军士又私造长龙,编为公船,以餐宿于其中。

国藩经营半载始成。其时湘文武虽皆不乐国藩所为,然清廷累诏督促,固亦无可如何。左宗棠在秉章幕府又隐助之。国藩有所布告,皆通启自名,每牒府县招致贤俊,牧令虽怙旧习,然亲见大人尊官与乡民诸生为等夷,亦稍稍悔悟官民否隔,颇询地方利病。山野材智之士,感其诚,或不往见,皆以曾公可与言事。而国藩逢乡里士来谒,辄温语礼下之,有所陈,务毕其说,言可用,则斟酌施行,即不可用,亦不加诘责,有异等者,虽卑幼与之抗礼,以故人人争磨濯求自效,一时中兴人才皆出其门,勘定之功,遂以是为起点矣。

十一　湘军之东征

(一) 曾国藩之出师

先是咸丰三年十一月,宋晋奏国藩乡望素孚,人乐为用,请饬挑选练勇,雇觅船只,顺流东下,驶入大江,与江忠源水陆夹击。清廷可其奏,以皖省危急,由于江面无水师拦截,着国藩赶办水师,由洞庭驶入大江,与忠源收夹击之效。国藩疏称,俟买到广炮、夷炮千尊,乃可成行。又请立水陆粮台,隐然以讨敌自任。清廷谕:“安徽待援甚急,若必偏执己见,则太觉迟缓。朕知汝尚能激发天良,故特命汝赴援,以济燃眉。今观汝奏,直以数省军务,一身克当,试问汝之才力,能乎?否乎?平时漫自矜诩,以为无出己之右者,及至临时,果能尽符其言,甚好!若稍涉张皇,岂不贻笑于天下?着设法赶紧赴援,能早一步即得一步之益。汝能自担重任,迥非畏葸者比,言既出诸汝口,必须尽如所言,办与朕看!”国藩以饷乏兵单,成效难期,与其将来毫无功效,受大言欺君之罪,不如此时据实陈明,受畏葸不前之罪。清廷无可如何,谕以成败利钝,固不可逆睹,然汝之心可质诸天日,非独朕知。若甘受畏葸之罪,殊属非是。因屡催国藩赴援。国藩奏湖南土匪会党尚未肃清,亦是经手未完之件。清廷又谕令知会巡抚剿办,或酌托相知之绅士代理。而是时江忠源已殉难安徽矣。人颇以国藩逗留为疑。国藩叹曰:“今敌往来阳逻湖南、北,所费殆二十万,彼纵横江湖,非舟楫无与争利害,且成师以出,当为东征不归之计。九江以上,千里如洗,奈何以仓卒召募之众,执盅脆之器,徒步三千里,以当虎狼百万之强寇乎?”国藩谋定后动之态度,惟其座师湖广总督吴文镕力赞之,特致书云:“吾意坚守待君东下,自是正办。今为人所逼,以一死报国,无复他望。君所练水陆各军,必俟稍有把握,然后可以出而应敌,不可以吾故,率尔东下。东南大局,恃君一人,务以持重为意,恐此后无有继者,吾与君所处固不同也。”文镕固亦熟稔大局者,对国藩之期许,可谓至矣。咸丰四年正月,湖南水师略成,而吴文镕又败死黄州。清廷谓此时惟曾国藩统带炮船兵勇,迅速顺风而下,可以厄敌之吭,此举关系南北大局,令国藩兼程赴援。国藩知事机愈危,势不得出十全,于是改营制,以五百人为一营(先以三百六十人为一营),其非湘乡人,各领乡军者,随所统为小营。凡陆军五千余人为十三营:以塔齐布、周凤山、储玫躬、林源恩、邹世琦、杨名声、曾国葆统之,而塔齐布为先锋。水师五千人为十营:由衡州募者六营,以成名标、诸殿元、杨载福(后因避载淳讳改名岳斌)、彭玉麟、邹汉章、龙献深统之;由湘潭募四营,以褚汝航、夏銮、胡嘉垣、胡作霖统之,而褚汝航为总统。又设立八所:曰文案所,曰内银钱所,曰外银钱所,曰军械所,曰火器所,曰侦探所,曰发审所,曰采编所,皆委员司之。于是由衡州出发,集军湘潭。有新旧战舰二百四十,坐船二百三十,器用工匠米炭杂具及员弁丁夫水陆万七千人,夹湘而下,一时军容称极盛矣。

(二)国藩讨洪之檄文

国藩提倡团练时,曾作保守平安歌,其中分“莫逃走”、“要齐心”、“操武艺”三章,劝人团结自卫,犹乡守之意也。至此练军东下,以剿平大难为己任,于是公布檄文,述其讨洪之意旨曰:

逆贼洪秀全、杨秀清称乱以来,于今四年矣。荼毒生灵数百万,蹂躏州县五千余里。所过之境,船只无论大小,人民无论穷富,一概抢掠罄尽,寸草不留。其掳入贼中者,剥取衣服,搜括银钱,银满五两不献贼者,即行斩首。男子日给米一合,驱之临阵向前,驱之筑城浚壕;妇人日给米一合,驱之登陴守夜,驱之运米挑煤。妇女有不肯解脚者,则立斩其足,以示众妇;船户有阴谋逃归者,则倒抬其尸,以示众船。粤匪自处于安富尊荣,而视我两湖、三江被胁之人,曾犬豕牛马之不若,此其残忍惨酷,凡有血气者,未有闻之而不痛憾者也。自唐虞三代以来,历世圣人扶持名教,敦叙人伦,君臣父子,上下尊卑,秩然如冠履之不可倒置。粤匪窃外夷之绪,崇天主之教,自其伪君伪相下逮兵卒贱役,皆与兄弟称之,谓惟天可称父,此外凡民之父,皆兄弟也,凡民之母,皆姊妹也。农不能自耕以纳赋,谓田皆天主之田也;商不能自贾以取息,谓货皆天主之货也;士不能诵孔子之经,而别有耶稣之说、《新约》之书。举中国数千年礼义、人伦、诗书、典则,一旦扫地荡尽,此岂独我大清之变,乃开辟以来名教之奇变。我孔子、孟子之所痛哭于九泉,凡读书识字者,又焉能袖手坐观,不思一为之所也?自古生有功德,没则为神,王道治明,神道治幽,虽乱臣贼子,穷凶极丑,亦往往敬畏神祇。李自成至曲阜,不犯圣庙;张献忠至梓潼,亦祭文昌。粤匪焚郴州之学官,毁宣圣之木主,十哲两庑,狼藉满地,所过州县,先毁庙宇,即忠臣义士,如关帝、岳王之凛凛,亦污其宫室,残其身首,以至佛寺道院,城隍社坛,无庙不焚,无像不灭,此又神鬼所共愤怒,欲一雪此憾于冥冥之中者也。

本部堂奉天子命,统师二万,水陆并进,誓将卧薪尝胆,殄此凶逆,以救我被掳之船只,拔出被胁之人民,不特纾君父宵旰之勤劳,而且慰孔孟人伦之隐痛;不特为百万生灵报枉杀之仇,而且为上下神祇雪被辱之憾。是用传檄远近,咸使闻之,倘有血性男子,号召义旅,助吾征剿者,本部堂当引为心腹,酌给口粮。倘有抱道君子,痛天主教之横行中原,赫然震怒,以卫吾道者,本部堂当礼之幕府,待以宾师。倘有仗义仁人,捐银助饷者,千金以内,给以实收部照,千金以上,专折奏请优叙。倘有久陷贼中,自拔来归,杀其头目,以城来降者,本部收之帐下,奏授官爵。倘有被胁经年,发长数寸,临阵弃械,徒手归诚者,一概免死,资遣回籍。在昔汉、唐、元、明之末,群盗如毛,皆由主昏政乱，今天子忧勤惕厉，敬天恤民，田不加赋，户不抽丁，以列圣深厚之仁，讨暴虐无赖之贼，不论迟速，终归灭亡，不待智者而明矣。若尔被胁之人，甘心从逆，抗拒天诛，大兵一压，玉石俱焚，亦不能更为分别也。本部堂德薄能鲜，独仗忠信二字，为行军之本，上有日月，下有鬼神，明有浩浩长江之水，幽有前此殉难各忠臣烈士之魂，实鉴吾心。咸听吾言，檄到如律令，勿忽！

檄文大意，第一段谓太平军暴虐不道，所过横行，胁人掠船，虽系事实，然妇女解脚，尚属善政。其他蹂躏惨酷，多系泛指，固不足为洪军罪。第二段谓太平军崇信夷教，破坏中国固有之人伦，去尊卑上下之秩，尚兄弟姊妹之称，其实信教自由，各国俱有定例，万众平等，尤属人群大经，凡所指摘，亦不足为洪军罪。第三段谓太平军毁孔、孟之庑，污关、岳之庙，为罪大恶极，然洪军既信天主，当然反对他神，尤不足为太平军罪。国藩此檄虽不足为洪军罪，然其唤起人民同仇敌忾之心，殊非浅鲜。盖我国人讲伦常，尊孔、孟，为数千年社会上思想之基础，一旦为洪氏破坏，人民之惊疑痛恨当何如乎？国藩即借此激发之，则人民或素抱民族大义以同情洪氏者，亦将视天主为邪教而仇视之矣。因孔、孟学说，在吾国人之心理中，实属天经地义，较之君臣种族为尤重，孔子所谓："夷狄进于中国则中国之，诸夏退于夷狄则夷狄之。"可为明证。且湘军根底，兵皆山农，将皆士子，山农所信者为关、岳，士子崇拜者为孔、孟，孔、孟痛哭于九泉，关、岳含怒于冥地，湘军自不能不愤勇于人间，以雪神祇被辱之憾，而慰孔、孟人伦之痛。然则国藩之兴师，并非为区区一朝一家而效忠，实为拥护中国数千年固有之名教，其影响之大，可想见也。章炳麟以革命党人谓其"没世不免恶名"，因为"湘军之夷洪氏，名言非正也"。然而又曰："洪氏以夏人挞建夷，不修德政，而暴戮是闻，又横张神教以轶干之。曾国藩、左宗棠之起，在始不过保卫乡邑，非敢赞清也……故其檄书不称讨叛，独以异教愆礼数之。洪氏已弊，不乘方伯四岳之威，以除孱虏而流大汉之岂弟，是以没世不免恶名。"足见以光复会排满复仇为宗旨之章氏，尚知曾氏之战，为礼教而非为清室也。奈何责以继洪、杨而复皇汉声威哉？此岂礼教所许乎?盖亦昧于时代,而作事后之论,全出主观,非历史家所应有之态度矣。若申申而訾,何值一辩!

(三) 宁乡、靖港、湘潭之战

咸丰四年二月,国藩次长沙,将进援武昌,则闻石祯祥等已连破岳州、湘阴,复分军陷宁乡,乃遣诸道迎击。于是储玫躬乘雨雪步进宁乡,欲与敌争治所。众议止待后军,玫躬奋曰:"自军兴敌破城百数,皆待其休息,或饱掠弃去耳。今舍营兵起义,奈何闻警咨趄!"即分其部五百人为三道向宁乡,乘太平军不备攻之。太平军各求门出走。玫躬止营郊外,休士会食,而躬率十余人行衢巷抚难民。时太平军先出者不知湘军至,方还县,见街中横尸,大惊,复出东门,乃反遇玫躬,相挤塞,玫躬遽前,搏击,太平军前后刺之,玫躬及十八人尽死。太平军不知玫躬主将已死,谓湘军以数百人败数千人,今止营待后军,不可当也,即夜引出,湖南解严,交颂玫躬功,宁乡人见其战者,大感念,立祠祀之。盖自此湘军重赴援,人人稍知荣战死矣。湘军水师至湘阴,祯祥率众弃岳州北还。国藩遂以三月督水陆北进,而水师初出口,遇大风,坏船数十艘。陆师由崇通至岳州,祯祥败王鑫军于羊楼,曾国葆、邹寿璋、杨名声等营皆溃。国藩以舟师援之,护军民退保长沙。祯祥复克岳州,乘胜溯湘而上,列舟靖港,距长沙六十里。复以一军克宁乡,败湘军三营,营官伍宏鉴战死;以一军出间道袭湘潭,踞长江上游。塔齐布奉檄援宁乡,未至,国藩令改援湘潭。塔齐布未知湘潭已破,喜凭城以自固,长趋直进,将入城,太平军林绍璋部拒战,塔齐布势不得退,乃麾军纵击,军士亦争先搏战,一以当十,太平军披靡。是时长沙惴惴不自保,国藩集众议,皆以入城坐困不可,宜督战。或议先夺靖港,或曰靖港败,还城下,死地矣,宜悉兵攻湘潭,不利保衡州,即长沙陷,可再振也。水师十营皆推彭玉麟决所向,玉麟主向湘潭,因率五营先发,约明日国藩率五营继之。夜半,长沙乡团来请师,曰:"靖港敌屯中数百人,不虞我,可驱而走也。团丁特欲借旗鼓以威之,已作浮桥济师,机不可失。"闻者皆踊跃。国藩恐湘潭久踞,思牵制之,令改攻靖港。四月初二日,国藩督师至靖港,水急风利,舟师径薄敌屯,太平军发炮击之,船退不得上,令人缆而行。太平军出小队斫缆者,水师遂大乱。陆军至者令团丁进攻,太平军出拒之,团兵反走,湘军皆争浮桥退,桥坏,死者百余人。国藩亲仗剑督退者,立令旗岸上曰:“过旗者斩!”兵士皆绕从旗旁过,遂大奔。国藩愤,自投于水,左右救之,获免。而是日湘潭大捷至。先是彭玉麟、杨载福等率舟师往援湘潭,距城十里,闻塔齐布军胜,因鸣角发炮,分队攻战,三日之间,毁太平军船六七百只。而塔齐布军三战三胜,以初五日克湘潭,林绍璋败走。湘军士气大振,史家称为湘军初兴第一奇捷。国藩于靖港败还言:“吾水陆万人非不多,而遇敌即溃。岳州之败,水师拒敌者杨载福一营,湘潭之战,陆师塔齐布两营,水师(彭玉麟)杨载福两营,用此益知兵贵精不贵多。”又曰:“古人用兵,先明功罪赏罚,今时事艰难,贤人君子,大半潜伏,吾以义声唱导乡人,同履危亡之地,诸君之初从我,非以利动也,故于法亦所难施,所以两次致败,其弊亦由于此。”因整军缮舟,汰旧卒为五千人,增募数千,调罗泽南、李孟群(广西道员,自桂林至)、陈辉龙(山东登州总兵,自广州至)将水陆军,图再举。国藩奏陈湘潭、靖港胜负各情,并自劾。清廷免其治罪,革职自效。夺鲍起豹提督,而令塔齐布署理。方事之急也,湖南布政使徐有壬绕室竟夜,及明,与按察使会详巡抚,请罢遣曾军,语极倨妄。骆秉章谓有壬且待之。及克湘潭,国藩犹待罪,俄得温诏,且擢用塔齐布,文武官大惭沮。塔齐布受提督印,则遍赏提标兵,以示无修怨心,标兵大欢,势力骤增。盖塔齐布满洲镶黄旗人,得国藩奏保而渐臻大用,以营将加入湘军,可以坚清廷之信心耳。

(四) 太平军再破武昌

太平军既得汉阳,围武昌,复分军上溯:一方沿汉水趋随州、枣阳,一方沿长江窥湖南,与湘军相持。湘潭之败,林绍璋遁走西湖。其西北出随、枣之军,先于三四月间破安陆、荆门,近窥荆州。湖广总督台涌遂以其间复德安,督兵应山县北,颇有斩获。时清兵征调四出,守荆州者仅二千人,荆州将军官文,用云南普洱游击王国才(先奉吴文镕檄调,以道阻不得赴省,行次荆州,官文一见伟其略,奏留差遣)将兵勇千七百人扼龙会桥、丫角驿诸要隘。四月十三日,太平军大至,兵勇一见色动,国才拔剑夺身曰:“今敌如涛涌,不进何处求生?”遂亲督数十人挺矛直入,大呼后阵退者斩。副都统黄升佐领贵凤等出兵接应,三路合队,枪炮齐施,太平军死者千余人,退二十余里,荆州得全。太平军因分兵南取监利,西北破宜昌。官文派队往攻,太平军踞守不过旬日,又相率弃去。而王国才督兵扼筲箕坳,太平军不能东下,因由太平口趋湖南,与西湖林绍璋部会合。以五月破龙阳,由沧港、白沙市进据常德,北犯澧州、安乡,西南溯沅江至辰州之辰龙关,战不利,因合靖港兵全退岳州。时武昌已再破矣。先是武昌被围,势若累卵,秀清欲据上游得长沙、荆州,故分兵前往,而武昌因赖以得保。及是两路兵均失利,石祯祥因以岳州俾秋官又正丞相曾添养(本名“天养”,因避“天”改“添”。广西老兄弟,慓悍善战,力敌万人,军中呼为“飞将军”)守之,而自率军回武昌。城中饷匮已数月,守兵益饥疲,居民迁徙殆尽。巡抚青麟出家资犒军,不足,则以衣裘代之,亲与士卒括糠而食。祯祥至,清援师之在城外者,皆潜遁,遂以六月二日克武昌。盖陈玉成力也。玉成,桂平白沙人,初隶行伍,随秀清西征,自请率五百人助攻武、汉。先以十余骑侦察武昌形势,马被弹击者再,从容若鉴赏风景者,归谓祯祥曰:“城中粮尽,守者皆饥疲无人色,援军壁城外者,复目动而神离,腰缠累累,此预为逃计耳,克之必矣。”祯祥曰:“兹事即以属汝何如?”玉成笑曰:“试为之。”遂率部入梁子湖,至武昌东面,分三百人为疑兵攻城,自率二百人于隐僻处缒城上,大呼曰:“天兵登矣。”守军惶惧,反斩关夺门奔溃,武昌遂再破。秀清闻之,乃益其兵五千,升殿右十八指挥。青麟南走长沙,绕赴荆州,清廷以其弃城越境斩之,并褫台涌职,以杨霈代之。命国藩督水陆军迅速进攻。国藩乃分兵三路进:以塔齐布、褚汝航为中路,趋岳州;胡林翼为西路,趋常德,江忠淑、林源恩为东路,趋崇阳通城。胡林翼者,湖南益阳人,道光乙未举人,明年成进士,选庶吉士,授编修,寻改知府,署贵州安顺镇远。因剿匪功,得旨以道员用,旋署思南府。咸丰三年方补贵东道。应吴文镕之调,率黔勇六百赴鄂,行次通城,而文镕战殁,无所属。国藩檄调回湘,并疏荐其才,堪依办贼。自是林翼隶国藩部下,以佐成中兴之业焉。六月二十八日,褚汝航率水师进攻岳州,彭玉麟、杨载福设伏舟于君山雷公湖,遣文士何南青以疑兵诱敌。太平军出战不利,因空岳州城,东北屯城陵矶。湘军以七月朔复岳州,湖南无事,国藩乃得一意北援。初三日太平军乘巨舰悉众来攻,湘军分五队迎战,以舢板斜进,掷火烧其火药,烟焰蔽天,遂大捷,夺舟七十有六。越二日,湘军乘胜进攻,至雷鼓台,太平军依岸自保,水师战不利。杨载福曰:"今退,我船不满百,敌十倍,我败矣!非冒死出奇,不得免。"因自乘舢板前冲,彭玉麟中炮伤,竟烧太平军后舟。太平军争还救,乃大乱。自此载福以勇略名,与玉麟俱为水师名将。而陆军塔齐布与罗泽南齐名,故湘军称塔、罗、彭、杨,莫与为比焉。

(五) 城陵矶之战与进克武昌

国藩以七月十五日至岳州。陈辉龙将后队至南津,闻彭、杨战胜,颇轻敌。翌日,自将攻城陵矶。湘军颇疑南风下水难退,辉龙曰:"吾习水战三十年,诸君无以为忧!"因率游击沙镇邦进至螺矶,辉龙将广军,旌旗鲜明,刀矛如雪,洋装铜炮震山浦,诸军皆自失以为不如。褚汝航、夏銮请同行。载福亦乘小舟往观战。时曾添养守城陵矶,望之笑曰:"谁谓曾妖知兵哉?"戒所部严阵以待。镇邦先进,太平军拒战,败之,辉龙乘柁罟大船前进,至中流,胶于滩,太平伏舟齐出。镇邦船近敌屯,不得还,诸小舟来救辉龙,水急风利,返吹俱下。添养命师船依岸拒战,以兵夺辉龙等坐船,汝航、镇邦等赴水死。辉龙陷敌,被杀。兵勇死者数百人,丧水师中前后三营,失船三十余只,赖杨载福、彭玉麟力守要害,太平军不得上。添养遂乘柁罟舰回城陵矶。国藩收拾余船,重整旧旅,以州同俞晟代汝航。巡抚骆秉章复遣知州唐际盛造船资之。会塔齐布之陆军,所至有功,进薄高桥,添养弃水军拒战,湘军不支,将退矣,会添养中流弹洞胸,大呼曰:"余今死矣!"以数十骑左右驰突,当者尽靡,杀伤数十人,枪刺塔齐布坐马,因创甚,为塔亲兵黄明魁用矛刺翻,堕地而绝。湘军戮其首,悬之营门,目光炯炯,六日犹视。军士不敢过其下,乃斋醮而掩之。太平军闻其死,皆痛哭为之祈祷。盖自起兵以来,洪、杨基干,惟添养为最能军,每克一城,辄警其部下,不奸杀掳掠,惟遇清军则非刑残酷,毫无人理。故清军见其尸犹畏之。添养既死,塔齐布周视敌垒形势,以闰七月初二日,命罗泽南及其弟子李续宾等直扑高桥，太平军还镇城陵矶，尚二万人，塔齐布追击，匹马冲入，湘勇继之。会大雨如注，东南风作，因乘势猛扑，隔竹签数丈，壕沟两重，奋身跃进，杀声与风雨声相应，震动天地，前后毁其营垒十三，遂克之。于是国藩命李孟群率水师三营，乘势入长江东岸之旋湖港、芭蕉湖、道林矶、鸭栏矶；西岸之观音洲、白螺矶、螺山、洪洲。诸太平营垒皆平，并毁炮台三座，遂驻螺山。荆州将军官文复遣兵会战，遂复蒲圻、嘉鱼、通城。太平军扼崇阳，会党廖二助守，国藩命塔齐布、罗泽南攻之，肉薄以登。太平丞相金之亨等十一人被执死。未几，廖二纠余党复陷崇阳。先是武昌既下，杨秀清驰还天京，命石达开赴上游督军，而以地官副丞相黄再兴(初名天申)、国宗石凤魁同管武汉军民两政。太平军不为陴守，悉众屯城外外围诸险要，立营三座，置炮向江中阻水军，南向阻陆军，沌口下游虾蟆矶亦如之。沿江帆樯林立，灿如云锦。闰七月二十一日，国藩益督水陆诸军，自螺山而下，令杨载福、俞晟前察形势，太平军趋舟迎战，载福捩柁败之。国藩分水师为两班：前班冲过盐关至鹦鹉洲，抄绕而上；后班复排轰而下，并重赏能得五彩帆者钱十万。水军奋勇驶入，太平军战船二百余艘，焚毁立尽。同时陆军攻花园者，李续宾、罗泽南、唐训方等分路攻入，湘勇或越高墙或穿炮眼。而湖北官军杨昌泗兵攻虾蟆矶者，亦冲进土城，纵火焚如，火光烛天，沿江木栅，并为大炮击毁，连破汉关、白沙洲。李孟群攻至鲇鱼套口，已及武昌望山门。如是连战二日，太平军见湘勇水师，露立舢板，不避枪炮，相顾失色。凤魁、再兴因弃武昌退田家镇，湘军遂克武昌，是日，杨昌泗军亦攻入汉阳，相距仅一小时。未几，总督杨霈复命黄州知府许赓藻收复黄州，武昌县知县白润纠乡团收复县城。清廷闻之大喜，以国藩署湖北巡抚，令与塔齐布沿江东下，进攻江宁，责杨霈任湖北防务。国藩以母丧未除，得罪名教，辞巡抚，诏赏兵部侍郎衔，以陶培恩代之。调胡林翼为湖北按察使。国藩乃统师东下。

(六) 田家镇、黄梅之攻守

太平军既败退田家镇，时燕王秦日纲奉命援湖北，行抵九江，闻之，立往统理，而逮黄再兴、石凤魁赴天京。日纲进营半壁山，据山作五垒，引湖沟之,自田家镇西蕲州四十里,沿岸筑城,以铁锁四道缆江,自半壁山属之田镇,以遏清舟师。半壁山者,孤峰拔起,俯瞰大江,一夫守之,百人愕咋,所谓天险者也。太平军扼蕲州,湘军舟师不得前。罗泽南、塔齐布分攻兴国、大冶,先后抵半壁山。罗泽南、李续宾首攻之,士恇惧不敢进,续宾手刃逃勇三人,众稍定。泽南率湘勇猱升拔木桩竹签,逾沟入,守军皆黄、石旧部,以主将被逮,皆疑贰不力拒,纷趋下山,坠崖死者无算。塔齐布复挥大军继进,北岸太平军亦夺舟逃,舟相拥挤,操舟者股栗不知所为,辄覆没。日纲率兵援之,格于乱军,不得进,半壁山遂失。日纲乃作大筏,拦以木牌,编列枪炮,傍岸以固铁缆,江中横大筏三,尽钩小船,节节相连,一节断,旋复合。时国藩虑陆军势孤,已遣杨载福、彭玉麟、俞晟等冲蕲州敌垒下,因定议分水师为四队,第一队以洪炉大斧,熔凿铁锁;第二队专以炮攻掩护头队;第三队俟铁锁开后驶至下游,乘风纵火;第四队守营。十月,载福等熔凿铁锁,筏游江面,不能自主,湘军纵火焚之,以数大队掩击,枪炮齐施,烟焰蔽天,太平水师烬焉。日纲弃田家镇退守广济。塔齐布由菩提坝、莲花桥进攻,日纲又退黄梅。会丞相罗大纲与检点陈玉成守蕲州,以湘军已趋而东,亦退保黄梅。黄梅为湖北、安徽、江西三省要冲,日纲等并力死拒,以万人守小池口,遮水师,以万人踞城西北之大河埔等地,以数千人往来游弋,以资接应。塔齐布、罗泽南于十一月朔至双城驿,太平军来攻,湘勇登山冈冲杀而下,进至大河埔。翌三日,直抵城下,以巨炮轰城,城崩五六丈,湘军奋登,日纲等自当缺口,城得复完。越数日,湘军攻益急,炮弹堕城中,民居多毁。日纲曰:“城中不可守,多死健儿何益?”乃缒城走九江。石达开行次芜湖,闻武汉已失,急进守安庆,遣军分屯孔垅驿、小池口以援九江,江西总兵居隆阿兵溃。自田镇之破,湘军水师名天下,清廷采其战法,手诏宣示江南、北诸水军,而江西亦颇造战船,然莫及湖南焉。湘军之起,不及一年,即略定湖南、北,武昌捷奏至京,清帝奕詝手敕曰:“览奏感慰实深,获此大胜,殊非意料所及!朕维兢业自持,叩天速救民劫也!”自是清廷以讨平大乱之任,期诸国藩,而国藩等亦颇以此自负。然太平之败,败在守将非人,湘军深入要利,锋铓太锐,以致有后二年失败之厄运,此固满损自然之数,亦未始非国藩以后变更战略而能获致成功之要因也。

第四章　太平天国之由盛转衰

十二　湘军之厄运

（一）九江、湖口之围攻

湘军既复黄梅，同时荆州官军亦略定楚北，湖北几大定。国藩督众东下，李孟群水师次九江，战不利。塔齐布、罗泽南陆军攻孔垅驿、小池口，克之，因渡江围九江，军南门外。达开自至九江御之，分军屯湖口、梅花洲等处为犄角。咸丰四年十一月十四日，国藩至九江，水师已乘势东下攻湖口。泽南陆师亦进至梅花洲，因调胡林翼来浔助剿。三处皆力攻不能下。萧捷三虑太平军入鄱阳湖内犯，通资粮，率轻船越湖口闯姑塘。太平军瞷大船势孤，出小舟攻坐营，焚快蟹、长龙十余只，水师迫九江。而捷三陷鄱湖不能返，遂与外江水师隔绝。杨载福养病武穴，闻败，还争湖口不利。太平军复北渡据小池口。泽南等陆师亦为殿右十二检点林启容等所败，退返九江。二十五日夜，达开以小艇袭击国藩坐营，国藩急掉小舟驰入罗泽南营，水师遂溃。国藩欲自刎，草遗疏数千言，泽南力止之，乃上疏自劾。清廷以水师锐气过甚，致两次被袭营，但偶有小挫，与大局无损，宽免其罪。时太平军势已大张，又浸浸入湖北矣。达开以九江被围，虽迭获胜算，然不据上游，终不能却敌致胜，因分军取湖北。总督杨霈方以兵勇二万军广济，会岁除，军中置酒高会，太平军已大至，纵火霈营，霈仓皇突围走蕲水。太平军复分出武穴龙坪，遂以咸丰五年正月会军蕲水，进薄汉口。杨霈不敢反武昌，以防敌北犯为名，引兵趋德安。于是太平军连克汉口、汉阳,分道四出,湖北复大扰。国藩攻九江未克,闻上游告急,乃分军为四,以陆军六千属胡林翼等趋武昌;以水师百三十艘属俞晟、彭玉麟、李孟群等溯江而上;留塔齐布以五千人围九江;遣罗泽南以三千人分攻广饶。而自以其间赴南昌,与江西巡抚陈启迈筹增炮船,令别置水师三营。于是兵益分,力益薄,九江之围攻未破,而武昌之陷落又见告矣。

(二) 太平军三克武昌

是时杨霈驻德安,巡抚陶恩培守武昌,兵才二千。太平军既得阳、夏,虑江西援军袭其后,不敢骤渡,惟沿江设垒为防御计。俞晟水师至武昌,泊下游之塘角,胡林翼擢湖北布政使驻师沌口,李孟群泊黄鹤矶,彭玉麟泊鲇鱼套,战船云集,屡战于山河口、鹦鹉洲、白沙洲,颇获胜利。太平军恐为水师所袭,不敢由汉阳径渡,乃别由兴国取道青山至塘角,潜攻武昌,二月十七日克之。恩培死焉。时林翼方与孟群等督战城外,瞥见武昌火起,驰救无及,乃乘夜渡江,收集溃卒,发私家之谷以济军。还屯金口,谋恢复之策。副将王国才自九江率队来援,三更抵武昌,不知城之已失,缒而上,至藩署,太平军方会食,重门洞开,列火为燎。国才始悟,业已入,乃率亲兵暴斫之,时城中居民多逃散,未复业,国才惘惘不知所为,登城招援师,不见一人。明日出城,入林翼营,语激昂,林翼心怍焉。五月三日,清廷以林翼署湖北巡抚,而杨霈虑敌北进,奏令巡抚上扼汉川。林翼疏上方略,言:“荆、襄据东南形势,江汉又荆、襄咽喉,汉阳既陷,北岸已形梗塞,武昌失守,南岸又被蔓延。惟急攻武、汉,一城获而二城必复,乃可内固荆、襄而外遏上窜之路。”奏入得旨嘉纳。时水陆援军扼金口,上游赖以粗安。而湖南又造新船百余至,玉麟募军实之,合旧水军共三千人,与林翼相辅。四月,国才攻汉阳,玉麟望陆军被围,舍船登岸,颇多斩获。六月杨载福自岳州增募水军合先屯为十营,以李孟群所部较弱,留孟群将陆军,而自领水师屯沙口,以沙口距城较远,不能助攻战,欲移屯沌口,当从武昌、汉阳城下过,众议由汉口渡江道虽迂而距两城较远,炮火不相及。载福慑之曰:“丈夫行,何所避? 浮江下,泝江上,乃为快耳。”玉麟耻为人后,张帆先行。太平军舣舟中流,城上县炮并发,诸军冒进,不知生死,铅丸飞鸣船舱,沉舟四,毙三百余人。玉麟船桅被折,不能进,望见载福船,呼之,瞬息已去。会舢板过,玉麟跃入得免。知其事者,皆不直载福,玉麟曰:“风急水溜,呼固宜不闻也。”而载福先已不乐玉麟,二人浸有隙。林翼亲拜为和解之。内湖水师既成,国藩召玉麟还领之。于是水师分而为二,而彭、杨意见亦渐歧云。

(三) 塔齐布、萧捷三之战死

当是时江西上下皆太平军势力,湘军孤悬其间,如在瓮中。论用兵常道,坐困中段,决非万全之策。于是国藩疏陈处置错误之处:一在武、汉既克,未留重兵防守;一在九江未克,遽攻湖口。然欲尽撤江西之师,以援湖北,于势又有所难行。盖九江据长江腰膂,重兵以去,则太平军乘虚直入,赣、皖腹地,皆不可保。又其时用兵日久,饷源支绌,千里驰逐,恐有他变。因奏言:“以湖北、安徽、江西三省论之,攻寇之道,水路一而陆路四;自汉、黄、蕲濒江至望江为外一路;自蕲水达宿松为内一路;自九江上兴国、崇通、武宁为西一路;自湖口下至徽、宁为东一路:四路当四军,而臣只一军,分则力弱,不分则势迫之。今东路已告急矣,塔齐布留五千人围九江,罗泽南以三千人攻饶州,臣独与内湖水军相依,寇众我寡,所忧方大。”于是定议四策:令九江陆师坚持勿动,自以四月由南昌赴南康,整理内湖水师。先是萧捷三水师入姑塘,方益进至南康,闻坐营溃退,还望湖口,太平军已作浮桥通岸往来。因取食吴城,漂泊章鄱间,有船百余,兵三千。国藩乃就捷三等取船江西,增军为八营,屯南康。而巡抚陈启迈又与国藩龃龉,粮食军火,辄靳不与。清廷方以国藩之奏劾,褫启迈职,用文俊代之。而塔齐布急攻九江,遽于七月十八日患气脱卒,一军皆短气。塔齐布之为将,杂用兵勇,皆得其死力,虽号奸猾者,隶其部下,勇毅恒先人。每出战度非劲敌十人以上,不使士卒从,背负大枪一,腰刀二,手长矛及套马竿各一,技皆精绝。而居平粥粥若无能,老师坚城,卒以愤死。国藩自南康驰至九江,以周凤山代领其众。内湖水师先攻湖口不利,又合陆军往攻,萧捷三中炮死。国藩乃驰赴青山为安辑余众。时罗泽南已复弋阳,拔广信,回援义宁,乃上书国藩,言东南大势,武汉为其枢纽,欲制九江之命,必由武汉而下，欲解武昌之围，必由崇通而入，请自帅所部径出崇通，据上游，以图武昌，取建瓴之势，而后内湖水师、九江陆师合力攻湖口，以截敌船之上下。国藩念顿兵江西，终无幸胜之理，不可不变更前议，以维大局。幕客刘蓉谏曰："公所赖以转战者塔、罗两军，今塔将军亡，又令罗公远行，脱有急，谁堪使者?"国藩曰："吾亟知其然，计东南大局，宜如是，今俱困于此，无益。幸克武昌，天下大势可为，吾虽困尤荣也。"因又遣塔齐布旧将彭三元等从泽南往援鄂。

(四) 胡林翼之部署

胡林翼既署湖北巡抚，集军武、汉，锐意规复，乃亲率水陆自金口转战薄武昌而军。是时杨霈北路之师累战不利，自德安退随州，清廷命西安将军扎拉芬督兵往援，至五里墩战死，霈又退枣阳。咸丰五年四月，诏革霈职，以官文代之。五月又以西陵阿为钦差大臣攻德安，于是官文屯潜江、天门间，遣将复云梦、应城，声援渐壮。林翼攻武昌，旦夕不能下。议武昌城周二十里，门有九，合围则兵力不足，攻其一门，则敌可轮环抗拒，而外绕粮道，此自困之道。不如先攻汉阳，以重兵扼涢口、蔡店，阻其西犯。遣水师浚江堤，攻其东。于是彭玉麟以七月克蔡店，毁襄河铁索浮桥，连战有功。八月，胡林翼自将四千人渡江，欲会水师攻汉阳，不能进，屯奓山。士卒要饷，出怨言，强而战，未交绥，噪而大奔。林翼愤欲赴敌死，圉人旋马四五转，鞭向空野，临江遇鲍超船而止。因收集溃卒，调王国才合屯大军山。会荆州解饷至，乃严汰疲羸，选精锐，势复振。九月，罗泽南之援师，已连克通城、崇阳。林翼乃渡江而南，谋迎劳，而石达开以九江清军无能为患，躬率大军西略，自义宁掩至。湖南援军溃于羊楼，江忠济死之。泽南遣李续宾争羊楼司，彭三元攻濠头沟，三元战死。十月，亲至羊楼司，力战获胜，卒与林翼合军，兵十三营，西攻蒲圻。太平军约三万，分五屯四棚，作浮桥，据白羊水以通咸宁，林翼用蒲圻举人贺霨若计，出间道由公安畈据城西北铁山。太平军出不意，尽失其险。于是泽南精兵攻城东，林翼军攻城西北，太平军坚壁拒战，湘军多死伤。泽南令军士积薪以烧其棚，火发，太平军惊走，五垒破。湘军乘夜凭山鸣鼓，太平军弃城走，遂复蒲圻。十一月林翼、泽南合军攻克咸宁,鼓行而北,会水师于金口。而达开乘势入义宁,进窥江西,于是国藩之势益不可支矣。

(五) 曾国藩之被困

自塔齐布卒,江西湘军所恃惟罗泽南,及泽南率五千人援鄂,分军为三:以刘蓉、李续宾分将左右军,于是劲兵良将,一时尽去,国藩军益孤。及是达开入义宁,遂连破新昌、瑞州、临江,而广东会党复由湖南入江西,破安福、分宜、万载,与瑞州太平军克袁州。江西、湖南阻绝,国藩檄周凤山解九江围,全军回南昌,势益岌岌。时彭玉麟乞假在衡州,闻警,伪为游学乞食,间关徒步七百余里,抵南康,国藩一见大喜,令领水师,援临江。达开又分兵攻吉安,略萍乡。粮储道邓仁堃请巡抚调凤山援吉安,而议者以防省城扼樟树为言。国藩亦恐悬军深入不利,巡抚贪依湘军,惟国藩不欲,不敢言调遣。仁堃用司道公文,露移凤山,扬言移兵往援吉安,聊以固城守心,而与凤山书,令自请。不果行,遂屯樟树。时江西危急,朝臣请罗泽南回援闽、浙,巡抚亦以为言。清廷念武、汉未克,持不许。惟诏湖南巡抚骆秉章募兵助之。秉章遣刘长佑、萧启江率五千人往,未至,而萍乡、吉安相继失。先是五月间,太平军攻义宁,知州叶济英婴城守,江西军往援,败没。邓仁堃议江西人民多畏敌,不肯治团守,乱民潜引敌军,所至辄陷,义宁但议拒守,官民同心,宜悉力赴援,以风示列城,请调罗军。巡抚以泽南客军,当还攻九江,又与国藩不相能,不可言用客军,固请乃许,然中止者数。济英守十九日,城陷死之,士民殉者数千,省城震动,乃遣泽南。吉安之围,知州擢按察使周玉衡治城守,仁堃因以义宁为戒,请调凤山往援,又不果,而吉安陷,死者尤烈,比于义宁,闻者莫不痛惜,颇咎凤山,而湘军夺气矣。达开初攻南昌,兵不过数千人,余尽分赴旁邑,凤山率湘军劲旅援樟树,太平诸将皆争言当弃南昌避之。达开曰:“彼知我虚而迫我,我正可以疑兵击而走之,何患也?”乃张灯火于山谷间,为疑兵,率敢死士乘夜袭之,清军素惮达开名,又不意其众也,不战而溃。达开以数十骑逐之,全军大奔不能止。太平军更陷抚州,旁绕余干、万年。盖自五年十月至六年二月,江西七府一州五十余县,皆为太平军所有,惟南昌、广信、饶州、赣州、南安五郡不下，所至百姓皆争献粮册，输钱米，达开设官治之。秀全嘉其功，益以皖、赣诸事付达开。金陵上游，遂恃之为长城矣。国藩孤居南昌，已在太平军包围之中，长佑、启江分道赴援，皆募死士以蜡丸隐语，间行相问答，往往为敌逻获，其不达者常十之四五云。

(六) 罗泽南之战死

罗泽南、胡林翼既合军趋武昌，分屯城东洪山及城南五里墩。同时官文之江北军，亦以十月连复德安、汉川进取汉阳。先是西陵阿攻德安，久不克，兵屡溃，九月诏革职以总督官文兼钦差大臣。太平军之守武昌者，颇惧泽南兵而拒战林翼，泽南袭破大小三垒，李孟群亦薄汉阳。水师往来江汉南北，而官文前军攻汉阳，与南岸湘军可为声援。都兴阿将马队护水师，水师夜袭烧敌船，未归，都兴阿露立达旦以俟之。至是南北水陆声气相通，群将和辑，非复旧日败不相救之习，而将士始奋矣。时太平燕王秦日纲守武昌，坚壁不出，石达开略江西，国藩势孤危，警报日至。泽南念与国藩义同生死，而垂成功又不可弃，欲急下武昌，以为回援江西之地。自六年正月至二月，大小百数十战，直薄城下，军士以仰攻之故，死伤甚多。泽南日夜忧愤，督战益急。会三月二日大雾，日纲遣兵出焚小龟山民庐，泽南陈大东门，伺其归，要击之。逻者报日纲，日纲开三门出城军万人攻泽南。湘军不能退，泽南躬拒之，三退三进，军几溃，而所部皆乡里子弟，素负义气，耻相弃。火枪铁子，中泽南左额，血沾衣，犹踞坐指挥，乃收军。日夜危坐喃喃皆时事。忽开目索纸笔，仰卧书曰："乱极时站得定，才是有用之学。"至八日，病不能起，握林翼手曰："武汉未克，江西复危，不能两顾。死何足惜？恨事未了耳。其与廸庵好为之！"廸庵李续宾字也。语毕而瞑。泽南家素贫，居湘乡时与诸生讲性理学，著书甚富。自太平军攻长沙，即率生徒团练，数年之间，转战两湖、江西，大小二百余战，克城二十。遂由训导渐擢至宁绍台道，加布政使衔。其临阵以坚忍胜，如其为学。或问致敌之道，曰："无他，《大学》'知止'数语尽之矣，《左氏》'再衰三竭'之言，其注脚也。"曾国藩为撰《神道碑铭》云："不忧门庭多故，而忧所学不能拔俗而入圣，不耻生事之艰，而耻无术以济天下。"又云："矫矫学徒,相从征讨,朝出鏖兵,暮归讲道。"盖泽南以经世之理学名者,所部皆乡党,信从者半属弟子,其后率为名将,如王鑫、李续宾、李续宜、蒋益澧、刘腾鸿、钟近衡、杨昌濬等皆威名震天下。故说者以理学家门下多将材,古来罕有也。况湘军初倡于江忠源,继起者即泽南与其弟子王鑫也。国藩受命督办团练,始终以泽南部为中坚。而王鑫则不受节制,自召自练,隐为左宗棠所左右。及鑫死,即归宗棠指挥,谓之"老湘营",乃湘军之后劲耳。泽南既死,一军哀泣,江西、湖南闻之,皆嗟惋失气。诏以巡抚例赠恤,谥忠节。所部由李续宾代之,仍屯洪山。江西乞师急,林翼复分军四千遣之往援。于是武、汉规复之计划,又生一挫折,而湘军之困厄,至是殆达于极点矣。

十三　江南北大营之溃败

(一) 扬州之攻守

先是咸丰三年,太平军定都南京,相继占领镇江、扬州。向荣自湖北尾至,军孝陵卫,琦善、陈金绶、胜保军扬州城外,号为江南、北大营。自林凤祥、李开芳北伐,胜保追击亦去,而曾立昌守扬州,遣兵袭浦口,攻六合,不克。清闽浙总督慧成带宣化兵,江苏按察使查文经带徐州兵,漕运总督福济带漕标兵,皆先后至,驻营东南二路之茱萸湾、陈家港,与琦善等江北之师合围扬州。而左副都御史雷以诚亦募勇驻万福桥,防东路。立昌欲东取通、泰,屡攻万福桥,以诚死拒,卒不克。是年五月,琦善饬总兵双来用一万六千斤大炮轰城,击坍城垣数处,双来越壕先登,立昌命烧附城板道,清兵登者不能骤下,双来亦堕折二齿,狼狈败退。东路总管营务处许道身与参将师长镳复造楼船来攻,策应兵不至,立昌命放火焚其船。双来攻北城,右腿中炮死。时扬州援师大集,军饷不支,以诚升侍郎帮办军务,自成一军,尤无取资处。因用钱江策,仿仙女镇各会馆抽收厘金章程,坐贾按月收捐,为板厘,行商则设卡收捐为活厘,以济军需。其后各省皆循行,而军饷始得以接济,湘军之所以能成勘定功者,此亦其一大原因也。琦善屡攻扬州不克,督围益急。赖汉英由江西回援扬州,于三汊河步步为营,死战不退,围师多溃。立昌见援军至,以城粮垂尽,弃城突围出,合汉英兵保瓜洲。时咸丰三年十一月也。琦善围攻半年余,仅克一空城,诏革职留营自效。十二月,清军复仪征,进攻瓜洲,四年二月,立昌迎战大败之,杀总兵瞿腾龙。闰七月,琦善卒于军,清廷以江宁将军托明阿代之,未至,太平军乘隙来攻,提督陈金绶督兵力拒,大营得不破。十月托明阿约向荣军合攻浦口,断太平军通路。然江南大营之威望,故远出北军上,托明阿等虽时出偏师扰击,其实亦仅能自保而已。六年三月,扬州再破,诏罢托明阿,以都统德兴阿代之。德兴阿旋败去,其军遂兼辖于江南大营之总统张国樑矣。

(二)江南大营之破

向荣追蹑太平军由广西至金陵,威势甚隆,东南半壁,胥仰赖之。而荣自以老成宿望,壹意持重,顿兵长围,冀敌他去。是时城内人民,处围困之中,闻荣至,均欣欣有喜色,各愿奋臂为内应,主其谋者则上元增生金和,与廪生张继庚也。和既陷敌,时与太平军轰饮,醉则杂卧酒瓮侧,相尔汝,因此颇探悉其情。久之,遂与接纳,谋内应,因孑身出城,诣荣营门,以情告,未诺。慨然请以身为质,其党不知向荣之初未许也,咸丰三年五月十日集众数千,登城高呼,而援军畏惧不前,因星散。继庚与吴伟堂结太平将张沛泽,因说之曰:“公等毁家室,去乡里,身经百战,攻下数十城,以有今日。然禄才足果腹,父母妻子不相见,以公等之才,何事不可为,乃郁郁久居此耶?”沛泽不答。继庚知其心已动,遂反复劝以反正。且曰:“事成,公等受上赏,不成,请杀我与吴君以为说。”沛泽感诺,因说其主将后四军水四总制陈桂堂,桂堂嗜鸦片,天国禁烟严,惧被罪,亦许之。继庚纠乡人数千,密报向荣,请刻期进兵,而己为内应,荣许之。金和自全椒闻之,虑其事必不成,急驰书令缓谋,而继庚意方锐,向荣屡失期,城中人皆咎继庚不信,稍稍散。继庚时往来江南大营,太平军机察之,几濒于败。咸丰四年正月,力已惫,从之者尚千余人。乃约二月五日杀神策门守军,纳荣兵。至期,荣兵未赴,以雨辞。继庚知无援,亟遣散其党,令各归馆,以泯其迹。而太平军亦仓卒不知起事端倪,无从究诘也。桂堂初许纳款,已知事不可为,命沛泽执继庚以问,毒刑拷掠。继庚故指同谋数十人,皆太平军之骁健者,杀之。秀清闻之曰:“已矣,堕其计矣!被所指皆老兄弟,非实情也。”遂车裂其体而死(见管小异《张炳垣传》及《金陵癸甲摭谈》,又金和《秋蟪吟馆诗钞》亦有诗言之)。荣既顿兵坚城,久无尺寸功,而太平军往来长江自若。扬州既破,曾立昌走瓜洲。秀全乃遣将军孙宾三由祁门克太平。于是东自瓜洲,西至太平,结垒江干,以达金陵,舟师往还如织。时上海为天地会之匕首党所据,江南大营出兵助攻,太平军侦其弱,乘船下驶,图据东坝。向荣遣副将傅振才迎战,败之,遂复高淳。秀全又分军攻七桥瓮,亦为参将张国樑击退。闰七月,镇江军久困,因约金陵水军遥为声援,率奇兵突出。荣诇知,分兵应战,诸路皆捷。张国樑攻太平,克之,太平军国宗韦得玲、检点陈赞元、将军李长有、总制吴春和皆战死。其时杨秀清由上游回天京,自将兵出城夺清垒,亦不利。退而谓诸将曰:“江南大营不走,天京无安枕日矣!现其势方锐,不可与敌,当乘其罢图之。”咸丰四年十月,荣军连败太平舟师,自金陵迤东而南至雨花台,诸垒皆破,荣军逼南门而营。天京久困,粮不继,秀全遣出男妇之老弱者,以减军食。五年,江苏巡抚吉尔杭阿既定上海,进攻镇江,太平守将检点吴如孝分兵踞高资,以与瓜洲声势相通。向荣前调广东红船防海口,派总兵吴全美、副将李德麟等领之,以三月进扫三山。三山为金陵上游滨江要隘,太平重兵守之,扼清水师不得上。至是木垒哨楼尽毁。是年六月,张国樑因太平复失而以全力注攻,又克之。群请秀清出大兵援芜湖,秀清曰:“将欲取之,必先与之,我正欲其骄也。”六年二月,秀清遣地官副丞相李秀成,与丞相陈玉成、春官丞相徐镇兴等援镇江,败吉尔杭阿及张国樑军,因由金山夜渡瓜洲,破土桥,清营大小一百二十余座,闻风而逃,遂趋扬州,三月一日克之。运粮回镇江,欲由六合、浦口返京,张国樑侦知,急回军扼六合。秀成仍由金山渡江,攻高资,吉尔杭阿中炮死,全军尽溃。向荣闻警,遣张国樑驰救,已无及矣。秀清诇知向军频年攻战,所募益多,粮饷乖时,士多觖望。遂请于秀全曰:“向妖可擒矣!”乃悉调附近太平军回天京,密令吴如孝由镇江掩向军之背,又命溧水、金柱等处兵横截旁山,自率劲旅出通济门扑江南大营,先夺七瓮桥以挑之。向荣悉出大营兵赴前敌，并力截杀。秀清佯败退，向荣、国樑狃常胜，殊轻敌，蹑之至城下，离大营益远。镇江太平军突至袭营，营中空虚，纵火焚之，守兵惊散。前敌清军望见大营火起，退无所据，仓卒亦溃。太平军四面夹击，国樑、向荣突围出，遂收集溃卒，由淳化镇走丹阳。于是数年屏蔽东南之大营，一旦瓦解。太平军由句容逼丹阳，荣昼夜忧愤，疾益笃。七月，遂以军事付国樑，踊身疾呼，卒于军。清廷以江南提督和春为钦差大臣代之。而国樑先已以提督衔帮办军务，总统南北诸军。盖江北大营自德兴阿去后，已不设统帅矣。

（三）上海小刀会之举事

天地会原为近代民族革命之集团，其活跃已历一百六七十年，至道光中叶，由湖南发动而蔓延闽、粤，官书所谓斋匪、会匪、青教、红头、边钱、小刀、匕首等名目，则皆天地会、三合会之支流也。《同治香山县志》云："道光二十二年，三合会再起，始事者，石门甘秀，据老巢啸聚。至于劫掠拒捕者，则隆都高明远、周配琚也。初起时撰妖书，造隐语，传教者曰亚妈，引入会者曰舅父，又曰先生，曰升上，主文字者曰白纸扇，奔走者曰草鞋，各显目曰红棍，拜会曰登坛演剧，入会曰出世。每拜会，亚妈裹红帻，服白衣，设五色旗，上书彪寿合和同，分布五方，从某方来者隶某旗。设三重门，每门二人持刀，作八字形。拜会者匍匐入，自称曰仔，赤身披发，跪伏拜斗，念三十六咒，割指血盟，受隐语、三角符，符内写'参天宏化'四字。……彼此相遇，问姓名，各以'洪'对。或称三八二十一，便知是会中人。"所记入会手续，大致不差，盖香主曰"先生"，头目曰"红棍"，会员曰"草鞋"，以五色旗代表五房，歃血为盟，宣三十六誓，受隐语诗句及腰凭，上卷于天地会起源中已略述之矣。自此天地会党人于粤东起事者，亘东北西三江，达数十州县，攻城十余，洪大全即因而称天德皇帝。道光三十年洪秀全起义金田，大全附之以去。盖以徐广缙、叶名琛督抚广东，对会党取杀戮政策，扰攘十数年，迄未戡定。及大全死，而天地会之健者，如罗大纲、林凤祥、李开芳辈，皆已为太平军开国人物。其不满于秀全之教者，又多脱离而投降清军，如张嘉祥（国樑）、刘永福、张钊、田芳等，则亦为清军健将。若两者皆不属,大半皆渐被消灭。因太平军虽假天地会之势力以兴,而秀全迷信天主,竟至数典忘祖。其言曰:“三合会之目的,在反清复明,其创始在康熙时,主义虽正当,然必至二百年后如今日,始可为覆清之举。至于复明,则又似是而非。既还我旧有之山河,必当另建新朝,今以复明为言,焉可以得人心?若就吾真教言之,全赖上帝之威力为援助耳。其得助多者,以吾等人数,敌彼百万人可也。予是以不知有孙膑、吴起、孔明各名将,彼三合会有何价值哉?”以故天地会之举义响应者,率不加援助,任其消灭,厦门黄威之事,即其一例,而上海刘丽川则更彰明较著也。当是时广东、福建人之在上海者,不下十余万,而以三合会员占其多数。广东人刘丽川、福建人陈阿连为之魁。咸丰三年九月,丽川欲据上海起事,以响应太平军,突率六百余人入袭县署,迫知县缴印,知县不允,乃杀之。会党渐集至万余,合攻道署,胁上海兵备道吴健彰缴印,健彰与之,因占领仓库。健彰由美人保护入租界。于是丽川一面闭城不许居民逃避,一面驰报天京,请太平军出援。洪秀全以小刀会非其党,置不理。清廷命江苏巡抚许乃钊进剿,久无功,因革职,以吉尔杭阿代之。越一年余,吉尔杭阿始督兵围上海,城中固守,内外隔绝。英、法、美诸国人之在沪者,借保护外侨为名,通知双方严守中立,戒清军不得入外人居留地,有阑入者,辄以武力驱逐之。居民无所保护,亦相率托庇于外人权力之下,上海租界之威权,盖自此始。英领事阿礼国(R. Alcock)被推主其事,组织保卫团,由英、美海军及义勇队四百人任维持治安之责。咸丰四年十二月,清军攻上海,战争极烈,东关外之商业中心地,悉毁于炮火。法国领事误认丽川为太平党羽,以其基督教,发二百五十人助之,占领小东门外堡垒。双方激战达四小时,清军死伤二千余人,法军死伤六十人,卒被击退。然丽川以孤城无援,恐粮饷不继,于咸丰五年正月,突围逃走。清军包围前后十七阅月,始告收复。外人纪者多谓清军入城,残杀掠夺,无所不至,惟租界地得保全,此后难民来沪者,多架小屋于其隙地,聚集而居,污秽狼藉。外人以清吏不足恃,特自任处理之责,俨然以属土视租界,而领事裁判权之应用,并及于中国人民,殊可异已。上海为鸦片战后中外通商之要港,处长江尾闾,为军事上必争之地。而洪秀全都南京,竟舍此机会而弗取,不得不谓之失策耳。倘秀全能早见及此,派兵据上海,联络外人,保护租界,争取英、美侨民之同情,则不特戈登之常胜军可以不起,李鸿章之淮军,亦无根据地矣。且交通海外,资源不虞匮乏,巩固下游,天京赖以保障,乃以天地会党人故,失此不图,此亦太平天国失败之重要原因也。

(四) 庐州方面之粗定

先是咸丰三年十二月,江忠源既战死庐州,清廷以漕运总督福兴为安徽巡抚,与提督和春共图恢复之策。四年二月,福兴等进驻三里冈,明攻暗袭,颇有斩获。五月,署知州茅念劬带民勇复六安。闰七月,六安知州李元善复英山,旋复失。寿春总兵全玉贵最骁健,即手擒洪大全者也。攻庐州,受伤而死,庐民私祀之,每于巷口立尺五之庙焉。和春、福兴驻庐数月,虽借民团之力,一复庐州,而迄不得要领。翰林院编修李鸿章(字渐甫,号少荃,安徽合肥人。道光丁未成进士,年二十五)先为吕贤基奏带赴皖,时在福济幕中赞军务,因建议以重兵扼东北路,别遣将督团练巡群邑,以为声援。于是福济授鸿章兵,攻含山,四年十二月克之。鸿章始有知兵名。时石达开守安庆,闻湘军急攻九江,提兵往援,分军溯上游,经营武、汉、江西,无兼顾皖北之暇,而福济、和春围庐州,潜约城内绅民为内应,猛力攻击,竟以五年十月朔克之。六年正月,和春复舒城,太平军退据三河,分营金牛一路,壁垒森严,与清军相持几半载,而江南大营溃,和春方注全力攻三河,以固庐州,而七月向荣死。诏授和春钦差大臣,移师江宁。八月和春亲督士卒,乘夜逾壕举火,用云梯登石垒,太平军出不意,仓皇逃巢湖上船,清军追击,大胜。太平指挥张大有、将军秦标盛等被擒。清参将程智泉最骁勇,亦阵亡。和春遂自庐州移丹阳,九月福济主皖军,饬各属整理团练,助以官兵,各图恢复。于是候选知府李元华复无为。而李鸿章攻巢县,城坚敌众,水陆连垒无数,粮饷挽馈以达金陵,太平重兵守之,久不克。福济因分兵合围,亦以二十九日破之。于是庐州属邑次第收复,皖北之形势乃粗定矣。其时皖北捻匪最多,太平军多与联络,故其势不少衰,皖北之战,盖靡有已时。因此而与皖北民团以历练之机会,后遂成李鸿章之淮军焉。

十四 太平天国之内乱

(一) 内乱之原因

自秀全奠都金陵,深居简出,军事文报,刑赏黜陟,一取决于秀清。于是秀清独揽大权,威压全朝。虽诸王同起草泽,皆事之维谨。时军事未定,天京被围,规模草创,无暇建设,而秀全高拱深宫之中,修帝王之威仪,蓄众多之嫔妃,与从前布道传教之精神,盖已大相径庭矣。秀清心计才力,颇能钤制其下,威柄久移,渐乃自恣,内乱之由,实基于此。初秀清私于秀全之妹宣娇,宣娇适萧朝贵,长沙之围,朝贵死于炮,宣娇遂寡。南京既下,秀清托言治病,请以宣娇当按摩调护之任,欲温旧好,秀全许之,不以为嫌。无何,傅善祥新科女状元入东府,宣娇宠衰,因起龃龉。宣娇泣诉于兄,谓彼竟薄手足而信妖女,当众侮辱予,予不能堪。秀全劝慰之,召秀清从容讽以手足旧谊,不宜以疏间亲。秀清默然,越日竟借天父降身,斥宣娇之隐慝,使长跪自责,秀全恳之而后释焉。由是宣娇怨秀清。秀清有心腹侯谦芳者,先曾入金陵为间谍,悦秦淮妓红鸾。既克金陵,红鸾为北王韦昌辉所得。谦芳大恚,矫东杨命往索之,昌辉不与。谦芳因绳红鸾之美于秀清,秀清信之,使谓昌辉曰:"能吾一见,当完璧致汝。"昌辉疑谦芳之矫命也,答之曰:"此禁脔岂可示人?设易地以处,侯姬亦可来吾府中以供众览耶?"侯姬者,秀清所宠谦芳之妹也。使者归报,秀清欲以兵往攻之,昌辉惧,自诣秀清谢罪,以红鸾归女馆。昌辉有嬖人黄启芳与东杨嬖人侯裕宽交恶,会太平军败曹县,指挥罗大封陷曾立昌于河而降,未几逃归,变姓名黄昌汉,赂裕宽得封天侯。启芳廉得其情,以告昌辉。秀全闻之,命昌辉捕大封,鞫讯吐实。秀清大惊,不得已,杀裕宽。由是昌辉与秀清积不相能。昌辉在皖江,上疏数秀清罪恶,秀全密之。秀清微闻其事,索阅不得,几致咆哮。会红鸾为宣娇所放,令辗转至韦营中,历诉杨之骄横狠戾,且呈可取状。昌辉因密通秀全兄洪仁发等,详陈杨之不可复纵,秀全为之动容。于是始有图杨之志矣。指挥鲁恭敬者,被遣往韦营中,已而私返天京,密传消息于天王,秀清不之知也。恭敬有妾色美,私于童,恭敬归而败露,拔剑追童,童遁入某天侯家。天侯爱其姣好,惑之。童因告发,且曰:"彼自云奉天王密旨,虽东府无如我何也。"某天侯固秀清爪牙,即往驰报。秀清命部下掩恭敬宅捕之,且获昌辉与天王秘密奏疏,秀清匿之,声言恭敬受命私返,视军事如儿戏,处以极刑。燕王秦日纲与恭敬善,救不及,秀全因使日纲诘秀清,秀清语不逊,日纲怒,亦怨秀清。时洪、杨意见渐深,太平旧党多集矢于秀清,东府势日孤。而秀清方恃其察察为明,造作威福,迄未稍改,故不旋踵而祸作矣。

(二) 杨秀清之被杀

李秀成《供状》云:"东王自己威风张扬,不知自忌。韦、石、秦是大齐一心,在家计议起首共事之人,后东王威逼太过,此三人积怨于心,口顺而心怒。"《贼情汇纂》云:"昌辉下杨贼一等,其奸诈相似,阳下之而阴欲夺其权,故杨贼加意防范。甲寅五月,命昌辉赴湖北、安徽,行次采石,复下令调回,改遣石达开往。张子朋激变水营,杨贼杖昌辉数百,至不能兴,又诈称天父附体,时挫折之。杨贼与昌辉互相猜忌,似不久必有并吞之事。"是书作于内讧前,已预料必有并吞之事,可见杨、韦不相能,早著其迹,已为内外所公认,倘无关于秀全则其发尚可少缓耳。江南大营既溃,秀清自以为功莫与京,群臣置酒相贺,皆争颂之,乃益自负。会朝贺侍御皆呼万岁。秀清慕之,归而谓部下心腹曰:"以吾之功业,宁遂不值呼万岁耶?而必靳我一千!"侯谦芳喻其旨,倡言东王功业与天王埒,宜加徽号呼万岁,东党皆曰诺。及群臣入拜,令其下胁之,皆呼万岁,仪注亦稍稍僭越,盖隐然有自立之意矣。秀全不能堪,召秀清让之曰:"弟亦万岁矣,将置愚兄于何地?"秀清冷然对曰:"天王独不可万万岁耶?"秀全佯许之。诸将中赖汉英、罗琼树等大愤,立誓忠洪氏。汉英为天后赖氏之弟,密陈于天王曰:"东王有开国之勋,故优以位号,在诸侯王上,而情则等于手足,不可谓不至矣。今其心叵测,跋扈之迹,不臣之心,日益加积,擅杀大将,独调卫军,恃兄弟之称,绝君臣之礼,若不早图,悔无及矣!"秀全曰:"朕亦知之,然彼柄政久,守城将士,大半为其旧部,仅卿等二三人谋之,岂能有济?若画虎不成,多生枝节,将何以见江东父老哉?计维有召北、翼二王图之,庶可有济。然无故召回,东府即先生疑,将若何?”汉英进曰:“此何难!今妖兵失势,不日倾覆,吾天军正可席卷东南,恢复汉人故土,苏、常一路,安可无重臣统兵?如事露,第可言欲令二王来京会议,议定即令出发,则东府知并不留二王于京中,于彼之权利,绝无损失,自不横生阻力,而天王固得相机行事,何患不济耶?”秀全从其言,令秦全密致书于二王。昌辉先得书,乃于八月初三日回天京。秀清不许入城,再三请命,以轻骑入。请觐天王,秀全佯不许,谓:“遣尔往援庐州,何得擅回?其急诣东府请罪!”而隐授以意,谓如此则彼不疑。昌辉即往东府请谒求赦。秀清曰:“弟事当代为之请,今我将于八月生日进称万岁,弟知之否?”昌辉曰:“四兄勋高望重,巍巍无比,久当明正位号,特弟等不敢请耳。”因膝席前贺,从者亦皆额手欢呼。秀清大悦。宣娇说秀清曰:“北王新至自军,先至东府入贺,礼之至也,不可不示恩意。”秀清曰:“我将择日宴之。”傅善祥私谏曰:“宣娇言甘而态媚,异乎平日,且与北韦频相过从,此有所图也,不可以不备!”秀清性刚,不欲人窥己怯,且疑善祥欲挟军事以自重也,傲然曰:“彼幼弟耳,吾卵翼彼,敢图我乎?”盖昌辉素谄事秀清,轿至则扶舆以迎,秀清假托天父下凡,亦多由北韦助之。论事不三四语,必跪谢曰:“非兄教导,弟肚肠嫩,几不知此。”肚肠嫩,浔州乡人语,犹言学浅也。秀清尝杖责燕王及诸大臣,皆令昌辉为之,故不之疑。善祥泣而退。届日(按太平历法为七月二十七日,旧历为八月初四日,秀清死后,即定是日为东王升天节),秀清欲示富,辟府中正殿,命典禄官亲主庖事。赖汉英先伏勇士于东府后,罗琼树裹甲备接应。昌辉饬死士为娈童,戒备以来,秦日纲从。酒酣,昌辉起白事,遽抽刃贯秀清胸,刃出于背,秀清蹙然曰:“兄弟间即有违言,何忍出此?”昌辉曰:“吾只知奉天父、天兄命诛叛臣杨秀清耳,何兄弟之有?”于是阶下死士尽起,汉英自后掩入,甲士断前门,府中遂剧战。自日中至午夜,战方息,遂火东府,尽杀秀清家属及其党,日纲亦死乱军中(或言日纲后追达开,为天兵带回,与昌辉并处死刑)。次日传谕东官属集天王府听令,杖责昌辉,以安其心。键闭竟日,因尽坑之。余党汹惧,聚旱西门,与北王党与在花牌楼者,日相格斗,尸积如丘,死者二三万人。时咸丰六年八月初五日也。秀清年四十余,貌中人,黄瘦微须,以姬众多服温药,损一目。而机警有权略,才在北韦上。惟少读书,不知持盈保泰之理,况其威胁秀全,过于霍光骖乘,焉得不败?自此诸王水火,群下解体,太平朝遂不复振矣。

(三) 韦昌辉被诛与石达开出走

秀清既死,昌辉代执朝政,复醢其尸而啜之。石达开自湖北洪山归,责昌辉曰:“吾辈以救世起义,六载于兹,天下未宁,大功未定,方期兄弟同心,讨诛妖逆。不幸杨氏骄悍,中道毁盟,不得已而除之,方宜哀矜勿喜,奈何多杀以逞,食肉为快乎?”昌辉不悦,斥之曰:“子亦党于杨逆乎?”阴召其党欲并图达开。达开驰归,告其亲属曰:“吾不可留矣!”星夜缒城奔宁国。昌辉闻达开走,顿足曰:“我虽不欲仇石氏,石氏亦必仇我,怨不可解矣。”遂悉杀其母妻子女十三人。达开闻之大恸,欲悉合皖、赣之兵清君侧。天京震恐。秀全以秀清甫诛,昌辉翘然自以为功,跋扈之状,有甚于杨。密令汉英及东翼余党攻北府。昌辉以怨己者众,知不敌,率死士数十人缒城夜遁,将渡江入六合,北与捻合。有东杨旧部方屯浦口,要而击之,遂被擒。械送至天京。时秀全已收其家属,乃命与昌辉骈诛之。距东杨之败,才月余耳。秀全以秀清之死,系密图,故纪念碑仍列其衔名。昌辉系正法,不特纪念碑无其名,即太平官书述之者,亦只言昌辉而不以北王名矣。达开被召返京,群议如秀清故事,总理政务,而秀全以杨、韦跋扈故,终疏远达开,专用安、福二王。达开危惧不自安,遂还安徽,思自皖而鄂以入川为自全计,至是始起诸王略尽。军事专于李秀成而内政则安、福二王柄之。二人贪婪险刻,狼狈为奸,刑赏黜陟之事,遂不复如东王时之严饬矣。安王者,秀全长兄仁发,福王者,仲兄仁达也。皆驽劣卑鄙,封国宗,贪粟渔色,碌碌无所长短。太平之制,非有大功不王,国宗之位,比于侯相。杨、韦既相继死,秀全虑权臣跋扈,并封为王,使共秉政。于是五国宗一体之制破,而洪氏封王之特例开矣。初秀全起义,以宗教迷信之感情,结合异姓兄弟,天王虽称元首,而五王(东、西、南、北、翼)几视同一体。所立国宗之制,不特天王之族,而兼及五王之族,故凡天王支派及五王血统,均称国宗,无分畛域。此实君臣契合之隆规,足以上轶千古者也。

然过事尊宠,反致祸乱,从龙旧侣,一旦尽夷,举枢密重权,寄诸宗室,于是仁发、仁达贪冒聚敛,而洪氏之政衰矣。旋以二人不理于众口,乃褫其王号,仍列国宗,以安、福为二爵之名。其后(乙未九年)仁玕由香港辗转达天京,秀全大喜,封为干王,令主朝政。又封仁发为信王,仁达为勇王。仁玕居香港久,颇通达时务,其所建议,新政为多。倘秀全能任而行之,亦未始非一大转机也。无如仁玕使酒矜气,又与信、勇二王相比,而秀全同祖兄仁政以妻妹入宫得幸,封邱王,出入大内,刺探天王行动,与仁发、仁达、仁玕沆瀣一气,时人号曰"洪氏四王"。自是先后封陈玉成英王,李秀成忠王,李世贤侍王,黄文金堵王,杨辅清辅王。其余踵起封王者,达九十余人之多。四王对外臣皆疏忌之,尤恐李秀成用事,使不得一日安于位。又有蒙得恩者,原秀全幸臣也,东杨尝抑之,因结怨,与宣娇合谋秀清。秀清之死,蒙与宣娇实主其谋,特假手北韦耳。得恩亦封赞王,与信、勇二王相结,餍膏粱,丛罗绮,穷奢极欲,人心瓦解。天国内乱后,惟李秀成欲有所作为,而诸王尽排之,使主兵在外,东西奔驰,未遑宁处。仁玕虽为秀全最初结合之同志,其亲密与冯云山埒,然以秀全惟恃天命,不理人事,而仁玕以迷信过深,又从而怂恿之,于是天国之命运乃日蹙矣。

十五　上下游军势之日蹙

(一) 胡林翼之略定湖北

自天京内乱,人心动摇,又兼主将无人,长江上游之军势,因以顿弱。故不月余而和春复庐州,又月余而胡林翼、官文复武汉,于是太平军于皖北鄂中之根据尽失,江西之师,亦渐衰矣。先是,林翼等攻武汉,血战已久,迄无成功。而江西待援孔急,请师日数至。咸丰六年五月,诏责官文、林翼迁延老师。林翼上奏言:"臣顿兵城下,五月有余日,驱血肉之躯,与炮石为敌,伤亡水陆军三千余人,罗泽南及都司周得魁等将弁百余人,李续宾乘马中炮堕地者数矣。夫兵易募而将难求,四月以后,乃禁约仰攻,分兵咸、蒲,以取义宁,四战皆捷,分水战以清下游,直达九江。臣自率五千人拒武昌南路,李续宾领六千三百人扼城东路,以剿北路,水师六营下驻沙口，水陆之贼，援绝路穷。下游九江兴国陆贼万余，分道来援，冀可夹击。臣即豫拨三千余人，战于百里之外。且历观前史，李左军之告韩信，尚以顿兵城下，情见势绌为戒，战易攻难，自昔已然矣。臣之才力，何可言兵？惟才有限而志无穷，万一变生他路，祸出意外，臣亦不敢退怯苟且，自取羞辱。"是林翼对进攻武昌已改取万全之策，而不以急攻致多死伤矣。清廷报曰："历述艰辛，于事何益？国体俱在，亦应寓慎重于其中！"盖自是奕詝知林翼之为帅，果有异于庐、扬、江宁诸将，而林翼亦益感激愤发，始有志于天下，非仅规营湖北而已。是月江西太平援军大至，皆为林翼所击走，守城兵日惫。林翼乃益募陆军五千，水师十营，增长围困之。官文亦分兵悉定襄阳（朱中端、黄集中）、随州（赵邦璧）之乱，得专力攻汉阳。太平军粮尽援绝，知不可守，遂以十一月二十二日，各开城东走。官文、林翼同日复武、汉。于是李续宾等分三道追敌武昌县，水师马队追敌黄州，江夏乡民亦争起邀击，十日之间，连复武昌（县）、黄州、兴国、蕲州、蕲水、广济，湖北略定。自军兴以来，数年之中，武昌三失，汉阳四失，官私富力，扫地以尽。至是林翼始筹经营武、汉之策，奏蠲江夏等四十六州县钱粮，以复民困。复牙帖，开盐厘，以裕军储。又上奏曰：

> 自古用武之地，荆、襄为南北关键，而武、汉其咽喉也。武、汉有警，则邻疆震惊，南服均阻，控制无术。昔周室征淮，师出江、汉，晋武平吴，久谋荆、襄，据扼长江，惟鄂为要。四年之中，武昌三陷，汉阳四陷。夫善斗者必扼其吭，善兵者必审其势。今于武、汉设立重镇，则水陆东征之师，恃武、汉为根本，大营有据险之势，军士无反顾之虞，军火米粮，委输不绝，伤夷疾病，休养得所。是则平吴之策，必先在保鄂明矣。湖北之失，在汉阳无备，下游小挫，贼遂长驱。且东征之师，孤军下剿，则善战者必伤，久役者必疲，伤病之人，留于军中，不但误战，亦且误饷。若以武、汉之防兵，更番迭代，弥缝其阙，则士气常新，军行必利。请于省城设陆师八千人，水师二千人，日夜训练。本境乱民，随时征讨，则我常处其安，而不处其危矣。湖北牧令，多不得人，其已被扰者三十余州县，元气残伤，而良莠不分，其未被扰者三十余

州县,官仇民而民且仇官。夫吏治之不修,兵祸之所由起也,士气之不振,民心之所由变也。凡上与下交接之事,诿之幕友,官与民交接之事,诿之门丁。夫州县之所谓小事,即百姓之大事也;今日之所谓小贼,即异日之大贼也。五年大熟,州县乃或报灾,经臣驳斥在案。六年大饥,州县转不报灾,经臣驳斥在案。以丰为歉,是病国计;以歉为丰,是害民生。臣恐湖北之民,揭竿而起者,不必粤寇之再至,而将盗弄于潢池也。地方吏治,抚臣专责,今欲严禁陋习,与群吏更始,请皇上敕下部臣,暂勿拘臣以文法资格,行之数年,或可改观。今或疑武、汉两城,公私凋敝,城周二十里设守为难。臣以为蚡冒蓝缕以启山林,卫文作都训农通商,是在行之以俭,而训之以勤耳。苟此而不能守,去之他抑何益?或又以为武、汉收复,军行贵速,督抚将兵,攻取为急,则前者收复已二次矣。况今江西七府,俱沦于贼,四年之冬,仅失九江,旁轶横出,可忧方大。都兴阿、杨载福、李续宾均已东下,臣宜留镇省城,与督臣通筹全局,整饬吏治。

林翼所奏,皆系治本之谋,与后日关系极大,盖勘定之业,得林翼以湖北为后方基地,不啻萧何之守关中也。清廷并嘉纳之。方南北岸之分军也,督抚未相见,将吏各有所统,颇构同异。官文以将军受拘于满、汉,论者复为林翼陈杨霈、崇伦故事,林翼叹曰:“师克在和,此何时哉?”既渡江,见官文,下令僚属曰:“督抚相见,前事冰释,敢再言北岸将吏短长者,以造言论罪。”官文闻之,大欢。林翼又以盐厘月三千金充督府公费,两人约为兄弟。故军政吏治,皆林翼主稿,官文画行,有言巡抚权重者,一无所听,而林翼亦谨事之,一洗从来督抚猜嫌忌克之习,湖北富强之基,实始于此。当是时,官私庐舍,焚毁几尽,诸事草创,民物凋残。林翼一意振兴,裁通省浮勇,以节糜费;设武、汉重兵,以固根本;严查保甲,以除奸匪,慎选贤员,以资苏息。设清查局,查被兵后州县仓库钱粮交代;设节义局,表章历年殉难官绅士女;设军需局,筹备东征军士器械饷糈。又以乱民之生,由法度废弛,不务察吏,则乱之源不清,劾镇道府厅以下数十员,与属吏更始。其筹饷有三:曰钱粮,曰盐课,曰货税。湖北漕政久弊,官民交困,道光中叶以还,征收常不满半。林翼三次奏减章程,民以是输将足额。湖广两省自淮盐阻绝,率食川盐,林翼分置课盐局于宜昌、沙市,又推行武穴、老河口等处,视向来额课过之。又奏行厘税之义,设局各府县市镇,任用士人,严杜中饱,收支核实。故以湖北瘠区养兵六万,月费至四十万之多,而商民不散,吏治日懋,皆林翼措画之力。至是,始屹然为上游重镇矣。

〔附注〕薛福成《庸庵文集·记胡官交欢事》曰:伯相辽阳文恭公官文总督湖广时,宫保益阳胡文忠公巡抚湖北。文忠才气卓荦,以一行省之力,经纶天下事。文恭拱手以听,遂成大功,海内两贤之。然二公离合之始,末议者或未之知也。咸丰五六年间,粤贼陷踞武昌、汉阳,蔓及旁郡,蹂躏数千里。是时文恭由荆州将军改总督,凡上游荆、宜、襄、郧诸郡兵事饷事悉主之。文忠驻军金口,进规武昌,凡下游武、汉、黄、德诸郡,兵事饷事悉主之。二公值湖北全境糜烂之余,皆竭蹶经营,各顾分地。文忠尤崎岖险阻,与勍寇相持,独为其难。督抚相隔远,往往以征兵调饷,互有违言。僚吏意向,显分彼此,牴牾益甚。文恭于巨细事不甚究心,多假手幕友家丁。诸所措注,文忠尤不谓然。既克武昌,威望日益隆,文恭亦欲倚以为重,比由荆州移驻武昌,三往拜而文忠谢不见也。或为文恭说文忠曰:"公不欲削平巨寇邪?天下未有督抚不和而能办大事者。且总督为人,易良坦中,从善如流,公若善与之交,必能左右之,是公不啻兼为总督也。合督抚之权以办贼,谁能御我?"文忠亟往见文恭,推诚相结纳,谢不敏焉。文恭有宠妾,拜胡太夫人为义母,两家往来益密,馈遗无虚日。二公之交亦益固。文忠于是察吏筹饷,选将练兵,孳孳不少倦,文恭画诺仰成而已,未尝有异议。每遇收城克敌,及保荐贤才,文忠辄阴主其政,而推文恭首尸其名。朝廷以文恭督湖广数年,内靖寇氛,外援邻省,成功甚伟,累晋大学士,授为钦差大臣,宠眷隆洽。文恭感文忠之力,而文忠亦益得发舒。凡东南各省疆吏将帅之贤否进退,与大局一切布置,每有所见,必进密疏或与文恭会衔入。若文忠所引嫌不能言者,亦竟劝文恭独言之,谟讦所定,志行计从。人谓文忠有旋乾转坤之功。不仅泽在湖北也。既而文忠遘太夫人丧,得旨赏假百日,营葬后,即起视师,驻军皖、鄂之交,省中大政,皆归文恭主持。文恭听已革总兵樊燮之诉,奏劾湖南巡抚幕宾今候相左公。左公为文忠同学友,文忠尝荐其才可大用者也。既被严劾,文忠愠不言,贻书曾文正公,密解其狱,且荐左公襄办江南军务。文恭有门丁,颇为奸利,奔兢无耻者,多缘以求进。文忠所素欲参劾者,文恭或荐之,得居要地。府中用财无訾省,不足则提用军饷,耗费十余万金。文忠积不能平,独居深念,若重有忧者。当是时,今协揆朝邑阎公以户部部员外郎总理粮台,兼运帷幄,往谒文忠,请间言事。文忠屏人以督府事告之。曰:"方今筹饷如此艰难,而彼用如泥沙;进贤退不肖,大臣之职也,而彼动辄乖谬。今若不举实纠参,恐误封疆事,为朝廷忧。吾子以为奚若?"阎公对曰:"公误矣!夫本朝二百年中,不轻以汉人专司兵柄,今者督、抚及统兵大臣,满、汉并用,而焯有声绩者,常在汉人;固由气运转移,亦圣明大公无私,铲刮畦界,不稍歧视之效也。然湖北居天下冲,为劲兵良将所萃,朝廷岂肯不以亲信大臣临之?夫督、抚相劾,无论未必能胜,就使能胜,能保后来者必胜前人耶?而公能复劾之耶?且使继之者或励清操,勤庶务,而不明远略,未必不颛己自是。彼官至督、抚,亦欲自行其志,岂必尽能让人?若是则掣肘滋甚。讵若今用事者胸无成见,依人而行?况以使相而握兵符,又隶旗籍,为朝廷所倚仗,每有大事,可借其言以得所请。今彼于军事饷事之大者,皆惟公言是听,其失只在私费奢豪耳。然诚于天下事有济,即岁捐十万金以供给之,未为失计。至其位置一二私人,可容者容之,不可容则以事劾去之。彼意气素平,必无迕也。此等共事人,正求之不可必得者,公乃欲去之何耶?"胡公击案大喜,曰:"吾子真经济才也!微子言,吾几误矣!"由是益与文恭交欢无间言。文恭亦敬服之终身。迨文忠卒于位,未几而文恭劾巡抚严公树森去之,威毅伯曾公巡抚湖北,又劾文恭去之,湖北从此多事。其闳整富强之绩,亦稍陨矣。后人于是益以文忠之能用文恭为美谈云。

(二) 江西湘军之起色

先是咸丰五六年之间,石达开经略江西,全省几尽在太平军掌握之中,而曾国藩孤困南昌,殆无能为役。罗泽南援湖北,不久战殁。国藩初以水师陆军相辅,令幕客李元度募平江人三千屯湖口。及周凤山败,湘军无大将,乃令元度移屯抚州;别遣邓仁堃子辅纶,及前平江令林源恩募新军,皆用平江人,号元度所将为"楚军";辅纶所将为"江军"。时国藩以战船为行台,彭玉麟将内湖水师扼吴城。六年三月,湖南援军刘长佑、萧启江复萍乡、万载,进袁州。五月,太平军攻吴城,援抚州,旋破饶州。国藩弟国华自湖南闻之,间关走武昌乞援,胡林翼分军四千,遣刘腾鸿将之,以国华为总统,战转而东,以七月抵瑞州。于是江西与湖南、北间渐有一线之交通。而吉安、建昌两府,复有三合会、边钱会乘间举事,众亦千余人,与太平军相呼应。广东三合会闻之,亦阑入江西,分攻赣州、南安间属邑。国藩困南昌不能援,军报常数月不达。八月,三合会破建昌、铅山,太平军杨辅清自吉安连破新城、贵溪、弋阳,防军败溃,广信岌岌。知府沈葆桢(字翰宇,一字幼丹,侯官人。道光丁未进士,授编修。咸丰四年改御史。五年出知九江府,国藩檄充营务处。六年,署广信)从学政督饷河口,闻警还城,城门洞开,军民走且尽。葆桢妻林夫人,则徐女也,读书明大义,坚留以俟葆桢,并飞书玉山,告急浙将饶廷选,廷选有军二千人,以则徐旧恩,倍道赴之。明日,太平军至,见城有备,围五日而去。江西恃饶、信通磁货为饷源,闻广信能守,则以为奇功。湘军久而无功,势渐绌。九月,国藩视师瑞州。李元度久攻抚州不下,饷益乏,乃分军略旁县,征募粮馈,遂收宜黄、崇仁。太平军侦其势弱,悉锐出城,俟援军至夹击之,大败江、楚军,林源恩死焉,元度走屯贵溪。宜黄、崇仁复为太平军所据。国藩急返南昌,南昌戒严。国藩弟国荃在长沙,念国藩急,义不可坐视,因吉安知府黄冕请于骆秉章募二千人,以周凤山副之,率军趋吉安,号曰"吉字营"。时天京内乱,达开遄返,江西无主帅,势稍涣。刘长佑屯袁州八阅月,至十一月太平军守将李能通启门纳湘军,袁州始复。国荃亦于是月收安福,进攻吉安,西路军势已渐振。及胡林翼等克武汉,李续宾率湘军八千余,杨载福水师四百余艘,合鲍超陆军六千人,皆回援江西,续宾陈兵九江城下,载福等屯北岸小池口。十二月,国藩亲至劳军,始得有所凭借。未几收瑞昌、德安,江西湘军,遂骎骎有起色矣。

(三) 江西湘军之发展

江西自袁州既复,湖北援军抵九江者,水陆近二万,西路以次渐复。南昌、袁州皆无太平军,南康四属复其三。临江、瑞州、吉安、九江亦各克数邑,军气大扬。咸丰七年正月,瑞州团将吴坤修别攻奉新,在籍办团御史方蔚饬民勇助克之。国藩至瑞州劳师。未几,毕金科败死景德镇,饶防诸军皆溃,东路骚然。金科本从王国才,以勇见知于塔齐布,将千人久屯饶州。列将多忌其能谗妒之,饷不时得。金科益并不与文吏相结纳,独依曾国藩。而国藩以客卿主军事,不主军饷,岁暮益困。问计府县,或谬谓能克景德,饷可得也。金科率军遽往屯市后,率十人突入敌屯,敌惊起,围之,杀七人,三人伤。金科所当辄颠仆,践血出走,敌死数十,愤且耻,聚火器环攻之,金科遂死。二月,国藩丁父忧,率弟国华奔丧回籍,国荃亦自吉安归。闻者皆以国藩不俟命,惧严谴。而清廷方依赖国藩,得湖南奏报,虑其拘谨,令给假三月,以杨载福、彭玉麟统水师。国藩奏请终制(父母之丧,守制三年,终制即三年假也),诏以江西军事吃紧,不许。再请,始允其暂守礼庐,仍勉以军事为重,抒忠即为全孝。三月,抚、建太平军东趋福建,破光泽、邵武,张从龙败退,诏夺官治罪,并罢江西巡抚文俊,以耆龄代之。于是胡林翼遣李续宜赴瑞州,文翼赴吉安;骆秉章遣江忠义、王鑫赴临江。时瑞州围攻之师,刘腾鸿统之,临江方面,则刘长佑、萧启江统之。而吉安自国荃去,诸将颇不相能。知府黄冕闻王鑫进临江,以书招之往援。腾鸿围瑞州一年,作长壕以困之,七月朔,中炮伤,明日更战,军士知志在必克,争致死,尽破台垒,炮丸雨下,中腾鸿胁,仆,弟腾鹤扶之,强视语曰:“城不下,无敛我!”军中皆泣,冒炮登城,斩杀大半,除道开门,迎腾鸿尸入。闻见者莫不悲壮其志,以为腾鸿能用众也。腾鸿于诸将,位最卑,名最重,所为战略,无以异人,然临死一言,能使士卒忘身殉己,以成其志,虽塔齐布、多隆阿莫逮焉。长佑攻临江不利,退屯新喻,旋复振,进围临江。王鑫移吉安,破宁都太平军之来援者,分兵收乐安,以八月卒于军。

令张运兰、王开化分领其众。鑫善以少击众，然专己自喜，故以矜才使气闻于世，所至多龃龉，独左宗棠奇之，为言于巡抚骆秉章使之治军，至是以热疾卒。湘军连失健将，耆龄乃奏起国荃，仍统吉安军。胡林翼自将攻小池口，克其城，九江北岸肃清。于是李续宾以九月克湖口，彭玉麟克小孤，杨载福克彭泽，于是九江犄角之势尽失。至十二月刘长佑克临江，长佑旋以病归，所部以刘坤一领之，与萧启江同向抚州，江西遂渐次复为清军所有，而太平军上游之势衰矣。

〔附记〕《平定粤匪纪略》云："初逆踞石钟山，悉锐守湖口两岸，致外江内湖之水师间阻。（按，彭玉麟所统原萧捷三被隔于江西之水师，曰内湖水师；随胡林翼征剿为杨载福所带之水师曰外江水师。以其在扬子江而言也。）萧提督捷三统舟师屡击不克，中炮卒。及杨提督等总理内外水师，军威壮盛。然江、湖迄不能合者，以石钟山为隔阂也。协理水师广东潮、惠、嘉道彭玉麟建议力攻湖口，若石钟山拔，则九江可拱手得。是月楚军已克小池口，乘胜下剿。李臬司续宾密商杨提督彭道水陆夹击，为声东击西策。湖内舟师冒死冲出湖口，集山前，结营布阵，贼众堵御。而李臬司先拔营起，传令剿宿、太余匪，中道折回，乘夜渡江，绕湖口山后，出贼不意，撼其城。总管巴依尔呼兰督马队，亦由陆路渡八里江为应兵，内外夹击，于九月初九日，克复湖口县，遂破梅家洲伪城，燔石钟山贼巢，岩壁皆赭。获战舰八十九，巨炮千二百有三，殪悍贼万余。外江、内湖水师之三载阻绝者，乃得合并。是役也，水师裹创血战，伤亡极多，幸以死命争得之。事平，彭道商之曾侍郎，请于朝，立楚军昭忠祠于石钟山顶，祀水师之前后殁于王事者。"又《湘军志·水师篇》云："先是玉麟军在江西，岁余无所得饷，借领火药亦靳之。时内湖军屡攻石钟、梅洲寇屯不下，闻外江军至，克期遣谍告九江围军合攻。丁亥平旦，玉麟率全军分三队出湖，载福临江口，发炮应之，寇并力拒湖内军，城洲两岸，炮丸如雨。玉麟令舢板先出，大船继之。寇度船所经，直石钟山下，有石崖高下与舢板相当，即辇巨炮崖口，一发中前船，都司罗胜发毙。玉麟令回船,后者进,有死者,复回船,后者迭进,伤死相继,莫敢退。或谏曰:'今驱士卒与飞火争命,非兵法也。'玉麟曰:'自水上用兵于此五年,精锐忠勇之士毙命于此千数矣,湖北、江西以此被屠戮者数十万,每一念之,煎心。且久困若不破此险,无生理,今日固死日也,义不令士卒独死,亦不令怯者独生矣!'鼓而进之寇崖下,炮发火多,铜焦炮者死,船衔尾直下,出江与外江合军,欢声动江水。于是沿江寇舟失势,所在掷火烧之,尽燔。而官军船为铁纲牵挂,篙楫不利,岸上寇复聚火枪击水军。适会李续宾伏陆军潜上湖口城,背山扬旗,鸣角下岸,寇惊愕,大溃。三军合屯。其夜城寇破走,洲上寇亦遁,获军火子药数十万,炮船八十余,悉解江西。辛卯乘势夺据小姑山,玉麟有诗句云:'十万大军齐抚掌,彭郎夺得小姑回。'盖咏此事云。"观上所记,则湖口之战况可知矣。

(四) 九江之克复与蕲、黄之战

先是太平军正丞相林启容守九江,屡著战功,杨秀清请天王封为贞天侯。及湘军克武昌,水陆军东下逼九江,启容开城纵击,大败,城围复合。九江为江西重镇,皖、楚咽喉,乃兵家所必争。太平军之屯安徽宿松者因筑城于对岸黄梅,湖北境之小池口,以为九江外蔽,依山砌石,筑垒数十,屡分兵图上溯,牵湘军势。将军都兴阿诱至黄梅城,豫使提督孔广顺,总兵王国才,营总多隆阿,副将鲍超等分伏城外,诸路会围,斩杀甚众,时咸丰七年二月间也。都兴阿谓诸营官曰:"小池口者,九江犄角也,沿山诸垒者,小池口爪牙也,爪牙不除,何日拔其角而扼其吭?"乃遣鲍超攻小池口,而部署诸营弁,悉破附近段窑诸敌垒,小池口仅存,势始孤。英王陈玉成率所部入皖,沿途裹胁,号称十万,西略黄梅、广济、蕲水、蕲州、罗田,官文檄鲍超移屯孔垅、黄梅,阻遏其冲,蕲州、罗田等处,皆分途迎击,颇有斩获。玉成趋武穴,谋阻清军粮道,分兵据蕲州,势大张。闰五月,大败清军于蕲州,官文益发兵东援,飞咨都兴阿扼黄梅,严后路之防。于是胡林翼亲赴前方,布署军略,力固危疆,东南烽火虽惊,而武、汉不扰。时李续宾浚长濠围九江,玉成欲乘虚图武、汉,且以解九江之围,因分兵四路:一据黄梅之停前驿;一屯广济之大河铺;一驻蕲州之张家塝;一聚蕲水之刘公河。林翼调李续宜由瑞州回援,杨载福遣都司胡友亮率炮船绕广济以扼内湖之险,李续宾亦檄蒋凝学率四营往援,旋自渡江合攻,大破太平军于童司牌。王国才因移营失火,被轰死。林翼率唐训方驻黄冈之傅家岭,分兵扼要隘,缮辑兵备。七月,续宜攻蕲、黄间之孙家嘴、流水湾,水师及训方兵助之,大捷,蕲、黄路始通。续宜以地形已审,愿率所部为前驱,林翼壮之,益以马步十二营,而令副都统舒保相机助战,败玉成兵于黄冈蕲水,乘胜至小池口。林翼继进,督水陆军进攻,以八月十五日克之,湖北肃清。而九江外蔽既失,湖口彭泽亦相继不守矣。湘军遂专力攻九江。启容素号坚忍能军,拒守九江已数岁,至是援绝,城中粮尽,启容婴城种麦以自给。续宾围攻年余不下,潜于磨盘洲凿地道。磨盘洲者,近大东门,城垣外高冈危峙,虬蟠虹带,续宾选勇壮筑墙为蔽,内穴冈洞城,而外张旗帜木梯,为陈攻具以疑之。三月地道成,轰坍东门城十余丈。启容以火器力御,湘军登者,死伤甚众,城复完。咸丰八年三月,曾国华复至九江赞续宾军,续宾督军士日夜穴地,四月七日地雷发,砖石飞腾,城崩一百余丈,湘军惩前败,皆欷戯不前,历半时许烟焰散,见缺口守者寥寥,始蚁附而登,遂克九江,斩杀万七千余。启容先巡城,城崩震堕死,湘军寻其尸而戮之。先是官文疏上方略,谓:"九江者吴、楚关键也,九江若拔,则可以直捣金陵,而东南免奔波之累。昔吴臣纪陟言:'长江五千七百里疆界虽遥,而险要必争之地,不过数四。'所谓险要必争者,荆、襄、武、汉、九江、湖口耳,今上游悉定,讨贼急务,必尽力攻克九江,而后江西之门户以保,江南之全局可图。"九江既复,续宾名大振,诏加巡抚衔,令进攻安庆。

(五) 江南大营之复振与天京二次被围

当九江垂克之际,清江南、北军亦已夺镇江、瓜洲,进围天京,太平军势益绌。先是咸丰六年八月,和春既拜钦差大臣之命,自庐州移师丹阳,时张国樑以向荣死,奋身血战,击破城内太平军营垒七座,十三检点周得贤中炮死。太平军移攻金坛,不克,退屯句容、溧水为犄角。国樑自将攻句容,和春遣总兵傅振邦克东坝、高淳进攻溧水。太平军由金陵、安庆出大队据郛山,筑垒为援。七年正月,国樑败太平军句容城外,太平守将周胜富固守不出。二月振邦等击郛山援军,大破之,进攻溧水。太平军逆战不利,复谋筑垒郛山,振邦等节攻环逼,外垒以次削平。乃会集城下,喷火如繁星飞堕,火烧城房屋,乘势登城,溧水遂破。而国樑亦以闰五月亲率兵克句容。于是江宁府属各县,又为清有。惟瓜洲、镇江分扼南北,踞长江咽喉,清军围攻已数岁,迄不得当。镇江不克,则丹阳大营,因有后顾忧,必不能进攻江宁。九月和春檄总兵余万清督兵援击,国樑增垒高、资,扼西窜之路。太平守将吴汝孝亦于运河之北,筑垒相拒。国樑率亲兵渡河,约总兵虎嵩林、李德麟、副将冯子材水陆会攻,鏖战六昼夜,互有胜负。德兴阿驻扬州,闻太平军与国樑相持,无兼顾江北之暇,益勒兵定期围攻瓜洲。十月,国樑连克南岸诸垒,进薄镇江,以十一月十二日溃垣入,汝孝突围走天京,同日瓜洲亦为德兴阿军所破。镇江、瓜洲据守已五年,为天京屏蔽,至是俱失,天京势始岌岌矣。南北捷书相望,和春、张国樑益锐意规江宁。咸丰八年二月,攻克秣陵关,三月复破太平军于七瓮桥、雨花台等处,逼金陵城而军,江南大营复振。此天京二次被围也。四月,太平军窥江浦,欲为金陵声援,江北军拒走之。五月,太平军克来安,和春遣军攻复之。江南水师李德麟、吴全美等于沿江各要隘,亦多所斩获。秀全不得已,命大队开城迎击,冯子材、张玉良等踊跃陷阵,太平军败还,城东北栅垒尽毁。七月国樑定计作长濠困之,度地势险夷,沟而垣之,周城百余里,诸营大小相继,而以舢板连为水营,绝其援应。秀全患之,八月悉锐出突长围不能得,溃退入城。当是时金陵围师八万人,和春虽为帅,战事皆依张国樑,国樑威名闻天下,人人以为克金陵可企足待,清廷亦绝重江南军矣。顾天王方任李秀成为政,令法得严,京内人心安固。时李续宾由九江移师舒城、三河,安徽告急,秀成欲自出京援之,京中皆恃秀成为镇慑,尼不得行。乃于朝堂鸣钟鼓,集群臣,剖切陈辞,继之以泣。天王鉴其忠,准之。自是秀成出而东西征略,而太平军始渐有振兴之望矣。

十六　李秀成、陈玉成之后起

（一）江西大定与陈玉成鄂北之战

在九江克复之时，江西各军亦所至有功。萧启江、刘坤一进抚州，先后收复新淦、崇仁，太平守抚将黄扬降，余众至千金陂溺死千余。张运兰、王开化由永丰取建昌，先后克乐安、宜黄，破磁龟，乘势收南丰、建昌。曾国荃围吉安，挖长濠，屡败太平军于白鹭洲、天华山，守将李雅凤、翟明海、吴大法等坚壁不出。咸丰八年八月，明海为雅凤疑忌致死，其部乘中秋夜遁，国荃薄城而登，遂克之。江西列城自瑞、临、抚、建相继收复，所失已十得八九，惟吉安死守不下，至是已渐次肃清矣。太平军无所走，乃谋东下闽、浙。官文、胡林翼会议东征之策：陆师渡江，先皖北而后及于江南；水师先安庆而后及于金陵；九江驻防江、楚军各五千人，设转运粮台，以济军需。以李续宾忠勇诚笃，可独当大任，奏请加巡抚衔，专折奏事，任之图皖。时太平英王陈玉成为后起之秀，专略楚、皖边境，初欲进攻武、汉，以援江西；继欲至德安招兵，回救天京。蕲、黄之败，遂北驱罗田，三月十一日入麻城，连络捻首张洛行、龚瞎子，众号十万。四门筑垒五十八座，沟壕层叠，俨若天堑。副都统舒保出守商城，闻警倍道回援，力遏上窜黄陂、孝感之路。官文急调水师堵湖路，飞檄各道并都兴阿派马队驰援。林翼亦抽调湘军四营并鲍超等军三千五百人，命李续宜率之，议分兵四面破其垒。玉成督兵拒战相持未决。而安庆、英山太平军闻之，益分道由广济、蕲州绕光山、商城入黄安，为之声援。官文、林翼不得已，檄李续宾暂缓东进，率兵上援，续宾以四月二十六日抵黄安。时江西太平军败走浙江，金、衢、严、处各府骚然，浙省在京大臣，以续宾原授浙江布政使，合疏请续宾赴浙新任，俾资捍卫。已得旨允行。官文、林翼以楚、皖安危，大局所系，因上言："逆犯麻、黄，数道戒严，我军仅六千，当饶贼五倍之众，可恃者续宾，威声素著，为逆所惮耳。浙江兵力虽薄，江南大营已派兵往援，疆圉可固。楚北少有蹉跎，后患至深。当今切要之计，迅扫黄安，全力以复麻城，如能使逆首聚歼于二邑，不惟舒楚省边患，即江、淮、皖、豫中原腹地，亦可节次肃清。”清廷以其切中机宜从之。是时玉成兵欲由麻城趋汉阳、德安,官文饬水师层布要隘,令死守之。马步诸营,以战为防。及续宾至,军威益振。玉成志不得逞,惟坚垒为拒守计。清将会议攻黄安,破城外四垒,以劈山排炮轰城。五月二日,太平军开三门出战,清兵迎拒方酣,忽旌旗卷地,枪发如雷,则续宾伏兵起麦田间,骤攻之,太平军大溃。续宾复黄安,乘胜抵麻城。太平逃卒复为殷家河营将萧积仰所扼截,十死八九。麻城闻之,皆胆落。玉成不得已,开城东走,屯太湖、潜山。时安庆太平军尚不知有麻城之败,思楚军大半调防他处,蕲州必空虚,因筑垒弥陀寺、南阳河,分三路趋界牌石。粮道唐训义移兵堵御,分团勇为三队,伏林菁深处,败之,太平军退还安庆。先是,庐州虽为和春所攻克,而太平军皖北之势未尝衰。咸丰七年二月,寿春总兵郑魁士兵溃桐城,文武大吏俱获谴。清廷以庐州重地,密迩桐城,备预宜严,命湖北拨水陆军协堵。是时太平军突入宜昌,虽不久克复,而荆、襄防兵难于抽调,水师又已齐集湖口,迅图九江。官文、林翼乃奏称按察使李孟群谋略素优,令以二千五百人裹粮援皖。孟群道罗田,遂克英山。八年七月,太平军复踞三河窥庐州,安徽巡抚福济师老无功,召入京,以胜保为钦差大臣,督办皖北军务。调扬防之侍郎翁同书巡抚安徽,未至,以孟群暂代,驻兵店埠。李玉成由潜山、舒城乘虚入庐州,总兵萧开甲战死。李续宾既自为一军,得专达,与都兴阿由英、霍进攻太湖。太湖溪山险阻,久不下。翁同书军新败,器械亡失,孟群亦溃,告急于续宾。清廷先以安徽事急,太平军将与捻合,袁甲三、兴保均号大帅,兵力不足。命续宾助胜保,唐训方助甲三(甲三剿捻事另详)。及是,命以全军援庐州,都兴阿攻安庆。官文又上言:太湖方血战有功,若舍之应庐州,缓不济急。八月十五日,续宾、都兴阿督兵克太湖,进攻潜山、石牌。二地为皖省南北要道,太平军厚集兵力,以援各路,阻清军之东下。二十一日复潜山,二十五日派翼长多隆阿、副将鲍超二路取石牌。于是分都兴阿围安庆,李续宾趋桐城、舒城,两军大战之期,会不远矣。

(二) 李秀成之解救天京与江北大营之溃败

李秀成之奏请出京也,自率数十骑,一日夜驰赴芜湖,与弟李世贤谋分挡南北岸。时陈玉成方由麻城败屯潜山,秀成自率精兵五千余渡江,约部将陈坤书、陈炳文、谭绍光、曾含山未尽至,清军克和州。秀成不得已,率所部破昭关,顺流下和州,破清兵二十余营。乘胜取全椒、滁州、来安,以兵单不能前进。德兴阿江北军由浦口来援,复断和州之路。秀成退守全椒,得密旨云,张国樑已破九袱洲,天京垂危,令秀成还京解救。秀成军不得归,日夜涕泣,寝食俱废。谭绍光曰:"张洛行降众十余万,可一战也。"秀成曰:"洛行乌合之众,有节制之师数千人即足以破之,我正恃其众以威敌,使不敢迫我,若一调用而败,我等皆成擒矣。"乃命绍光、坤书调选所部,得精锐五千,每日操练,即由全椒下大刘村,欲先扫清两浦(浦口、江浦),隔江通信,以安京内人心。德兴阿调马步万余,并胜保军迎战,秀成初战小胜,次日再战,大败,死伤二千余人,秀成从数骑回全椒。通文各镇守将,择期约齐,至枞阳会议。陈玉成亦至。二人泣涕誓师,订约会战。玉成之兵,由潜山过舒城,破庐州,出店埠。吴汝孝将龚得树之兵攻定远,李世贤将芜湖兵出金牛镇,抄清军之后。秀成由枞阳回全椒,自率所部进滁州,与玉成会与乌衣,适德兴阿、胜保军至,大破之,进至浦口,杀清总兵鞠殿华。秀成、玉成等三路兜击,和春派参将冯子材、总兵向奎率六千人先后来援,秀成分兵缀之,益力扑浦口。清军心不固,八月二十日江北大营溃,德兴阿乘江口水师艇走扬州,旋退守邵伯,分营万福桥等处。于是玉成攻六合,秀成克江浦、天长、仪征,进据扬州。时咸丰八年九月三日也。德兴阿日夜告急于江南,张国樑北渡,选精锐攻东、南二门。秀成以兵少,弃不守。清军于十五日复扬州,翌日复仪征。而六合被围急,道员温绍原激励同志,誓以死守。割衫啮指草血书,乞援于胜保不至。张国樑引兵来救,至陈板桥为太平军所要击,不得进。玉成益穴地轰城,九月十八日城崩,绍原闻变,携妻子赴水死。县令李守诚自缢于堂上。绍原起家县令,守六合六年,无兵无饷,练勇血战。太平军所至,长江重城,皆望风归附,独六合以弹丸地独存,势当敌冲,久而后陷。世以比张巡之守睢阳云。

(三) 湘军三合之战及李续宾之战死

六合既破,李续宾已由太湖、潜山进军桐、舒,警报日数至。玉成即提兵上救,奏准天王,令秀成率军继之。续宾自舒城进兵三十二日,深入四五百里,所至敌垒,望风破溃,军无留行。太平军皆走三河。三河距庐州三十里,太平军屯粮械以济庐州、金陵者也,筑大城环以九垒,防守甚严。续宾既连下四城,皆分军守之,所统仅锐卒四五千。是时都兴阿马队攻安庆,鲍超、多隆阿陆军趋集贤关,杨载福水师捣北门,皆阻敌不能进。诸将或议曰:"今久行军疲,屡胜则骄,克城留屯,不足以为声援,不留则后路空虚,进退受敌,必败之道。不如还桐城,合都军攻安庆,则水陆马步相辅,名将精卒咸萃于百里之内,功必可成。"续宾以名重耻退,且念攻城非旬日期,欲出奇壁庐州,蹈敌瑕,遂不用其计,而发书湖北请益师。续宾弟续宜将四千余人屯黄冈,唐训方将三千人道英山援淮北,未行。胡林翼已以母丧丁忧回籍。官文得书笑曰:"李九所向无前,今军威已振,何攻之不克?岂少我哉?"遍示同道,皆以续宾用兵如神,无所用援。续宾虽请援,亦不肯留军示怯懦,遂进攻三河。咸丰八年十月,续宾连破九垒,太平军死者数千人,湘军亦伤死千余。众惧,乃增调后军未至。玉成、秀成兵已由巢县进屯金牛白石山,与李世贤之兵相连属,烽火亘数十里,包三河之后,并命吴汝孝把守舒城之路断援军。湘军诸将皆欲乘五更战,续宾持不可,俟黎明,前锋破玉成一营,进遏金牛,会天雾,咫尺不见。玉成乘势截击,湘军死者千余人。秀成自白石闻之,引兵夹攻,湘军大败,太平军围之数重。湘军狃长胜,闻败先自乱,续宾自搏战,不能进,还营闭垒,七营先破,敌至如墙。续宾知事不可为,焚香九叩首,捧廷寄朱批奏折焚之曰:"不可使宸翰落贼手!"次晨复督众血战竟日,力竭阵亡。《湘军志》及《李忠武公别传》谓:"寇来如墙,续宾曰:'今败矣!'令军中见月照地而走,军皆束载而待月出。续宾终耻于溃围,谋复固守,军已动,遂大奔。续宾驰督战,军不复成列,遂陷阵死。"而李秀成供状谓:"李将见救不及,营又紧困,自缢而死。"即补道孙守信、同知曾国华、运同丁锐义、何忠骏等员弁从死者数百人,湘军精锐歼焉。国藩作其弟国华《哀词》云:"一朝奋发,仗剑东行,提师五千,往从阿兄。……出陪戎幄,匪辛伊李。既克浔阳,雄师北迈,刬潜剜湘,群舒是噧。岂谓一蹶,震惊两戒,李既山颓,弟乃梁坏。覆我湘人,君子六千,命耶数耶?何辜于天!……莽莽舒、庐,群凶所窟,积骸成岳，孰辨弟骨？骨不可收，魂不可招，峥嵘废垒，雪渍风飘！"是湘军死者盖数千人矣。续宾少从罗泽南学，为人含宏渊默，稠人广坐，终日不发一言。其选士以知耻近勇、朴诚敢战为上，遇敌则人当其脆，而己常当其坚；粮仗则与人以善者，而己取其窳者。所屯军地，百姓耕种不辍，万幕无哗。大小六百余战，克四十余城，一时诸将，无与比伦。及其殁，远近痛悼。奕詝手诏曰："详览奏牍，不觉陨涕，惜我良将，不克令终，尚冀其忠灵不昧，他年生申甫以佐予也！"追赠总督，谥忠武。于是楚、皖之间大震，留屯四城防军皆溃。秀成等遂进至桐城。续宜抚溃卒屯黄州，都兴阿等撤安庆围退屯宿松，诏起复胡林翼仍巡抚湖北，以资捍卫。时国藩已起，复视师南昌矣。

十七　曾国藩之复出

（一）国藩起复与进军方略

先是咸丰八年五月，太平军既不得志于江西，乃相率入浙边，江南大营派周天受率军往援。清廷以天受资望较浅，未能统率众军，谕和春前往督办，和春因病未能就道。因起复曾国藩督办浙江军务，令萧启江、张运兰、王开化等军从之援浙。方国藩之归也，中外交章言宜起复，国藩奏谢。因言督师权轻于督抚，州县慢不奉令，馈饷不继，而军将为人侮辱。安徽、浙江巡抚乃故诘问所刻关防，或先谬题钦差大臣乃移国藩其名以相窘谑。故久居江西，无所补益。及去江西，而八府城次第皆复，以湖南援师军饷，自巡抚一人出故也。军兴欲避败，莫如将一军，欲成事则必兼督抚，湖南、北效可睹矣。然湘军起于国藩，将士听命，过于督抚。福兴尝征调不赴，得国藩一纸，千里赴急。胡林翼初从国藩，及其得位行志，欲倚国藩定两江，频奏诉其屈。清廷重夺情，未遽强起之也。浙军亟，乃诏遣督军，两湖、江西争愿供其军饷。时国藩久卸事，无旧军，诸名将后出，率皆起罗、王部曲，独水师犹隶杨、彭。而杨载福官已提督，品级高于国藩，由是负沉滞重望，亦郁郁不自得，更欲以和辑收众心，颇悔前者所为。是时骆秉章抚湖南，委事幕宾左宗棠，湖南诸将，伺宗棠喜怒为轻重。林翼治湖北，军饷最称富强。江西巡抚耆龄尝严事国藩,又以当往浙、闽,无逼处嫌,视前任文俊、陈启迈时敬礼有加。三省一家,号称大和。国藩以八年六月三日由湘乡起程,七月由武昌、九江复至南昌。命萧启江、张运兰军会于广信铅山县之河口镇。及由南昌解缆,途次续奉谕旨,以衢州业已解围,太平军入福建,令由铅山直捣崇安。八月,国藩抵河口,太平军由福建崇安分攻江西,至广丰、玉山,为李元度所击,走德兴。他军由邵武出泸溪,败刘长佑军,破金溪、安仁。国藩命张运兰攻复之。太平军略新城、宜黄,抚州、建昌两郡戒严。国藩趋建昌。九月,刘长佑大破太平军于新城,太平军仍趋闽境。国藩令运兰率军追蹑,而岭路崎岖,大雨不止,疾疫剧作,以是不能速进。至十月而三河覆军之变作。官文、骆秉章疏请国藩移师援皖。其时太平军又由闽回援赣州南安之境,原据景德镇者,亦四出攻略。清廷垂询国藩谓:"如果闽省兵勇,足资剿办,而江西边境防剿有人,自以赴援皖省,尤为紧要。"十二月,国藩奏称:"论大局之轻重,则宜并力江北,图清中原;论目前之缓急,则宜先攻景德镇,保全湖口。至福建之贼,为数无多;其回窜江西者,已饬萧启江一军迅速追剿。"得旨允行。盖国藩欲先肃清江西,然后以全力注于皖北也。国藩因调张运兰至建昌,谓之曰:"闽事不足虑,信丰、南安亦无害,惟景德镇之众若东犯广信,西踞湖口,则九江危矣。"因留萧启江援赣南,以运兰及吴国佐攻景德,编吉安军、朱品隆等为亲军,从屯建昌。吴国佐者,左宗棠所拔用,以童生领军,奏叙主簿。运兰已积功至道员。湘军法:营官不相统者,无阶级,皆平等,统将虽九品官,其营哨官或至一二品,皆听命惟谨。运兰号为大人,国佐部曲亦号国佐为大人,国佐喜吉兵,新出锐进,运兰拙讷,然自命宿将,积不相能。金溪之战,国佐与运兰约期合战,运兰失期,国佐败,相怨望。国藩欲令二人互相济,因命同往。咸丰九年正月十一日,国藩疏陈方略谓:"数省军务,安徽吃重,江西次之,福建又次之。计维大江两岸,各置重兵,水陆三路,鼓行东下,剿皖南则可以分金陵之贼势,剿皖北则可以分庐州之贼势。北岸须添足马步军三万人,都兴阿、李续宜、鲍超等任之;南岸须添足马步军二万人,臣率萧启江、张运兰任之,中流水师万余人,杨载福、彭玉麟任之。至江西军务,亦分两路:臣与抚臣耆龄任之,臣任北路,耆龄任南路。福建之贼,闽省兵力,足以自了。粤贼勾结捻匪,近来常以马队冲锋,拟调察哈尔战马三千匹,幕勇数千,择平旷之地,驰骋练习,愿竭数月之力,训练成熟,皖豫军务,可期大有起色。”是月,萧启江奉命进至贤女埔,计破太平军数万,二月,乘胜克南安,攻信丰,太平军悉众走湖南之郴、桂,即清军所谓石达开三十万众,后围宝庆者也。国藩移驻抚州,檄萧启江回援湖南。张运兰攻景德,与国佐分路进,又因失期,国佐军败,上书求退。自此运兰专景德战争。其后朱品隆、唐义训、李榕诸军皆以持重不战,全军为上,及李续宜部将成大吉、毛有铭等专求自全,湘军锋锐始顿,已近暮气矣。四月,曾国荃至抚州,国藩令率朱品隆增募诸军五千八百人,助攻景德。时诸军相持七日,莫肯先进,国荃至,乃令移营近逼,败太平援军于浮梁南。六月大雨,水军将任星元合刘于淳乘水进烧景德,太平军走浮梁,国荃等追之,太平军走皖境之建德、祁门。江西肃清。时宝庆之围正亟,国藩乃更遣张运兰赴援。而自率亲军出九江,八月至黄州,九月议合湖北军攻安庆。咸丰十年太平军破苏、杭,国藩督两江,以江西为根本,其强弱轻重,与初败九江时绝殊矣。

(二)宿松之战与国藩进规安徽

先是,三合之败,胡林翼以十二月(咸丰八年)至湖北受任,进驻黄州。时陈玉成乘胜西进,欲取宿松,固安庆门户。湖北大军云集宿松,都兴阿拒战黄泥港,大败玉成兵,玉成退至太湖与李秀成会议续进。秀成以湘军敌忾方深,不可轻战。玉成屡言妙计,秀成不得已,与分军进二郎河。多隆阿、鲍超两路拒战,玉成军先败,死者万余人。秀成坚垒不动,多、鲍两军会围之,不能克,遂退去。秀成、玉成复回太湖。玉成旋还安庆,秀成引兵回巢县。林翼既到黄州,搜军实,察夷伤,恤死吊孤,汰弱补缺,经意规划,军势复振。咸丰九年二月,都兴阿以疾去,多隆阿当前敌,将马步军五千,立蒋凝学为大将,合鲍超、唐训方军万五千,李续宜屯黄州,军六千,依林翼大营,玉成等既东去,留兵数万守太湖,相持不进。是月,李孟群败死庐州。孟群初起有名,既独将,颇贪多兵,不问饷源。先被命援皖,署巡抚,庐州失守,褫职留营自效,驻军官亭、长城,防庐州西面。至是为太平军夹击,五营相继失陷,自尽死。(孟群喜善用方术士,有族女号仙姑,辟五兵,后战死湖北,人颇神之。及陷敌,悲歌誓死,尤为江淮所哀思。妹素贞,知书工骑射,熟孙、吴兵法,于天文占验之学,靡不穷究。父兄皆奇之。咸丰四五年,孟群以知府奉楚抚胡文忠公檄,督师讨贼,招女至军中,女戎装往,代为策划决胜,累建奇勋,杀贼逾万。方伯常剿贼失利,被围十余里,他将军皆不能救,女怒马独出于枪林炮雨中,突围而入,手斩杀十人,护方伯归,甲裳均赤。贼众万目注视,惊为天神。后胡中丞攻汉阳,城坚不能下,女与方伯谋夜袭之,孤军深入,中伏,救兵不至,遂血战而死,年二十耳。报至,举军皆哭。后二载方伯亦于安徽战没。女子从戎,百战损躯,军兴二十年来所仅见也。陈子壮有诗吊之曰:"百骑连翩袭贼营,红妆血战独捐生。汉阳若举褒忠祠,先拜英雄李素贞。")三月,石达开由江西趋湖南,围宝庆。五月湖北大发水陆军命李续宜等援之。千里赍粮,不烦湖饷。时谍报达开入四川,湖北饷依川盐,四川又饶富,独未被兵,议者皆以防蜀为言。且以国藩久治军,无疆寄,未竟其用。林翼频说官文合奏,请饬国藩带兵赴夔州一带,择要扼守,冀朝命授以总督,得旨允行,惟无后命。国藩时驻抚州,奏拟先驻湖北宜昌,如敌果入川,再行酌量前进。林翼以客军孤悬非计,而安徽太平军与捻合,势方张,又与官文奏请暂缓入川,会剿皖省,清廷从之。八月十一日,国藩行抵黄州,与林翼会商,旋至武昌晤官文,而进兵皖省之局始定。因议分三道:杨载福循江攻安庆;国藩出太湖取桐城;林翼自英山向舒、六。时漕运总督袁甲三屯临淮,以为楚军大举,而安徽兵弱,将趋敌北犯。请饬国藩军由河南光、固进。诏国藩与官文、林翼酌筹全局,国藩上议曰:

窃号之贼与流贼异,今之洪秀全踞金陵,陈玉成踞安庆,私立正朔,伪称侯王,窃号之贼也。石达开由浙而闽而江西、湖南、广西、贵州,流贼类也。龚、张诸捻,分合无定,亦流贼也。流贼当豫防以待其至,坚守以挫其锐。窃号者,当剪除枝叶,攻所必救。自洪、杨内乱,凶焰久衰,徒以陈玉成往来江北,勾结群捻,故皖北糜烂日广,江南贼粮不绝。臣等以为廓清诸路,必攻金陵,攻金陵必先屯滁、和,取滁、和必先围安庆，诚能围安庆，攻庐州，略取旁县，使其备多力分，何敢北窜哉？且不特不敢北而已，并不敢东顾江浦、六合。盖窃号之贼，未有不竭死力以护其本根者也。中原腹地，莫要于皖，固不敢谓石达开必无入蜀之虞，而就大局论缓急，臣自宜回军援皖，以苏民困。

又奏言："入皖须分四路，南则循江而下：一由宿松、石牌以规安庆，臣国藩任之；一由太湖、潜山以取桐城，多隆阿、鲍超任之；此则循山西进：一由英山、霍山以取舒城，臣林翼任之；一由商城、固始以窥庐州，调回李续宜任之。至能否绕出怀、蒙以北，应俟察看情形，再行奏明办理。"十月湖北军大举攻太湖。十一月国藩移驻宿松。十二月，林翼移驻英山。

（三）太湖之大战

时都兴阿养疴荆州，多隆阿新贵重，诸将不乐出其下。李续宜留湘乡称母疾不归，曾国荃至黄州，留之领军，不可，亦南去。鲍超亦欲求去，唐训方陈说军事，各殊异。林翼日夕忧虑，寝食俱废，计诸将惟多隆阿沉毅，权宜出于一，欲悉令围攻军受其节制。国藩惧军事决裂，力言其不可。二人书函往来，谋久不决。林翼曰："兵事喜一而恶二三，屈我以申人，今日是也。"径奏请以多隆阿总统诸军，鲍超诸军大惊，国藩亦忧疑累日。太平军闻湘军谋大举东下，陈玉成时回浦口，急引军西上，合捻匪张洛行等号十余万。多隆阿遂撤太湖围，檄鲍超屯小池驿，当前敌。蒋凝学为超后援，而自屯新仓，更在南。国藩、林翼危之。多隆阿既为主将，意气自如，与鲍超皆后起，惮国藩严，皆乐为林翼所用，国藩雅不喜。至是国藩悉以己亲兵九千人围太湖，撤唐训方三千人援小池，林翼调麻城防兵，以千人益新仓，二千五百人合围太湖。太平军循潜山西太湖东，傍山三十里连营百数，遂攻鲍超军。多隆阿率凝学攻太平营垒以救超，大战伤亡七百余人。太平军分番攻超营，炮丸中床几，历六昼夜不息。多隆阿自督军护运道，以亲军入超营助守，诸军裹创扶伤，勇气百倍。咸丰十年正月，多隆阿令唐训方移屯鲍、蒋两军间，筑垒未成，太平军大至，败屯新仓。玉成乘雾移屯，近太湖。林翼先遣知府金国琛合参将余际昌军九千人出天堂，谋夹击,入山险,冒冰雪行,至高横岭,所谓山内之军也。太平军登山仰扑,国琛骤起拒之,因败走。二十五日,多隆阿、鲍超、唐训方、蒋凝学、朱品隆合力大战,小有斩获。次日,分三道东攻小池,西攻罗山,中攻东堰。玉成精兵据罗山,既合战,多隆阿自将攻中西路,马军突前,玉成兵少却。太平军由小池分四道抄湘军后,鲍超、唐训方合力击败之。三军乘东南风大作,举火烧敌垒,燎及山腰。太平军退走二十里。军械委积,斩馘万计。太湖城兵见援军败,乘夜退潜山。多隆阿尾追之,太平军迎击,大败,狂奔青草塥,被歼无数。太湖、潜山俱克。潜山知县叶兆兰结民兵五营,为湘军转运,使天堂屯兵得以自固。林翼论其功第一,擢两阶,并奏奖宿松等四县民团焉。三月,李续宜假满来皖,定议以国藩所部攻围安庆,多隆阿攻桐城,续宜驻青草塥,为往来援应之师。未几,江南大营再破,四月,常、苏相继失守;江浙境内,纷纷告警,太平军势大炽。两江总督何桂清走上海,诏革职逮问。清廷不得已,乃以国藩署两江总督,加兵部尚书衔,令进规苏、常。自是国藩始得以行其志,不徒有责无权矣。盖国藩奉命督治团练,因起湘军以出征,其部下如胡林翼之主湖北,李孟群之署皖抚,皆已兼任疆圻,而杨载福亦官极品,惟国藩仍以原官侍郎督师,负有剿办之责,而实无调度之权,军需更仰人鼻息,若江西之陈之文,则故意与之为难,以致坐困南昌,一筹莫展。丁忧而去,适还初服,故不肯再出。起复之时,虽以林翼、耆龄之支持,不再有饷绌之虞,然清廷竟靳钦差大臣之空名而不与,亦只得随林翼以驰驱耳。何统帅之足云?即此可见清廷对国藩早有疑忌之心,若非国藩慎重,林翼护持,则勘定之业,殊难言也。

十八　苏、常之争取

(一) 李秀成再破江南大营

先是咸丰八年九月,李秀成、陈玉成连破扬州、六合,以舒天京之困,旋即率军回皖。张国樑收复扬州。同时胜保军攻天长,太平降将李昭寿为内应,克之,寻赐昭寿名世忠。十月,太平军复据溧水,和春遣总兵张玉良副将冯子材攻复之。国樑拒太平援军于高古山,乘胜穷追,抵江宁镇,毁敌卡数十,小丹阳以至采石矶诸垒悉平。当是时湖北军经营皖省,其进皖省者,至三河而师覆。安庆未克,与下游声息阻隔,皖南有警,亦由江南大营遣偏师往援。自九月至十月,和春遣总兵江长贵击破太平军于祁门、青阳,而太平军他股又从乌溪渡河,水陆并进,提督邓绍良力战拒之。至十一月,总兵戴文英又败太平军于宁国之水阳镇,前江西巡抚张芾督办皖南军务,会同署提督周天受进攻婺源,亦迭获胜仗。九年正月,江浦守将薛三元,献城降,和春遣李世忠往受,乘势攻浦口。李秀成自黄山闻之,亟引军返,击走清兵,据守浦口。而邓绍良以攻湾沚阵亡,和春遣郑魁士继之,复湾沚。二月江长贵又克婺源。秀成守浦口,内无饷弹,外无援兵,秀全一味靠天,不问国事,内政委之国宗,朝纲紊乱,秀成忧之。会莫仕葵来勘营,得李世忠致秀成书,劝之降。仕葵询之,秀成曰:"忠臣不事二主,犹烈女不更二夫,昭寿自为不义,乃欲陷人乎?"仕葵曰:"吾知公忠义,当代奏天王。"流言达于秀全,洪仁发尽封下关船只,断秀成兵不使回京。仕葵闻之曰:"若此则大事去矣!"乃偕蒙得恩、林绍章、李春发入宫切谏曰:"秀成前待昭寿有恩,今闻玉成封王,故为敌行间,奈何中其奸计,自坏长城?京师一线之路,赖秀成障之,舍秀成无足当者。玉成总军数月,不能调一军,其效可睹矣。今宜优诏褒勉,以安秀成之心,臣等愿以百口保秀成之忠义也。"秀全悟,用黄缎亲书"万古忠义"四字,使绍章如秀成营赐之,并封为忠王。秀成回京奏曰:"弟前以前军主将陈玉成兵强,请加封王号制阃外,期早释天京之围。不意骎寻数月,勤王兵无至者。固玉成失人之故,亦以与楚军相敌,不能移动也。刘官芳、赖文鸿、古隆贤徒有虚名,莫可为用。中军主将杨辅清在殷家汇,左军主将李世贤在湾沚,均与清军相持。京城四门,俱被重围,何以解救?请假臣便宜,从事远略,以期扫荡妖穴,永奠磐石之安。"秀全许之。秀成因将浦口防务交黄子隆、陈赞明,自往芜湖,通文各路,诸将悉愿听其节制。秀成欲引江南大营兵南救,而乘其虚以图之,乃率精锐千余人攻青弋、广德、泗安、武康,进捣杭州。杭州无备,三日城破,巡抚罗遵殿以下及在籍督办团练侍郎戴熙等均死之,将军瑞昌坚守满城,得不下。初秀成兵至湖州、安吉,距省城一百数十里,遵殿乞援于曾国藩,时湘军方攻安庆,且道远不能至。清廷以和春兼督浙江军,遣提督张玉良驰援,咸丰十年三月三日至杭州。秀成谍知大营兵已单薄,正中其计,因遍张旗帜为疑兵,委杭郡不守,率所部风驰而西,由余杭过临安,出孝丰至广德,约李世贤、刘官方、赖文鸿、古隆贤、杨辅清俱会建平,分攻高淳、东坝、溧阳、句容,围金坛。先是清营新旧军十万人,月支饷百万两,皆取给于苏、浙,及太平军入浙,浙省自顾不遑,扣饷不发。和春传谕将士,自后阅四十五日发一月饷。时天京垂破,清兵骄佚,酗酒狎妓,酣嬉无度,月支足饷,尚不敷用,骤闻减饷,皆无斗志,兵勇私布传单,军心携贰。秀成洞知其隙,诡若率所部将向苏、常者,清援军多调至常州。闰三月初七日,秀成率各部纷扑大营,清大营兵之调援苏、杭者,虽追秀成,一路贪掠财物,不能速至。张国樑励将士拒战七昼夜,秀成攻之益力,势渐不支。十四日,大雷雨,天殊寒,清兵噪至王浚帐下,索饷不得,肆掠通衢,将士不敢诘。是夜太平军攻入大营,各营火起,浚军先遁,和春部下继之,全军遂溃。和春狼狈走丹阳。国樑顿足叹曰:“八年心力,不图败于李秀成之手!”乃招集溃卒,得一万三千人,亦退守丹阳。

(二) 苏、常之失守

江南大营既溃,太平军威大振。秀全益信天不治事。仁发、仁达忌秀成功高,嗾天王下严诏,限秀成率所部以一月取苏、常,而不及叙奖。秀成步步为营,至丹阳城下。国樑开南门出战,其军望见秀成旗帜,复大溃。国樑愤怒,自率亲军奋驰鏖秀成营,溃卒塞途,蔽隔不得前。秀成命力士溷入溃卒中,狙击国樑,国樑被创,大呼跃马入尹公桥下死。秀成入丹阳,命收国樑尸曰:“两国交兵,各忠其事,生既为敌,死尚可为仇乎?”因以礼葬之于宝塔根下。国樑初名嘉祥,年十八,作盗魁,任侠结客,跳刀拍张,能以勇略慑侪辈。时人以其盗有道,为之语曰:“拯弱锄强张家祥。”后率部投广西布政使劳崇光,忌者恒欲借事杀之,周天爵爱其才,保护备至。继随向荣转战数省,声威远著,东南半壁,依如长城。生平大小数十百战,善以寡击众,每出己意,坐作进止,率与古兵法暗合云。和春突围走常州,聚溃卒迎战,胸受枪伤,退至浒墅关,火毒内陷,呕血而死。大营既溃,左宗棠闻之曰:“天意岂有转机乎?”或问其故,曰:“江南大营将蹇兵罢,万不足以讨贼,得此一洗荡,庶后来者可以措手。"未几,果有曾国藩督两江之命。时两江总督何桂清以筹饷事驻常州,素倚和春、张国樑当前敌,及是惶惧无措,即疏奏回苏州筹饷,绅民固留主城事,不可,率亲兵五百径赴苏州,巡抚徐有壬拒不纳,且具疏劾之。退往常熟,后避之上海。秀成以四月六日入常州,复提师而东。张玉良由杭州退归,为桂清所留,委守常州,亦继桂清走,力扼高桥。秀成自引亲兵由惠泉山而下压高桥,玉良师溃,收残卒守苏州。太平军踵至,号称数十万,苏州旧设之兵,不满四千,皆脆弱不习战,饷又先被何桂清征入常州,常州失,苏州藩篱尽撤,有壬激励附循,强为支柱。秀成至阊门,城外民居皆贴"同心杀尽张、和两帅官兵"字样,担酒食以迎。城中大乱,溃兵复为内应,十三日城破,有壬死之,玉良复往杭州。秀成入城,收溃卒数万,未杀一人,清官吏及民间之疑惧逃亡者,皆一一安抚之。客居之欲回籍者,则酌给川资,送之出城,市廛不惊,城中安堵。时四乡匪民相结,借口抵抗太平军,而日夜抢劫无已时。部下说秀成剿之,不从,出示招之,亦不来。阅旬日,乱仍不止。秀成曰:"是我之信未孚也。"亲至乡间谕之,乡民执械围秀成数十匝,矛指秀成颈,随往文武皆失色。秀成夷然曰:"我忠王也,今舍死来抚若,愿抚者请弃械,不者请杀我!"乱民皆弃械。秀成以种族大义说之,并结以恩信,七日之间,元和、吴县、长洲以及松江、太仓等处,以次就抚。天王遂以苏、常军事付秀成,秀成安辑招聚,数月大定。复遣求天义陈坤书、望天义陈炳文取嘉兴,周文嘉取青浦守之,资为屏蔽。张玉良由苏率亲兵退杭,收集溃卒万余人,浙江巡抚王有龄为之筹饷制械,命攻嘉兴,所以固浙江门户。而江苏巡抚薛焕,乞外兵图青浦,二城相继告急。秀成遂率师救青浦,阵斩洋兵数百人,顺流破松江。上海外人及清兵有来通款者,皆准备迎秀成。秀成至徐家汇,驻外国教堂,英军守城,开火猛击,适大风雨,兵不得进。玉良围嘉兴甚急,秀成回至松江,破嘉善、平湖,至嘉兴,分军据石门,断张军归路。清兵多献营投降,玉良率亲军力战,败退杭州。秀成亦引兵回苏。会天王诏至,命赴上游督师。秀成至天京,奏请广购米谷,储天仓,设官督理之,俟缺乏时,平价出粜,如均输故事,以为思患预防之计。仁发辈以为利薮,用盐引牙帖法以牟利,人称"洪氏帖"。商贩裹足,米粮反绝。以后天京被围,粮食匮乏,皆由于此也。

(三) 曾国藩初任江督之规划

何桂清走上海,诏革职逮问(同治元年始弃市于北京)。以曾国藩署两江总督,令进规苏、常。国藩奏言:“目下安庆一军已薄城下,为克复金陵张本,不可遽撤。臣奉令权制两江,必须带兵过江,驻扎南岸,以固吴会之心,而壮徽、宁之声援。臣函商官文、胡林翼酌拨万人,先带起程,仍分遣员弁回湖募勇,赶赴行营,以资分拨。至于粮糈军械,必以江西、湖南为根本,臣咨商两省抚臣,竭两省之力,办江、楚三省之防,布置渐定,然后可以言剿。”胡林翼喜国藩得大用,乃贻书曰:

兵事当布远势,忌近谋,公言南岸分兵:一由池州取芜湖,一由祁门出徽宁,一专守广信防江西,此皆内军也。取饷江西,而惟议厘捐,以钱漕归巡抚,愚又以为隘矣。以湖南、北为兵之本,以江西为筹饷之本,待三军协防而复谋吴,非一年不能。夫吴、越人之毁誉怨望,虽不必问,而吾等悲悯之怀,与吴、越人仰望之苦最难为情也。吴督之任,以包击把持恢廓宏远为用,盐漕得人,何事不济?不患贫也。苏、常失守以后,督抚监司,或死或未死,或已补或未补,进贤退不肖,此其时矣。今宜起两军:一出杭州,一出扬、淮,先调屯守之平江军五千人驰入杭州,拯其急而取其财,而令次青募五千人继进,拘守广信无当也。杭州失,驻衢州,杭州存,进湖州,此平吴之先着已。霞仙、季高当各募六千人为皖南、扬州之用,或为江西之用,为随征之用,少泉可治淮上之师,合水陆万五六千人,而以多都将马队,幼丹宜奏为西藩,二李或宁藩、苏藩,则兵饷一家矣。大局安危,视公放胆否耳。近者叶督两广,而不知广西为何人所辖,何督两江,而割皖南割皖北,并割江北矣。福为皖抚而割南岸,弃以予浙江,又割淮北,弃以予袁公,其日蹙百里宜也。徽、宁犹完,布置粗定,当鼓行而前,与怀、桐之师会于当涂,然后湖州军出于苏、常,扬州之马,饮于江浦,林翼虽孱弱,不觉其言之汗漫也。急脉缓受,大题小作,则恐或不济。

国藩得书壮之,然其再出也,行兵持重,必无后顾而后动,谨官守,和众心,以惩补前失,不能用其议。又奏请:“以江西钱粮,归抚臣经收,以发本省兵饷,牙厘归臣经收,以发出征兵饷。”又奏:“拟于淮阳办水师一支,以保盐糟,宁国、太湖各办水师,以辅外江所不及。”并保彭玉麟任事勇敢,励志清苦,有古烈士之风,堪胜总办水师之任。又疏保左宗棠刚明耐苦,晓畅戎机,以四品京堂襄办军务。宗棠原在骆秉章幕府,权重忌者多。永州总兵樊燮倨骄罢官,构于总督,布政使亦阴助之,官文疏闻。召宗棠对簿武昌,欲加不测之罪。秉章疏争不得,胡林翼、曾国藩皆上言宗棠无罪,且荐其才可大用。事遂解,宗棠因诣曾、胡幕,愿以偏将自效,更奏起告养回籍道员沈葆桢办江西广信防务。与胡林翼筹商,调用鲍超所部六千人,而自将朱品隆、唐训义等可领三千人,渡江而南,驻徽州之祁门。安庆围攻之师,以弟国荃任之,国藩老营,仍设于安庆水次,地方寻常事件,委员管理之。

(四) 祁门督师之困难

国藩治军八载,转战两湖、江、皖等省,与地方大吏,分主客之势,志不得伸。至是兼任疆圻,百务填委。国藩训饬群僚,督劾属员,访求利病,保举人员,条理秩然不紊。时论者皆谓宜直捣金陵,或云进规苏、常,或云分援杭、湖,国藩奏言:“但求立脚之坚定,不论逆氛之增长。”以故专力攻安庆,取建瓴之势,盖惩于前此锐进之失而欲步步为营也。咸丰十年六月十一日抵祁门,太平军围攻宁国甚急,官绅乞援,军将未集,亦弗能遽进。六月二十四日,实授国藩两江总督并钦差大臣督办江南、皖南军务。副都御史张芾驻徽督师,久无成效,召回都。国藩请以道员李元度调补池太广道任徽防。国藩名位日隆,值江浙事急,纷纷请援。叠奉谕旨垂询,国藩疏称:“左宗棠、李元度、鲍超、张运兰均未到皖,皖南危乎其危,何能屏蔽浙江?更何能规复苏、常?目下惟有急援宁国而已。”八月十二日,侍王李世贤破宁国,提督周天受战死,徽州戒严。李元度率兵勇三千驰入守之。时张芾军万人,分防诸隘,实不任战守,军饷久乏,仓卒解散,以索饷杂居城中。国藩先议守徽,使朱品隆觇地形,品隆言非精兵二万不能守。元度前守贵溪有功,自许能守徽,国藩因其新军不堪野战,故浙江请援不赴,或可凭城以自固,许之。元度至三日,土寇散卒与宁国太平军相勾结,李世贤复率大军由绩溪入丛山关。元度知事危,急请援国藩。时鲍超假归,张运兰方攻旌德,无人可遣,乃以散军四营往。世贤至徽,四营溃,城中军皆无斗志,争逃窜。元度亲出督战,奋勇杀敌,伏军抄其两翼,元度急收军入城保守。太平军攻北门,元度身卧城头,力堵一昼夜。二十五日,太平军伏民房燃枪击城内,守陴兵不能立脚,城遂破。元度走开化,上谕有“李元度智勇兼优,此次败衄,殊属可惜”之语。太平军西破休宁,将攻祁门,军中大震,皆争请国藩亟去。国藩不从,乃急调鲍超率军屯渔亭,张运兰还屯黟县,以遏其锋。左宗棠率五千人循江西,军次南昌,急檄赴乐平、婺源之间,以备截击。是时英法联军方犯天津,僧格林沁与战败绩,京师戒严,咸丰帝出奔热河,胜保奏请飞召外援,国藩发书,请提兵北上勤王,会京师破,和议成,诏国藩、林翼均无庸来京。九月,鲍超、张运兰合军攻休宁、黟县之太平军,破走之。既而李秀成由天京至皖南,与李世贤会兵分三路环攻祁门:一出祁门之西,至于景德镇;一出婺源之东,复南向玉山;一由祁门之北越岭南犯,直捣国藩大营。危险万状,文报饷路,几于不通。十一月,太平军连破彭泽、都昌、鄱阳、浮梁,国藩乃调鲍超军赴景德镇,与左宗棠合力堵剿,以保饷路。而以张运兰留防黟县,唐训义自祁门救建德。彭玉麟率水师复守湖口。太平军分攻休宁、渔亭,环祁门无安土,屯军皆敛兵自守。咸丰十一年正月,左宗棠、鲍超合军克建德,宗棠复攻婺源,不利,引还景德镇。而鲍超以江北事急,又回援安庆。国藩调陈大富军补充之,二月李世贤由鄱阳攻景德,宗棠御之金鱼桥,未战,而太平军偷袭景德破之,陈大富赴水死。国藩驻军祁门,本依江西粮台,以景德为转运站,至是粮道绝。众争言取徽州以图自立,兼资饷于浙。三月,国藩自将攻徽州,八营军溃,回守祁门。太平军环攻不已。国藩令部下愿走者听,自书遗嘱二千余言寄其家,誓以身殉。盖生平艰苦之境,以靖港、鄱湖、祁门三处为最矣。会宗棠有乐平之捷,军心稍振。国藩自将五百人出驻东流,唐训义防渔亭,张运兰守休宁,朱品隆留祁门,宗棠往来广、饶,鲍超专赴急难。四面扼守,大营局势略定。而李秀成与陈玉成纵横数省,北踞德安，南攻建、抚，西出崇通，东越衢、处，军力大盛。然未几国荃攻下安庆，形势又一变矣。

十九　湘军克安庆

(一) 陈玉成之援军

先是曾国荃募湘军万人围安庆，太平将叶芸来婴城固守。曾国藩进至祁门，为太平军所环逼，饷道几绝。国荃自安庆遗书，谓株守偏隅无益，宜出大江规全局，于是国藩军略，为之一变。李秀成、李世贤既自芜湖攻皖南、江西，冀事急湘军或解安庆之围以自救。国荃知其旨，围攻益力。陈玉成既破金坛，杀周天孚，进围寿州，不克，以咸丰十年十月移师援安庆，战不利，复援桐城。多隆阿攻桐城，筑垒求雨岭以临城，闻玉成将至，先屯挂车河待之。玉成增垒不战，多隆阿建旗鼓率十八营分三队薄之，玉成兵败还屯。李续宜军屯新安渡，多隆阿约与夹攻，玉成突攻续宜营，旋自退。多李两军合力奋击，大破之，玉成退驻庐江。十一年正月，胡林翼移营太湖，合围安庆。玉成不得志，改图上溯，林翼先调余际昌守霍山，为玉成攻破，二月进英山，直趋湖北之蕲水、黄州，分兵数万人，北围黄城，入孝感、黄陂，取德安、随州，武、汉戒严。李续宜率军回援。而李秀成军之攻江西者，亦西出义宁，扰崇通，东且入浙江衢州，至于处州，欲多方牵制清军，使解安庆围。国荃不为动。三月，玉成留军守德安，而自率精锐回安庆，败多隆阿于太湖，兼程并进，入集贤关。玉成先于菱湖北岸筑垒十三，南岸筑垒五，约城军更番出袭，两岸纷起应之。湘军俶扰不安，国荃欲于东路湖边亦筑垒拒之。玉成谓部下曰："清妖若于东路筑垒，可制我死命，不可不争！"因出死士力争之，湘军且筑且战，一昼夜垒成。同时洪仁玕、林绍章及堵王黄文金亦率师来援，多隆阿以羸卒示弱，诱而败之新安渡，玉成气大沮，还屯集贤关。四月，国荃设伏于关外，自率轻骑至关下侦地势以邀敌，玉成望国荃所率不满二百人，遽出大军蹑之，国荃佯奔十余里，忽据险列阵。玉成疑有伏，愕而止，而左右伏兵遽起，国荃纵骑还击，大败之。玉成率百余骑踏石凫水遁。多隆阿又遣军尾追。玉成合黄文金、林绍章暨捻党孙葵心马步三万众,回迎多隆阿。多隆阿分军设伏,自率劲旅与战,战酣伏起,太平后军忽乱,玉成愤怒,手长刀遮败者回战,而伏军已破垒纵火,溃败不可止。玉成乃退奔桐城。清军围之,玉成复约杨辅清率十万众自无为趋英山,绕宿松,径袭太湖。分军出高楼岭援桐城,而悉众趋安庆。国荃侦知,预使精兵伏要路,辅清军不得进。玉成不得已,退屯石牌,仍派兵赴援安庆。先是国藩以玉成援安庆,恐国荃兵力不逮,急调南岸鲍超军渡江以益之。及太平哨马扰太湖,林翼居城中不动。或谏曰:"湖北巡抚何为而入邻县?"林翼曰:"帅府所在,即官守也,潜山、太湖,百战得之,吾居守一二年犹不患寇,寇亦竟不至!"及闻崇通告警,始回武昌。五月,鲍军至安庆,则力攻集贤关外赤岗岭,林翼调成大吉军助之。围攻七昼夜,破之,太平守将刘玱林被擒。玱林尝攻苏、常,为前锋,自恃其勇,欲以孤垒遏敌冲。既死,太平军精锐歼焉。湘军声益盛,安庆之克,盖在指顾间耳。

(二) 安庆之攻破

咸丰十一年五月,鲍超移攻宿松,因援瑞州,又回军南岸。六年,国荃攻克菱湖南北十八垒,惟北门余石垒三,玉成死士守之。国荃激励程学启使克之,安庆城外敌垒,破坏殆尽。国荃弟贞干(原名国葆,字季洪,后改贞干,字事恒。行五)作屯菱湖,合水师绝太平粮道。玉成屡败不得进,复收余众,增约捻党,进屯集贤关,分列四十余垒。七月,攻国荃营,血战六昼夜,屯坚不可入,乃以死士渡濠,突围师,湘军稍却。国荃惧亏垂成之功,亲督军筑新垒。玉成约城中兵尽出,由盐河至十里镇东扑新垒,玉成自城外应之,亲援桴鼓督阵,杀不前者。国荃挥众拒敌,而版筑如故,自夜达旦,新垒成,而两方死者尸骸积田垅。芸来军复入城守。国荃益逼城筑垒,太平军粮尽援绝。八月初一日,以地雷轰塌城垣,湘军整队而入。太平军将自叶芸来以下死者万六千人,被俘者数千,无一逃者。玉成望城恸哭曰:"安庆陷,我死无日矣!"盖玉成以皖北为根据,以安庆为屏障,安庆一失,则皖省之势力动摇,而事亦无能为矣。玉成率残众西奔,将趋湖北德安,招其旧部,部下多不从,乃由六安走庐州,众渐携贰。天王复下诏切责之,玉成惧,屯庐州城东,遂不复他去。自太平军二次得安庆,至是已九年,湘军克九江后,节节进兵,水陆合围,亘年余,始以力战克之。太平军于长江上游之形势尽失,而东南大局殆以是为转机焉。捷报至北京,奕詝先已崩于热河。太平军之据湖北德安、黄州等处者,亦渐次为舒保、李续宜及彭玉麟水师所攻复。胡林翼于五月间闻警,已患咯血疾,强起赴援,竟以八月二十六日卒于武昌节署。清廷方以林翼力主围皖,画策督剿,厥功第一,加太子太保。遗疏入,优诏惋惜,赠总督,谥文忠。国藩闻之,悲悼不已。谓:"赤心以忧国家,小心以事师友,苦心以调护诸将,天下宁复有似斯人哉!"林翼少负不羁才,及长折节读书,有康济斯民之愿,汲引人才,调护诸将,惟恐不及。既定湖北,军政皆所专主,赖以富强。经营东征,问兵问饷,以身任之,从不诿于人。湘军能立于不败之地者,皆林翼之功也。薛福成《庸庵文集·叙益阳胡文忠公御将》有云:"咸丰之世,粤寇僩扰,益阳胡文忠公治湖北七年,威名满天下,环东南万里被贼之区,其民喁喁相告,皆曰胡公援我。以余所闻,凡公所以察吏、理财、养民、睦邻之具,罔不精绝一时。然公所以能指挥群英,而为天下雄者,其御将之略,尤超轶古今云。……罗公(泽南)赴援湖北,公一见,执弟子礼甚恭,虽与僚属语,必称罗山先生。事无巨细,咨而后行。罗公亦稍稍分其众隶公,俾部勒其士卒,由是尽传楚军规制,变弱为强。罗公力攻武昌,被重创,三日卒。公哭之恸,以女弟妻罗公长子。举其裨将李续宾代领其军,续宜佐之。二李者,故罗公高第弟子,沉毅多大略,公以昆弟遇之,而渐增其饷,俾益募兵,遂克武昌,尽收湖北诸邑,悉锐攻九江,将沿江以瞰金陵。时李公父母皆笃老,方事之殷,以不能归省为憾。公为迎养其父母,晨昏定省,如事父母。日发书慰二李,二李皆感激愿尽死力。先是从曾公起兵者,罗、李皆以陆师称强,其专领水师,则杨公岳斌,彭公玉麟,功名与罗、李相上下。罗、李既皆为公用,而水师诸将亦奉曾公命先后援鄂,分布江、汉间。当是时,兵将骈集,主客牴牾,往往有违言,公倾心调和,泯其异同,具饷必丰,奖荐愈隆,务扬善表功,以联诸客将。诸客将皆亲附公,与曾公等。曾公久驻江西,不管吏事,权轻饷绌,良将少,势益孤,列郡多陷者。公名位既与曾公埒,并握兵饷权,所以事曾公弥谨,馈饷源源不绝。湖北既清,乃遣诸将还江西,受曾公节度,军势复大振。……公所擢任于俦人中者,又有多隆阿、鲍超。多公性颇忮,而老于兵事,饶智勇;鲍公后起,以骁果克敌,功尤多:二人不相下,公因激励而两用之。各与卒万人,当一面,二人争以战功相掩,勋伐皆为天下最。湖北当四战之冲,为贼必争地,备多力分,公乃整榷政,通蜀盐,改漕章,每月得饷金四十万两,养兵五六万人,驱除群寇。又谓守疆当战于境外,分兵援各省,未尝不以天下为兢兢。而天下之求将才者,亦不之他省而之湖北。一时以善战名者,若都兴阿、舒保、刘腾鸿、萧翰庆,皆公麾下之选也。公量能授事,体其衷而匡其不逮,或家在数千里外,辄馈资用,问遗其父母,珍裘良药,使岁月至。是时将帅同心如此,故卒有成功云。"观此则知林翼之治湖北,实为湘军成功之最大原因也。

(三) 左、鲍两军肃清江西

当安庆围攻之际,左宗棠以四品京堂襄办曾国藩军务,驻军江、皖之交,防广、饶以规浙,鲍超则往来为援应之师。李秀成攻江西,冀分皖军之力,解安庆之围,江西列城多失守。咸丰十年十一月,宗棠克德兴、婺源,寻破堵王黄文金之兵,复浮梁。杨载福亦以十二月克彭泽、东流、建德、都昌、鄱阳。而太平军围湖口者,以彭玉麟、吴坤修固守水陆,得无恙。十一年正月,左、鲍合军破太平围师于彭泽境内。秀成复自玉山攻广信,不下,围建昌、抚州,再犯吉水、永丰。二月李世贤由婺源趋乐平,宗棠拒战不利,移军鄱阳。世贤攻破景德镇,陈大富战死。三月,宗棠回军,大破世贤于乐平,世贤易装遁广信。乐平城久坍废,宗棠于傍城东南,掘外濠十余里,引水塞堰,以陷太平骑兵,并设伏以待。世贤至,中伏,军大败,左军由是知名。擢宗棠三品京堂。四月,秀成收湖北之众据瑞州,分略旁邑,前锋逼近南昌。时鲍超军援安庆,已攻破赤冈岭,太平军势穷蹙,国藩调之援江西。七月,超抵九江,太平军慑"霆军"(鲍超字春霆,军曰霆军)声威,或不战而走。超进至丰城,世贤以新败恐不利,退走。秀成亦解抚州围,连营贵溪、双港、湖坊,合广东三合会党人,号称二三十万。八月,超冒雨进击,太平军鏖战不支,伤死万人。超进克铅山,追至湖口。秀成集合诸将分军图浙。江西始渐安定。其时安庆已下,国藩移驻之。皖南之徽州,为张运兰所复。多隆阿乘势进攻桐城,下之。凡皖北毗连湖北各州县,均先后克复。于是安庆以北之事,由多隆阿任之,曾国荃会同水师规复滨江两岸各要隘,杨岳斌(即载福,以避载淳讳,改名)以八月五日派水师将赵三元复池州府,进下铜陵。九月,国荃督军循江北岸而下,连克敌垒,进薄无为州,乘守军内乱,破之,再下运漕镇东关,太平军由巢湖运粮出江之道绝。于是长江上游一带,几无太平寸土,而湘军军威所至,骎骎直指金陵矣。

第五章　太平天国之末运

二十　东南大局与左宗棠之入浙

(一) 同治初年任曾国藩之专

自安庆之下,清廷专倚湘军。载淳新立,两宫垂帘听政,恭亲王奕䜣任议政王,东南大事,悉取决于曾国藩。曩者廷臣及封疆大吏有不慊于国藩者,皆或死或罢,以故征剿之重任,全集于国藩之一身。忠王李秀成既不得志于江西,乃合其弟世贤军悉趋浙境,杭州危急,朝士疏请以曾国藩兼督浙军。国藩荐左宗棠专任浙江兵事,以饶州、广信、徽州三府防军隶之,并以旧设之婺源、景德镇、河口三税局归宗棠经收,以裕饷源。其规划大局如此。咸丰十一年九月,曾国荃督军东下,肃清安庆百里间敌垒,绝太平军由巢湖运粮入江之道。十月,国荃分军留防要地,自还安庆,与国藩筹商,添募乡勇六千人,为直捣金陵之计。先是,安庆既克,清廷以国藩调度有方,赏加太子少保,国荃以按察使记名,加布政使衔。至是国荃回湘募兵,赏给头品顶带,而国藩亦旋有节制四省之命。四省者,除两江三省外,兼辖浙江也。国藩一再疏辞,言:"左宗棠前在湖南赞助军谋,兼顾数省,其才实可独当一面。臣苟思虑所能到,才力所能及,必与左宗棠合谋,不分畛域,不必有节制之名,而后尽心于浙事也。"上谕:"该大臣谓遥制浙军,不若以左宗棠专办浙事,请收回成命等语。具见悃忱真挚,有古大臣之风,深堪嘉尚!惟左宗棠业已降旨,令其督办浙江军务,并准其自行奏事,江、浙军情,本属一气相关,该大臣思虑所至,谅无不协力同心,相资办理。节制一事,该大臣无得固辞!"寻又奉酌保封疆将帅人才之旨,国藩奏言:"疆臣既有征伐之权,不当更分黜陟之柄,所以预防外重内轻之渐,兼杜植私树党之端。"奉旨嘉奖,谕以"膺股肱心膂之寄,不当有避嫌之见"。十二月,诏授左宗棠为浙江巡抚,彭玉麟为安徽巡抚。玉麟两疏力辞,言:"臣起自诸生,居战舰十年,与水师舵工驰逐风浪,封疆大吏,进退百僚,深惧弗克胜任。"国藩亦疏言:"玉麟素统水师,舍舟登陆,用违其长。且江面太长,照料匪易,请另简皖抚,俾得仍领水师,于南北大局,两有裨益。"奉旨:"彭玉麟有节制之任,武职不足资统率,着以兵部侍郎候补。"旋授兵部右侍郎。以湖北巡抚李续宜调授安徽,河南巡抚严树森调授湖北,又特授在籍道员沈葆桢江西巡抚,从国藩荐也。同治元年正月朔,授国藩协办大学士仍督两江。国荃授浙江按察使,二月,擢江苏布政使。当是时,国藩建节安庆,指挥众军,始真有统帅之实。杨岳斌、彭玉麟专率水师扫荡江面;鲍超以霆军东西驰击;曾国荃、曾贞干等为进取金陵之师;李鸿章募淮勇,佐以黄翼升水军至上海,是为谋取苏州之师;左宗棠由徽州进衢、严,是为进取全浙之师;皖北则多隆阿攻庐之师,李续宜援颍之师,皆秉承节度。其他袁甲三及李世忠淮上之师,都兴阿扬州之师,冯子材、魁玉镇江之师,奉旨统筹兼顾,军书辐凑,英彦风驰,前此所未有也。

(二) 咸丰年间浙江防战之概况

方左宗棠奉命赴浙督师,筹商布置之际,而杭州忽于十一年十一月二十八日失守矣。浙省负山阻海,错壤闽、吴,其西与皖南之宁国、徽州,江西之广信邻。太平军既据金陵,攻略池、太之属,以蹂躏江、皖等省,而浙之调兵筹饷,遂无晏日。始浙省大吏狃故习,不自治兵,遥恃江南大营为屏蔽,岁竭饷银七十二万两,供大营军需,上海军饷月四万。有警当事辄少发兵扼要隘,慑以虚声,而大营亦时拨兵援之。以皖南为浙之门户,巡抚何桂清奏请兼辖皖南,设镇道如台湾例,将弁兵勇,饷糈军火,胥由浙省定给。大营恃浙江为饷源,亦遣邓绍良、周天受分防之。绍良宿将,转战数省,所至有声。咸丰五六年间,太平军略皖南,徽、宁诸府县相继失守,浙防亟亟。绍良围攻宁国,半载余始克复之,因驻师焉。六年五月,江南大营第一次为杨秀清所破,向荣死丹阳,东南大震,浙防尤岌岌。宁守赖绍良仅存。太平军屡扰广信,往来常山、玉山之间,衢州形势严重,调安义总兵饶廷选守之。是年八月,廷选援广信,力战解围,获晋勇号,即沈葆桢夫人林氏飞檄召之也。八年二月,石达开自江西攻衢州,廷选兵败,退保郡城。江西同知李元度由河口入浙,遥为声援,隐扼太平军归路。三月达开入处州,江南大营先后遣明安泰、李定太、周天培、周天受等来援。明安泰所部仁勇二千,最无纪律,军中多妇人,乘马招摇过市,民皆怪之。浙抚令进攻处州,沿途掳掠。至桃花岭下之铅锡场,乡团知其可侮,值夜雨,大呼贼至,军果溃。即夺辎重器械而戕之,死者过半。周天受适由金华至,精锐亦丧,自是民团始轻官军,生心杀掠矣。诏和春兼督浙江军,未行,起复曾国藩督师。衢州城守九十一日,太平军掘地道五,皆不成,食尽力疲,解围去。达开始由浙入闽,清军尾之,列城渐复,而全浙亦肃清矣。及十年正月,李秀成图解金陵之围,率师连拔皖南诸州县,周天受不能救,浙省门户尽失。太平军破东亭、安吉、泗安、长兴犯湖州,邑绅赵景贤会府县登陴固守。二月进逼杭州,为所破,江南大营遣张玉良统师往援,值满城驻防营坚守,又秀成志不在浙,即回薄江南大营,而大营遂以闰三月再破矣。自是常州、苏州相继失,两浙大震。张玉良师溃苏州,乘脚桨船,随亲兵数人,一日夜驰至杭,其他将卒络绎奔溃,浙西鼎沸。已而太平军进逼嘉兴,四月二十六日破之,玉良收集溃卒万二千人以图嘉兴。浙既无重兵劲旅,专任客将,士卒悉溃败之余,骄嚣不可复制,远近骚然。然湖州团练多,兵勇少,节制整肃,杭州亦浚濠修隍为固守之计。当是时民团四起,金华、兰溪城乡团众至十余万,悍而无律,借杀逃勇为名,专害行旅,虽持公文令箭者不得免焉。七月,张玉良攻嘉兴,各营官画船绣幕,携眷舟居,闻潮勇通敌,先奔,军遂溃。石门、平湖、桐乡次第失守。八月,周天受败死宁国,李元度又失守徽州,而浙之藩篱乃尽撤矣。

(三)杭州第二次失守

嘉兴为浙省门户,是时虽为太平军所据,而杭、湖守险难攻,浙东及金、衢列郡,固皆完善也。及徽州复失,太平军由淳安破严州,张玉良收溃卒攻复之。十月,太平军由富阳、余杭两路分扑杭州,城守数日,出击获胜,太平军又改围湖州。十一月赵景贤出击,大破之。自后余杭、富阳、桐庐各城,旋复旋失。太平军由婺源出入江、皖,履若通衢,而江西广信之防亦日棘。咸丰十一年春,李秀成、李世贤攻略江西,扰及抚、建、袁、临,左宗棠大破世贤于乐平,太平军乃由婺源趋广信、玉山。三月,破常山、江山,分遣范汝增、黄成忠、练业坤三部破处州,世贤自率大军过衢州破金华,浙东大震。时张玉良屯兰溪,金华知府王桐闻警乞援,玉良率亲兵百人至城中,团练谓自能守御,不需官军力,玉良阅城而返。十九日,太平军以六骑先至,阖城皆溃。玉良军在兰溪,民团愤其部平日掳掠。又以不救金华而回,詈之。旋因掠一火腿店相攻杀,各死伤二千人,遂拔营走,沿江掳船而下。太平军由金华进陷兰溪。五月,处州总兵文瑞率所部三千人进攻金华,军溃,退守浦江。七月,李秀成在江西为鲍超所败,合军夹攻衢州。浙中益大扰,旋解衢州围,克严州。浦江告急,饶廷选自兰溪败归,援之,五日行八十里。八月,师及郑义门,又溃。巡抚王有龄愤甚,致书责之,廷选杀其不悦者二人以解。文瑞冲围走桐庐山中。浦江遂陷。太平军分路犯诸暨。来王陆顺德由浦江、富阳山出和尚店渡临浦克萧山。萧山、诸暨并失,而绍兴危矣。时绍绅前副都御史王履谦在籍办团练,乡愿易欺,信王梅溪言,与省中大吏相龃龉。九月二十九日,太平军逼绍兴,团练哄然尽散。知府廖宗元死之。议者谓嘉、湖、宁、绍根也,饷源所出也;衢、严节也,所以通江、皖也;温、台、处叶也,边圉之外障也;以形势言之,金华乃浙东之心,而亦浙西所视为安危者也。自十年四月嘉兴不守,湖州遮蔽,比于睢阳。及十一年三四月间,浙、沪隔绝,衢、处被扰,金华告陷,八月严州又失,然犹恃宁、绍接济军饷,以东道之通,为四达之渐。至是绍兴失,而杭州孤危愈甚,西存一困守之湖州,东留一弹丸之海宁,则几无节不断,无根不掘,无叶不剪矣。十月,太平军逼杭州,巡抚王有龄虽不喜湘军,事急,乃以血书乞援安庆。时安庆已克,湘军威声震中外,顾以皖省战争亟,不克济师。因咨商左宗棠由广信进军衢州以援浙。是月十八日,命曾国藩统辖四省,并着速饬左宗棠驰援浙江。浙江屯援军犹四万,张玉良至自富阳,屡攻敌垒不克,中炮死。玉良四川人,由行伍从向荣转战,积功至提督,短小精悍,骁勇善战,与国樑齐名。初援杭州,奉调还,将军学政及杭人攀辕卧辙以留之。以令严不敢少止。及再回杭,杭人轻之,詈为通贼,巡抚亦不加礼遇,任其飘摇江渚,庚癸频呼,无人过问。较之前日跪留款密若天壤矣。玉良每出击,必穿黄马褂自表异,盖欲一死报国,以明其心也。杭城被围粮绝,饥民哀号满市,浮萍蕉叶俱尽。折取皮笼为食,僵毙相望。或取人肉以延残喘。巡抚以下,日食糠粃或蜡烛充饥。十一月二十八日,守城军已数日不食,乃各溃散。太平军梯城入。有龄及学政张锡庚、总兵文瑞、饶廷选等死之。秀成以礼殓有龄等,题曰忠臣某官之柩,交布政使林福祥、杭巡道刘齐昂送之上海。满城犹拒守,将军瑞昌先已具书秀成,请赦八旗兵回北京。秀成奏达天王,旨未下,许如约,瑞昌终不信。十二月一日,内城破,秀成急出示劝满人北归,许送至镇江,并戒军士勿杀害。而满人疑惧自裁者众,瑞昌亦纵火自焚死,秀成痛之。

(四) 宗棠入浙之规划

先是,浙江危急,王有龄通使祁门,请援曾国藩,语不及军饷,国藩以军未集辞。有龄复奏用李元度募八千人入浙,免论徽州罪,擢为按察使,元度至龙游,阻遏不得进。载淳新立,诏国藩兼制浙江,起左宗棠督军援浙。国藩奏辞兼制之命,请以浙事专任宗棠。又奏调广西臬司蒋益澧率所部赴浙,随同宗棠防剿。益澧尝为罗泽南偏将,不见重于曾、胡,归将偏师入广西,连战有功,以军疲缺额降官,俄复为大将。国藩荐之,即授浙江布政使。杭州陷,李元度用陈钟英言,退屯江山。宗棠初膺督军之命,即疏陈方略,谓:

> 浙江军务之坏,由于历任督抚,全不知兵,始则竭本省之饷,以济金陵大营、皖南各军,冀借其力以为藩蔽,而于练兵选将之事,漫不经心。自金陵、皖南大局败坏之后,又复广收溃卒,糜以重饷,冀其复振,卒之兵日增饷日绌,军令有所不能行,以守则逃,以战则败,恩不知感,威不知畏,局势愈益涣散决裂而不可支矣。臣奉命督办浙江军务,节制提镇,非就现存兵力,严为淘汰,束以营制不可。非申明赏罚,予以实饷不可。非另行调募,预为换补不可。然欠饷日久,则有

不能汰遣之患；饷需不继，则有不能调拨之患；经费不敷，则有不能募补之患。名为节制各镇，实则营官哨长，亦且呼应不灵，不得其指臂之助，而徒受其迫促之扰。虽有能将，无饷何以驭兵？虽有谋臣，无兵何以制贼？此事之应办而不能办者。臣军入浙以后，饷需茫然，兵勇即有饥溃之时，军火即有缺乏之虑，纵令竭力图维，何从措手？可否请旨敕下部臣，查明各省应协济浙江之款，闽省及各省奉旨拨解援浙军饷各款，开单咨会到臣。如各省拨解迟延，及各委员逗遛贻误，应由臣随时咨明部臣，查取藩司及委员衔名参奏！

又附奏言：

用兵之道，选将为先，臣自上年襄办军务，即募勇丁五千余，训练两月，率以东行，转战江皖之间，尚能得力。曾国藩屡次函商，请募足万人，臣以谋饷为艰，人才难得，未敢轻诺。现在陆续增加，尚止八千余人，除留防婺源四营外，能随臣出战者，不满七千。两浙为贼渊薮，遍地贼氛，占地千数百里，贼众数十万，近则裹胁益众，为数愈增。臣以孤军转战而前，有守城之兵，即无雕剿之兵；有攻城之兵，即无截援贼之兵；有攻剿一路之兵，即无牵制各路贼势之兵。又加之各将领从征日久，除伤亡外，有积劳致疾而殒者，有因事请假而归者，局势益宽，人才日乏，殊为可危。广西臬司蒋益澧才气无双，任事勇敢，本年春间，以臣军太孤，愿率所部助臣讨贼。臣比函商曾国藩奏调赴皖，尚未具奏，旋蒙简放广西臬司。广东巡抚刘长佑，新受贵州巡抚江忠义，湖北巡抚李续宜，署四川布政使刘蓉，皆臣同乡素契，气类相许之人，所部率多劲旅。江忠义亦曾函商，愿为臣募选将士助剿。刘长佑已拟派副将戴盛宽挑勇丁五百名前来，尚未见到。湖南抚臣毛鸿宾怜臣军饷苦窘，愿助臣每月一营五百人之饷。现在浙江全局已坏，急应从新布置，以期挽救东南。应请敕下两广督臣劳崇光，筹给行资，其由湖南、江西经过各营行资，应由湖南、江西抚臣发给。臣现咨商毛鸿宾、毓科劝谕浙江流寓之官绅商幕，捐输军饷。并请户部速发部照执照一千张,分交湖南、江西抚臣,饬司转给,以期迅速集事。

清廷允其奏。十二月,既授巡抚,促令赴衢州,时杨辅清率大军犯徽州,宗棠恐断其入衢后路,命刘典率马步三千余人赴婺源,以为固婺援徽之计。已而,太平军由遂安踞开化,与徽州军相衔结,首尾蔓延百数十里。宗棠复奏言:“衢州城坚易守,虽闽省援师,已经调回,然李定太兵勇八千余,李元度所部安越军七千余,兵力较厚,可暂无虞。逆贼每遇坚城,必取远势包围,待其自困,而后陷之。办贼之法,必避长围,防后路,先为自固之计。然后可以制贼而不为贼所制。臣若先入衢城,无论不能固江皖边圉,亦且不能壮衢城声援,一坠逆贼长围诡谋,又成粮尽援绝之局。故决计率亲兵营由婺入浙,先剿开化之贼,以清徽郡后路。饬所部老湘营由白沙关渐进扼华埠要冲,以保广信而固衢城。”宗棠由开化进军,三战皆捷,开化复。又奏言:

臣于军旅一切,向虽研求其理,未尝练习其事。近年亲履行阵,于军情贼势地形,刻意讲求,颇有所悟。然所当者,一路之任;所统者,数千之师;故勉竭驽骀,幸免疏失。兹叠蒙新命,督办军务,巡抚浙江,巨任骤膺,时危正迫,夙夜忧思,深惧无以仰副九重倚注之恩,下慰两浙士民之望。除现在攻克马金,肃清开化,接攻遂安,立复县城,先后驰奏,仰慰圣怀外。所有将来筹画进取情形,谨为我皇上陈之:查浙省大局离披,恢复之效,未可骤期;进兵之路,最宜详审。浙江列郡,仅存衢州、温州,其湖州一府,海宁一州,孤悬贼中,存亡莫卜。此时官军从衢州入手,则坚城林立,既阻其前,金、严踞贼,复挠其后,孤军深入,饷道中梗,断无自全之理。无论首逆李世贤正图窥犯衢州、江山,臣军已由遂安回援,目前不能舍衢前进也。金华介衢、严之中,城坚贼众,臣军若由金华进攻,则严州之贼,必由淳、寿一带潜出包钞,亦非善策。若弈者置子四旁,渐近中央,未有孤立贼中,而能善其后者,似臣军救浙必须依傍徽郡,取道严州,较为稳妥。惟浙西、皖南一带,山乡瘠薄,产米无多,寻常无事之年,民食尚须从江西之饶州、广信籴买搬运，现在臣军食米，亦系从饶、广采购转运而来，劳费殊多，师行不能迅速，此饷事之难也。臣军除已募未到外，不满九千，除分守遂安、开化外，随臣出战者，不过五千有奇。此外如徽、信两处防军，虽经曾国藩、毓科奏明归臣调遣，然两处正在戒严，未可调以入浙。其衢州之李定太一军八千余人，江山李元度一军八千余人，虽人数与臣军相等，然均未足深恃。此次李世贤入犯，李定太仅守衢城，李元度分扼江、常，而皆迫切呼援，惴惴不能自保。臣亦未能责其远离城池，浪战求胜，致损军威，此兵事之难也。前蒙准调蒋益澧、刘培元两军来浙，尚未接有该员等确耗。蒋益澧一军积欠之饷，非两广督臣速为清给，难以成行。刘培元新募经费，非湖南抚臣速为发给，亦难集事。相距二千余里，恐须三四两月，乃可取齐。臣已迭次檄催，伏恳敕下两广督臣，湖南抚臣，速清两军欠饷，发给经费行资，俾得遄赴戎机，是为至幸。至浙东一带郡县，均为贼氛所隔，势难迅速驰援，能从海道出师，乃为便捷。昨接曾国藩钞录正月二十一日上谕：因杭州、宁波等处失守，沿海各口宜防，谕令迅速购买洋人船炮，以资攻剿。圣虑周详，实深钦佩。臣等将来转战而前，必可终资其力。

置子四旁，渐近中央，此宗棠之进军方略也。疏入，清廷嘉纳之。曾国藩亦奏言："图浙之道，惟衢郡可以图存。欲保衢州，必先守广信、玉山，而后有运粮之路；欲复杭省，必由徽州以攻严州，而后有进兵之路。进攻严州，专赖左宗棠一军，必先扫清歙县、婺源之零股，攻克开化、遂安之坚城，乃能达于严郡。"国藩之意见，与宗棠可谓不谋而合。上谕宗棠一切进兵机宜，仍着与国藩通筹大局。时同治元年正月间也。

二十一　常胜军及淮军之成立

（一）借兵助剿之议与常胜军之起源

先是，苏州失陷，松江、太仓各城，皆沦于太平军之手。薛焕任江苏巡抚，驻上海，依外国义勇兵为护庇。时太平军屡逼上海，各国以通商各口，沪滨为根本地,不得不谋自卫,于是团练兵勇,一方保护居留地,一方会同清兵水陆夹剿。挖濠筑堤,内守外御,屡败太平军于东西摆渡及高桥等处。薛焕奏闻。奉上谕:“英、法两国自换和约后,彼此均以诚信相孚,此次上海帮同剿贼,具见真心为好,克尽友邦之谊,着传旨嘉奖。嗣后如有外国协同助剿之处,着薛焕随时迅速具奏,以彰中外和好同心协助之意。”初英、法、俄三国既于北京先后换约,法使噶罗于宴会间自夸其船炮之坚利,谓中国若有所需,听从购置,如愿仿制,亦可派技师前来教习。又请于海口助官兵防剿,所有兵舰,悉听中国调遣。王大臣等先后奏闻,奕訢不许也。已而俄使伊格那替业福复有借兵助剿,代运南漕之请。清廷密寄江、浙督抚及漕运总督,咨询意见。当时极力反对,谓有百害而无一利者,江北钦差大臣漕督袁甲三也。薛焕虽不以为可,而建议雇印度兵,使防卫上海及其附近,并请以美国将官华尔、白齐文为队长。曾国藩复奏亦略同。谓当中国疲敝之极,外人以美意周旋,不宜拂之,故当以温言答其助剿之盛心,而缓其出师来会之期日;一面利用外国将官,以收剿贼之实效。于是清廷依议,谢绝助剿,而聘请洋弁训练新兵,购买船炮之事以起。十二月军机处密寄,奉上谕:

> 恭亲王奕䜣等议曾国藩、袁甲三、薛焕、瑞昌、王有龄等各折片,称江南官军,尚未能进剿金陵,即令夷船驶往,非但不能收夹击之效,转恐于贼相持,如薛焕所虑,勾结生变,尤宜预防。该抚所拟,令夷兵于陆路进剿,非独经过地方惊扰,即支应一节,诸多窒碍。夷性贪婪,一经允许,必至索请多端,经费任其开销,地方被其蹂躏等语。并于英酋威妥玛来见,与之谈论终日,该酋已吐实语,谓剿贼本中国应办之事,若借助他人,不占地方,于彼何益?非但俄、法克复城池,不肯让出,即英国得之,亦不敢谓必不据为己有。因举该夷攻击印度之事为证。借夷剿贼,流弊滋多,不可因目前之利,而贻无穷之患。惟此时初与换约,拒绝过甚,又恐夷性猜疑,转生叵测。惟告以中国兵力,足敷剿办,将来如有相资之日,再当借助,以示羁縻。或设法牢笼,诱以小利,法夷贪利最甚,或筹款销其枪炮船只,使必有利可图,即可冀

其昵就，以为我用。倘上海夷人谆请助兵剿贼，着曾国藩、薛焕量为奖勉，续有兵船驶入内地，按照条例拦阻。并着该大臣等就见在兵力，设法攻剿逆贼，毋再观望。法夷枪炮即肯售卖，并肯派匠役教习演造，亦令曾国藩等酌量办理。即外洋师船，现虽不暇添制，或仿夷船制造，或将彼船拨用，诱之以利，以结其心，而我得收实际。其受雇助剿，只可令华夷两商，自行办理，于大局或有裨益。仍即在于通商税内筹办。至代运一节，由薛焕招商运津，无论华夷，一体贩运，无须与该夷预行会商。咪性较醇，与英、法不同，其应如何驾驭，俾其感顺，以杜俄夷市德于彼之心，亦着曾国藩等妥为办理。

据此可知英、法、俄三国，均有助剿代运之议，而清廷婉谢之。但又恐拒绝过甚，转生叵测，则购械雇勇，俾其有利可图。美国人性较醇，不肯作投机之事，故常胜军之募集，即托由美人代办也。常胜军者，苏松太道吴煦所雇中西数百人之练勇也。使美人华尔领之。以所用皆洋枪，每战辄获捷，故皆称之曰常胜军。初华尔（Ward）在本国陆军学校毕业，服役为将官，以小罪去纽约，潜匿上海。候补道杨坊知其沉毅有才略，荐之于煦。煦乃请于美领事，赦其旧罪，使募欧、美人愿为兵者数十，益以中国应募者数百，使训练之以防卫淞、沪。其后屡与敌战，常能以少击众。顾此数百团勇，皆冗杂不可任，及李鸿章抵沪，更募华人壮勇附益之，使加训练，饷糈视淮军为厚，而常胜军之用始得力矣。

（二）苏绅之乞援与淮军之成立

咸丰十年七月，太平军围上海，清军会外兵击却之，寻破之宝山境内。十一年二月，太平军又犯青浦，民团拒走之。是时常熟、昭文诸邑，各以团练有功，诸城绅民，皆勤修堵御，以谋自卫。故上海之得不破，民团与外兵之力也。当安庆克复之后，湘军声望益高，屡诏敦促国藩，移师东指，规复苏、常、杭州失陷郡县，五日之中，严谕四下。国藩既奏荐左宗棠专办浙江军务，而绅士钱鼎铭等复于十月赍吴中官绅公函，雇外国轮船，溯江上驶，至安庆，哀乞援师。谓吴中有可乘之机而不能持久者三端：曰乡团，曰枪船,曰内应。有仅完之土而不能持久者三城:曰镇江、曰湖州、曰上海。国藩见而悲之,时饷乏兵单,湘军无可分拨,李鸿章赞国藩幕府,国藩以其才足以专办一方,且淮南风气刚劲,欲另立一军,以为中原平敌之用,因令鸿章归庐州募淮勇,期以来年二月济师。是为淮军之起源,而鸿章勋名发轫之始。

寻大学士翁心存奏:"苏、常绅民,结团自保,盼曾国藩如慈父母,请饬该大臣派一素能办贼之员,驰赴通、泰,由江阴、常熟进捣。"奉旨:"曾国藩能否派员前往,着迅速筹办,以慰民望,以纾朕南顾之忧!"又谕:"贼匪陷杭城后,势将窥伺淞、沪,曾国荃募勇是否回营,着曾国藩催令统带老勇八千人赴沪助剿,既可防守上海,兼可乘虚袭攻青浦等处,为规复苏、常之计。"盖是时国荃屡建奇功,威望大著,朝意欲其由沪图苏。国藩商之国荃,国荃谓:"金陵为贼根本,急攻金陵,贼必以全力援护,而后苏、杭可图。"国藩壮其谋,因以围攻金陵属之国荃,而疏荐鸿章才大心细,劲气内敛,堪膺疆寄。拟酌拨数千人驶赴下游援剿,俟该员到镇江后,请明降谕旨,令其署理江苏巡抚。奉旨俞允。十一月太平军破奉贤、南汇、川沙,上海震恐。苏州诸生黄畹上书总理苏福省民务逢天义刘某,具陈攻取上海之策,谓宜明告而严讨之,阳舍而阴攻之,徐以图之,缓以困之。书长数千言,后为清军所得,严为警备,并告英、法领事,而秀成未能用也。畹即王韬,字紫铨,后避祸香港,称天南遁叟。署布政使吴煦等因倡借洋兵剿敌之议,上海设会防局,奏明会同洋人防守。国藩上言:"上海本通商之地,借洋兵以保守人财则可,若令攻剿金陵、苏州,代复中国疆土则不可。"又咨商薛焕言:"目前权宜之计,只可借兵防守沪城,尤当坦然以至诚相与,不可稍致猜疑,致碍全局。"同治元年二月,李鸿章募淮勇到安庆,人数诸书所记自五千五百人至八千人不等。国藩为定营伍之法,器械之用,薪粮之数,悉仿湘军章程,亦用楚勇营规以训练之。又选湘军良将程学启、郭松林以助之。酌拨湘勇数营,俾获观摩练习,以故湘、淮将卒,若出一家然。学启本陈玉成部将,有勇名,佐叶芸来守安庆,降于国荃。安庆之克,学启功尤多。松林始以亲兵随国荃攻安福县,先登,为国荃所知。以后程、郭与张树声、树珊兄弟,周盛波、盛传兄弟,及潘鼎新、刘铭传、吴长庆等,俱为淮军名将。自淮南为发、捻所扰,一时豪杰,皆以办团杀敌自奋,二张、二周、潘、刘等皆由团练而起。鸿章募淮勇,使因旧团各成一营以随行,后皆有大功云。

(三) 淮军抵沪后之战事

先是江南大营自七年十一月攻克镇江,俾副将冯子材守之,数年以来,孤城仅守,屡战不利。江北军都兴阿派詹启纶前往救援,亦不胜。清廷以镇江为南北枢纽,恐有疏虞,饬曾国藩速催李鸿章率水陆军前往应援。国藩初议定鸿章一军由巢、含赴镇江,会上海紧急,苏绅钱鼎铭、潘馥等备银十八万两,雇轮船七艘,驶抵安庆迎师。乃定以三次载赴上海,冲敌营而过。同治元年三月,鸿章抵上海,营城南。上海既设会防局,太平军之来犯者,屡为中外团勇所击退。其领队华尔及副领队白齐文(Burgeuine)奋勇陷阵,虽受伤不少却,诏赏四品顶戴。鸿章乃令增募至三千人,其粮饷倍于湘、淮各营,即所谓常胜军也。是月参将李恒嵩会常胜军及英、法兵攻克嘉定、青浦二城,即留英、法兵守之。诏以鸿章署江苏巡抚,别授薛焕为通商大臣,专办中外交涉事件。英舰队司令官何伯(Admiral Hope)、法将卜罗德(Admiral Protet)请会攻浦东厅县,乃令程学启等攻南汇为北路,英、法兵自松江进金山卫为南路,十九日会攻南桥,克之,卜罗德中枪死。旨令鸿章派员赐祭,赏库貂彩绒给其家。二十二日克柘林,而奉贤知县陈化鲲亦率民团复奉贤,方议进攻金山,会知府李庆琛以五千人攻太仓,李秀成自率兵来援,歼其全军,庆琛死之。秀成悉锐攻嘉定、青浦,嘉定英、法兵怵其势,突围出,城复失。(《同治朝夷务始末》卷八左宗棠复曾国藩函云:"青浦、嘉定二处,发贼麇至,夷兵遽遁,夷人之畏长毛亦与我同,委而去之,真情毕露。")太平军益进逼,距上海仅十里。鸿章调程学启营新桥泾,以扼浦东要隘。五月,刘铭传、潘鼎新收复南汇、川沙,太平守将什天安、吴建瀛降,浦东渐定。而青浦、松江并急,华尔议弃青浦。乃自简精锐五百人袭破天马山,由炮路突入青浦,挈守军死战出城,并力守松江。程学启以孤军八百人营新桥,被围数十重,太平军并力死扑,尸与濠平,将藉以登。学启手燃巨炮,开门冲击,却而复进者,八九次。五月二十一日,鸿章自率兵援之,学启用远镜望见,空壁夹击,太平军奔溃,而松江之围亦解。鸿章《上曾相书》云:"到沪两月,未曾痛打一仗,恐为外人所轻。是日亲督各营,齐出夹击,杀死一千余人,此极痛快之事,为上海数年军务一吐气也。有此胜仗,我军可以自立,洋人可以慑威,吾师可稍放心,鸿章亦敢于学战。"沪防解严。淮军之初至沪也,外人见其衣帽之粗陋,辄讥笑之。鸿章曰:"兵贵能战,岂在华美?须彼见吾大将旗鼓,自有定论耳。"自有此战,而淮军始为外人所信重,无复揶揄者矣。鸿章《复曾国藩书》云:"官军自二十一日虹桥大捷之后,洋兵待我兵敬礼有加,提督何伯来营会晤,词意和顺。然窥其中若有不足者,青浦、嘉定之退,不免羞恚。"又六月初三日书云:"洋兵自青、嘉退出,畏缩太甚,薛公已密复总理衙门,鸿章亦止有直说,俾可参证。当五月二十一日军情危急时,鸿章跃马独出,不作生还之想,而洋人拥兵数千,坐守洋泾浜,令人莫测其意旨。幸我军战胜,洋人悦服,我军战挫,无处立足矣。彼未出一兵助剿,我则何从让功?"此可见淮军自有虹桥一战,而始能立足耳。

二十二　皖北渐定与金陵围攻

(一) 陈玉成之被执

先是安庆既破,陈玉成救援不得,军心渐携贰,势将为变。玉成不敢约束,温语抚诸军,随之行,至庐州,上表自劾。秀全夺其俸,令堵庐州以自赎。十一年八月,多隆阿连下桐城、舒城,益进规庐州。同治元年二月,多隆阿进攻,破敌垒数处,玉成所部隔绝。赖文光、陈得才由潜山、太湖上溯蕲、黄,入汉中而去。清师围庐州,粮尽援绝。玉成欲至江南依李秀成,而巢邑被困,乃致书吴汝孝令力堵合肥,待其至同渡江。汝孝闻玉成危急,遽引兵去。四月,多隆阿遣部将雷正绾攻东南门,石清吉攻西门,别约皖军总兵张得胜设伏北门,诱玉成。玉成恃骁勇,率三千人抄清军,正绾迎击,玉成不利,退据城北浮桥,城中方开北门出大军,谋合击,见玉成退,惊为大败,争入城。玉成遽断浮桥遏城军,使阻水反攻,城军益惊,自相蹂躏。石清吉等梯西南以登,城遂破。玉成不得已,奔寿州,以苗沛霖曾受太平封爵,往乞援。苗沛霖者,以诸生为团练长,劫其众以反,钦差大臣胜保招降之,犹持两端,受官于清,不肯冠带。十一年九月,与团绅孙家泰仇杀,攻陷寿州。清廷将进兵讨之,沛霖乃复求抚于胜保,亦阴通款玉成。玉成为请封为平北王。累书招玉成,谓凤、颍二府形势可踞,诸乡寨练丁皆习战守,足备征调,玉成信之。既去庐州,多隆阿以劲骑蹂其后,胁从败散略尽,惟余亲兵三千人。同治元年四月十七日,至寿州城外中津渡,沛霖已先得胜保密饬,又虑玉成袭夺其家,阳称疾,遣苗景开迎谒。乃给玉成驻师城外,仅以百余人入城。沛霖执礼甚恭,阴分兵防守诸门,多具酒食,令部卒引玉成从者入帐酣饮,而以盛馔飨玉成。酒酣,伏兵尽起,缚而囚之。并擒导王陈仕荣、从王陈德、统天义陈聚成、天军主将尚士才、虔天义陈安成、祷天义果显新及亲随二十余人,将献颍州胜保营。捻首张洛行诇知,纠众突至江口集北岸,谋劫夺,沛霖合清兵击走之。解玉成至颍州,入胜保营。胜保高坐愕眙曰:“成天豫何不跪耶?”玉成曰:“吾英王,非成天豫,奚跪为?尔本吾败将,何向吾作态?”胜保曰:“然则曷为我擒?”玉成曰:“吾自投网罗,岂尔之力?吾今日死,苗贼明日亡耳,尔记合肥官亭,尔骑兵二万,与吾战后,有一存者乎?”胜保默然,与酒食,劝之降。玉成曰:“丈夫死则死耳。何饶舌也?”乃槛送京师,至河南卫辉府之延津,清廷有诏,命即杀之,时年二十六。玉成貌极秀美,长不逾中人,二目下有黑点,清军畏之,称为四眼狗。骁勇富谋略,十九当大敌,二十四封王,初为检点,善战多能,湖北有“三十检点回马枪”之号。军强冠诸镇,与曾国藩相持,国藩深畏之。在军中与李秀成独相得。洪仁玕倾轧秀成,玉成每调解之。玉成死,秀成闻之叹曰:“吾无助矣!”被执时,满人裕朗西在胜幕中,往见玉成,吐属风雅,熟读历代兵史,侃侃而谈,旁若无人。裕惊疑曰:“此即所谓四眼狗耶?”乃举太平朝诸将以绳之,则曰:“皆非将才,惟冯云山、石达开、李秀成差可耳。我死,我朝不振矣!”无一语及私。及其死,楚、皖之间,湘军遂无劲敌矣。

(二) 金陵屏藩之丧失

太平之都金陵,以东、西梁山为锁钥,以芜湖为屏障,而金柱关者,又皖南诸湖所自出,乃芜湖之藩卫也。同治元年二月十五日,曾国荃率新募湘勇六千抵安庆,诏受江苏布政使。二十四日,国荃率军东下,其前锋陈湜、萧孚泗破太平军于铜城闸。三月,曾贞干破太平军于荻港、三山夹等处,遂克繁昌、南陵。国荃克巢县、含山、和州,进袭西梁山,得之,江北敌垒悉平。而鲍超之军亦连克青阳、石埭、太平、泾县。是时国荃、贞干分南北岸夹江东下,浃旬之内,连克名城要隘十数,清廷优旨嘉奖。四月,张运兰克旌德,彭玉麟率水师进攻金柱关,国荃引军渡江南岸,会玉麟水师克太平府城。次日,攻克金柱关。玉麟另派黄翼升袭破东梁山,进攻芜湖,贞干率所部循江而进,与翼升会攻,太平军奔溃,遂以二十二日克芜湖。至是天京屏蔽尽失,而太平军于皖省浸无立足之地矣。五月一日,国荃进攻秣陵关。秣陵关者,金陵之雄镇,亦大胜关之右辅也。太平守备未严,清军掩至,守关军举关降。清军绕出三汊河后,进逼大胜关,编木作桥,国荃派兵先伏桥边,而以后队六营掩旗疾进。太平守军见清兵抄后,惧为长围所困,乘夜纵火而走,清兵追击败之,遂夺大胜关,距秣陵之下仅隔一日耳。时玉麟驻金柱关,闻国荃悬军深入,恐有不利,急调水师策应。水师于狂风巨浪中,排炮仰击无少休,陆军乘之,立拔头关。玉麟进攻江心洲,洲有石垒双峙,屹若坚城,水师飞炮入垒。太平军穴墙还击,战至日晡,水师挟火具登岸,蛇行芦苇中,逼垒纵焚,火光烛天。清兵跃入石垒,守军扑火溺水,横塞江流。玉麟乘胜鼓棹飞行,立夺蒲包洲,遂泊金陵之护城河口。国荃由陆路倚护水师,驱军直入,逼扎雨花台,距城仅四里耳。贞干驻三汊河、江东桥一带,傍水筑垒,以保西路粮道,是为规取金陵之始。时国荃军合水师不满二万人,孤军深入,国藩忧之,令待他军集而后进。国荃曰:“诸军士自应募起义,人人以攻金陵为志,今不乘势薄城下,还军待寇,旷日持久,非利也。若舍金陵老巢弗攻,置将士于闲地,浪战而意怠,功必无成,逼城而屯,亦足以致寇,军势虽危,顾不可求万全。”又曰:“金陵为敌兵根本,拔其根本,则枝叶不披自萎,且苏、常各兵闻江宁攻急,必更来援,彼时遣别将间袭苏、常,吾因而乘之,殄寇犁穴,在此举矣。”围攻之议乃决。

(三) 曾国荃进军雨花台

天京被围,秀全屡出城军攻雨花台营,辄被创。秀全患之,数使使促秀成赴援，并召守浙侍王李世贤还金陵。值左宗棠力攻衢州，李鸿章新克松江，秀成方与淮军相持淞、沪，奔命未遑，乃上书言："清军之锐，湘军为最，今乘胜下安庆，破芜湖，而围天京，其势正盛，不可与战，须坚守以待其罢，方可一鼓破之。"秀全怒，下诏责之曰："三诏趣援京城，而不启队，尔意欲何为？将不奉诏，是逆命也。国法俱在，尔其念之！"秀成叹曰："京中五王十将，有众二十万，不能自卫，而必调疲于奔命之师以解围，是自杀也。复何言战？"乃遣其国宗引兵数万，自苏州回援，分其众为二十支，牵制各垒，以精锐猛扑雨花台长壕。国荃凭壕拒守，部将刘连捷等拔卡而出。援军不利，秀全收其众入城。复合城军突长壕，壕深不得过，国荃出壕纵击，太平军败还。时六月十六日至廿四日事也。同时鲍超于十五日克复宁国府城，辅王杨辅清溃走，保王洪容海降，即因其众复广德州。八月，江南大疫，徽、宁尤甚，鲍超等病不能军。金陵围师亦苦疫，死者山积。国藩《金陵湘军陆师昭忠祠记》云："我军薄雨花台，未几，疾疫大行，兄病而弟染，朝笑而夕僵，十幕而五不常爨，一夫暴毙，数人送葬，比其返，而半殆于途。近县之药既罄，乃巨舰连樯，征药于皖、鄂诸省。"可想见其情况矣。闰八月十二日，国藩奏请简派亲信大臣驰赴江南，会办军务，分重大之责任，挽艰难之气数。旋奉上谕曰：

> 大江南岸，疾疫盛行，前据该大臣奏到，即深轸念，曾经寄谕进攻金陵，不必急求速效，惟求有以自立。伤亡战士，并须加意拊循。兹据疏称：近日秋风已深，而疫病未息，宁国、金陵、徽、衢、上海、芜湖各军皆以疠疫死亡相继。猛将如黄庆、伍承翰等先后物故，鲍超、张运兰、杨岳斌等均各抱病军中，甚至炊爨寥寥。此时战守均无把握，自属实在情形，惟恳请由京简派亲信大臣，前往会办，以分责任之重大，挽气数之艰难。谅该大臣亦为焦灼忧劳所迫，朝廷信任楚军，以曾国藩发于忠勇至诚，推心置腹，倚以挽救东南全局。自诸军进逼金陵，逆匪老巢，已成阱槛，惟以艰难时会诚不易得，叠经寄谕，总以毋徒求效旦夕，惟当立足不败之地，以俟可乘之机。矧兹疾疫繁兴，各军将士，疾病之余，讵忍重加督责？该大臣惟宜愈矢忠诚，拊循加意，使军

心益固,沴气潜除!各营疾疫将士,其各传旨,优加存问,本应明降谕旨慰劳,诚以事关军务,或恐人心疑惧,且致奸宄从而生心,贼人转益张其凶焰。我国家深仁厚泽二百余年,当此艰危时势,又益以疾疫流行,将士摧折,深虞隳士气而长寇氛,此无可如何之事,非该大臣一人之咎。意者朝廷政事多阙,足以上干天和,惟当斋心默祷,以祈上苍眷佑,沴戾全消。我君臣当痛自刻责,实力实心,勉图禳救之方,为民请命,以冀天心转移,事机就顺。至天灾流行,必无偏及,各营将士,既当其厄,贼中亦岂能无传染?想该大臣郁愤之余,未遑探询。刻下在京固无可简派之人,环顾中外,才力气量如曾国藩者,一时实难其选。该大臣素尝学问,时势艰难,尤当任以毅力,矢志小心,仍不容一息少懈也。

(四) 两军之苦战

秀全以湘军苦疫,急召秀成乘机破围师,秀成疏曰:"曾国荃兵力厚集,为久困都城之计,我势日蹙,利速战,彼有长江济饷,而我无战舰之利,敌垒坚,猝不易拔,不如先图宁国、太平,断其后路,我军势既振,敌乃可平也。"秀全以久困虑粮不济,仍促其入援。秀成不得已,约十三王率众号数十万以闰八月十九日自苏、常掩至,东起方山,西迄板桥镇,连营数百,日夜猛扑清营,挟西洋炮自空下击,呼声动地。清军百道堵御,太平军更休迭进,迄未稍息。国藩在安庆,忧之,废寝食,飞檄国荃撤围。国荃数突围不得出,乃分其军为三路,以当三面。筑小垒无数,留孱卒守棚,选健者日夜拒战,更代眠食,军士伤亡颇众。部将倪桂节中炮殒,国荃左颊亦受枪伤,血流交颐,仍裹创上壕守御。同时宁国鲍超军、金柱关水师,亦为辅王杨辅清、堵王黄文金所攻,不能赴援。国藩檄调苏之程学启军、浙之蒋益澧军,又以围攻要地,不能应命。国荃督军苦守,贞干驻守江干,力战以通饷运。历十五昼夜,太平军始稍却。乃掘地道攻清垒,国荃辄堵合之。九月三日,李世贤复率大军自浙至,清军凭壕坚拒,相持两昼夜,俟其疲,开壁出击,敌锋少挫。太平军用箱箧实土,排砌壕边,潜开隧道。十二日地道两穴,同时轰发,土石上飞,太平军拥入塌口者各千余人,清军俟烟开土落，分路冲出，忍死决战，抢险三时，堵塞缺口，太平士兵先入者，被杀戮无遗。将帅复搴旗督战，国荃令各营同出兜剿，太平军精锐摧折无算。白昼不甚环攻，夜间轮班逼扑，仍暗开地道，冀乘雨夜轰击。国荃命各军修内壕内墙以御之，分兵连破其地洞七处。国荃等以被围月余，非出死战，不足以图存，乃命李臣典等出东路，曾贞干出西路，彭毓橘、萧孚泗等出南路。十月五日臣典烧东路四垒，火光烛天，太平军之在西南者，仓卒惊溃。三汊河之军，又为贞干所败，萧孚泗、彭毓橘乘胜逐之，西南诸军，皆不战而靡。于是苏、浙数十万之援师皆解体。是役也，国荃以孤军居围中，战守四十六日，伤亡至五千人，火药用尽，乃告贷于湖北、江西，将士狞目松面，皮肉几尽，贞干亦以病后过劳致死。军兴以来，从未有如此之苦战也。太平援军号称数十万，各帅不相统属，除秀成外，皆嬉戏不复以清军为意。而洪仁玕等复疏忌秀成，假防疫为名，闭京城不与援军通，亦不出一兵以为应，将士皆愤，莫有斗志。又狃于江南大营两次之破，漫不经意，致有此败。秀成向城号哭，以其无能为矣。世贤曰："江北方空虚，彼必不料我遽敢渡江，不如权舍国荃，驰攻扬州、六合，括其粮至军，夹江击之。又分兵攻国藩于安庆，彼必分兵驰救，我令屯秣陵之辅王，屯溧水之护王，乘虚击之，则必胜矣。"秀成然其计，命天将洪春元、次子李荣发将兵薄浦口，击李世忠营破之。

（五）金陵围师之稳固

方清军雨花台营垒被苏、浙援师围攻之际，太平兵船过东坝，分布固城、南漪诸湖，欲冲出大江。杨岳斌力疾扼守金柱关，曾国藩派陆军数营往助防守。九月十八日，水陆军合击破之，毁其船几尽。十月五日，李秀成援军既为曾国荃所败，图略江北。十七日秀成由九洑洲北渡，而先遣洪春元等连破和州、含山、巢县，皆湘军新得之城。国荃急分兵守西梁山，而令刘连捷、彭毓橘等引兵北援。十一月太平军复由东坝拖过战船以图出江，守将罗逢元攻之，烧其船二百余。而鲍超复大破杨辅清军于宁国。太平军三路均失败，湘军之气益扬。方事之殷，多隆阿已奉统师入秦之旨（详见后），国藩奏请回军赴援不能得。安徽巡抚李续宜授钦差大臣，督办安徽全省军务,方遣部将蒋凝学由六安、霍丘渡淮平颍州,进兵寿州。苗沛霖畏湘军威,诣凝学献正阳关水陆厘卡,及寿州城,退居下蔡。续宜又以丁忧力请回籍终制。奉旨赏假百日,以唐训方署理安徽巡抚。国藩连去二辅,而下游危急,故益忧惶无措。国藩素以孤军蹈危地为失策,乃议按视沿江诸垒,亲决进止。同治二年正月二十八日,国藩自安庆东巡,历池州、芜湖至裕溪口,彭玉麟来会;由东西梁山赴金柱关,抵乌江水营,与杨岳斌同至大胜关。以二月六日入雨花台营。次日偕国荃周察营垒,见围师稳固,始罢退师之议。十五日由大胜关赴九洑洲,次日,回舟西上,二十八日还安庆。疏陈巡阅诸军详观敌情曰:

臣巡阅诸军,详观贼势,揽南北之形胜,察天人之征应,窃以为有可惧者数端:自池州以下,两岸难民,皆避居江心洲渚之上,编苇葺茅,棚高三尺,壮者被掳,老幼相携,草根掘尽,则食其所亲之肉,风雨悲啼,死亡枕藉。二月十五日,大胜关江滨失火,茅棚数千,顷刻灰烬,哭声震野,苦求赈恤,他处芦棚丛杂,而往往一炬万命。徽、池、宁国等属,黄茅白骨,或竟不逢一人。又闻苏、浙之田多未耕种,群贼无所得食,故一意图窜江西,并窥伺皖、浙。已复之区,贫民无所得食,弱者转徙沟壑,黠者则从贼以偷生旦夕,党与无定长,酋长无定谋,诚恐变为流贼,更难收拾。而诸伪王中如李世贤失金华,杨辅清失宁国,黄文金失芜湖,古隆贤失青阳,刘官方失池洲,巢穴虽破,丑类尚多,其意怏怏不甚服伪天王、伪忠王之调度,其行径亦与流贼相近,恐其窜入里下河,以据场盐之利,此皆可惧之端也。粤匪初兴,粗有条理,颇能禁止奸淫,以安裹胁之众;听民耕种,以安占据之地,民间耕获,与贼各分其半。取江南数郡之粮,运出金柱关;取江北数郡之粮,运出裕溪口,并输金陵。和春等虽合围城外,而贼匪仍擅长江之利,挹不竭之源,傍江人民,亦且安之若素。今则民闻贼至,痛恨椎心,男妇逃避,烟火断绝,耕者无颗粒之收,相率废业,贼行无人之境,犹鱼处无水之地,贼居不耕之乡,犹鸟居无木之山,实处必穷之道,岂有能久之理?而东南要隘,如安庆、芜湖、庐州、宁国、东西梁山、金柱关、裕溪口暨浙之金华、绍兴，此皆山川筋脉必争之地，但求此数处不至再失，终足以制该逆之死命。昔年粤贼所至，筑垒如城，掘濠如川，坚深无边，近亦日就草率，而官军修垒浚濠，今亦远胜于昔。贼中群酋受封至九十余王之多，各争雄长，苦乐不均，败不相救。而官军仰承圣谟，三江两湖水陆各营，颇能和衷共济，呼应灵通。至百姓仰戴皇仁，沦肌浃髓，虽臣抚绥无术，治军无效，斯民久陷水火之中，曾不一闻怨咨之语。翘首西望平寇，击壤而讴吾君。意者民心所在，天佑孔长，凡此皆可喜之端也。夫窃号巨股，变为流贼，昔文宗显皇帝尝虑及之，但冀金陵、苏、杭三处，有一二克复，即当大赦群酋，广为招抚，以庶几赤眉百万，同日纳降之盛轨。

国藩巡视沿江之后，对太平必灭，已有信心。盖湘军扼长江而绝其粮道，秀全只有困守待毙耳。惟所虑善后有二事：一则江洲难民太多，赈济为难；一则窃号变为流寇，扫荡不易。当时赖文光、陈得才乃至石达开，即皆此类也。三月，诏授国荃浙江巡抚，仍留攻金陵；左宗棠升闽浙总督，兼权巡抚。置棋四旁，渐近中央，太平军除苏、常外，盖已无活动之余地矣。

二十三　石达开之独立行动

(一) 浙、赣攻略与湖南宝庆之围

自咸丰六年八月，天京内乱，杨、韦踵死，于是起事诸王，存者惟石达开一人。达开见秀全猜忌，自金陵再出，孤忠自矢，由安徽历略湖北、江西、浙江、福建、湖南、广西，以图入川，欲保天国于西隅，如诸葛辅蜀故事。有众数万，不复禀承秀全之命。七年达开由皖入鄂，至荆州，初拟两路入蜀，不能得志，乃返旆入赣，由饶、抚疾趋吉安。曾国荃方再起领吉字军，迎击于吉水县之三曲滩，大破之。八年达开军河口镇，命部将率兵二万窥浙江，清西安将军福兴奉令督江西东路军，驻兵弋阳，战不利，退守广信。达开由广丰以入浙，破江山，围衢州，克处州，与温州一江隔，烽火相望，民团复处处助之，全浙大震。江南大营令总兵周天受援浙，清廷急起曾国藩

赴浙江督师。达开围衢州三阅月,掘地道五,不克,会粮尽,解围入福建。天受等蹑之,所得郡县复失。十月达开闻江西军败,九江、抚州、吉安相继失,复还师入赣,南破信丰,北掠景德,遂攻南安,窥赣州。国藩遣萧启江拒之。九年,达开自南安入湖南。二月,破宜章、兴宁、柳州、桂阳,所过人马连行六日夜。时湖南兵饷皆竭于远征,腹地空虚,人心大震。达开由桂阳间道出花园堡,将窥衡州,为陈士杰、魏喻义所扼,改道围永州,分攻旁邑。巡抚骆秉章委军事于左宗棠,宗棠因飞檄召刘长佑、江忠义、田兴恕等赴急,时刘等皆假归在籍,一月内成军四万人,择隘设守,湘防以固。官文、胡林翼复自湖北调水陆军赴援,命知府萧翰庆率炮船三十二艘克期会长沙。长佑军至永州,达开解围走祁阳,攻东安破之。长佑自东安要击,军溃木山,辎重尽丧,收众保新宁。五月达开悉众围宝庆,连营百余里,清官书称其众号数十万,实仅万余人耳。湖南援军悉集,田兴恕、刘长佑、赵焕联等纵横血战,恒不利。达开令袭洪桥余星元军破之,援军皆恇惧。达开益增新垒,四面合围,官文、胡林翼以宝庆重地,不可无良将为总统,乃遣李续宜统湘营五千人赴援,军心赖以镇定。六月十九日,续宜至军,借兵勇三万余人,悉受节制。达开闻新军至,攻围益急。续宜与长佑等会商军务,自督大军渡资水而西,掩旗息鼓,从山背袭匡家岭,乘胜毁田家渡垒。达开遣兵拒战,续宜戒各营勿动,令奇兵横截之,伺懈纵击,太平军因大败。时达开围宝庆已将两月,日食米千石,野无所掠,遂引去,南走广西。续宜亦还湖北。

(二)广西之乱事与达开攻略四省

广西自洪秀全北去,境内安谧,虽土寇会党,不时骚扰,率不足以为大患。而湘军兴起,王鑫留湖南,专屯防南界,其越岭北犯者,为鑫军往来游击,卒破散。咸丰七年,王鑫援江西,余党复结粤将黄金亮攻据柳州。桂林土寇蜂起,省城戒严。烽火及全州。知州苏凤文告急湖南,湖南宿将尽出征,则以蒋益澧将千五百八十人南援。益澧初从王鑫,后随曾国藩,皆见谓粗犷,不得志,以广西远且贫,无愿往者,因自请行。五月至全州,乱党易湘军,遽迎战,益澧所部有从征湖北者,亦易乱党,以为不耐战,直前薄之，三战三胜。会党走保兴安。湖南复遣江忠濬将千余人会师，遂复兴安，会党退平乐，益澧等薄之，克平乐。是时，湘军锋锐甚，益澧名大噪，广西巡抚劳崇光奏留督军，秉章亦增造战船募水师以益之，并助饷月二万。八年，益澧入屯桂林，崇光奏命署按察使。时东南军事日棘，竭兵饷于吴、楚，未遑问广西事，提督备员而已。权归巡抚，兵食无所得，率假召抚以愚寇，故官军土寇相糅，横行省地，吏不敢诘，院司寄坐城中，守城将皆盗魁，人人寒心。益澧乘湘军威，悉案诛桀黠者，易置守军，然后巡抚以下，坦然安枕，故甘委权益澧焉。益澧不一岁由五品洊至两司，年轻志傲，以英毅自憙，既专兵柄，以次讨定浔、梧、庆还，府县始治民事，征租税如平时。时黄金亮等老营屯柳州，结寨自固。益澧拔之，金亮走古州。连州会党据贺县，益澧攻之，军疲被围，乡民集团丁力战，因得溃围。未几，会党走湖南，益澧还柳州。九年，达开围宝庆，益澧还桂林。崇光迁督两广，曹澍钟署巡抚，益澧代为布政使。七月达开既解宝庆围，欲入黔、蜀，其部下广西人，思归乡里，遂由新宁山径，间道趋广西，逼桂林。益澧已出扼平乐，至是急召之至。益澧军虽号五千，以饷阙颇短其数，又留防及败溃失伍者过半，才将千余人，皆疲乏无军容。学政李载熙居城中，亟诣益澧问方略，益澧大言无所诎。载熙劾其侵饷玩寇。清廷降益澧道员，诏促湖南赴援。秉章因遣萧启江、刘长佑援桂林，长佑军至东安，士卒病不能进。启江先行，至兴安。达开已西过义宁，侵黔边。闻援军至，列阵大榕江以遏之。达开连战不得志，乃破庆远，走湖南。澍钟母丧夺情，国藩调启江援皖，诏授长佑按察使，长佑将八千人克柳州，擢布政使。而贺县会党据守二年，益澧并援军克之。会澍钟有督川之命，胡林翼劾罢之，授长佑巡抚，益澧布政使，广西渐定。咸丰十年正月，达开由湖南蓝山、桂阳入广东，略乐昌、仁化、南雄，破清远，入英德、阳山，为粤军所败。五月，复据庆远，命部将余扶忠、朱洪新分率后旗自广西西隆渡红江入贵州，掠兴义、贞丰、归化，破广顺、永宁、修文，复扰安顺、安平，所至苗人蜂起应之，黔省残破殆半。清廷命田兴恕援贵州，旋署提督，增军二万，悉由湖南转饷。会扶忠专横，为其部下所杀，其众遂破独山，掠平浪，走广西融县，入湖南，已溃散不复成军矣。初达开分前后左右中五旗，左后两旗，众各数万，尤称劲旅，至是后旗遽败。达开复命张志功率左旗出灵川攻桂林,清军以巨金诱志功,志功降,全军复噪溃。盖其军多三江两湖之人,各有思归之念也。达开愤甚,欲隐居山林,因到处悬赏,无法藏身。复聚众万人,略迁江、南宁、忻城、兴业,破北流、太平,七月,由宾州、上林、宣化破绥宁,再入湖南。刘坤一、江忠义自武冈邀击,破之,达开走黔边。咸丰十一年达开部将余明善率万人投降,而朱洪新复战殁于桐梓,全军覆焉,于是达开军不复振矣。达开自愤懑出京,率其部众,驰驱湖、粤、闽、浙,行踪飘忽,声威震荡,清援军之蹑之者,常数万人。迨左后二旗败,所得郡县,相继复失,达开反踉跄崎岖险阻,疲于奔命,因之益锐意入蜀。先是宝庆之围,清廷谍知达开将入蜀,命曾国藩督军四川,而别授东纯为总督,国藩不愿以空名将客军,疏言:"江南寇势盛,宜先所急。"会东纯至襄阳,道卒,诏授曹澍钟代国藩援蜀,澍钟不以知兵闻,特习四川,故有此命。大喜将行,遭母丧,自请夺情,胡林翼劾罢之,奏荐刘长佑。清廷意重广西,又以蜀乱方急,难其人,卒以骆秉章习湘军将士,赴川督师。时蓝大顺、李永和起蜀中,势方炽,遣使往迎达开,愿归节制。于是达开分部下先入湖北来凤而自出湖南靖沅,将由鄂入川矣。

(三) 蓝大顺、李永和之起事

自太平军兴以来,东南扰攘,四川偏处西陲,虽颇设防,不至调发,最称完富。湘军饷绌,恒仰羡于蜀、越。言仕宦者,亦视四川为优沃之地,以赋轻民懦,官吏求取辄餍其望。清廷于将吏之有功者,故或遥授蜀监司以歆动之。胡林翼治军江汉,仰镃货于上流,恒欲通川督以自裨助,同时资望才德独曾国藩可重任,而又久屈无尺寸之地,林翼私策,冀国藩督四川,特未有间以发也。咸丰九年,川党蓝、李起事,而蜀乱始亟。蓝、李者,蓝大顺、蓝二顺、李永和(以其发短性暴,人皆呼李短搭)也。居云南昭通大关边,以护运鸦片为私贩魁,其党无虑数十部,率三五人或数十人为一队,往来叙州,射利作奸。闻太平军席卷东南数省,思乘机响应,然自托商贩,颇重身家,多所顾虑。会老鸦滩有讼事,汛官诈赇之不满意,因宜宾典史别陷以事,捕二人下狱,竟请府县杀之。贩党愤怒,初谋劫狱,既聚众百余人,道路凶凶,县官先遁。其党阑入县城,奉之起事。数日得筠连、庆符二县,有众数千人,进围叙州。时石达开前锋将入蜀,大顺与永和谋,遣使如达开军,愿听约束,自称为滇、蜀太平军统领。因分其众为二:大顺、永和分领之,一自叙州趋自流,一沿金沙江趋犍为。大顺将兵北走,清军屯守者,望见旌旗,四五里外,辄跪呼乞命,大顺先收其军械而后驱杀之。迨至自流,募集盐丁、灶夫,众至数万,乃申义举,禁淫掠,附者益众。十年春,两部会于嘉定,不攻城,屯五通桥,号十余万。于是荣眉、井研、青神、资阳皆骚动。湘军萧启江被命援川,启江率八营四千人至成都,旋病死。大顺攻井研,湘军击败之,因以军无统帅,或观望不前,或纵掠时闻,无复湘军规制矣。骆秉章既奉督办四川军,延刘蓉(字孟容、号仙霞、湖南湘乡人)入幕,而命黄淳熙(字子春,鄱阳人,以知县治事有声)、刘岳昭统湘军,未发,达开自广西还出沅靖边,将入蜀。两湖惮其名,皆惊惧,各治边防,奏留秉章新军。四川将军崇实署总督,募军至三万,皆游弁骄将,坐食而已。大顺军分略而出,启江部将萧庆高、何胜必、胡中和号三统,与川军将领唐友耕奔命往来,莫能大创之,而达开入川之报又亟亟矣。达开威名素著,湘军皆惮之,蜀既震动,而湖广督抚官文、胡林翼奏留骆秉章防施南。秉章自为巡抚,谂知军饷维艰,恐四川饷不肯供客军,颇以远征食乏为虑,观望未敢直进。黄淳熙以本旨援蜀,今逾年逗遛非法,又雅不悦刘岳昭,说秉章留以防两湖。咸丰十一年二月,秉章率淳熙军由宜昌分水陆溯峡上。崇实见蜀事日亟,度己才不足以胜任,虚心待之。秉章在道,频奏诉饷匮,初不意四川能供其军,比至未入境,崇实公文手书,殷勤通诚,遣官问候,冠盖相望,悉发夔关税银资军需。湘军大喜过望。淳熙将所部先进,务推锋,耻言持重,闻大顺方围攻顺庆,倍道赴之。五月,大顺走定远,淳熙追逐,遇于姚店。大顺连营十余里,湘军逼垒,前队遽奔。湘军士卒新从郴桂与达开军战,颇习兵势,见大顺乌合之众,若摧枯拉朽,勇气倍增,奋踔直前,大顺党无敢迎拒。或凭垒持刀矛,稍发小枪,湘军益笑之,抛火屯中,大顺数万之众,一战而溃,蹂死者千数。大顺北走滝川,至二郎庙,将渡涪,涪涨未渡,淳熙军至,遣逻卒侦大顺所向,大顺饰孱卒为土人,佯报曰:去远矣。已而知尚屯场中,淳熙恐失敌,令军士蓐食,五鼓行,前锋先进,淳熙率亲兵三哨继之。大顺闻湘军且至,设计,亦夜出,行七八里,迎击于燕子窝,一交绥,挥军即退。淳熙追至场,见大顺分兵从两旁登山以待,知已中伏,势不能退,乃分所部为三,以左右军御伏兵,自领中军前进。大顺吹角,四山伏兵尽出,角声满野,前军惊溃,三部失势亦惊,淳熙骤马率退者,马陷山泥,弃马步进,众溃不可止。淳熙坐地上,拔佩刀,瞋目直视,大顺军或刺之,或斫之,解其头臂。后军闻败引退,结屯自固,惴惴终夜,马嘶悉屠之,恐敌闻。自军事之起也,将帅每至一城,辄留止,号为休息,审势而后进,湘军进行虽速,未尝肯连日行战,淳熙新从李续宜援宝庆,见其行,恒愤耻,故其行军昼夜赴利,不少休止。同时惟多隆阿、僧格林沁恒数百里驰逐,然僧少尾追,多应变无方,非他将所能测,皆与淳熙不同,而三人者后皆暴尸被创死,以快持重者之意。语曰:“千钧之势,不为鼷鼠发。”淳熙其尤可悲者已。大顺未知主帅死,慑湘军威,乘胜渡涪北去,进围绵州。分屯其众于绵竹、什邡、罗江、安彭。秉章之顺庆,拔曾传理以附生领军,萧庆高、胡中和、何胜必、唐友耕及秉章护军将刘德谦、唐炯,所募黔勇将颜佐才合万九千人会师绵州城下。而李永和围眉州,其党分屯彭山、丹棱、青神,夹成都百里内皆敌氛。十一年八月,秉章实授总督,移屯潼川。是月,传理、庆高等分三路夹击,大顺兵败,解围走丹棱。传理自彭山攻眉州,永和拒战于松江口,亦败走青神,分掠铜梁、壁山、永川、大足、定远、南充、岳池、广安。秉章大增川湘军,又檄调刘岳昭由楚赴蜀。十一月,移军丹棱,大顺不能守,焚城走蒲江,略崇庆双流界入彭县。分二路东走,折向南北,所过民团营兵,往往抄袭截击,杀伤过半。大顺势遂不振。萧庆高等围永和于青神、犍为,永和坚守铁山,以同治元年三月走宜宾。于时蓝、李势衰,而达开大军已入四川矣。

(四) 达开之被召与入川之决议

方达开之由黔而湘而鄂,谋入川也,安庆被围急,秀全以达开深得皖人心,召之还京。达开报以书,略谓:“臣本淡泊,无志功名,徒以受陛下之知,不敢不效驰驱。溯举义旗之初,我侪兄弟,同胞敌忾,激昂奚如?叨天之福,攻取金陵,根基粗具。方期枕戈待旦,闻鸡起舞,扫待尽之虏,奏统一之功,何意外侮未平,萧墙祸起,操戈执矛,自相攻杀,日寻不已,喋血一家,臣实泣血椎心,不忍再见。虽蒙天王圣明,昭雪冤抑,然从此元气大伤,十年未可即复。且此党彼群,寻仇未已,门户水火,意见益深,臣若再入是非之门,鸡肋不足供人之刀俎也。嗟呼！臣老母年已古稀,惨被菹醢,妻子无辜,并为鲸鲵,东望国门,心碎已久！尚复何颜生入哉？要之,臣虽西奔,仍为天朝戮力,苟得于川、滇、黔、湘之间,扬天朝之旗,而宣太平之威德,则身虽万里,心犹咫尺。凡此区区,即所以报天王之德于无穷也。西陲待罪,无任主臣！"卒不赴。因遣将先入来凤,而自出靖沅,以同治元年正月,遂与来凤军合。来凤小邑,居民多贫窭,达开入城,传见父老,慰谕抚循,出于至诚。士民感戴,请留兵守卫。达开告以入川意,则皆叹惋固请,达开婉辞焉。约川局定后,更为布置,士民大悦,献酬尽礼。旋抵宣恩,土司出迎,达开抚慰备至。遂伐木作筏,浮清江,沿途观者,皆叹为义军,谓果与清兵不同云。至施南,部将陆起蛰、赵如龙迎入城,传召父老,共商善后策。施南四面多山,物产硗瘠,惟为川、鄂交通之要道,川中米盐药材等输入湘、桂,必由此道,稍稍因之沾润,客商云集。其北三十里有五龙关,即青龙山脉绵延之谷口,出关北渡江,为蜀之万县,西南达石砫厅,形势颇称便利。达开蓄怀已久,因决议:先遣部将率兵至石砫厅等土司接洽,令为向导,招定川南,然后由西陲东向,以抚成都之背,扼巴渝之吭,全蜀不难定也。乃命赵如龙向万县,黄再忠向石砫,杨绍东向黔江、酉阳,戚朝栋向涪陵、南川,各示以机宜,宣明宗旨,游说结纳,而绝不开衅挑战,广示德义,以为招徕土司之计。达开自驻施南理饷,以待消息。因兴实业,植桑麻,开屯田,辟果圃,宣水利,设工厂,修道路,虽为日无多,而规模弘远矣。二月,如龙攻万县,不利,袭据酆都。再忠抵石砫,土司秦氏,传系秦良玉后裔,颇同情石军,愿介绍附近土州县,以资联络。三月,朝栋等围涪州,川军唐友耕合湘军刘岳昭内外夹击,战不利。而蓝大顺、李永和之众分屯鹤游坪(涪州南)、八角寨(在宜宾),以隔于清军,不能响应。四月,如龙等由娄山出贵州桐梓,过綦江,留攻一日,唐炯拒却之,因西走贵州仁怀,南入叙永,西北走兴文、广符,东破长宁,知县周子堃死之。大顺别队由酆都略忠、万,走云阳,西北破太平,出境至陕西定远。湘军聚重庆,专防达开。如龙等破长宁,刘岳昭、唐炯、曾传理、唐友耕皆会师。而大顺复以其间分略梁山、垫江、大竹、邻水。七月,又破开县,从城口出陕西,至是大顺及二顺军皆入陕,与扶王陈得才相依傍。得才为请于天王,封大顺为天将。其鹤游坪之留存者,为传理所逼,弃屯北走。李永和亦于八月弃八角寨走犍为,屯龙孔场,胡中和移军围之,永和并力突围,马蹶,为湘军所擒,解成都杀之。盖蓝、李起事四年,至是而平。而川中诸军,益得致力于达开矣。达开之自广西入扰邻省也,形势涣散,非复当年效力太平之旧,所攻略无论百数城,专以出没边地,避实蹈瑕为得计,其取败亦终以此。达开既得再忠、如龙等进军之报,由施南移抵石硅,极意与土司联络,招集诸土司会议进取事。或言先取重庆,或言直指成都,最后涪陵土司言,宜由泸溪缘江上溯,至宁远潜师走万山中,直出深谷,则已在成都南门外矣。诸土司亦以是道便捷,免为清军所注目,既得成都,抚慰自易。时赵如龙在黔边,戚朝栋、杨绍东已至金沙江畔,达开以会师宁远,可得数千人,皆百战精锐。诸土司愿助军饷,顾须一月后方能完备。因留杨继业率千人守石硅,而自引军西下,攻破长宁,不能深入。遂绕道贵州遵义、云南昭通,欲从横江渡河,又为川军所阻,旋复退入滇境。四川总督骆秉章虽治军甚严,顾为人颇苛吝,部下将士,又多嗜杀戮。达开重威德,易得人民欢迎,其理想如此。徒以过重怀柔,而野人性尤反复,卒以失败矣。

(五)石达开之被执

同治二年三月,达开使先锋赖裕新由宁远冒险深入,乃自率数千人由披沙及会理,两路入西昌,过城不攻,直趋越嶲。时川督骆秉章、布政使刘蓉以大渡河为西南巨堑,敌由越嶲、冕宁大小两路而来,必走安庆坝及万工泛,缘河二百余里,有渡口十一二处。若西绕土司辖境,皆仄径可北越松林小河,由上游泸定桥及化坪林径渡,入薄天全、雅州。即侦知达开连络土司,将让路,乃调总兵唐友耕一军专防安庆坝至万工汛,檄知府蔡步钟率雅州劲勇驰往助之,檄诸军陆续驰扼雅州、荣经及化坪林,以张声援。又檄松林地土千户王应元率所部土兵驻守松林小河,檄邛部土司岭承恩统土兵截断越嶲大河,逼石军使入土司境,伺入险,即抄其后路,使不得退。先重赉岭承恩、王应元土兵，并许获敌财物悉赏之，布置既定。达开入万山中，屡为么明土司所扼，粮秣将尽，颇自忏悔，又欲取卫、藏如虬髯公王扶余故事。因迷途果由小径至紫打地，王应元辖境也。其旁两山壁立，隘口险仄，易进难退，前阻大渡河，左阻松林河，右阻老鸦旋河。达开以土司曾受招抚，夷然信之，长驱入险。时大渡河北岸尚无清兵，达开使其下造船筏速渡，渡未及半，会日暮，令撤还，期以次日毕济。迟明，遣人探视，忽见大渡河、松林河水陡涨。达开谓山水暴发，一二日可平，当少俟之。越二日，水势稍平，而唐友耕军已至，密布北岸，以枪炮隔水轰击，石军颇受伤。欲退出险，回视隘口，则土司已断巨木大石以塞路，且有夷兵把守。欲索两旁小径，则皆千仞绝壁，无可攀援。屡于南岸沿河冲突，皆被清兵土兵击退，伤亡甚众。土司岭承恩复由后路抄入，绝其粮道，夷兵或三五为辈，伏险阻击，或自山巅陨木石攻击。清兵亦不时渡河雕剿。达开粮尽路穷，乃以箭缚书，隔河射入王应元营，约罢兵让路，应元不应。复以利诱岭承恩，承恩攻之益急。达开知为土人所绐，乃尽斩向导二百余人祭旗，克日结筏，誓于死中求生。每数十人乘一筏，人以挡牌蔽身，皆披发衔刃，挺矛植立，众筏乱流齐渡。为清兵土兵枪炮所击，悉随河水漂没。达开在围中匝月，杀马而食，继啖桑叶草根皆尽，清兵土兵四面包围，直入紫打地，毁其营垒。乃致书唐友耕，有“一人可以自刎，三军饬以安全”语。书载《唐公年谱》，原件闻民国后石肇武由唐家索回，存其妻龚淑芬处，余所见乃唐子伪造赝品也（余有《石达开致唐友耕真笺伪书考》一文，载《太平天国书翰》及《非宇馆文存》）。达开率余众奔至老鸦漩，复为夷兵所阻，辎重尽失，进退无路。妻妾五人携其二子自沉于河。达开望见清军于洗马姑竖“投诚免死”大旗，乃偕一子名石定忠，及曾仕和、黄再忠、韦普成等弃械投降。岭承恩羁之营中，时同治二年四月二十七日也。五月一日，达开等五人过河，至唐友耕营中，越二日，解送成都。其余党二千余人，友耕派营分驻弹压，夜以火箭为号，会合土兵，围而歼焉。达开到成都对簿，口如悬河，应答不穷，于当世诸将负盛名者，皆有贬辞，惟谓曾国藩虽不以善战为名，而能识拔贤俊，规划精严，无间可寻，实所罕觏也。据传其供状述起义颠末甚详，藏四川藩署，惜遗失无从得见。今军机处档案所存《口供》,与《骆文忠公奏稿》中原供悉同,想已经窜改矣,故不具录。达开以五月十日解至成都,旋即被磔于市,年三十三岁。曾仕和等亦凌迟处死。石定中方五岁,例应监禁,俟及岁时再处决。友耕初许达开以不死,并护持其子,至是亦斩之。今蜀人尚有述达开豪迈之状,与“唐帽顶”(友耕亦袍哥首领,人称为唐帽顶)之负义云。达开工文辞,喜吟咏,《饮冰室诗话》载其答曾国藩诗五首,可与洪大全词媲美,惟难辨其真伪耳。肆上所出《石达开日记》、《石达开诗钞》,则半皆好事者为之,恐不可信也。

二十四 太平军西北方面势力之消灭

(一) 陈得才攻略三省

同治初年,东南方面,金陵、苏、浙三处苦战不休,太平军势力已渐蹙。辅王杨辅清、堵王黄文金、天将古隆贤等,与鲍超、张运兰皖南之师相持。李世忠自浦口守江浦,为李秀成攻破,复退安徽滁、泗境内,别为一军。自李续宜丁忧回籍,唐训方署皖抚,分遣续宜部下驻淮南,以防苗沛霖,而僧格林沁在淮北剿捻。盖自陈玉成死后,太平军在皖、鄂一带,已无活动之余地,惟玉成部将扶王陈得才合捻首孙光危、陈大喜两股,由河南唐县趋南阳,以图分清军兵力,尚往来豫、鄂、陕三省,约二年而始定。同治元年三月,得才由庐州趋河南,河南巡抚郑元善驻师许州,派兵驰援,湖广总督官文派总兵何绍彩率新练八营由宜昌移防随枣襄樊,并咨陕西巡抚瑛棨以重兵防商雒。四月,得才西入武关,由孝义出山口,至尹家卫,直逼陕西省城。瑛棨遣参将阿扬阿等会同绅团抵御,奋勇督战,太平军不得进。其别队由韦曲入犯者,亦为兵勇民团截击,全军退蓝田,攻渭南破之,杀知县曹士鹤。是时川党蓝大顺、蓝二顺等北窜陕,一军踞洋县、佛平,一军踞商州、山阳,与得才等相通,互为援应。得才既闻玉成庐州被围急,欲东下往援,复由华阴至潼关,出关取河南阌乡,旋走渑池等处。五月蓝二顺由山阳破湖北陨西县,官文会湖北巡抚严树森调何绍彩及安襄郧荆道金国琛率军驰往,二顺不敢抗,县城立复。六月,得才闻玉成被擒,因攻淅川、内乡、新乡入唐县，遍扰南阳府一带，清军逆战失利。得才驻军白河两岸，筑垒绵亘百余里，势张甚。官文派金国琛及候补道梁作楫越境赴援。加以民团助战，立解南阳之围。惟河南兵力单薄，无制胜之师，得才往来裹胁，纠合捻匪不下四五万人，遂南走湖北光化属之老河口。八月，再由淅川后路袭踞紫荆关。多隆阿自克复庐州，旋奉命督办陕西全省军务，统马步军行抵商南，督军回剿，夜由陡沟直薄，得才率启王梁成富，天将马融和等拒战。清兵前后环攻，太平军势渐不支，败走。因复合捻首陈大喜、张乐行趋枣阳。闰八月，破随州，分股一入京山、应城，一至应山边境，扰及德安以北，下及孝感。官文等飞檄诸将进击，失城渐复。而得才复以大军扑安陆府。官文以敌势过重，奏调多隆阿回驻襄阳，居中调度。多隆阿九月十日驰抵樊城，得才围安陆不下，直趋襄樊，多隆阿乘夜袭击，大败之，又悉走河南。十月复由河南新野、邓州入湖北，薄郧阳府城。败退，破房县，知县庆明率民团攻复之。十一月得才全军又入陕西。十二月破兴安府城，图久据。同治二年正月，团总邱振家攻破之。是时捻首张乐行为僧格林沁所擒，石达开亦败死于川。于是太平军西北方面之势力，惟得才一军往来驰驱，与川党蓝氏兄弟相首尾而已。

（二）陈得才、蓝大顺等之败亡

得才据兴安，未及一月，为团总邱振家、知县方传理、县丞周锡龄等所攻破。二月，复下紫阳，旋退出，攻汉阴、石泉，战不利，乃到处流窜。至八月始纠众数万攻汉中，布政使毛震寿及陕军、川军赴援者，皆不能御，先后破汉中、城固。值金陵围急，洪秀全遣谍约令回援，遂以十二月传令东下。同治三年正月，陕西巡抚刘蓉令记名提督何胜必、萧庆高等乘势急攻，收复汉中府及其属邑。蓝大顺先据洋县，与得才合，至是亦为庆高等所逼，弃城走周至。将军多隆阿既平回乱，即移军攻之。周至城小而坚，大顺百计守御，不能下。二月廿三日，挖地道轰月城，多隆阿亲登将台，鸣鼓督战，飞弹伤左目，犹促诸将速登城。言此城速克，伤重亦可痊，如不克，伤轻亦不欲复活，诸将益奋，环攻至次日夜，蓝大顺启西门遁。周至遂下。大顺至新口峪，欲窜宁陕，为佛平厅团练截击，翻山狂奔，至汉阴，在籍主事管涝带练勇击杀之,传首汉中(《平定粤匪纪略》谓李永和供指蓝大顺已死乱军中,后窜洋县者,为逆首曹姓。然多隆阿奏报均指为蓝大顺,是则李永和或听流言之误,不然即曹某之托名矣)。多隆阿以伤重卒于军。当多隆阿之在淮北也,威名甚盛,群敌慑惮,寿、颍弭伏,江南闻风相惊动。曾国藩飞书约会兵,多隆阿素以官文不可亲,且已不识汉文,而亦恶儒吏,即报国藩,言军事权宜专一,以微示不与曾国荃同处。国藩具言如先约,一听官文指挥。官文揣多隆阿终不欲东,而四川德安诸敌,俱入陕西,先已奏遣雷正绾赴援,遂再奏令多隆阿自往。陕抚及京朝官亦日言关中帝王都,天下最要,朝令属多隆阿。命下,官文益自以当上意,决意遣之,合军江宁之谋,不复听矣。国藩独叹曰:"多公威名太盛,寇知不敌,则必入南山老林,此所谓骐骥捕鼠者也。"与书官文言:"江南才赋,比秦中何止十倍?贼数众多,何止百倍?曩者楚军有大谋,惟以书问往复,不先恃奏取朝旨以相压,故国藩不奏争,而上议于左右,宜且止西行,以图江南。"官文业建议,不肯止。多隆阿留五千人屯庐州,而身将万五千人入陕西,诏授为钦差大臣,后频破敌,竟死盩厔焉。多初以黑龙江马队从征楚、皖,得胡林翼拔擢为大将,与鲍超齐名,有"多龙鲍虎"之称。身经千百战,所向有功,料敌之神,罕与比伦。所得禄赐,分赡军士,未尝私其家,人尤以为难。同治元年秋,衔命入陕,以亲兵七十余人解商南之围,又破颍、亳捻匪姜台凌等五六万之众,恩谕谓为奇捷。平时爱士卒如骨肉,而威令严明,凡所指挥,汤火不敢避。及死,远近皆惜之。其时陈得才等已先入豫,欲与各捻于南阳、襄阳会合,齐下援南京。皖捻王庭干、豫捻陈大喜纠众十余万犯枣阳,围湖北军于霸山,提督成大吉、总兵赵克彰、王桐柏、杨朝林等击却之,败捻窜襄樊,又为成大吉及总兵梁洪胜所破,乃分窜河南、淅川、邓州境,与陈得才之军会于李官桥(淅川属),众号数十万。官文出省督师,咨调先往陕西之姜玉顺等军回援,而僧格林沁亦自河南追捻入楚。四月初四日至随州,会军包抄,捻众东退,分扰京山、天门、应城各县境,并踞皀市等镇,官文督诸将各路截剿。五月,始南窜至孝感、云梦一带,护军统领舒保力战阵亡。旋至黄陂之木兰山,复扰及乔家店、黄花涝等处,距汉口仅十余里。清军力遏之,不得逞。而捻众渐集,分援新洲、辛家冲、柳林、马鞍山、会龙山等处，复聚于麻城。陈得才屯白杲，官文派成大吉、姜玉顺等奋力攻击，得才部将蒋开扬战死。得才东略蕲水、黄州、广济，官文与僧格林沁等合攻急，遂移皖境。时天京已破，士卒夺气，得才闻幼主在湖州，欲由赣入浙。而安徽巡抚乔松年、按察使英翰及郭宝昌、张得胜、何绍彩等分扼要隘，三省防守极严，无路可去。天将汪世第、端王蓝成春等率二万余人先后投降，其余部下皆溃散，得才以势孤服毒死。其初踞陕西山阳之蓝二顺一股，于得才东下时，即窜入湖北郧阳之上津堡，道员梁作楫等击退之，又为楚军总兵蓝斯明所败，遂窜商州二郎庙，游弋豫、楚边境。大顺之死，二顺声言为兄复仇，以五月五日，回扑西安省城。巡抚刘蓉、西安将军德兴阿会同将调防之荆州将军穆图善协剿，二顺解围走，至九月始全为清军所扑灭。于是太平军在西北方面之势力已完全消灭矣。

第六章　太平天国之灭亡

二十五　淮军之图苏

（一）淞、沪之解严

同治初元，曾国藩既以独力拜讨敌之大命，任重责专，无所旁贷，无所掣肘。于是以李鸿章图苏，左宗棠图浙，曾国荃图金陵。三方合谋，始克奏功。盖金陵为太平天国之根据，江、浙为财赋之中坚，实相须以成其雄。非扫荡苏、浙之敌军，则金陵不能坐困，非攻围金陵之首都，则浙、苏亦不能得志。洪氏末叶，赖陈玉成、李秀成之力，使清军疲于奔命，其运命亦得延长至六七载而后定。陈玉成既死，而长江上游之势衰，惟秀成往来于苏、杭、常、扬一带，以与二曾、左、李相周旋，究之，以一秦不敌众楚，而湘、淮军始成其盖世之勋名焉。当李鸿章莅沪之先，曾国藩曾奏言："苏抚当驻镇江，居形势适中之地。上海一隅，论筹饷则为上腴，论用兵则为绝地。"是时曾国荃进兵雨花台，诏命鸿章赴镇江，卒以沪事急，不果行。（鸿章奏言："接督臣曾国藩书，颇以进攻金陵兵单为虞。曾国荃亦言：官军止能围西南两面，深沟高垒，以水师为根本，以江面为粮路。先自固以图贼，非增二万余人不能合围。臣查金陵城大而坚，和春、张国樑统师八九万围攻日久，功败垂成。今苏、浙两省，遍地贼区，黏连一片，贼处处可进援，尤与昔年情形迥异。所恃楚师稳练，较胜他军，贼数众多，未尽精悍。曾国荃军不及二万，不足合围，即不能制贼死命。此次李秀成等扑犯淞、沪而遁，闻将连合杭、湖贼众赴救金陵。臣急欲驰往镇江，就近援助，无如原部陆军仅数千人，分两处则均不得力，专一路则尚可自立，兵事重大,臣何敢易言之也！沪中官民向恃洋人为安危,乃援贼东来之先,洋人分兵四出,援贼大至之后,洋人敛兵不动。臣揆度夷情,似非暗与贼通,坐观成败,实系慑于贼众,不敢向前。若非臣亲督兵将,痛挫凶锋,患且不测。以是知洋人不可专恃,沪防必须自强。臣忝任苏抚,既不能弃沪中每月二十万饷源之地,又不敢缓镇江上下游接应之师。左右思维,实无长策。至沪上原有水陆兵勇,简汰整顿,非臣亲自部署,不能钤制,所带诸将中,尚有勇敢朴实之材,实少应变御众之选,且资望皆浅,未可令独当一面。臣断不偏信吴中绅士之言,贻误大局。惟军事以得人心为本,臣之谫陋,到沪稍系军民之望,未便轻自移动,遽失众心。曾国藩处似亦无统兵大员,可派来沪,可否容臣将沪事办妥,移师出江？抑臣更有言者:冯子材等催臣前往,实欲臣到镇,为该军筹饷,未必为进剿起见。江北完善地方,所出之饷,专供都兴阿一军,尚无缺乏,而畛域已分。江南止存镇、沪两处,每月仅能由沪分给三万,臣实深内愧。冯子材尚能战守,而兵勇疲惰,已非一日。长江师船,大半朽坏,劫夺成风,臣即颉颃其间,止能自立一军,未便控制诸将。若轻言整顿,先失和衷之义,若亲军太少,亦无整顿之资。此皆实在为难情形,臣不敢稍有徇隐。”疏入,诏缓镇江之行。)自南汇一战,淮军根基渐定,欲与金陵军相策应,遂定进攻之策。元年七月,使程学启、郭松林等会常胜军急攻青浦下之。又发别军驾汽船渡海攻浙江余姚,拔之。八月,李秀成遣慕王谭绍洸大举犯北新泾,围况文榜等营,分兵据法华镇,距上海仅十余里。时上海驻军仅三千,余皆分防百里外,鸿章飞檄刘铭传由金山卫,常胜军由松江兼程赴援。密饬李鹤章、程学启防守青浦诸军,以其半趋泗泾、七宝,出敌后。学启间道至七宝,绍洸以三万众围裹之,学启苦战逾时,却之。北新泾之围仍未解。鸿章亲督军至虹桥,太平军方凭河据垒,伏左右以待。鸿章策骑疾驰而过,与学启军合,分道夹击,太平军退吴淞江北。时黄翼升率淮扬水师自上游先至,毁北岸七营,刘铭传又败之于野鸡墩。绍洸趋嘉定。常胜军分军克宁波、余姚,又攻慈溪。华尔奋战先登,中弹贯胸卒,遗命以中国服敛。鸿章以美人白齐文代领常胜军。九月,英提督何伯受代将归,耻前此嘉定之失,诣鸿章约攻嘉定。新任提督固伯又率英、法两国兵助战。鸿章派调白齐文、李恒嵩及李鹤章等炮勇继进,卒克嘉定。绍洸及听王陈炳文复分道自太仓、昆山趋淞、沪,至四江口,围刘士奇、郑国魁营,逼南翔、洋新泾,渐及青浦。鸿章令学启与刘铭传、郭松林分路出击,不能破。鸿章督战急,炮伤学启胸,仍裹创力战,太平军退昆山。沪防三次解严。太平军自是不敢再窥淞、沪矣。

(二) 常熟、太仓、昆山之攻克

时曾国荃雨花台大营被围急,国藩檄调程学启赴援,以战事急,勿能应。鸿章议令白齐文率常胜军往。十月,敌败退,檄止此军,而白齐文闭松江城索饷,不得,至上海痛殴道员杨坊攫取饷银四万两以上。鸿章告之英提督士迪佛立,解白齐文兵柄,勒令归国。以奥伦领其众。未几,以戈登领之,酌定兵额为三千人。自淞、沪屡次解围,淮军既得手,始谋进取。署江南提督黄翼升督水师进攻芦墟镇、三官塘等处,距苏州三十里。复回军攻上下田庙至窑街,距嘉善仅数里。常熟、昭文二县同城,久为太平军所踞,福山距城十八里,为江南重镇,与江北之狼山对峙,乃由江入海之锁钥也。常熟守将骆国忠举城降清,并招降福山,不下,攻克之。同时太仓守将钱寿仁亦以内应事泄,弃城诣上海投诚,复姓名曰周寿昌。清军进规太仓,风雪阻师不得进,谭绍洸悉众争常熟,淮军分守嘉定、青浦不能应,福山复破。于是鸿章一方则嘱国忠坚守,以黄翼升统水路,三营出海赴援;一方则令陆师攻昆山、太仓以通常熟之气。清军之攻太仓者挫退,而水军亦以飓风坏船,移碇避风,常熟益困。同治二年正月,乃令刘铭传乘轮船济师,戈登率常胜军助之,李恒嵩移营逼福山敌垒。时常、昭血战苦守已两月,势益危,鸿章议先下福山以解城围。因以常胜军专攻敌垒,架西洋大小炮于旧城轰击,各军分击太平军之来援者。遂夺福山石城。因救常、昭,与国忠守兵内外夹击,连日鏖战,太平将孝天义朱衣点战死,常、昭围解。三月,太仓守将会王蔡元隆伪纳款于鸿章,鸿章命程学启、李鹤章率师赴之。鹤章军已渡河,将入城,太平军数千人裹帛自城出,佯为迎师状,而伏军尽起,鹤章伤足,几不免。学启扼西门,见有援军自昆山来,疑而为备,元隆果以千人围攻之。鸿章得报,檄戈登、李恒嵩赴援,毁南门敌卡。际天福李文熙率炮船截河口,学启以洋枪队袭其后,而自督水陆迎之,文熙军皆歼焉。戈登以大炮轰城,各军越濠进,鹤章军南门,防窜者,太平军万余悉被围杀,太仓遂克。乘胜进攻昆山,天将夏天义拒守。谭绍洸闻之,自苏州进援,营北门逼清军。学启察知正义镇为苏援必由之路,因与戈登驾船绕攻之,破石垒两座。绍洸恐归路遮断,急回军。淮军伏军截击,败之,乘胜抵昆山城下,驾云梯以登,遂克之。太平军死者二三万人。太仓、昆山既下,于是始为规取苏州之计。鸿章奏言:"由昆山进苏州为一路,程学启当之。由常熟进江阴、无锡为一路,鸿章与刘铭传当之。黄翼升淮阳水师相辅并进。戈登常胜军驻昆山,为各路援应之师。由泖淀湖达吴江、平望、太湖为一路,李朝斌水师当之。而令刘秉璋、潘鼎新、杨鼎勋等,分驻淞、沪近地,以防杭、嘉、湖贼之窜犯。"先是李秀成援天京不克,率所部退浦口,遂改计,谋入安徽、江西、湖北。冀上游事急,或分清军之势也。是月,西上至六安,候补道曾广翼、知州何家聪等守御,曾国藩派鲍超赴援。秀成闻太仓、昆山并破,淮军将攻苏州,乃引兵东还。鲍超、刘连捷、萧衍庆等追克东关、铜城闸两隘,进图巢县。

(三)李秀成援苏之血战

李秀成之自六安东还也,江宁、苏州并急,秀成谋先解苏州之围,乃率章、护、普、朝、侍五王渡江,自江阴之固山至无锡城外,连城数十里。鸿章令鹤章会督各军进扎常熟之王庄,刘铭传、郭松林、吴建瀛、滕嗣武、张树声、周盛波等分道出击,黄翼升水师助之,鹤章阵顾山以督战。周寿昌进张泾,备无锡之援。血战二日夜,太平军大败,死者万余人。六月,鸿章将围苏州,令程学启以水陆十三营会戈登、李恒嵩常胜军取花泾港,逼吴江、震泽下之。白齐文在上海,结合英、美退职兵士二百人驾汽船往投秀成,秀成大喜,使练新军,以敌常胜军。七月,鸿章率李朝斌太湖水师,溯吴淞西巡,以太湖通苏、浙,令学启至吴江,与水师会夹浦,攻下沿湖敌垒。遂进逼苏州城而军,与娄门、葑门相距数里。刘铭传别军攻江阴,编修刘秉璋与道员潘鼎新别军攻枫泾镇。浙江嘉善援军大至,秉璋等三路并进,卒克枫泾。而援军由嘉兴、平湖来者约三四万人,踞西塘等处,绵亘三十余里,秉璋由枫泾进西塘,水师来会,英人马格里亦以大炮轰击,遂克西塘,太平军遁嘉善。八月,铭传围江阴急,鹤章调张树珊、郭松林等会攻,先平沿江木城石垒百余,以洋枪炸炮轰击,城军有内应者,遂克之。广王李恺顺堕水死。学启进规苏州。守将谭绍洸屡出师击之,皆不胜。秀成亲来援,谋解围。学启以宝带桥为太湖锁钥,猛攻下之。秀成命白齐文以西洋炸炮突清军,击毙数百人,周寿昌率死士焚其汽船一艘,因溃退。秀成召诸将集西路,冀保无锡,以援苏州。鸿章议进取无锡,命郭松林、李鹤章、滕嗣武、张树声等分路进攻,侍王李世贤北营惠山、高桥,南至坊前、梅邨,列队数十里,皆败走。独秀成往来突击,多所杀伤,围清军于大角桥,清军以火箭烧长龙炮船,而援军又众,秀成子及祥王黄隆芸溺水死。秀成复攻宝带桥,不克。九月,学启、戈登会水师克五龙桥,太平军势渐蹙。秀成乃集无锡、溧阳、宜兴等军八九万,船千余只,出运河口,而自率精锐数千踞后宅(属金匮),连营并进,为最后之谋。鸿章令鹤章等坚立营垒固后路,乘间袭击,令学启由苏州横出敌后,先下蠡口、黄埭。而鹤章复约诸军滚营前进,分攻坊前、梅邨,平敌垒十余。惟秀成所据之石垒,终不能克。于是清军一由蠡口、黄埭下浒墅关,连克虎丘,追至阊门;一由五龙桥迭毁敌营至盘门。苏州外蔽几尽失。绍洸等仍于胥、葑、娄等门凭河筑垒,悉精锐以守之。鸿章以苏城久不下,亲往督师。

(四) 苏州之克复

秀成以屡战不胜,城危势孤,乃自间道入城,与绍洸坚守。鸿章度外援已绝,益促学启、戈登攻城。尽出炸炮轰城外石垒,娄门、葑门、盘门诸垒皆不守,淮军三面水陆薄城。城中粮绝,众益汹惧。会秀成得谕,促还师救天京,秀成草奏上天王,不达。鸿章督攻益急,淮军肉薄以登,秀成、绍洸亲上城挥刃格之,始少却。而纳王部云官有贰志,密输款于清副将郑国魁。学启、戈登单舸见云官于城北阳澄湖,命斩秀成、绍洸以献,许给云官以二品武职。云官不忍杀秀成,许图绍洸。学启与为誓,戈登证之。秀成见事急,又微觉云官等将反,而事已无可为,因涕泣握绍洸手为别,曰:“事败如此,重累弟矣!”乘夜缒胥门去,时十月二十日也。学启等亲督水陆各军由各门分路进攻,昼夜不辍,愈逼愈紧。二十四日,绍洸拟背城一战,招云官计军事,云官携天将汪有为往,即座刺杀之。(《平定粤匪纪略》谓:"绍洸上城抵抗,正在对众指挥,部永宽等商汪有为出不意将绍洸乘隙刺杀。")并杀其党千余人,开齐门迎降。学启令郑国魁领千人入城,云官献绍洸首请验。学启入城抚视,降将列名者八人:纳王部云官,比王伍贵文,康王汪安均,宁王周文嘉,天将范起发、张大洲、汪环武、汪有为,乞学启白鸿章,要求总兵副将官。署其众为二十营,仍屯阊、胥、盘、齐四门,云官且未薙发。学启恐不可制,密白鸿章请诛之。鸿章犹豫,学启曰:"某极知杀降不祥,然不杀此八人者,苏城终不可得,虽得之不安,吾宁负贼,不负朝廷。"鸿章不得已许之。二十六日,云官等出城参谒,鸿章呼左右取八冠红顶花翎进,令八人戴之,曰:"今为我大清官矣,好共立功。"趣备酒食,宴八人于帐内,坐从卒帐外。鸿章伪出巡营,学启令闭营门,发一炮。云官惊曰:"何事?"伏甲起。云官腰间尚带小洋枪,举拟学启。一人顿足曰:"今到此,何用?吾固知为程某所卖。"于是悉斩八人。学启单骑入城,呼八人诈降已诛,余不问。众皆崩厥角稽首,无敢枝梧者。学启又杀降卒精锐二千余人,遂定苏州。国魁先与云官誓不相害,憾学启负约,涕泣不食,卧三日。戈登夙暱学启,至是以杀降詈之,扬言挟其军且为变。见云官首,携之哭,并索得其养子送昆山。苏城中且有降党暗藏炮击鸿章之谣。鸿章后亦悔之,咎学启曰:"君亦降人也(按学启初隶英王陈玉成部下,咸丰十一年国荃围安庆,招降之),何为已甚?"学启怒,还营,将引军去。其部卒奔告鸿章,鸿章复过学启,阳论他事,笑语甚欢,事乃解。而国魁终以诳杀云官怨不已,鸿章乃令为云官设佛事,亲诣祭吊,泣数行下。国魁叩棺大哭呼曰:"杀汝者自有人,吾不汝诈也。"捷闻,鸿章加太子少保衔,学启赏穿黄马褂,予云骑尉世职。赏戈登头等功牌,并银一万两。

(五)苏州杀降文告考

苏州杀降一事,戈登以为负约,欲挟其军以为变,究竟鸿章如何处理,方能使戈登心平,官私纪载均不详。尤以《戈登日记》(*General Gordon's Private Diary*)所言特略,其中盖有若干之曲折也。《湘军记》云:"戈登日持手枪,造营门觅鸿章,欲击之,鸿章避不见,遂率其军与学启绝交而去。”此全非事实。鸿章《骈诛八降酋片》密奏云:“戈登因臣先调常胜军回驻昆山,未与入城之功,忽生异议。先曾谓纳逆不应杀慕逆,兹又谓不应杀纳逆,声称即带常胜军与官军开仗,经道员潘曾玮、总兵李恒嵩劝止。乃又招去纳逆义子部胜镳,及久从苏贼之广东人千余名,意殊叵测。又怂恿英国提督伯郎、翻译官梅辉立来苏辩诘。臣告以自督军来沪,先收南汇降酋吴建瀛准带千人,次收常熟降酋骆国忠,准带二千人,均肯退出城池,谨受约束,故以战功保至副将,信用不疑。臣并非好杀降者。兹部云官等所求太奢,欲踞省城,关系太大,未便姑容,养痈成患。且诛八酋而后能解散二十万众,办法似无不是。戈登先期调回昆山,事在仓猝,未及商量,盖一商询彼必极力诅格,此事遂无了局矣。该提督则以英国不喜杀人,是使戈登无词以对外国,强派臣办理错误,臣姑勿深辩。惟倖倖见于词色,据称申请公使与总理衙门议定,再将常胜军作何区处。其意殆挟该军与我为难耳。臣维戈登助剿苏城,近来颇为出力,是以督同程学启曲意联络,俾为我用。不料成功之后,既索重赏,仍生衅端,值此时事多艰,中外和好,臣断不敢稍涉卤莽,致坏大局。惟洋人性情反复,罔知事体,设英公使与总理衙门过于争执,惟有请旨将臣严议治罪,以折服其心。”据此则知来苏辩诘者为英提督伯郎而非戈登也。戈登生衅,主要在索重赏,清廷仅赏银一万两,大不满意,故借词辞谢耳。戈登一面怂恿英提督来交涉,既不得直,乃转告英国公使向总理衙门交涉。李鸿章《上曾国藩书》云:“苏城复后,加以降众二十万在,遣散安置,煞费心力。戈登及伯郎等簸弄是非,横腾口舌,鸿章心绪恶劣,不欲告人。伯郎二日来苏,怒不可撄,谓其代英国君主与官商众人与我说理,要鸿章备文认错,方有办法。鸿章笑对云:‘此中国军政,与外国无干,不能为汝认错。’一怒而去。恐总理衙门无力了此公案,故愿受朝廷之罚,不欲开岛人之衅。顷闻伯郎回沪纠商,各国领事,尚有附会,却颇澹然,洋商多以杀降酋为是,大约纷纭可渐解矣。惟戈登利心颇大,常胜军霸住要挟,不知又耗许多财力。其实该军除炸炮外,攻剿不若我军,屡称对仗,迄未动手,鸿章与诸将亦甚不惧怯也。”又《复乔鹤侪方伯书》云:“手教猥以诛锄降逆一事,谬加奖藉,可谓乐道人善之君子矣！其时悍夷挟持于城外，忠逆徘徊于境上，内有降人数十万，凭陵省会，为肘腋患，为左右袒。鄙人昼夜焦思，寝食俱废，少一濡忍，可忧甚长，乃放胆为之，自谓可谢江、浙数百万被害之生灵矣。彼族犹讼言总理衙门，幸朝廷能持正论耳。”足见鸿章不肯向英人认错，而清廷亦不肯因公使之抗议而谴责鸿章。戈登愤慨进谒，鸿章犒赏常胜军七万两，又允出一布告，明述戈登于约降时有赦宥之言，戈登遂谓事已解决，照旧服务。一场严重问题，直烟消火灭于无形中，不可谓非鸿章应付得宜也。故鸿章所出文告，戈登携之返英，今存大英博物院中。内有：“戈总兵因不在当场，未及得悉其中原故，颇疑此事办理与前议不合，兹恐中外人等犹执传闻之说，未深悉本部院与戈总兵之用心实有不同而同之处，必须晓谕一番，而后共得明白。”此文告并非向戈登认罪，只是为戈登解释纳降时曾与其谋，杀降时不在当场耳。实则文告仍系表面作为戈登下台之阶梯，而真能使戈登不闹者，乃鸿章“甚不惧怯”之态度与七万两赏金也。鸿章知其“利心颇大”，即以利餂之，戈登能不就范乎？至戈登何以热心于救护太平将领？一般均以为外人重信义，谨杀戮，或就人道上为仗义之举，殊不尽然。常胜军最初由华尔、白齐文组织，皆外国流氓，故白齐文攫取饷银，被革后即投太平军，因受伤仍由戈登保护返上海。戈登虽出身较正，然气焰之盛，跋扈之状，均使鸿章难于驾驭。如《复曾沅帅书》云：“常胜军终无结局，外间不知者以为好帮手，其知者以为磨难星也。”“磨难星”三字，可以表示鸿章羁縻之苦。因恐其“包藏祸心，片言不合，戎事立兴”（见《夷务始末》国藩奏语），白齐文之事可鉴矣。鸿章以为白齐文“投入苏城，带有炸炮，贼中给金数十万为购枪炮，虽饬各营卡查拿，头头是道，偷漏仍多。……幸英、法酋长明攻之而不暗助，或有一线转机”（同治二年六月十五日《复曾沅帅书》）。殊不知英、法酋长明攻而亦暗助，供给太平军枪炮火药者，非叛走之白齐文，乃号为清朝忠臣之戈登也。今幸伦敦所藏《戈登文书》中，尚有与太平方面往来函札，具见余所编《太平天国书翰》中，如其一为忠王李秀成、慕王谭绍洸《复戈登书》云：“顷接来信，知欲放出受伤诸人，以便医治，并欲往来买卖枪炮，兼有回去之人，道及我处情谊，故来候函。具见桂（即贵字，因避幼主天贵福讳，故改)台义重情挚。……各人军装炮械,彼此皆知底细,你处图利,我处置办,听从通商,原无禁令。此时尔处如有枪炮洋货,仍即照常来此交易。若或桂台肯到我处,我等亦乐共事。总之,我国与该清争取疆土,自有天命攸归,与外邦不相干涉。"又一为谭绍洸《复戈登书》云:"洋商回转,接到复信,知所答笺,已经雅照,赐马拜收,骑之甚良,枪炮等件,亦已领收,种种厚情,感谢不尽。现令小制金镯金珮,聊以报琼,一俟制就,即行寄呈。"观此二函,则知戈登及西商与太平军之关系,售枪送马,义重情挚,此岂鸿章所及料乎?鸿章但知戈登利心重而难驾驭,尚不知其通敌,世人亦但知外人素重信义,尚不知其交通两方,固无往不利也。外人之术,亦诚巧哉!慕王为守苏将领,与戈登往来频繁如此,戈登之与纳王等亦可知。故纳王之刺杀慕王,戈登不谓然,鸿章之背约杀降,戈登即气愤填膺矣。此其尽由于公义乎?则亦因与太平军诸将有私情故也。《戈登日记》述其往访纳王卫护家属之情形,非私谊不至此。此公案至今犹为一般史家所误认,故不惮详考之,使知外人之服役中国,仍以其本国本身为立场,外人称戈登,辄曰 China Gordon,戈登亦自诩忠于清朝,岂不可笑?甚或谓戈登平定太平天国,斯真谰言矣。

(六) 两路进军之方略

淮军进攻苏州时,李鹤章方督军取无锡。秀成既由苏州西去,乘小轮船毁无锡西门桥以出,驶回天京。以败军分布于丹阳、句容间,潮王黄子澄固守无锡,鹤章迭克高桥、望亭诸外垒,四面合围,昼夜环攻。十一月二日,连破东北南三门守营,一拥登城。太平军下城巷战。子澄自率五六千人出走,冲突十余次,为周寿昌所擒。无锡、金匮复。于是鸿章奏言:"臣驻苏州,遍察贼中城守,布置极有条理,深以未得擒杀此酋为憾(按指秀成)。现曾国藩派兵回防江西,左宗棠派兵分截皖南,但使不再踞城池,剿灭较易。臣今拟令程学启、李朝斌、刘秉章、潘鼎新,由平望、乍浦兜剿浙西之贼,冀与左宗棠、蒋益澧之军前后夹击。李鹤章、刘铭传进常州、宜兴兜剿苏境之贼,冀与曾国荃、鲍超之师前后夹击。欲分各路贼势,藉固苏、沪藩篱。"因分其军为二:南路入浙江,与左宗棠之军策应。西下常州,与曾国荃之军相联络。南路军越境会剿,连下张泾、平湖、乍浦、海盐、澉浦、孟河。太平军聚平望,当江、浙之交,鸿章命学启速攻以制之。二十四日,平望克,嘉善闻风乞降。刘铭传进攻常州,由城北间道进扎西施桥等处,周盛波、张树声已出东路攻夺白家桥。李鹤章由无锡至,令各军滚营前进,先破圩塘,敌势披靡。章王林绍璋自句容来援,鹤章仍令分攻各门以缀城兵,而自率九营御之,鏖战竟日,绍璋败退。奔牛镇守将降。清以唐殿魁、黄桂兰屯奔牛,以扼丹阳。十二月,绍璋复率大军围奔牛,以炸炮轰击,势甚迫。刘铭传、郭松林抽攻城军援之,且战且行。鹤章急调洋枪队为应,而李侍贤等复自金坛、溧水继至,四面环攻。鸿章令分拨将弁,三路并进,内外夹击,焚秀成所购之洋人"飞而复来"轮船,金、牛之围立解。同治三年正月,郭松林会戈登、李恒嵩克宜兴。二月,进图溧阳,沿途获胜,声威大振,溧阳守将吴人杰降,遂攻金坛。时护王陈坤书守常州,分遣其军犯江阴、常熟、福山,苏州以西大震。鸿章饬铭传等坚守勿战,飞檄松林倍道援常熟,令鹤章守无锡,而分兵至江阴截其归路。太平军以常熟守固,乃趋无锡,鹤章力战却之。其犯江阴者,亦为守将骆国忠所败。太平军麇集常熟,会黄翼升水师由江北返,而松林援军亦至,遂不得逞。退屯杨舍、周庄、华市等处,夹山为营,势仍张甚。常州之克复尚有待,而浙江嘉兴之功成矣。

(七) 嘉兴、常州之攻克

程学启自嘉善攻嘉兴,太平挺王刘得功、荣王廖发寿守御甚固,士多伤亡,又遇雨不能进。而沿江太平军大至,学启因谋亟下,乃缮攻具,修炮台,以图猛攻。督勇丁缚草膝行,增筑沿城护炮月墙;发大炮坏城十余丈,麾众作登陴状,俟敌集益众,连开炸炮击之,乘烟焰中别支浮桥,二月十八日,堵王黄文金自湖州来援,学启别遣军击走之。乃亲率勇士,奋力攻城,死者枕藉,学启愤,自横矛跃过浮桥,肉薄以登。额角中枪子仆,部将刘士奇、王永胜见学启受伤,率队簇拥而登,城遂破。太平守军被围杀净尽,得功、发寿亦死之。学启伤重,回苏州,理治二旬,伤渐平,败骨为梗,医言不能去。学启一日因有所忿,自去之,伤喉,六日水不下咽,创口复裂,遂卒。

年三十五。(《稗说》:“学启攻嘉兴,脑中枪子,舁归营,痛苦不堪。或言至上海就医便,学启欲至苏州,乃如苏,延医治之,创已合。一日,独坐深念,忽有所见,厉声曰:‘汝能为厉乎?’奋起与搏,创复裂,脑血皆溢而死。”)学启随鸿章至沪,迭著伟绩,克苏州,其功尤多,及死,人皆痛惜之。予谥忠烈。嘉兴既克,是月,左宗棠复杭州。三月,鸿章亲至江阴、长泾,察敌势,督攻常州甚亟,分军先拔杨舍等处敌垒,沿江肃清,移嘉兴军合攻。太平军连营二十里于常州城西,以通丹阳、金坛之路。刘铭传等并力击之,城外营垒尽破,常州西窜之路遂绝。因合围,破裂城垣数十丈,勇士梯而登。坤书以洋枪队抵城缺,拼死固守,清军死伤甚众,城复完。时冯子材、富明阿之军,由镇江进丹阳,鲍超之军,由句容克金坛,常州势益孤。陈坤书拥众死守,取旧棺、败船堵城阙,清军进攻,则发枪炮以拒。四月,鸿章令军士筑长墙百余丈以为障蔽,掘沟其下,伏兵抢造浮桥。戈登以炮队攻南门,常胜军多伤亡。乃改令郭松林、杨鼎勋攻西南城,常胜军应之;刘士奇、王永胜攻东南,张树声军应之。铭传独攻北门。初六日,水陆炮声如雷,旧击坏之城,复倾数十丈,坤书仍悉力抵御。以人塞缺口,旋死旋集。鸿章亲督军四面环击,屋瓦皆飞。各军奋勇登城,太平军犹巷战,坤书据住处石卡,设炮阻击,龚生扬突入擒之,常州遂克。于是苏、常之太平军,悉由徽州入江西。苏省除江宁外,皆已克复。淮军分布江宁邻近要隘,曾国藩调鲍超军援江西。鸿章撤常胜军三千人以节糜费,遣戈登归国,后督英兵攻埃及阵亡。论者颇以善驭洋将,归美鸿章,淮军名誉,亦为中外所推重,清廷遂有命鸿章会军攻江宁之谕。鸿章以曾军攻江宁垂克,不欲分人之功,深自谦退,乃托言盛暑不利用火器,固辞不肯进军。清廷不喻其旨,屡诏敦促,始奏请先攻湖州,克长兴,方议遣炮队枪队助攻。至六月,而江宁之捷书至矣。

二十六　浙江列城之恢复

(一) 温、处之平定

先是,左宗棠既拜督办浙江军务之命,疏陈方略,欲先肃清后路,而自由严州进军。如弈者之置子四旁,渐近中央。时浙江全省皆陷,湖州已危,仅衢州、温州坚守未破。侍王李世贤踞金华,衢防亟亟。金、衢、严一带,为太平军主力所在,左宗棠当此一路。其后闽军克温、处,洋兵克宁、绍,民团攻台州,苏军复嘉兴,皆能收一面之功,而与左军成包围之势。盖自宁波既克,太平军退入绍兴;台州既克,太平军萃于处州;温州之军,畏台州士民之议其后,则由处州以回金华。裹敌中央,宗棠所谓浙事一大转机也。谨次第述之:同治元年,宗棠既复开化,驻军金马街。二月,进攻遂安,先败太平军于杨村,杀完天安卢有成,遂安复。留王文瑞、王开来守之,自有此城,而江、皖边界始无敌军阑入之虞。李世贤率金华、严州大队围衢州,宗棠自将往援,至常山,李元度在江山乞救。未定所向,而世贤退据花园港。三月,宗棠援江山,与元度合攻花园港,不克。世贤寻回金华,宗棠亦还常山。其时衢、严一带战事亟,湘军勿遑他顾。闽浙总督庆端以温、处与建宁、福宁犬牙相错,边防孔棘,非援浙则无以全闽,故于宗棠入浙之后,得专力温、处焉。清廷命庆端驻浦城,先略处州,遣将林文察破太平军于大港头(时太平军踞处州者,分屯碧湖与大港头),进逼遂昌。世贤派军由江山来援,文察设伏阻击,大败之,直抵遂昌,破栅而入。温州被围,道员支方廉登陴严守,总兵秦如虎率部前往,已革道员张启煊亦带团勇截杀,连战败敌,太平军退踞瞿溪一带。庆端以温州滨海环山,水陆错杂,为闽北藩篱、太平军不得志于衢,必将尽力于温,敌由台、处分窜瑞安者众至数万。恐如虎、启煊兵力单弱,虽迭有擒斩,而敌军环迫,众寡悬殊,飞檄各营兵勇交曾宪德调遣;及游击李朝安率所募台勇赴瑞安,归张启煊统带,复抽拨闽水师赴温援剿。太平军果由瞿溪再犯郡城,启煊营陷,退保瑞安。城外二十里皆敌军,粮道中梗。庆端促援军速往,令联络民团,合力夹攻,瑞安之围先解。时各县民团大起。四月,缙云、青田、乐清,先后克复。庆端令林文察图松阳,破旧市诸垒,将乘胜攻城,会太平军由宣平来援,乃止。五月,太平军回扑温州、瑞安,秦如虎、张启煊等力拒,闽水军及民团为应,累战皆捷。泰顺、云和民团复县治。庆端檄如虎、启煊由青田、泰顺进兵,游击白瑛等由景宁、云和进兵,以规处州,林文察仍攻松阳太平则天豫彭宏财、扮天豫蓝玉发、主将谭体元等数万人守松阳,分布旧市、叶川、宣平间,连营百余里,屡攻不下。文察悉力袭剿,卒赖民团之助,以六月二十日克之。翌二日,民团收复宣平。松阳接壤金华,太平军大队据守,遥应金、兰,近卫处州,至是楚军之后路,闽省之边圉,可以无患矣。处州势孤,闽军各路进薄,文察、如虎等奋勇力战,卒以七月十九日克之。清廷移庆端福州将军,而以广东巡抚耆龄代之,温、处悉平。

(二) 宁、绍、台之克复

宁波、绍兴夙称浙东饶沃,繁富与嘉、湖埒。台州负山阻海,同隶一道。自李世贤据金华,咸丰十一年九月,遣主将范汝增(后封首王)、黄呈忠(后封戴王)进军略绍兴、台州,并由余姚攻宁波。以十一月克之。时宁波为对外通商口岸,英法军舰欲助清防守,不果。宁绍台道张景渠、护提督陈世章均受伤,法提督卜罗德(A. Protet)以兵舰送之定海。会游击布兴有及弟良带至,二人原为盗,横行海上有年,浙江臬司段光清抚而用之。景渠为流涕言浙事,激以忠义,皆奋。同治元年二月,太平军以兵船犯舟山,景渠、世章督众击却之。台州自陷落后,太平军将李鸿钊等颇肆淫虐,于是州民相率纠结,以在籍道员苏镜蓉、参将陶宝登为领袖。而仙居副贡生吴琮亦因其父被害,倡义杀敌,天台首应之。聚民团十余万复县城。四月,镜蓉等约期进剿,吴琮及教谕周炳勋同时复仙居、太平,旋克台州,乘胜捣黄岩、宁海,台州全境肃清。定海自解围后,景渠等率众扬帆指镇海,以四月克之,因与英、法军密约进攻宁波。太平军原设炮位对北岸,(柯超《辛壬琐记》云:“宁郡江北岸一带,比年以来,有夷商开设洋行,英、法、美三国都有领事馆驻扎。夷房接壤,窗户洞开,教友商贾,实繁有徒。贼既占宁城,各处禁止薙发,催迫进贡,通衢僻壤,俱有伪示。示及江北岸,夷官见而即毁,街巷巡逻不许张挂。仍教居人照常薙发。凡有贼徒过江买物,其安分不强者听之,倘或带刀生衅,即行惩治,或捉剃其发。”)英舰长刁乐克(Roderick Dew)强令拆除。太平军许封塞炮眼,移去火药。则又不许对北岸清军发炮。清军因会同英、法兵炮击宁波达五小时,破之。英将士死伤二十人,法死伤十四人。英人立碑纪念,大书英军收复宁波城云。各属民团并起,数日之间熛流响应,慈溪、奉化、象山并复,宁波平。景渠率师规取余姚，太平军固守。乃遣人赴上海募兵，并请华尔之常胜军来会攻。七月，中外各军，分由西岸并击，景渠督勇士入水拔桩，兵船因得驶近城垣，遂克之。史致谔代景渠莅任。太平军分三路犯余姚、慈溪、奉化、象山，慈溪、奉化再破。致谔亟令中外军船进剿。英国舰长刁乐克及华尔攻慈溪克之，华尔亦中枪死。八月，致谔、世章令布兴有等会刁乐克及长胜军富尔思德（Forest）、法国海军参将勒伯克东（Lieut A. E. Le Brethon de Caliguy）、税务司日意格（Prosper Giguel）等水陆各军攻奉化，累战克之。九月，景渠、世章复与法国参将勒伯克东直捣上虞，十月，克之。太平军渡曹娥江去。天台民团再克新昌，协复嵊县。十一月，景渠等进薄绍兴，勒伯克东轻进被挫，伤殁，以副将达耳地福（一名莫得理〔Tardifovd Moidrey〕）接统其众。十一年正月，达耳地福由西郭门进攻，亦中枪死。上海法司令伏恭复以参将德克碑（Paul d' Aiquebelle）继之。太平军力战坚守。景渠移驻三江城。刁乐克由上海解大炮来，日意格亦续调法兵到营，复为宁王周文佳（李秀成供状作嘉）、主将何文庆所击退。英海军军官丁龄（Tinling）重伤死。海军司令固伯（Kupeb）以刁率军远征，超越训令，因请政府罢其职。然太平军中有内应者（杨应柯），城中火起，周文佳等退萧山，绍兴复。乃分军攻萧山，太平军又弃城走，绍境尽廓。盖浙江列城之攻克，有赖于闽军者：秦如虎、林文察等之保守处州，及克复温、处各属邑。有赖于外国兵者，张景渠、史致谔等之利用英、法洋将，以恢复宁波、绍兴。（英舰长刁乐克不但热心参战，藉获私利，如先为张景渠设计守宁波，得五十万两。后又组织"常安军"、"定胜军"，以参将葛格〔Col. Cooke〕领之，马昂、英常为管带。于是法参将勒伯克东亦组织"常捷军"，自任统领，以日意格副之。以后攻击浙东各县，皆英、法军及此三军也。）有赖于本地民团者，则苏镜蓉、吴琮等之克复台州及各属：皆左宗棠兵力之所不及也。

〔附记〕同治元年六月十六日宗棠疏言："定海解围后，克复镇海、宁波、慈溪、奉化郡县等城，均经前江苏抚臣薛焕及署抚臣李鸿章先后奏报。台州民团克复全境，经督臣庆端奏报。宁、台各郡，皆远在海隅,臣军由开、遂、江、常而至衢州,相距千余里,贼氛中隔,得报稍迟。据各路文报,证以所闻,略悉梗概。台郡地瘠民强,上年贼首李世贤窜陷后,分遣贼党散踞各县,为纵横海上之计。旋以官军入浙,急思抗拒,乃由台州还窜金华。贼目李鸿钧、李元徕、李尚扬等在台,大肆淫掠,士民不堪其毒,于是倡义讨贼,各相纠率,出不意击之,旬日之间,连复郡邑,毙贼五六万,贼目皆就擒斩。臣获栈天义罗贼致李世贤伪文,言台事甚详,其畏仙居士民尤甚。论台、黄出力士绅,以在籍道员苏镜容为最。仙居出力士绅,以副贡生吴琮为最。而吴琮因其父被害,杀贼报仇,英烈之风,尤足矜式乡里。定海解围后,克复镇海,厥后会合外国兵船,克复宁波,多资布兴有、布良带等之力。布兴有在洋横行有年,熟习海上形势,前任浙江臬司段光清抚而用之,以护商旅,司巡缉,加意羁縻,始就约束。此次陈世章、张景渠用之,亦克有功。宁波既克,败贼遁入绍兴,台州既克,败贼萃于处郡。温郡之贼,畏台州士民之议其后,则由处郡以回窜金华。就现在局势言之,裹贼中央,绝其分窜,似亦浙事一大转机。而臣愚窃不能无虑也。台州之克,全借民团,宁波之克,半资外国。而官军曾无一旅与之周旋。外国助剿,但可偶用其长,未可长恃其助,即台郡士民,一时偕作同仇,无良将吏为之主持,终虑情涣气衰,难以持久。臣现檄代理台州知府昆龄于赴任之后,详察各处情形,及实在出力士民,分别安抚奖励。谕苏镜蓉、吴琮等互相联络,以收众志成城之效。令署宁绍台道史致谔,先由安庆雇坐轮船驶赴上海,由定海、镇海以抵宁波,并经理税厘事务,熟审其能养兵若干,随时驰禀,以便核酌,一面札调前臬司段光清、绅士陈政钥令同经理,以资得力。俟臣所调兵勇到齐,饷项有出,再当斟酌办理。如处州已复,则分拨一军,由处台陆路直达宁波,可无中梗之患。至英国公使称调印度之兵,秋间大举助剿,或系悬拟之词,不必实有其事。闻英国兵饷最重,亦颇以调拨之烦为苦,非公使等所能擅专。印度兵船距中国五六万里,亦非一时所能骤集。又诸暨县民包立生,聚众杀贼,颇著战功,然传闻异词,未敢遽信其真可倚任。”包立生者(或作立身),本农家子,据包村阻水为堑,贼屡来攻,皆破之,杀伤甚众。邻境被难士民,挈家从之者数万人。每战胜掠贼金帛,至于山积,以分犒力战者,人皆不暇取,徒受之而已。迭次杀贼,及团练战死物故者各十余万。敌愤怒,大合众昼夜力攻,卒陷其村,歼其人,鲜得脱者。或言包曾习奇门遁甲术,能料敌之进退虚实,而制其命。又或言包初无异人处,某富翁惑于术者之言,潜蓄异志,见包形体甚长,密置之后园,教以兵法,及出,谓为遇仙,借以惑众。事败,并死村中。按包不过乡民之勇悍者,率民团以保固一隅而已,乃当时传闻异词,宗棠之所以不敢遽信也。

(三) 龙游、汤溪之攻守

宗棠自回军援衢,行抵常山,方欲剿除衢北,以攻龙游,忽闻杨辅清率大队扑遂安,遂自率亲兵回驻开化,辅清闻风远去。而李世贤之众复乘虚逼衢州。宗棠乃以五月抵衢州西北,太平军由龙游上扰,精锐聚于北路之峡口、莲花、盈川一带,宗棠自率各营九路并进。所有敌垒,一律平毁。而太平军之在东南两路者,亦相率弃营遁。于是宗棠疏言:

浙江贼虽数十万之众,而皆听首逆李世贤一人指嗾。该逆自江西击败后,即由遂昌边境绕道回踞龙游,而倚金华为老巢,严、处为犄角,兰溪、寿昌、汤溪、宣平、松杨等县,皆分布贼党,拼死抵拒。五月十五日,该逆经官军击败,夜由龙游退回金华,嗣窜永康,近又有窜汤溪县境之耗,贼踪倏忽靡常,其注意仍在抄袭臣军后路。臣先拟衢州、江山兵力足资堵截,即当由寿昌、淳安直捣严州,以规省会,近探杭州守贼无多,贼之大势趋重金华,自应并力先将龙游、寿昌、兰溪、汤溪等处次第攻剿,撤其藩篱,犁其巢穴,然后分兵严、处蹙之,以取破竹之势。蒋益澧五月初七日自广东发禀,尚无启行确期,所部十七营,已早抵湖南,臣又飞札催之,大约到浙当在六七月。臣相度形势,似宜先金华而后严州,拜折后,即当进图龙游、寿昌,节节搜剿,冀于全局有尺寸之补。臣军新募之勇,已陆续前来,刘培元所部三千二百人,已于五月朔到浙。现在造船调炮,添设水师,一俟就绪,相机布置,亦可稍省陆路兵力,而护运军食军火,乃能免迟滞而速戎机。

六月,宗棠耀兵龙游对岸,定直捣金华之计。世贤复由严州攻遂安,宗棠密令刘典等率兵倍道驰援,败之。世贤回金华,值金陵被围急,洪秀全飞召世贤入援。世贤请俟击退衢州军乃往。尽调各路骁将归并金华、兰溪、龙游、武义等处,益严守具。七月,宗棠进军龙游之潭石望(距龙游十五里),令衢州总兵刘培元驻圭塘山(龙游城西十里),崔大光屯茶圩(龙游河北隔岸),以逼龙游。别遣刘典、杨昌濬等分剿兰溪属之油埠、永昌镇诸据垒。八月,世贤以清军力攻北路,南路必虚,令龙游守将遴天义陈廷香、勘天义李国群等攻圭塘山,培元迎击败之,追至城下,仰攻,逾时不克。世贤遣忠裨上将李尚扬及楼天义胡明顺等来援,廷香等又出城军夹击。培元军危,仍以镇静处之。宗棠急命亲军及各部兜剿,大败之,杀胡明顺。太平军退踞寿昌,分党出上方岭,可以窥左军之后。宗棠所部皆节制之师,然仅数千人,不敷调遣,而李元度所部之安越军,又以徽州前事遣散。会新任浙江布政使蒋益澧率全军至衢州,宗棠令以一军扼上方岭,一军往攻寿昌,拔之。时同治元年闰八月也。宗棠命益澧、刘典诸军,先尽力扫荡南北西路之敌垒。而自移驻新凉亭(距龙游城五里)筑长濠以逼龙游。九月,益澧由罗埠攻汤溪,刘典扼油埠以防金、兰之援。龙游、汤溪,城坚垒固,急攻不能下,攻者多伤亡。李世贤以眷属在溧阳,因出桐庐道溧阳以援金陵,而留李尚扬、陈廷香、李国群及王宗李遇茂、兴天义刘政宏等分守金华、龙游、汤溪,期以四十日必回。十月,天将谭星自兰溪援龙游,益澧、刘典等击走之。

(四) 金华属邑及严州、龙游、诸暨之克复

谭星弟富守严州,宗棠调知府魏喻义由昏口移屯淳安、寿昌,与遂安王文瑞军相倚。徽州急,文瑞移攻绩溪,淳安军孤危,太平军以左军注攻龙游、汤溪,轻喻义,不来攻。既久,始稍稍移军,月余至铜关,去严州六十里。喻义因江山船女王,结西山民团首领林三,并借难民以侦察严州动静。谭富与林三相仇,夺其米舟,期夜袭西山。女王遣报。喻义选千人,

乘虚自将往袭其城。城上柝声断续，不设燎火，殊无战备。军士梯西门以登，遂斩门钥，纳军入。太平军仓卒无斗志，巷战不久，皆溃走。其攻西山者，以有备不能克，将还城，望见火光，知有异，既闻清军已入，遂大奔。时同治元年十一月十三日也。宗棠方以大军与敌相持以求胜，攻坚殊难，而喻义乃无意收一大城，捷书闻，诸将皆惊愕焉。是岁厉疫大行，左军感疾死者至四千余人之多，已缺饷至八月，而士气殊壮，皆不忍言去，敌势渐衰。太平军麇集金华，欲救汤龙，徘徊不敢进。陈廷香等日惟以李世贤已至徽州给诸军固守。龙游、汤溪久困，全浙太平军并力西注，戴王黄呈忠、首王范汝增、梯王练业坤自湖、绍过金华来援，谭星自兰溪营县北为应。益澧、刘典屡攻败之，刘典率水陆军进攻兰溪。宗棠以敌势难久存，恐窜江、闽，咨商两省保境截剿。龙游守军乘除夕突出扑左军，败退回城。同治二年正月，益澧攻汤溪急，太平守将彭禹兰乞降，益澧受之，令诱李尚扬等出城濠，出不意擒之，城乃下。兰溪为刘典所攻，谭星已窜浦江，守军无多，至是闻汤溪破，与金华守将刘政宏相率逃。龙游事急，援军与守军乘夜走诸暨。廷香至白龙桥败死。盖十一、十二两日汤溪、兰溪、金华、龙游四城并克矣。军声大震。于是闽军林文察复武义，民团收永康、东阳、义乌。宗棠令益澧由义乌，刘典由浦江合攻诸暨。浦江太平军先溃走。典攻诸暨，民团助之，守军尽降，诸暨亦复。典欲乘势取绍兴，至是亦为宁波军及英、法兵所复。谭星由浦江趋桐庐，宗棠遣刘培元、魏喻义合击之。而自移军兰溪，金华布置稍定，即移严州。培元、喻义克桐庐。刘典军追敌至富阳，当杭州西南，益澧军由临浦、义桥、萧山而前，当杭州南，距省城皆不过数十里。宗棠以杭州上游惟一富阳为屏蔽，粮少城孤，不难速克。惟谭星等已窜皖南，恐与皖南太平军合扰后路，乃令刘典赴徽州，以肃清皖南。湖南新募军留广信，以防江西。而命蒋益澧率全军万人攻富阳以规杭州。

（五）富阳之攻克

同治二年二月，宗棠命水师副将杨政谟先率所部，由桐庐而下，窥富阳，攻敌船于城边，烧毁数百艘。蒋益澧、魏喻义皆来会师。益澧驻新桥，令提督高连升、总兵熊建益分右左两路。太平军先犯左路,继扑中右,连升等力战,仅却之。宗棠以地势辽阔难以趣战,乃调宁波水师驶入钱江助攻,新城形势重要,令魏喻义驰往守备。时李秀成方与淮军相持苏州,闻富阳急,亟命听王陈炳文释常熟之围以援之。炳文至浙,联合守嘉兴石门之归王邓光明,由余杭趋临安,袭新城,以抄清军之后。四月,喻义悉力出击,不能胜,益澧命连升赴援,而自以亲军继之。熊建益防新桥,敌乘军少来攻,建益击败之,乘胜追薄其垒,中枪卒。建益随征十年,朴勇善战,所向有功,宗棠深惜之。益澧闻报,亟回新桥,令连升还驻新、富适中之地,往来策应。会杨昌濬由严州往援新城,炳文布阵洪庄上陈泗洲,漫弥数十里,欲与清军决死战。分军攻益澧、连升营,伏兵击却之。先是,水师杨政谟、罗启勇闻杭州太平军多随炳文上援,欲乘虚袭之,率舟直下,宁波游击布良带等各率战艇夹击,大败敌船,政谟追杀,直抵杭州望江门外。太平军大惊,亟召炳文等回援。炳文以富阳清军,未能遽破,遂回杭州。五月,清廷以耆龄所将军浮冗,移福州将军,授宗棠为闽浙总督兼权巡抚。旋因疫气流行,宗棠及诸将均病疟痢,军士物故病惫者且半。刘典一军,方转战江、皖间,王文瑞守祁门,浙中兵力过单,声援不继。以规复局势言,非有重兵由新城、临安,直捣余杭,不足扼杭州之吭而拊富阳之背,是以富阳围久不下。七月,江西肃清,刘典引军还歙,宗棠调康国器粤勇赴富阳,又征法国总兵德克碑率洋枪队会攻。八月,大举攻城,水陆军皆奋勇殊死战,先破城外敌垒,夺鸡笼山,遂克县城。益澧引军进薄杭州,距城十五里。宗棠以余杭距省城四十里,敌恃为近援,檄康国器迅率所部趋之,令魏喻义由新城出师夹击。太平军钦王谢天义守余杭,未几,中炮死。康王汪海洋从杭州来援,国器与刘清亮(益澧先已遣国器、喻义攻余杭,亮助之)合军击败之。魏喻义分三路前进,连破沿途敌卡,渐逼余杭之西,约国器军以攻城。

(六) 杭州及余杭诸邑之克复

陈炳文、邓光明、汪海洋等据守杭州,见清军分道并进,即于城外树栅立卡筑垒以拒。益澧令高连升等节节移营,进屯十里长街、六和塔、万松岭,先占高阜,俯瞰杭城。九月,炳文、光明由雷峰塔、馒头山出击,连升等奋勇迎拒,败之,光明负伤回城。益澧令王月亮、宁世杰进军天马、南屏两山。罗山纲进军翁家山,别派炮船轰击。十月,嘉兴太平军大举援杭州,为高连升、德克碑、杨政谟等所败。十一月,江苏军复平湖、乍浦、海盐、澉浦、嘉善,进攻嘉兴。宗棠自严州移驻富阳,轻骑驰赴余杭,察敌势,欲尽锐急攻,因移富阳、分水屯兵会攻,令援皖总兵黄少春出分水、新城以扼余杭西北。于是魏喻义列队南门,康国器列队东门,罗大春出西门大路,杨昌濬出丁桥小路,蒋益澧亦率马步九营出西路,黄少春出北路,大举围攻,太平军出城迎拒,血战一日,杀伤相当。太平军夜增长濠,加筑外垒。半月,不能克。益澧回留下。十二月,高连升、德克碑会水陆各军数道并进,破凤山门外敌垒,水师亦破滨江石垒,益澧令各营分屯钱塘、涌金、凤山、清波等门,踞馒头山、雷峰塔为营,太平军大困。杨昌濬、黄少春攻余杭,以汪海洋据林清堰为城军外援,绕城攻之,海洋阻水为垒,设伏港边桑竹间,乘暮出击,昌濬军多伤亡,归路几断,赖军援始退。时苏军程学启攻嘉兴急,海宁守将蔡元隆大惧,款于蒋益澧,益澧受之,请以廖安之知海宁,往抚之。易元隆名曰元吉,留精卒四千,随军自效。以刘树元、张景渠等守海宁。同治三年正月,令蔡元吉袭桐乡,守将何培章降,即以其军三千屯乌镇,断杭、嘉间运道。刘树元进攻嘉兴,始与江苏军会合。湖州太平军援嘉兴,碍培章屯乌镇,且憾其降,筑垒围攻之,树元回援,相持不下。二月,而苏军克嘉兴矣,程学启被伤死。湖州援军亦由乌镇奔回。陈炳文约降于李鸿章,宗棠以其无诚意,令益澧相机图之。二十一日,高连升等齐攻城外敌垒,德克碑发大炮轰凤山门,城塌三丈,益澧调大队赴之,太平军以枪炮力拒,不克登。是日共破十垒,益澧益奖励诸军。二十三日,益澧陈兵五门,复大举攻城,炳文出战,自日中至暮,多所杀伤,坚垒未克,各收军。炳文知不能守,乘夜启北门出走。诸军分门冲入城,搜杀余众,二十四日遂克杭州。余杭汪海洋等亦弃城同走德清。三月,宗棠移驻省城,与益澧经营善后事宜,一时翕然称之(杭州盛时有居民八十一万口,及复城,才七八万)。宗棠长于治簿书,故州县尽心焉。杨昌濬攻武康,高连升攻德清,蔡元吉攻石门,皆下之,全浙郡县以次荡平。陈炳文、汪海洋由徽州趋江西,惟黄文金、杨辅清坚守湖州,益澧进军图之。五月,江苏军克长兴。六月,昌濬收孝丰,独安吉不下。盖与湖州相依,尚有待于湖州之克也。是月,曾国荃克金陵,而太平军余众悉走湖州,国破君亡,孤孽仅存矣。

二十七　湘军克金陵

(一) 皖南之略定

先是,李秀成回援金陵,与湘军苦战月余,曾国藩素持重,日夜忧危,以进攻江宁为非计。同治二年正月,自安庆出巡诸军,见围师稳固,水陆辑睦,始罢退军之议。上疏清廷云:粤匪初兴,粗有条理,颇能禁止奸淫,以安裹胁之众;听民耕种,以安占据之地。民间耕获,与贼各分其半。故取江南数郡之粮,运出金柱关;取江北数郡之粮,运出裕溪口,并输金陵。和春等虽合围城外,而贼匪仍擅长江之利,挹不竭之源,傍江人民,亦且安之若素。今则民闻贼至,痛憾椎心,男妇逃避,烟火断绝,耕者无颗粒之收,相率废业,贼行无人之境,犹鱼处无水之地,贼居不耕之乡,犹鸟居无木之山,实处必穷之道,岂有能久之理?而东南要隘……但求此数处不至再失,终足以制该逆之死命!昔年粤贼所至,筑垒如城,掘濠如川,坚深无匹,近亦日就草率。而官军修垒浚濠,今亦远胜于昔。贼中群酋受封至九十余王之多,各争雄长,苦乐不均,败不相救。亦必亡之征也。是时曾国荃屯金陵城西南,杨岳斌将水军屯乌江,皆当前敌。其前则罗逢元守太平屯金柱,周万倬、吴坤修守芜湖;彭玉麟将水师屯濡须,在江北;刘连捷、毛有铭等屯石涧埠,扼西南;韦志俊守无为城通水军。其西梁美材屯庐江,西北则蒋凝学守舒城,石清吉守庐州,凝学分军守六安。周宽世守桐城,以南通安庆。皖南则鲍超守宁国,屯高阻山,刘松山守城中,易开浚守泾,吴廷华守南陵,朱品隆先守旌德,移守青阳。徽州守将唐训义,颇恃左宗棠大军为声援,而浙军亦时瞻顾焉。太平天国辅王杨辅清、奉王古隆贤等据皖南,与金陵为犄角,西略彭泽、鄱阳。二月,鲍超大败辅清老营,克西河、小淮窑、红杨树、麒麟山四要隘。而李秀成复自金陵略皖北,先攻石涧、太平，南北岸同告急，均檄鲍超赴援。鲍超至石涧，秀成已北去，超蹑之至六安，秀成东还，进克东关铜城闸。时浙之刘典军亦来皖南，破太平军于休宁，克黟县，令训义防徽州。遣黄少春夺岩寺敌屯，追破之于潜口，进屯渔亭。太平军以故西犯江西。四月刘连捷、萧庆衍合鲍超军收复巢和、含山，皖北之太平军相率去。五月，刘典合江西大军攻鄱阳陶家渡破之，太平军北走彭泽、湖口。先是太平堵王黄文金、孝王胡鼎文自祁门进攻，为江西参将韩进春所败，鼎文战死，文金由徽池出江西，踞建德、鄱阳间，左窥景德，右出东流、湖口。国藩调江忠义自广西北上，道江西，视敌势为战守，尚未至，刘典自徽州来总诸军。诸军将段起、王德榜、王沐、韩进春及席宝田等攻陶家渡敌屯，大破之，进春轻出遇伏，败退。黄文金攻湖口，分三路：上路由文桥；中路由梧桐岭；下路由太平关，而文金踞文桥，势最重。国藩先遣李榕屯湖口，拒战不利。六月，江忠义至湖口，壁坚山，太平军攻坚山，忠义出击，败之。七月，破文桥，文金走皖南，围青阳。江西肃清。刘典还屯徽州。八月，李榕援青阳，败溃，乃遣鲍超回援。江忠义、席宝田军先后至青阳，彭玉麟亦至自池州，分路夹击，太平军解围走石埭。超遂东攻建平。匡王赖文鸿守石埭，古隆贤守太平，乘青阳被围之际，合攻宁国、泾县，为防军所败，文鸿遁宁国，古隆贤诣朱品隆献石埭、太平二城降。遣散其党四万余，旌德亦下。十月，易开俊复宁国县，鲍超连下建平、溧水。至是皖南、苏、浙军势相连，青阳等处皆分军屯守，皖南略定，而李鸿章亦于是月克复苏州矣。同治三年正月，李秀成命侍王李世贤合黄文金由宁国上攻，破绩溪，进踞雄路，直扑徽州，总兵唐训义会援徽，浙军将王开琳拒却之。太平军遂北犯湖口，南趋景德，别由浙入玉山，由闽入建昌，均期会抚州。盖杭、宁垂破，余党几尽趋江西矣。

（二）天京城外要隘之尽失

李秀成自六安东还，欲援苏州，李鸿章遗书曾国荃请自上游截之。国荃度秀成不回援苏州，即北走扬州里下河，乃益攻金陵以缀之。同治二年四月，国荃命总兵李臣典等攻雨花台石城，副将赵清河等攻聚宝门外石垒。三更偷进，架梯欲上，太平军燃炮外击，毙先登者五人。李臣典搴旗直前,诸军掷火箭火毬,悉入石城,天渐向明,臣典等肉薄以登,遽克其城。赵清河等亦下东西南各卡石垒九座。秀成在江北,闻之益惧,解天长、六合、来安等处之围,纷纷南渡,浦口、江浦皆不守。五月,杨岳斌水师入浦口,鲍超、刘连捷、萧庆衍等陆军亦沿江东下,进次江浦。太平军走九洑洲,守者不纳,岳斌率水师截江围剿,超等夹击,死者数万。九洑洲为金陵北渡之咽喉,太平军筑城其上,列巨炮,护以战舰,全力守之。国荃与彭玉麟、杨岳斌会勘形势,难于猝取,议先攻南岸诸垒,以撤其藩,因派总兵丁泗滨等克下关、草鞋峡诸垒,并下燕子矶。于是南攻中关,北攻九洑洲,同时并举。中关守军坚壁不出,九洑洲以洋枪伺间狙击,清军精锐多伤亡。岳斌探知北岸丛莽中有堤埂一道,可达九洑洲濠外,商令刘连捷陆师由堤埂阙处凫水进,自会水师大举进攻,人殊死战,枪炮对轰不息。至夜玉麟令军士传餐而战,不破洲不还师。船近洲旁,乘西南风纵焚敌舟,风烈火猛,延及洲上卡房,各军大呼升岸,跃过重濠,冒死齐登,太平军万余,无一脱者。清弁勇亦伤亡二千人。九洑洲遂破。自国藩创办水师,至是十载,长江上下,一律肃清。太平军北渡之路绝矣。国荃锐意图合围,增募万人。六月,鲍超移营神策门,连捷等亦逼城而军。秀全遣兵出仪凤、太平二门,分攻鲍超连捷营,败还。自太平都金陵,杨秀清等对于城外要隘,布置最密,如九洑洲、七里洲、中关、下关、雨花台、紫金山、秣陵关、江东桥、上方桥等处,类皆筑垒如城,掘濠如江,为牢不可拔之防。国荃以次攻克数处,惟江东桥为西南要隘,上方桥为东南运粮道,尚未下。乃派萧衍庆等图之。七月,先克印子山,庆衍进逼上方桥,于夜半猛攻克之。而江东桥依险拒守,逾月不下。八月二十一日夜,风霾蔽月,咫尺莫辨,候补道陈湜选锐卒数百,涉流而渡,大队既进,遂拔石垒。是时城东尚有数隘未下,近城者曰中和桥,曰双桥门,曰七瓮桥;稍远者曰方山、土山,曰上方门、高桥门;迤南则为秣陵关以至于博望镇,亦金陵之外辅也。九月,国荃以东路未平,不能制敌死命,遂令萧庆衍、彭毓橘、萧孚泗等克上方门、高桥门诸石垒,方山、土山亦下。正进攻七瓮桥,城军援至,两军搏战,互有死伤,孚泗等愤击却之,遂克七瓮桥。金柱关总兵朱南桂袭博望,国荃派赵三元收秣陵关,陈湜、熊登武合克中和桥,西南东南全面,已为湘军所有,而合围之势成矣。国荃将分营移驻孝陵卫,秀全遣章王林绍章等突出捌战,国荃匿洋枪队于山麓击之,绍章堕马回城。时彭玉麟水师亦连克水阳诸垒。十月,高淳杨友清以城降。易开俊复宁国,玉麟与鲍超合破东坝,复建平、溧水。天京外蔽尽丧,太平天国之命运将终矣。

(三) 洪秀全之殉国

同治二年十月,李鸿章已破苏州,国荃围金陵益急。李秀成领败军数万分布丹阳、句容间,自率数百骑入天京,劝秀全弃城同走,不听。秀成曰:“围城粮绝,众心解体,此而不走,一网尽矣。天王视一城与天下苍生孰重?”秀全斥之曰:“朕奉天父、天兄命下凡,作九州万国独一真主,何惧之有?尔畏死,去留任尔。朕铁桶江山,尔不扶助,自有人扶助也。”秀成感叹。乃贻书溧阳,约李世贤就食江西。城中诸将,涕泣挽之。秀成不得已留天京主城守。国荃益募新军,增围师,至五万人。同治三年正月二十一日,攻克钟山石垒,太平军所谓天保城者也。太平军环城多为石垒,而尤重于此,钟山大城曰天保,山脊入城处曰地保。清军攻西南诸垒不甚惧,惟进屯明陵,则出众力争之。江南大营皆以此败。国荃围攻几二年,破石垒百数,终未及城北。孝陵卫之营,惟鲍超曾筑之,会移军而退。及破钟山,移军屯守之,以遏北道。分兵营太平门外,令总兵梁美材扎洪山,朱南桂扎北固山,堵神策门,金陵城围始合,而太平军之粮运绝矣。二月,左宗棠复杭州,苏军克嘉兴、溧阳,大捷常熟。秀成益惧,日于城上缒妇孺出城节食,终不济。乃以粮绝告,力劝天王突围,就食江西。秀全唏嘘执秀成手曰:“朕惩于东杨,惑于四王,能任汝而不能信汝,以至于此,今无及矣!出亦何益?朕已与天父约,誓殉此城矣!”秀成涕泣不能仰。秀全下诏令阖城食甜露,甜露者,草也。旋命众于城内种麦救饥,缓不济急,人心益涣。秀全自知大势已去,益托病不理朝事。三月,鲍超破句容,执翰王项大英、列王方成宗,丹阳为镇江冯子材、扬州富明阿军所围攻久不下。鲍超攻金坛,子材飞书请先攻丹阳,超解围伏兵茅山,太平军追至,中伏返走,不入城,城守军亦逃出,遂下金坛。国荃两次穿掘地道,树云梯猛攻金陵,均未得手。金陵城周百里,太平军于附城筑月围以拒战,国荃百计围攻,屡筑隧道轰之,阻月围,弗能进。乃尽力攻破月围,焚其火药,太平军死万余,清军死者亦三千人。四月,李鸿章克常州,鲍超破太平军于丹阳,冯子材攻克之。燕王陈世永(陈玉成之叔)拼死巷战,阵亡。来王赖桂芳被执。时李世贤、汪海洋、陈炳文等先后由安徽走江西。国藩檄鲍超及杨岳斌赴援。苏军填防句容、东灞、溧阳一带。五月,诏李鸿章会攻金陵,金陵围军以城破可计日待,耻借力于人,鸿章知其意,延不至。国荃益励诸将,以三十日攻破龙脖子山阴坚垒,太平军所谓地保城者也。遂筑炮台其上,日夜轰击,而令李臣典潜穴其下,又环城列队十余道并攻,积湿芦沙草高与城齐,示将由此登城者以疑之。太平军严加设备,不复注意地道。先是,秀全以清兵攻城急,颇悔昔日措施不当,妄疑秀成,嘘唏泣下。太平历四月十九日(阴历为四月二十七日),慨然谓左右曰:“自古有帝王而为俘囚者乎?”遂仰药崩,年五十二岁(兹据幼天王及洪仁玕在南昌供词,均谓病死)。诸王以孤城垂危,恐将士解体,秘不发丧,遣女官葬之于新天门外御林苑东边山上。然内外喧传已遍,始以二十四日扶秀全长子洪天贵福为幼天王,年仅十六。朝事由干王洪仁玕掌管,王次兄勇王仁达辅之,封李秀成为大主帅,执兵权。幼主派仁玕往丹阳、常州求援,以兵力不足,乃复往湖州。而常州、丹阳,均于是月被破矣。

(四) 金陵之攻克与李秀成之被执

国荃以金陵久不克,将士疲敝,恐生他变,益誓师督战。自六月一日轮流苦攻,昼夜不息。又重开地道为轰城计。十五日国荃率李臣典等亲诣地道口,指挥士卒,实火药至三万斤。李秀成突派军士两队,各数百人,分从太平朝阳门出,装清军号衣,持火弹延烧各炮垒及所积芦草。清军久劳,几为所乘,赖伍维寿、彭毓橘等分堵左右,仅保洞口。十六日地道成,国荃令围军齐集,严备以待,悬不赀之赏,严退后之诛。午刻,引线火发,轰塌城垣二十余丈,朱洪章、刘连捷、伍维寿、张诗日、熊登武、陈寿武、萧孚泗、彭毓橘、萧衍庆等将蚁附争登,直冲缺口。太平军反燃火药下烧,清军稍却。彭毓橘、萧孚泗、萧衍庆等手刃数人,由是弁勇无敢退者,诸将各率队伍,相率攻入,鏖战逾时,全城各门皆破,而日已暝矣。子城犹未破,清军不敢入。秀成母妻皆自裁，天后赖氏亟召秀成入宫托以幼主，自焚死。王府大火，宫女自缢投井者，不下数千人。秀成奉天贵福率亲军千余人走各门，皆不得出。乃伪为清军装，由缺口出城。（赵烈文《日记》谓："十六日四鼓至十七日拂晓之间，城北守军来报，有步队千计，马队二百余，假冒官军衣装，并携带妇女，从缺口冲出。守口者为昆字及湘后、左、右各营，精锐大半在城内未返，余皆疲惫，遂不能阻，仅截杀数十人。目送其出城后，由孝陵卫福字〔李泰山〕、节字〔萧孚泗〕等营卡门冲出，亦莫能遏，任其投句容而去。"）幼主马蹶坠地，秀成以己所乘马让之，鞭马疾驰，尊王刘庆汉、养王吉庆元带幼主由淳化至广德。昭王黄文英由四安，干王洪仁玕、恤王洪仁政由湖州来会。秀成以马劣不能及，挟一童，皇遽迷路，因至方顶山小憩，遇村民八人来，有识之者，问曰："尔非忠王乎？"秀成曰："然，若导我至湖州，当以万金为寿。"八人皆流涕叩首应之。相与下山归涧西村，劝使薙发。秀成曰："我洪氏大臣，国破主亡，若被擒，则自无全理，若幸而得脱，又何以对我士卒。"竟不剃。八人中有陶姓者，颇狡黠，欲执秀成献清营，冀独膺厚赏，又虑七人者不肯从，将反为所害。忆有族某在李臣典营中，特往商之。道经钟山，饥渴甚，因至萧孚泗营，寻其素识之火夫求浆，语及秀成事。火夫以语亲兵，遂为孚泗所闻，即使一人留陶饮，而急率百余骑之涧西村，执秀成以归。国荃憾其四十余日攻围之苦，短衣握椎，独身走出，向李股上直刺。李顾曰："老九！（国荃行九，军中称为九帅）何为如此？各人做各人事，何须生气？"幕宾赵烈文劝阻，国荃乃入。（见赵《日记》及常熟秉衡居士《荷香馆琐言》。又国荃《致李鸿章书》亦云："李秀成擒获后，弟遍刺以椎，血流如注。"）曾国藩在皖，闻获秀成，星夜驰至。六月二十五日晚亲鞫之。会清军搜获松王陈德风解至，一见秀成，即长跪请安，无敢仰视。国荃虑有变，欲加械，下秀成于狱。国藩曰："是活我朝之官吏多矣，不可示以褊狭，为彼齿冷。"乃禁之署中，优礼待之。令书亲供，自二十七日至七月初六日，秀成每日书数千字，可四五万言。文气浩瀚，叙事质实，国藩谓情事真确，惟删其招降十要（一、宽其既往；二、警其将来；三、但与职业，不必重赏；四、晓以大义，勿加轻弃；五、不可纵兵残杀劫掠；六、先收军械；七、互相劝导陆续收降；八、安插妇孺;九、资遣回籍;十、清主下诏罪己),天王十误,及重复献谀乞怜语,寄皖刊刻,共二万七千八百十八字(此即文正原刻本,蒋梦麟景印本同)。今藏于曾家八本堂之原供词,用吉字中营横条本写,共七十四双页,凡三万六千一百字。则知刻本已略去八千余字,而秀成于笔坏请换时,明言:"今将三万七八千字矣。"核对曾藏原供,只二万三千一百零四字,又中缝所书字数亦全不符,可见其本人自计者,均属悬揣耳。曾国藩日记与家书所述字数亦不同,皆多于今本,或当时即有所毁弃欤?又原供七十四页以下,文意不完,似尚有数千字未书。大约国藩所删去原供总在一万字以上,皆诋触清朝或批评当事人之语,恐触时忌,不愿留存人间耳。但此供对洪、杨内部情形,所述皆为实录。虽洪仁玕在南昌,曾将秀成供辞签驳,由沈葆桢咨送军机处,原件犹存故宫博物院,大概系自辩洪氏诸王误国及天王昏乱诸事,于原供之价值,亦不能增减毫末也。此《供词》刻本甚多,且原供亦由世界书局影印,故不具录。七月初五日,国藩宴秀成,既毕,对秀成太息曰:"是志别也,好汉!好汉!可惜!可惜!"秀成曰:"敢不惟命。"次日,即自刎死。国藩命割其发须,以磔闻。原供后记曰:"昨夜深惠厚情,死而足愿,欢乐归阴。"又云:"我今临终之候,亦望世民早日平安!"盖秀成言招降事宜有十要,欲收太平军余众以剿平捻匪,借以赎罪,或作他谋,亦英雄本色也。曾营文武各员,纷纷请贷其一死,留为雉媒,以招余党。而国藩以秀成"权术要结,颇得民心","党羽尚坚,免致疏虞,以贻后患";故力主速杀。洪仁发于城破时投水死,洪仁达亦被擒诛。初萧孚泗既执秀成,其七人者大愤,先杀陶,复以计诱孚泗亲兵王三清杀而投诸水中,诣秀成灵祭告焉。国藩闻其事,拘七人者至,诘之,皆慨然自述无隐。国藩感叹,赏以白金七百两,纵之,皆掉头委金而去。野史所记如此。据赵烈文日记云:"中丞(指国荃)厚待各将,而城破之日,全军掠夺,无一人顾全大局。如萧孚泗辈在伪天王府取出金银不赀,即纵火烧屋以灭迹。忠酋李秀成,实系方山民人陶大兰缚以送伊营内,伊又掠美,禀称乃派队擒获。对陶一文不赏,且疑李秀成有存款在其家,派队将其家属,全数缚至营中,邻居亦被牵涉,逼讯存款,至合村遗民空村窜匿,诛求如此,则伪幼主之得脱,安知非民人惩前车,而纵之使去?尤足令人眦裂!"太平天国自杨、韦相并后，赖秀成一人支持残局者达十年。内有权臣，外多劲敌，秀成频年转战，百折不挠。曾国藩、李鸿章皆深佩之。鸿章尝奏清廷，谓："臣驻苏州，遍察贼中城守，布置极有条理。"又《与曾国荃书》云："两年以来，与忠逆搏战最多，既深佩其狡猾，更积恨其忠勇。"称秀成可为太平诸人之冠。国藩亦赞其深得民心。盖秀成图解金陵长围，则攻浙江以取远势；图救安庆，则攻江西、湖北，以取远势；复救天京，则分攻皖省南北，以取远势；皆极用兵之能事。又长于民政，规画布置，极有条理。其军纪亦较好，故能得人民拥护云。秀成初在藤县被裹胁入营，识字不多，在军中偷取书读之，因时以忠君爱民为念。虽《供词》"文理不甚通达"，又多别字，然朴茂纯真，不得不谓有过人之才也。卒年四十岁。

（五）湘军之遣散及金陵乱后之景象

金陵既克，湘军闭城搜杀，三日夜火光不绝。太平军未得出者十余万人，皆聚众自焚死，无一降者。国藩驰奏以闻，朝野动色相庆。清廷因降谕，历述诸将功绩，加曾国藩太子太保衔，锡封一等侯爵，世袭罔替；曾国荃加太子少保衔，锡封一等伯爵，并赏戴双眼花翎。记名提督李臣典封一等子爵，萧孚泗封一等男爵。其余文武一百二十余员，皆论功进秩有差。并奖叙东南各路统兵大帅，封赏科尔沁亲王僧格林沁加一贝勒；湖广总督官文、江苏巡抚李鸿章均一等伯；陕西总督杨岳斌、兵部右侍郎彭玉麟、四川总督骆秉章均一等轻车都尉；西安将军都兴阿、江宁将军富明阿、广西提督冯子材均骑都尉；京口副都统魁玉云骑尉世职。漕运总督吴棠头品顶戴，惟左宗棠、沈葆桢俟浙江、江西肃清，再行奖叙。国藩既至金陵，有道州女子黄姓，曾充天宫女官，诣指秀全瘗尸处。六月二十七日，始在宫内掘出。不用棺木，以绣龙黄缎包裹，袴脚亦系龙缎，头秃无发，须尚全存，已间白矣。左股左膀，肉犹未脱，乃举烈火焚之。国藩据秀成供，奏称幼主洪天贵福必死。江西、浙江诸军方欲张敌势，而幼主又实不死。左宗棠、沈葆桢交疏言天贵福出走，多镌讥语。清廷以国藩所奏积薪自焚，茫无实据，李秀成供曾经挟之出城，后始分散，其逃脱已无疑义。令宗棠等迅即扫荡。又中外纷传，金陵之富，金银如海，御史贾铎至奏请令国藩查明报部备拨。然金陵克复,实全无所得,言者亦颇以此为口实。秀成被执,初议献俘京师,国藩虑生变,辄杀之,群言益喧,争指目国荃。国荃自悲艰苦,负时谤,会病疥,因请疾归乡里,遣散所部湘军二万五千人,酌留半额,分守金陵、芜湖、金柱关诸要隘,兼备游击之师。克城功最受封爵者,李臣典以病卒,萧孚泗以丧归,大功虽成,而军气愤郁惨沮矣。赵烈文《日记》谓:

> 六月十六日酉刻初,公(指国荃)由战地回老营休息,衣短布衣,跣足乱发,汗泪交流,甚倦惫也。众方欲趋前贺,公亟止之,入室草节略,命烈文作奏。至酉戌间,见城中火冲天,各军争相入城掠夺,即留大营之中军弁勇,亦去搜括。寻且各棚厮役,亦相效而去。军纪凌乱,担负塞途。烈文深恐生变,亟请公再出镇压,而已酣卧。烈文复大声呼请,公意态殊忤,久始张目曰:"欲余何往?"烈文曰:"轰城处,缺口殊大,出入自便,敌我不分,恐非公亲往令堵不可!"公复闭目不答。至戌末,龙脖子至孝陵卫一带忽传炮声,时城虽破而太平军幼主及李秀成、林绍璋等主逆,据报尚无下落。烈文恐其乘隙由缺口逃去,不得已从卧榻摇公醒,请立派马队要截。公厌烈文之扰,仍闭目卧,不理,似心有属,如入定然。烈文急极、怨极,惟有仰天长叹!公又卧良久,始起张灯,取烈文所拟奏稿,加以删削,并详叙赶回老营,及诸将战功。……公复览后,遂发缮写,公又复睡。……奏上,越十日而旨下,以"大局粗定之时,该员(指九帅)不当遽返老营"为责,辞气殊严。……中丞孤立无援,又多怨忌,幸获擒忠酋,此局方得交卷。否则不独无赏,且将受谴责矣。至此次廷寄,忽加厉责之故,殆别有缘起!余知其约略,未敢臆断。……烈文以为朝廷矜其苦志,可以不问其他,而告一段落。然朝廷终以忠王李秀成之真伪,及太平军中藏金无着而致疑,乃派某将军来宁,名为察看旗营,实则密令作侦查也。……公以是极悒郁不平。烈文曾婉言急流勇退之义,中堂(曾国藩)对公,则必更有指示,公遂浩然有归志矣。

此记城破以后全军掠夺之状，与国荃惫极酣卧之情景，以至受责解职之经过甚详，诚如国藩所谓："好事未必见九弟之功，坏事必专指九弟之过。"因劝国荃："弟何必郁郁！从古有大勋劳者，不过本身一爵耳，吾弟于国家事，可谓有志竟成，有谋必就，何郁郁之有？"并于国荃四十一岁寿辰，寄诗九首，其中三首云：

九载艰难下百城，漫天箕口复纵横。今朝一酌黄花酒，始与阿连庆更生！

河山策命冠时髦，鲁卫同封异数叨。刮骨箭瘢天鉴否？可怜叔子独贤劳！

左列钟铭右谤书，人间随处有乘除。低头一拜屠羊说，万事浮云过太虚。

国荃读至"刮骨箭瘢天鉴否？可怜叔子独贤劳"句，为之放声大哭。则愤郁之气消矣。而国藩始终"置祸福毁誉于度外，坦然做去，见可而留，知难而退，但不得罪东家，好去好来，即无不可耳"。此其所以能以至情至性语，使乃弟忧谗畏讥之积愤，一语而化作浮云也。金陵克复四月，国藩修贡院举行江南乡试，士子有由沪至宁者，记沿途所见景气曰："自沪至昆，炊烟缕缕，时起颓园破屋中。而自昆至苏，境转荒落，金阊门外，瓦砾盈途，城内鲜完善。虎丘则一塔幸存，余皆土阜。由是而无锡，而常州，而丹阳，蔓草荒烟，所在一律。其于宿莽中时露砖墙一片，或于巨流内横矗乱石数堆者，皆贼负隅处也。两岸见难孩数千，同声乞食，为惨然久之。余若奔牛、昌城、新丰诸镇，向称繁庶，今则一望平芜，杳无人迹。偶见一二乡人，类皆骨立声嘶，奄奄垂毙。问之则云一村数百人，今什不存一矣。又日不得食，夜不成眠，行将尽死耳。其言极惨，不忍卒听。越日，出月河闸过江，浪骇涛奔，曾不改昔。而焦山山色，苍紫夺目，疏林中精蓝粲然，风过时梵呗声，隐隐飘至，其所以不毁者，闻僧于贼酋中有故旧耳。又见白塔孤立云表，下无一树一屋者，金山是也。倏过镇江口，见杰阁飞空，崇楼压水，则为洋人互市处。泊至燕子矶，虽茅屋参差，稍有市集，亦仅数十家而已。江宁城壕两岸,铅丸累累,沙中白骨纵横,想见历年战斗之苦。城较旧时高数尺,轰塌处亦已修整。入旱西门,城中房屋,惟西南尚称完善,然亦十去四五,东北则一览无余矣。而秦淮水遏不流,岸曲阿房,尽成灰烬。忆当年珠帘翠幕,凤管鸾箫,不知玉碎花摧时作何光景也?皇城旧址,蹂躏尤深,行四五里,不见一人,亦无一屋。人言贼到处,如飞蝗食禾,疾风扫叶,顷刻都尽,不信然欤?……洪王伪府,以前制军署为之,在城北,壮丽胜他处。……至伪殿后一片瓦砾,剩有败屋危墙,皆摇摇欲坠,遂不遍历其境。若向来名胜,已俱荡然无复存矣!可慨也夫!"此亲历者所记如此,则太平军之有破坏而无建设可见矣。

二十八　太平天国之余波

(一)幼主洪天贵之被执

先是同治元年正月,沈葆桢以道员超擢江西巡抚,曾国藩实疏荐之。国藩图金陵,恃江西为饷源,月拨漕折五万两,关税三万两。葆桢任事,奏请截留,专充本省兵饷,户部议准。国藩以湘军命脉所关,上疏力争,有:"局势过大,头绪太多,论兵则已成强弩之末,论饷则久为无米之炊,万一竭蹶颠覆,亦何能当此重咎。"盖国藩鉴于江南大营之崩溃,纯因欠饷哗变,而和春不善抚循,反坐营门大声呵斥,责急战,说未毕,而五万余人皆散矣。户部既允葆桢,乃奏拨轮船经费五十万两解金陵军营,以资散放。以是曾、沈不相能。清廷诏引廉蔺、寇贾前事,勖以共济时艰。李秀成劝洪秀全就食江西,不从,令李世贤先下江西以待之。同治二年十二月,世贤由广德趋徽州,三年遂入江西,席宝田败之于金溪。二月,杭州破,听王陈炳文、康王汪海洋自浙江西走犯徽州,击败湘军,由婺源入江西。四月常州复,太平军之溃败者,亦走徽州、江西。清廷知敌势炽于一省,命杨岳斌督江西、皖南军。而江西属军,分屯抚州属邑及省城附近者甚众。六月,金陵克,幼主随尊王刘庆汉、养王吉庆元至广德,昭王黄文英来迎之。西王萧有和等亦至。干王洪仁玕、恤王洪仁政亦自湖州赍米缎来会。时浙江府县,以次荡平,惟湖州尚为堵王黄文金所据。先是,邑绅赵景贤守湖州,以孤城当剧敌,血战两载,四次解围。及杭州破,湖州遂成孤注矣。李秀成屡遗书招降,景贤上其事于江苏巡抚,鸿章为奏清廷,原件今印存于《太平天国文书》中。同治元年正月,谭绍洸率兵围湖州,景贤选死士三千,暂解城围,运粮入城。清廷惜其才,授福建督粮道,加布政使衔,饬赴新任。景贤感泣,誓死益坚。三月以后,粮尽援绝,军民食草根树皮,罗雀掘鼠且尽。五月三日城遂破。绍洸拥景贤至苏州,幽于别室。秀成欲招致之,敬礼甚至。三年三月,太平军由太仓败归,传言景贤将袭苏,绍洸招景贤饮,诘之曰:"汝通妖兵耶?"景贤曰:"我本官兵,何谓通?"又问:"汝欲献苏州耶?"曰:"苏本大清土地,何谓献?"绍洸曰:"汝死期近矣!"景贤仰天大笑曰:"我求之一年而不得,今何幸也?"连举巨觥骂益厉。绍洸举枪击其胸而死,年四十二。秀成本欲送景贤归,尝致书以关羽归汉为言,景贤曰:"归我者之为知己,不如杀我者之尤为知己也。"景贤豪迈负气,喜任侠,嗜杀好酒,孤忠可悯云。苏、浙大军会攻湖州,杨昌濬先收孝丰,进安吉;蒋益澧屯菱湖,苏军南进四安,西攻晟舍,南浔军亦进织里。文金命作屯尹隆桥,通道往来。江苏军先攻桥屯,多伤亡,苏、浙军合攻晟舍,亦不利。益澧频进战,太平军增垒思溪与相持。英、法兵发炮助攻,亦不能克。太平军围蔡元吉军于东埠,益澧增调炮船,结浮桥渡思溪以援之,不能达。英、法兵遇战辄败退。七月,益澧先攻荻港,破三屯,太平军水师降。乃出太湖,抄其后路。而元吉乘隙溃围出,丧其军四之三,皆饥羸无人色。其被围二十余日矣。苏、浙军既破晟舍,湖州始亟。苏军进屯大钱口,刘树元进屯升山,高连升进攻袁汇,湖州已不能守。七月二十七日,文金衔刀狂突清军,由西门率众走广德。与洪仁玕会议奉幼主趋江西,欲依李世贤。八月十八日,文英护天贵福及仁玕等为一路,由吉庆元前导。文金与佑王李远继各为一路,沿途与清军作战,至宁国,出昌化白牛桥,为罗大春所破,文金受炮伤而死。三路兵合至歙县、威坪,文英、庆元与偕王谭体元等出战不利,体元部数千人投降。乃绕由徽州附近洋渡渡河至屯溪,辗转入江西广信。其不及渡者首王范汝增等,皆为清军击溃。幼主等闻李世贤、汪海洋在瑞金,乃走铅山、泸溪斜趣山谷间昼夜行。欲追世贤等同往陕西依陈得才也。九月,席宝田闻天贵福尚在,率轻骑裹粮疾追,传餐而进,至石城杨家牌,危崖阻行,薄岭而上。堵王侄黄十四绰号小老虎者,设伏杀清兵十余人。李远继护幼主先行,黄十四开路,仁玕断后。至高田地方,以困乏休息,拟四更起程,夜半,席军突至,仁玕、仁政、文英等皆被俘。幼主被扶过岭,坠山谷中,清军追及,皆被擒,惟幼主匿藏获免。天贵隐六日,饥不得食,乃下山在一唐姓人家佣工,冒称湖北人,姓张。始薙发,居四日,唐遣之,又走广昌白水井,欲往瑞金,遇兵勇,剥其衣帽,迫令挑担。乃复走石城界。宝田部将周家良闻小儿牧马者谓其曹曰:"小天王过此矣。"家良穷索之,遂被获。清廷命与仁玕、仁政、文英等骈僇南昌市。赏沈葆桢一等轻车都尉,席宝田云骑尉世职,左宗棠则封一等伯,蒋益澧骑都尉世职。

(二)洪仁玕等之供词

仁玕供词,为太平天国重要文献之一,其所述多起义以前事,尤为难得。南昌有刻本,但其文不全。《华北先驱周报》(*North China Herald*,一八五六年七月八日)所译载者,文虽全而系英文。余于《干王洪仁玕自述并考》一文,已译载之,早为治史者所共见。兹阅故宫博物院所藏原件,乃知刻本及译文,均非全璧,且在江西巡抚衙门及南昌府署所供者亦不一。特择录其为世人所不尽知者如下。

同治三年十月初六日本部院提讯逆酋洪仁玕供:

四十三岁,广东花县官禄埠人。祖籍嘉应州。八岁读书,二十二岁以后训蒙。考过四五届,未曾进学。老天王是我堂兄,长我九岁,他从前也是读书讲究文章。我少时从他受学一年,当时只是为人忠信,未见奇异也。考到三十四五岁,也没进学。后来得九本书,名《劝世良言》,书内说这拜上帝的道理。天生他聪明,从此大彻大悟。那道理就是《书经》内说的"惟皇上帝,降衷于下民,若有恒性"之意。乾,吾父也;坤,吾母也,故称天父。人都是天生的,耶稣头一个发明天理,故称天兄。虽敬奉耶稣,却与外洋的天主教、辨真教微有不同。究竟与孔、孟敬天畏天一样道理。老天王本名仁坤,是年大病,梦上帝叫他作秀全,命他云游天下,日后为太平天子。我从此亦学拜上帝。老天王云游湖南各处,我舍不得老母,未能随他。

老天王金田起事时,有知县下乡查访,因无实在形迹,就瞒过了。我怕家里坐不稳,到广西寻他,他往湖南去了。我想学了本事,将来辅佐他,就回广东,到香港洋人馆内读书,学天文、地理、历数、医道,尽皆通晓。洋人知道是老天王之弟,另眼相待。住香港四年,故与各头目多半相识。其国中体制情伪,我亦尽知。后来老母死了,我由南雄过梅岭,来江西至饶州,有水师哨官郑姓,是我同乡,请我办文案,连教读,住了几个月,郑哨官回广东去了。我到湖北黄梅县为覃知县的侄儿医好了病,得了许多谢金。那知县看我做的诗,说我才学好,荐我到罗田县办书启。罗田县也是广东人,因他尚未到任,我听见张家祥围天京甚紧,放心不下,遂将所得谢金,假办货物,搭货船到天京。老天王见我才学,大加赞赏,封为干王,总理朝政。外洋人就把我家眷由轮船送来。陈玉成打江北,李秀成打湖北、江西、苏、杭,都是我的计策。我本想与外洋连和,取武、汉、荆、襄,扼得全个长江,再由四川下陕西,东向。那李秀成偏要与洋人为难。我将洋官都请来苏州讲和,被他闹散了。他又贪乐苏、杭,不顾江北、天京,事就弄坏了。今年老天王因援兵不到,命我亲身来召诸王。不料老天王升天,天京破了。幸小天王出来,也是绝顶聪明,我看一行书,他看三行了。出湖州时有十二三万人,到石城时不过万人,广佬二三千人,三江、两湖的七八千,都打零星四散了。我服侍小天王寸步不离,我被擒后,不知何处去了。那昭王的印,是未发给他的。先发的有双龙无双凤。南方主帅的印,是小老虎、黄十四的,我们极重此印,若未给帅印,虽封王亦无多兵。我鞠躬尽瘁,只求速死,是实。

以上供词,系江西巡抚沈葆桢所附奏,乃问官笔录者。但另有洪仁玕之亲笔《供词》一件,较此为详,即南昌刻本也。惟刻本称“予”处,原供则称“本藩”。刻本称:“丁酉岁,圣寿二十五岁,在广东领卷考试,偶遇一长发道袍者,手持书一部九卷,未号书名,敬赍献而嘱云:‘功名二字,尔应大受,切勿忧,忧必病。'言罢飘然而去。我主回试馆,喜与众友谈论场内诗文,无暇观览。殊不料此科揭榜不售,心中忧愤。回家果得一病。三月初一日病笃,乃召父母、伯叔及王长、次兄到伊御榻前。垂泪云:'今予必不久于人世,有负父母兄长教育大恩矣。盖予魂游天堂,见一位金须黑袍高大老人……命予放胆行之,既所见如此,必不生矣。'"其下即述作诗及毁庙事。太平官书所言"丁酉"即道光十七年,秀全得《劝世良言》及异梦,而抄本仁玕《自述》所记年月不同,此供则明言:"考到三十四五岁,也没进学,后来得九本书,名《劝世良言》……是年大病"云云。可见余前所推得异梦为道光二十三年,秀全三十一岁,当无大差矣。仁玕、秀全辈故意提前数年,以见神异。但道光十七年秀全甫作第二次考试,何至即忧愤致病耶?刻本《供词》谓天书"未号书名",此则明言《劝世良言》,可见仁玕之亲笔,颇有故神其说之意,故年月亦不甚可靠耳。今再将其在南昌府《供词》录下。

> 同治三年九月二十七日南昌府提讯逆酋洪仁玕供:
>
> 年四十三岁,广东花县人。父母均故,兄弟四人,长次均故。三兄仁琅,小的第四。娶妻张氏,生有三子:长子桂元,年十四;次子兰元,年九岁;三子芝元,去年生的。小的读书,屡试未售。伪天王洪秀全及这位伪恤王洪仁政,都是堂兄弟。那伪天王的儿子,名贵福,诞生时,有群鸟集于屋上,飞鸣数日,众人皆知。伪天王因要把他儿子取名,小的就预写纸条多张,于筒内用筷钳起,得"天贵"二字。伪天王不知何意,改取"贵福"二字。去年十一月,小的往丹阳、常州催兵,救援南京,把家小留在南京。嗣因丹阳、常州难守,改到湖州府。便随幼伪天王来江西,由新城到石城、高田地方,本月十三日小的被官兵查获。幼伪天王亦被官兵冲散,现在驻扎何处,小的实不知道。是实。

此系初供,辞甚简单。次日(九月二十八日)又供称至丹阳催兵事。同治三年四月始由丹阳率军往湖州,二十八九日到广德奉幼主逃江西等

情。两供皆在巡抚衙门供前。至十月二十八日,南昌府复提讯洪仁玕,始较详矣。其中有为前供所未述者,择录如下:

小的在香港共有七年,中间到过广东东莞县医卜一年,并到上海教读二年,嗣闻伪天王洪仁坤即洪秀全已在南京建都,他既创业于前,我何妨续之于后,就要前往南京,找寻伪天王。其时那夷长理雅各已回本国,那詹马士劝小的不必前往。小的不听,把家小仍留香港,那詹马士想到南京开礼拜堂,就交结小的,送给盘川,小的就从香港动身。……行至安徽长塘河地方,有堂兄伪天王派了伪赐福侯黄玉成在那里驻守。小的向他通了姓名,及投奔伪天王来意,并在衣襟夹中取出自己履历,交给那赐福侯,带小的于己未年三月入南京。见了伪天王,彼此悲喜交集。伪天王询知小的在外洋多年,见识甚广,……正无人办事,就大喜封小的为干天福。是月二十九日加封干天义,兼九门主将衔。至四月初一日,就封小的为开朝精忠军师顶天扶朝纲干王。那时南京自伪东王死后,翼王出京,一切军务,系五个主将做主。(据刻本《供词》云:"戊午年,乃封陈玉成为前军主将,李秀成为后军主将,李世贤为左军主将,韦志俊为右军主将,蒙得恩为中军主将。")那五主将看见伪天王未及一月,封了小的王爵,均有不服之色,伪天王就传令到教堂齐集众官,令小的登台受印。伪天王对众饬谕,京内不决之事,问于干王;京外不决之事,问于英王。小的见众人不服,原不肯受。伪天王说"风浪暂腾久自息"。于是小的登台受印,对众说了些道理。并把东王制度从新议论了一回,又把从前的案件批详榜示。众人见小的万人之前,谈论无错,就称小的为文曲星。那年南京被张家祥围困,仅有一线浦口之路可通无为州粮道。伪忠王问计于小的,小的叫伪忠王往攻湖州、苏州之虚,则张家祥必撤大兵往救,京围自解矣。伪忠王就弃了浦口,假扮官兵,带了五六千到杭州,用地雷轰塌省城,满洲城(指旗营)不能破,败出。伪忠王由小路回京,走句容,原意不在得疆土,而在解京围。张家祥闻杭州失守,撤兵解围,那李世贤由燕子矶及伪忠王之兵都到南京,放火为号,南京出兵夹攻,以致张家祥于三月二十五六大败退扎丹阳。那上海本有夷人,伪忠王带了二千人想破上海,被夷人空城计败回。伪忠王于庚申年五月破苏州。小的想与夷人和好,亲到苏州,夷人因闻伪忠王有“洋人只好打不好和”的话,以致不能得上海。至那年八月,小的转回南京,那广西老贼,都是开国的功臣,各顾自己,不顾大局。见小的言语公正,都想推小的出京,而伪忠王、伪英王又不能依小的计议,以致今日之败。夷人把小的家小从香港送到南京,小的酬谢银二千两,是实。

此供词对仁玕入京受封及执政设计之事,所述颇详,其与忠王李秀成之意见不合,二人时相龃龉,再以刻本及李供比而观之,始可以推当时真象。刻本《供词》曾发表于《逸经》,倘能将其数种供词及批驳《李秀成供状》合印一书,其史料价值或尚高于李供也。兹再将幼主供词,择要录出,其已见引证者,则略之。

同治三年十月初六日本部院亲讯洪天贵福供壹本。

洪福瑱供:

我广东人,自少名洪天贵,数年前老天王叫我加个福字,就名洪天贵福。登极后,玉玺于名字下,横刻真主二字,致外人皆叫洪福瑱。现年十六岁,老天王是我父亲,他有八十八个母后,我是第二个赖氏所生。(按,秀全原配段氏早死,追封正月宫,赖氏继室,称又正月宫。)九岁时就给我四个妻子,就不准我与母亲姊妹见面。老天王做有《十救诗》给我读,都是说这男女别开不准见面的道理。(按,即幼主诏书。)我想着母亲、姊妹,都是乘老天王有事坐朝时偷去看他。老天王教我读天主教的书,不准看古书,把那古书,都叫妖书。我也是偷看过三十多本,所以古书名色,也还记得几种。从来没有出过城门。本年四月十九日老天王病死了,二十四日众臣子扶我登极,拜了上帝,就受众人朝贺。朝事都有干王掌管,兵权都是忠王掌管。所下诏旨,都是他们做现成了,叫我写的。以后我就叫幼天王,我四个妻子,都叫娘娘。(另纸写:“我有四妻:姓侯,安庆人;姓黄,两个广西人;姓张,湖北人。我有两个弟:光王洪天光,明王洪天明,两人均十一岁。”)六月初六日五更,我梦见官兵把城墙轰塌,拥进城内,到了午后,我同四个幼娘娘在楼上望见官兵入城来了,我就往下跑。幼娘娘拉住不放,我说下去一看就来,便一直跑往忠王府去了。(按,此供为笔录,另有亲笔供一纸云:“我乃下楼,出到荣光殿,忠王乃入朝,带我出。”可见系秀成入宫将其带出,非天贵往忠王府也。)忠王带我走了几门,都冲不出来,到初更时候,乃假装官兵,从缺口出来,才出来千多人,就被官兵知觉,尾后都被截断了。(亲笔供:“忠王到芳山被擒了,尊王带我从淳化镇到广德,总是养王吉庆元带路,他欲带我去建平,我知是错路,又到广德,昭王在四安,是日即上来见我。后几天,干王、恤王从湖州来见我。”)到广德州只剩数百人,就约堵王等分路来江西寻康王、侍王,沿途节节打仗,不计次数。到那日,到杨家牌,我就说官兵今夜会来打仗,干王们都说官兵追不到了。三更时候,四面围住,把我们都打散了。官兵追得紧,我过桥掉下马来,他们把我扶过岭,官兵追到,我与十几个人都下坑去,官兵下坑来,都把他们拿去了,不知何故,单看不见我。我等官兵往前追去,独自一人躲入山里,藏了四天,饿得实在难过。要自寻死路,忽然有个极高极大的人,浑身雪白,把一个饼给我。我想跟他去,他便不见了。我将饼吃下,就不饥了。又过了二日,下山到了唐姓人家……住了四日,唐姓人叫我回家,我就走到广昌的白水井,问人说是建昌的路,我怕有官兵,就回头。有一个勇说我是长毛,把我衣服剥去了。又走到瑞金地界,就一个勇叫我替他挑担,我说不会。又回头走到石城地界,就被他们带到营中。唐老爷待我甚好,我的话都告诉他了。那打江山的事,都是老天王做的,与我无干。就是我登极后,也都是干王、忠王他们做的。广东地方不好,我亦不愿回去了,我只愿跟唐老爷到湖南读书,想进秀才的。是实。

按今存故宫博物院之幼天王供词凡四份,均不完备。亲写者亦有缺落,除其偷读之古书名色,容再引述外,又称:“老天王的父亲名叫洪镜扬,有个细亚妈,在南京未出。在南京时,封王封官,均是王次兄勇王洪仁达、吏部天僚干王洪仁玕、吏部天官慰王朱起英三人保封的。沈桂议封六主帅;忠王李秀成为大主帅,记王黄金爱为副主帅,顾王吴如孝为东方主帅,刘逢亮为南方主帅,吉庆元为北方主帅,西方主帅记不清是谁人。”等语。吴汝孝早死,已见“天堂路通”纪念碑,何以仍能任东方主帅,殊不可解也。此可见供词虽亲口所述,亦不免有讹误耳。

(三)江西、福建之略定

自杭州、江宁之败,太平军咸萃于江西。其首领之最著者,为侍王李世贤、康王汪海洋。世贤由徽入赣,迭克金溪、南丰、新城,围玉山、抚州,南昌戒严。然屡为席宝田等军所败,守弃不常。而常州败军西窜者,列王林彩新等统率之,初由浙境入江西弋阳,为浙江援军王德榜等所败,继入徽州,为唐训义、金国琛、毛有铭等夹击,溃死略尽。世贤据金溪、东乡、宜黄、崇仁、南丰五县,欲成长围,以困抚州建昌。命海洋据大庾岭一带为声援。鲍超、杨岳斌军至江西,议先取许湾。许湾者,在崇仁东,太平老营之所在也。同治三年七月,超移营七里冈,督饬各军,四面围攻,诸垒尽平,太平军死者甚众。超军压崇仁,世贤出战不利,五县皆不能守,因走宁都、南安,攻之不下。时陕甘军事急,诏岳斌总督陕、甘,促赴任。江西军事,专于巡抚。江西诸将,既不悦于曾国荃、左宗棠,故战最力。(太平军自杭湖广德西走,浙军将报其众数千。江西军将言精悍者过十万,督抚各据以告。左宗棠、沈葆桢以洪福未死,讥讽江南军,及逸出,诸帅又言由浙纵之。故江苏、浙江、江西三方各不相能。)世贤等不得逞,遂尽趋福建。九月,破汀州之武平、永定,张运兰自江西瑞金追入汀州,屯军下坝,为太平军所抄,方食,即被执,与总兵贺世桢、王明高等二十人皆死。世贤进龙岩、南靖、漳州,闽中大震。运兰,王鑫旧部也。独将十余年,为曾国藩所依重,仓卒败虏,江西军亦夺气。十月,左宗棠奏以蒋益澧护巡抚,己之总督任,急檄提督黄少春、刘明灯等四千五百人自衢州趣延平,为中路军;刘典将新军八千人自建昌趋汀州,为西路军;提督高连升将四千五百人自宁波泛海至福州,为东路军:虽张远势,距敌辽阔。十一月,福建提督林文察攻漳州,败死。宗棠自驻延平督师,增调王德榜军二千五百人自赣入汀,继刘典,因以德榜署按察使。十二月,太平军北围漳平,刘典自连城东援,新军轻进,大败,走保连城。时李世贤踞漳州,汪海洋屯汀州之南境,长汀、连城、上杭交界处曰南阳乡。别将丁太阳分据漳、龙、汀各属邑,南取云霄,西略上杭,众号二十万,各处游勇蜂起响应,清军遥与相持而已。于是两广总督毛鸿宾遣方耀等,李鸿章遣提督杨鼎勋、郭松林等乘轮船,皆来会师。益澧亦檄衢镇总兵刘清亮率湘军三千移驻浦城,听调遣。并募宁波花线勇千人备缓急。同治四年正月,宗棠檄清亮由福州趋泉州、同安,以固高黄后路。闽军复龙岩,刘典、王德榜进攻南阳乡,失利,退守新泉。海洋追至,清军力御之,将不支,典亟传令斩退者,奋勇搏战,太平军乱,海洋凫水走西岸,众多溺死。清兵追至下车,海洋几为所擒,而精锐丧失过半矣。四年二月,世贤下漳浦,苏军至闽,合围漳州,鲍超部将娄云庆亦自江西至武平。海洋为刘典所逼,弃南阳乡走白沙,后由永定之坎市走龟阳,旋据苦竹场、校梅林一带,与世贤相首尾。丁太阳后破诏安,皆逼近广东。广东大吏遣将防边。三月,漳州、苦竹叠有战争,两方杀伤相当。四月,清军克苦竹,海洋阑入粤境,漳州势始孤。高连升、黄少春、王德榜、刘清亮会苏军克漳州,世贤巷战逾时,率亲军由西门走。于是由漳州进攻漳浦,湘军由南靖向平和,与粤军联络,并分兵永定、上杭一带截之,而属粤军严守由汀趋潮之路。旋漳浦、云霄、诏安皆下,太平军于福建渐无立足地矣。

(四) 太平军之入粤与全灭

先是漳州被围急,世贤致书海洋,思合力走龙岩、漳平,海洋不报。顾自由大浦回攻永定,陷湘营于猎射凹,杀总兵丁长胜。延建邵道康国器来援,海洋迎击,败走。五月,高连升复追之大姑滩。海洋由武平回下坝,仍窜粤境。世贤再败至永定,刘典军迫之,部众溃散。世贤自永定河凫水夜渡,割须发潜匿山中。时丁太阳已以路穷乞降于刘典,惟海洋一军得入粤。至则破粤军于镇平,遂据镇平。会霆营由湖南、江西入广东,与海洋合,军势复振。霆营者,即鲍超所部之军,四月间,超假还夔州,霆军行次湖北金口,闻将有关、陇之行,遂大哗,溃卒远遁,辗转入粤,海洋假以恩惠,悉数收之。六月,海洋遣兵潜入闽边广福乡,刈稻充食。时新旧军不相容,号令多阻。海洋以世贤不知所之,归咎于王宗李元茂,杀之以立威,部下益携贰。陪王谭富、天将莫思皆降。海洋乃增卡稽察,以亲信守之,而使霆营降卒,分屯镇平西南,深沟高垒以自固。二十八日,世贤忽间行至镇平,海洋郊迎入城。世贤旧部皆泣诉海洋猜狠状,海洋惧其按治,于七月三日,乘夜卧遣人刺杀之。于是世贤旧部与霆营降卒互相斗,降卒七千人,复降于粤军方耀。八月,康国器克镇平,海洋走平远,黄少春等追破之东桃乡。江西席宝田军破之东石,遂折回大拓,辗转入龙南。高连升、康国器穷追六昼夜,海洋设伏败之,遂攻定南,不克,还走赣南,席宝田败之铁石口,矛伤海洋背,几被执。后由江西走广东,绕道疾趋。十月,突破嘉应州。高连升等回军赴援,皆不及。宗棠促鲍超率军入粤,自出境驻广东之大埔。惟亲军少弱,势甚危急,召王德榜扼三河坝(大小靖溪及雁石溪所汇也),潮州要冲也。德榜以山道绝涧,敌必不往,而大埔师屯孤悬,乃自当中路,步步设守而后进。刘典既偏远,闻德榜军进,惧以避敌为罪,则分军疾出其前。猝与海洋军遇,典军未陈而败,掠德榜营东溃,海洋长趋追典军,德榜军众皆惧。或曰:“兵法趣利者蹶,此成擒也。敌不西走赣、桂,而欺侮闽、广,必汪海洋之谋。宜选火枪,视其帅旗所在而击之,余皆凭垒自固,可以不败。”乃徐视其所为,及战,敌前队直进,火枪环击之,敌不得前,引而返走。诸军喜曰:“易与耳。今败矣!”乘之,果大奔,海洋中炮死(此从《湘军志·浙江篇》。《平浙纪略》则言:“黄少春扼东北路,王德榜扼正东路,粤军郑诏忠扼西南路,朱明亮扼三河坝,刘典进屯丙村,高连升、刘清亮并屯漳树坪,粤军方耀、邓安邦等军井塘、白宜市,康国器屯乌泥坪。高连升、刘清亮与海洋血战四时之久,各率队前进。刘典等军左右设伏,齐出奋击,敌皆溃败,海洋中枪坠马,舁回而绝。”似此役与王德榜军若无与者,不知孰是耶?)海洋崎岖闽、粤,骁勇善战,殆冠其曹,清军当之,必血战而后胜,及闻其死,皆大喜,推锋西进,鲍超军亦至嘉应。太平军推偕王谭体元主城守事。宗棠令诸军连营环逼,四面合围。体元以困守孤城,不如就食四方,乃悉众潜启西南门,由小密出黄砂障,径仄不能急进。黄砂障者,州南要隘,群峰峭削,一径盘纡,为出新田、大田,右至丰顺,左至潮州间道。清军初无知者,既闻降人言,鲍超等各率兵追至,或缘崖驱杀,势如拉朽。体元余众饥疲甚,清兵四面蹙之,又登高呼曰:"弃械者免死。"太平军皆罗拜乞降,降者五万余人,死者万六七千。体元及列王诸将之被获磔死者七百三十四人。于是太平孤臣之在南方者,一网尽矣。时同治四年十二月也。

第七章　太平天国失败之原因及其影响

二十九　洪秀全失败之原因

（一）思想之矛盾

太平天国之革命思想，无疑乃出之于民族主义，观《英杰归真》洪仁玕之言曰："昔吾从游真圣主（指秀全），每与谈经论道，终夜不倦，言笑喜怒，未尝敢薄待己身。时论时势，则慷慨激昂，独恨中国无人，尽为鞑妖奴隶所惑矣。予问其故，则答以难言。再三问之，则谓弟生中土，十八省之大，受制于满洲狗之三省，以五万万兆之花（华）人，受制于数百万之鞑妖，诚足为耻为辱之甚者！兼之每年花中国之金银几千万为烟土，收花（华）民之脂膏数百万为花粉，一年如是，年年如是，至今二百年，中国之民富者安得不贫，贫者安能守法，不法安得不向伊黎省或乌隆江或吉林为奴为隶乎？兴言及此，未尝不拍案三叹也。今本军师辅真圣主，得蒙上帝眷顾，以有当日之义心，乃有今日之义举。"军机处档案所存《洪仁玕供词》附有其亲笔诗数首云：

《春秋》大义别华夷，时至于今昧不知。北狄迷伊真本性，纲常文物倒颠之！

志在攘夷愿未酬，七月苗格德难侔。足根踏破山云路，眼底空悬海月秋。意马不辞天地阔，心猿常与古今愁。世间谁是英雄辈，徒使企予叹白头！

英雄吞气吐如虹，慨古悲今怒满胸。猃狁侵周屡代恨，五胡乱晋苦予衷。汉唐突厥单于犯，明宋辽元鞑靼凶。中国世仇难并立，免教流毒秽苍穹！

仁玕所谓以有当日之义心，乃有今日之义举，固明明道出最初洪秀全与冯云山、洪仁玕三人之结合，乃全由于英雄复汉之思想。此思想一方面受鸦片战争之刺激，一方面受天地会之影响，故洪大全《供词》谓："洪秀全与我不是同宗，他与冯云山皆知文墨，屡试不售，也有大志。先曾往来广东、广西，结拜无赖等，设立天地会名目，冯云山在广西拜会，也有好几年，凡拜会的人，总诱他同心合力，誓共生死。后来愈聚愈多，恐怕人心不固，洪秀全学有妖术，能与鬼说话，遂同冯云山编出天父、天兄及耶稣等项名目，称为天兄降凡，事问天父，就知趋向。生时就为坐小天堂，就被人杀死，也是坐大天堂，借此煽惑会内之人，故此入会者，固结不解。这是数年前的作用，我尽知的。"就大全所言，可知洪秀全由天地会而转变基督教之作用，乃在固结人心，假神权以煽惑会内之人，使其不畏死，能牺牲，以死后升大天堂诱之入魔。则天地会"誓共生死"之精神，更无需借三十六誓以保障之矣。此种思想与方法，在最初颇属正确而有效，是以永安时对外发表之讨满洲檄文，亦复畅言此义，故不及三年，即能席卷两湖三江，奠都南京，岂非二百年来民族革命运动之结果欤？不然，天地会在道光中叶，盛行于湖广、两粤，秀全如不沿袭此种革命运动，何以能得两粤、湖广天地会党人之拥护？其初起势力，多半为天地会党人，为之冲锋陷阵者，如林凤祥、李开芳、罗大纲（秦日纲亦天地会党人，在永安设"木斗军营"可见）等皆是已，为之运筹帷幄者，如洪大全、曾玉秀、钱江等亦是也。以数千人之会首，骤增为几百万人之革命领袖，绝非仓卒起事者所能办，宜必有其潜流默运之功，如白莲教之起事也，何尝不有赖于数十百年之酝酿乎？历史法则所昭示吾人以因果者，源流分明，决不可等闲视之，而妄以己意推断，曰农民革命，曰阶级革命，曰宗教革命，以抹杀历史事实演变之痕迹！若谓狂涛壮澜为无源之水，奇花异葩为无根之草，宁非昧昧？洪秀全之失败，其主要原因，即由于不明历史趋势，而数典忘祖，自作聪明。宗教原为其达成民族革命目的所采取手段,结果反以改革宗教为目的,而以民族革命为手段,于是思想矛盾,乖谬百出,不能自圆其说,转使人误会为狂徒为教匪,与刘松、林清、李文成、刘之协等耳。既以宗教改革为号召,而湮没民族革命之大义,则势必有:"天下凡间,分言之有万国,统言之实一家,皇上帝天下凡间大共之父也,近而中国,是皇上帝主宰化理,远而番国亦然;远而番国,是皇上帝生养保佑,近而中国亦然。天下多男人,尽是兄弟之辈;多女子,尽是姊妹之群。何得存此疆彼界之私,何可起尔吞我并之念?"(《太平诏书·原道醒世诏》)之说词。于是天下一家万姓同源之论出矣。此在道理上言之,何尝不是?但革命家所欲推翻驱除者,正是"彼国憎此国,此族憎彼族"之观念所致,安得以量宽量小视之?秀全对于革命之性质,自洪大全死后,即已牴牾混淆而不清,故对于天地会党人之已加入者,则迫之使信基督教,未加入者,则拒绝与之合作,如厦门之黄威,上海之刘丽川,以及广东之凌十八等听其自生自灭,而不加利用,思想日趋矛盾,范围逐渐缩小,此其自取灭亡之一途也。且不仅民族主义与神权主义之矛盾而已,即平等观念、经济思想、孔孟学说,亦属矛盾。天地会指天地为父母,合异姓为一家,凡会众皆称兄弟;秀全虽变为基督教,亦仍以始事诸王为兄弟,同托上帝之子,故六王之属,皆国宗也。充此平等观念,未尝不可建设一民主之国,以采合议联治之规,如清太祖之于八旗然;然而洪秀全抵南京以后,即高拱深居,帝制自为矣。男女平等,废除阶级,此太平之新制也,深合于世界潮流,谁曰不宜?但秀全别设女馆,不许夫妻同居,而其在永安,即有三十六娘娘,至南京,更"有八十八个妻"(幼主洪天贵福《供词》语)。杨秀清之王娘三十六,韦昌辉之王娘十四,石达开之王娘七人。五年,女馆解散,设官媒,以职位之大小为配女之多寡。此非天子六宫佳丽,诸侯一娶九女,卿大夫士等而下之之古制乎?太平初起,物资艰难,故金田团营时,即形成一"共产制",使私财聚于公库,所需分配定额。以后遂发展为《天朝田亩制度》,其理想殊未可厚非。然而天京宫府,无不广蓄财货,尤以安、福二王为最。征租较清朝为重,物资靠掳掠而得,李秀成劝诸王侯输财购粮,囤积备用,又非购"洪氏帖"不能入城。此岂"共产制"所许者乎?秀全以迷信天主而禁读孔孟之书,谓之妖书,李秀成被胁从军,即因偷读中国书,几乎被杀。幼主《供词》言:“前几年老子写票要古书,干王乃在杭州献有古书万余卷,老子不准我看,老子自己看,看毕总用火焚。我见书这多,老子不知,我拿有三十余本,《艺海珠尘》书四五本,《续宏简录》卷四十二、三共两本,《史记》两本,《帝王庙谥年讳谱》一本,《定香亭笔谈》一本,又洋人之《博物新编》一本,还有十余本目书。我登基之后,写票要有四箱古书,放在楼上。老子总不准宫内人看古书,且叫古书为妖书。”但在《钦定士阶条例》李春发等《劝戒士子文》有云:“天父前降有圣旨云:‘孔孟之书不必废,其中有合于天情道理亦多。’既蒙真圣主御笔钦定,皆属开卷有益者,士果备而习焉,则焕乎有文,斐然成章。”因此《太平诏书》有两种本子,后刻本均增加中国之典故,如:“盘古以下至三代,君臣一体敬皇天,其时狂(王)者崇上帝,诸侯士庶亦皆然。”“颜回好学不贰过,非礼曰勿励精神。”“历山号泣天为动,鸟为耘只象为耕,尊为天子富四海,孝德感天夫岂轻。”“夏禹泣罪文献洛,天应人归无可猜”,“杨震昏夜尚难欺,管宁割席回歆顾,山谷孤踪志不移,夷齐让国甘饿死,首阳山下姓名垂。”尤以《百正歌》全取尧、舜、禹、稷、周、孔、秦、汉、隋、唐之事作比。更谓:“周文孔丘身能正,陟降灵魂在帝旁。”可见秀全在晚年已开放读孔孟书之禁,何以仍不准其子读之?当时人在书中贴有飞签云:

> 著书之人,本生长于中国,所习见习闻者,皆中国孔孟之理,乃后入耶稣教,故所言犹是儒理。其实耶稣之道,爱人如己,与儒家不甚相远,惟不敬鬼神一节稍异耳。

秀全既以儒理解释上帝教,而不准人读孔孟之书;既对士子谓开卷有益,斐然成章,又不准宫内人看古书。凡此皆思想矛盾,以致行为乖张,安得而不失败哉?

(二)神权之迷信

洪大全谓秀全恐人心不固,遂编出天父、天兄及耶稣等项名目,称为天兄降凡,事问天父,就知趋向。此原为历代开国者妄造谶纬之术,不足为异,但汉高祖斩白蛇起义师以后,并未因龙种而乞命于天,仍凭其三尺剑以与项羽逐鹿也。而洪秀全却因此弄假成真,事事信天,事事靠天。李秀成《供状》云:"天王自失东王、北王之后,不知谋虑,不问政事,一味只知靠天。上帝教原是起兵时第一着,但是既立江山之后,总有许多军民制度,一切爱民的政治。天王迷信过深,竟谓天父、天兄自能佑助,不必将政事办好,可笑安、福王等不思开导,反多附和,从此天王实认天是真权实力,其他一事不管。后来人心也乱了,粮食也尽了,还是只讲天话,全靠天心,不挽回大局。直至殉国,只守此心,信道可谓极笃,然国破家亡者,皆此之由也。"《英杰归真》云:"那人曰:'均同此天同此地同此世同此人也,何天朝出来之人,个个都说新天新地新人新世界乎?'干王谕曰:'倘我天朝之人,仍依妖之俗例,拜邪魔,信邪说,叛皇天,恃己力,一切妖样而行,又何敢自称为新乎?夫云净而月明,春来而山丽,衣必洗而垢去,物必改而更新,理之自然者也。所谓世之变革者,以真圣主天酉年转天时,受天新命,食天新果,饮天新汁,因有自新之学,用以新民新世。今天蒙天父天兄下凡带真主幼主作主,而天地更新也。虽同是此天地世人,外观谁云不旧,若人人能悔罪改过,弃恶归善,弃伪归真,力求自新,转以新民,改邪术而行真理,去偶像而拜上帝,拆妖庙而建礼拜堂,化愚顽而归良正,脱俗见而遵新化,视听言行既殊,而耳目手足斯新,万物情理既真,而天地世人即新,前日之人行鬼路,今日则脱鬼成人;前日之人面兽心,今日则洗心革面;前日之旧染污俗,今日则咸与为新。前入魔鬼之网罗,几几地狱;今登光明之善域,赫赫天堂。鱼跃鸢飞,无非妙道;风云变态,尽是神思。天父天兄喜此新心之人,世人朝野,喜此新天之理。彼此皆新,受几多陶镕磨炼;后前迥异,岂毫无感化灵明?凡能见此者,必受天父上帝圣神感化,而真信基督救世主者,乃有此慧眼,始能认识新天新地新人新世界也。否则,彼且不能自新,又安知所谓新之者,吾恐彼且谓新不如旧矣。"洪仁玕为秀全最初之同志,亦内乱后最高之辅弼,其人受香港外人之影响,对新政颇多建议,然皆未行。而其解释新天、新地、新人、新世界之意义,则惟言信上帝,去偶像,即可革面洗心,脱鬼成人,未免视创造新国改革旧教为太易矣。《天情道理书》所述杨秀清惩罚叛逆,私行合好,乘马相撞,查出内应诸事,皆云有干天怒,显违天法,甚至粮食短少,则云"天父欲试我们心肠",丰衣足食,则云"天父赐来粮米衣衫"。《王长次兄亲目亲耳共证福音书》云:"我主大战妖魔,连喊亚哥(指耶稣)帮手。"又有:"阎罗妖鬼变多端,到底难从手下钻,天父天兄亲指点,破残妖计鬼心寒。"之诗。《醒世文》云:"天父复又发大怒,差生真主定乾坤,赐剑赐玺真真命,亲嘱勿慌放胆行,永掌山河为真主,援救弟妹上天廷。"似此鬼话连篇,诚如洪大全所谓:"他仗妖术惑人,那能成得大事?……他的妖术行为,古来从无成事的!"固然宗教不能无迷信,但迷信亦应有相当之限度,而秀全之迷信天父,过于白莲教之迷信弥勒佛,其所假造之符命,如"三八廿一,禾乃至食,人坐一土,作尔民极",似尚有天地会遗风,与白莲教"牛八掌教,黄花落地"等语相同。至天父、天兄、天王及圣神风雨雷电霜之说出,则又较之"弥勒转世,无生父母"而益甚焉。当时洋教尚未为中国人所接受,又焉能得民众之信仰乎?而《天父下凡诏书》所记秀清杖责秀全诸事,情伪毕见,令人读之,殊有啼笑皆非之感。乃洪秀全一切不管,当临亡之前,犹告李秀成曰:"朕铁桶江山,尔不扶自有人扶。尔说无兵,朕之天兵,多过于水,何惧曾妖乎?"此与汉兵破城后,王莽犹坐斗柄曰:"天生德于予,汉兵其如予何!"可谓无独有偶矣。洪秀全在广州习教,欲从而受洗之牧师罗孝全(I. J. Roberts)于咸丰十一年,被召赴南京,帮同仁玕工作,居住一年零三月,"便不告而别,逃出城外"(洪仁玕《供词》)。罗孝全致教会之报告云:

> 此间的事情,有两种很不同的景况:一是光明的,我们所期望的;其他是黑暗的,所不期望的。不幸,我们预想的,仅在光明的一面,因是当我认实黑暗的一面后,使我大大的感觉失望。光明的一面,都是消极的;例如:在此城内,不许有偶像的崇拜,不许有娼妓,不许有赌博,也不许有其他不道德的事情。……但一到了宗教的观点上,以及其他政治与民事的污点上,其黑暗的景况,使得我中心异常苦恼,立

刻要离开他们。但我很怜悯这些苦百姓，他们也有永生的灵魂，并且真正是受苦者，是永世的可怜虫。

天王所热心宣传的宗教意旨，我相信，在上帝的眼中，是可憎恶的。实际，我相信他（指天王）是一个精神错乱者，特别在宗教的事情上；我不相信他对于任何事件有确实的理性。……他称他的儿子为世界的少年救主，他自己为耶稣基督的真兄弟；但是说到神圣的精神上，他欲把他自己放纵于他的“三位一体”说之外去了；毫不悟及他自己的工作是要感化世人的。

他们的政治系统和他们的神学，是一样的薄弱可怜。我不相信他们有任何的政治组织，并且不相信他们知道要组织一个政府。一切要务，好像完全存于军法；由最上级到最下级的当权者，都是在杀人这条线上走。这种屠杀的景况，把我弄得十二分的厌恶了。一八六〇年，从苏州到南京的途次，我所目见横陈于路旁的死人，有十五、二十个之多；当中有几个是刚被杀了的，杀的人并不是他们的敌人，而是他们自己的人。

使我更嫌恶苦恼的，就是他们故意设置一些陷阱，来捕杀人民。一个是他们的布告，说“凡薙发的人不许入城”，但在人民知道有此布告以前，已经有十七八个人堕入这个陷阱，被他们捕杀了；当中有几个，恐怕永不曾知道有此布告。……这类事情，可举一件最特出的，就是，有一天，有两个住在我下面房子里的书记因为在呈奏天王的公文上写错了几个字，两个人都被天王亲自宣告死刑，并不加以审讯，三天内就把他们的头砍了。我说天王是一个精神错乱者，即此可以证明。我不相信在这样一个恶魔专制的统治下面，能发生什么好处。

他要我到此地来，但不是要我来宣传耶稣基督的福音，劝化人民信奉上帝；是要我来做他的官，宣传他的主义，劝导外国人信奉他。我宁愿劝导他们去信奉“摩斗”（多妻教）主义，或别种不根于经典而远于魔道的主义。我相信在他们的心里，他们实在是反对耶稣福音的，不过在政策上，予以宽容罢了。但他们必定妨阻福音的实现至少在南京城内。……我也知道我传道的工事，是没有成功的希望了，也并不期望再有何人到此地来，和我共同进行这种工事。我已决计要离开此地了。……

观此可知秀全所谓之宗教，并非西洋之基督教，实系精神错乱之神权迷信，"在上帝的眼中，是可憎恶的"。英香港总督文翰（Sir G. Bonham）对外务大臣之报告云："其间所表现的神道，与我们所习见于《圣经》的远不相同。含有增高个人权位，满足自己的野心作用。"洪大全批评："他的妖术行为，古来从无成事的！"殊信而有征也。辛酉十一年诏改太平天国为上帝天国，但并未实行。又于太平天国上加天父、天兄、天王六字，虽实行而人皆不服。以政令为儿戏，已可见其精神错乱，直类疯狂矣。

（三）智识之浅薄

秀全为一不第秀才，四次考试均失败，其学问当然有限。论程度相等于今日之小学生。而对方之曾国藩，则大学研究院之导师也。其差别如此。虽资格不能完全代表智识，但其所作诗文，无一通顺者，写字亦潦草怪僻。兹再举其预诏诗数首以证之：

皇天上帝朕亲爷，那个麻（大约系魔字）妖冒得他。天父定然天子识，各人跑路莫跑差！

堂堂天母朕亲妈，天子定然识得他。劝谕尔们信我讲，云中雪莫惹来加。

耶稣救主朕胞兄，万权在握实煌荣。当前三十三天上，几多磨过雪云中。

年载多长都丢空，何时今日要尔从。看尔众人尽行错，天劳万样妄无功！

必要三星共照上，日出天来色那样。人见太阳须照目，三字经诗习文王。

> 高天排起两行儿,多嘱道凡言清理。理明尽言人说大,人言儿废曰无知。
>
> 头打三十三天,脚下十八重地狱。一打天边,二打地狱,三打人常生,四打鬼灭亡。
>
> 天王在凡转高天,天下弟妹闻得见。爷哥一一亲教导,复降下凡在半天。爷嘱生死妖概灭,天王承之无本事。双眼泪流爷哥前,爷哥袍袖来缴眼。尽指教导放胆去,万样有爷权能大,万样有哥担当全。
>
> 真主为王事事公,客家本地总相同。君王万岁谁人见,万岁君王只钓龙。

此种诗似尚不如"黄狗身上白,白狗身上肿"之打油诗也。而秀全自承"无本事"、"双眼泪流"。天父、天兄为之以袍袖拭眼,教导放胆行去,自有爷哥担当。其知识才能之浅薄可见矣。在所批之《新遗诏圣书》(即《新约》)上,更有可笑者,如:

> 上帝独一至尊,基督是上帝太子,子由父生,原本一体合一,但父自父,子自子,一而二二而一也。至圣灵,东王也,上帝圣旨:边大知瘟脱归灵。东王是上帝爱子,与太兄及朕同一老妈所生,在未有天地之先者,三位是父子一脉亲。盖天父上帝是独一真神,独一圣神。上帝曰:除朕外不可有别神别帝也。圣神即上帝也。若另有圣神,则是有别神矣。即圣神风亦是圣神上帝之风,非风是圣神也。风是东王,天上使风者也。圣神自圣神,风自风,一而二,二而一,子由父生,原本一体合一,但父自父,子自子,又合一又分开也。如今上帝下凡降东王,降托东王是圣神,东王本职则是风,劝慰师也。爷知《新约》有错记,故降东王招证圣神是上帝,风是东王。又知凡人误认基督即上帝,故上帝降东王,以明神父在是,基督降西王,以明太子在是。父自父,子自子,兄自兄,弟自弟,一而二,二而一,一下凡间,而名份定矣。若泥解基督即上帝,则是有别帝矣,使太兄心何安?今太兄下凡,降圣旨,教导朕曰:秀全胞弟,尔后来不号称帝,爷方是帝也。太兄周时

说于爷，况朕亲上高天，见过天父多少，见过天妈多少，见过太兄多少，见过天嫂多少，有凭有据正为多。上天下凡总一样，耳闻不若目见也。钦此。(《约翰三书》批语)

朕是太阳，朕妻太阴，变黑如血，是隐诏降世为人，天将天兵是天星坠地者，隐诏降世诛妖。……太兄暨朕及东王辈未有天地之先，既蒙天父上帝元配，即是天妈肚肠生世。后爷差太兄赎罪，入马利亚胎成人身。故太兄诏：未有亚伯拉罕，先有太兄，至朕在天上，当拉罕时，朕还颇记得，知爷将差太兄由拉罕后裔而生，故朕下救拉罕，祝福拉罕。那时朕知爷将差朕作主凡间，故朕欲乘势现身下凡作主。后蒙爷命，要入母腹，下去凡间，朕那时知蛇魔阎罗妖须作怪，求爷看顾，免被他害。后爷命朕由天上另一位亚妈肚肠而生，以便入世。朕还记得，朕入这位亚妈之胎，爷做有记号，即是穿太阳，以示身内胎生是太阳也。谁知蛇魔阎罗妖亦知得这妈身胎是朕，由上帝特差生入世，诛灭这蛇者，故蛇欲吞食之，冀占上帝之业。岂知上帝无所不能，生世之儿，蛇不能害。朕今诚实自证，前时麦基洗德是朕，太兄升天后，身穿太阳，这妈生世之儿，亦是朕。故今爷哥下凡，带朕作主，专诛灭此蛇妖也。今蛇兽伏诛，天下太平矣，验矣！钦此。(《圣人约翰天启之传》批语)

录上两段，已可推见一斑，此非齐东野语，荒唐神话而何！以此智识而领导革命，倘使无洪大全为之设计，冯云山为之布局，则决不能得起事群众之拥护也。《太平诏书》中之《原道醒世训》及《百正歌》等，皆经人修改，非秀全原作矣。洪大全、冯云山既死，则秀全马脚毕露，所赖以支持者，杨秀清耳。秀清亦非读书有识之人，观其《天情道理书》所赋诗章，即可见之。如云：

我们弟妹果然忠，胜比常山赵子龙，起义破关千百万，直到天京最英雄。

匡扶真主到天堂，弟妹真忠万古扬，扫灭世间妖百万，英雄胜比汉关张。

弟妹人人志可嘉,真忠报国各忘家,从今扫灭妖胡种,功盖周家姜子牙。

书中又言:“东王打我们一班弟妹,亦是要好,枷我们一班弟妹,亦是要好,杀我们一班弟妹,亦是要好。古语云:‘打是教怜骂是惜,杀一救得亿万千。’”似此俚语巴词,宁不类江湖卖技者耶?总之,秀全、秀清皆不学无术之人,故洪大全能傲然自信:“我要听其自败,那时就是我的天下了。”《湘军志》作者王闿运云:“洪寇势大,非稍用智略不定,今之曾、李,少胜洪、陈,因收其功,亦非天幸。后之论者,未识几人知此?”此史家之慧眼也。

(四) 人才之缺乏

历来创业者,不必皆有学问有知识,然而“天亶聪明”四字,却不可少。换言之,即应有相当之领袖才能也。汉高祖以泗上亭长而能成帝业者,即赖其有此等才干耳。如韩信假王三齐,怒欲谴之,以张良蹴其足而警觉焉,乃真封之。沙上偶语,群臣谋反,以子房言封雍齿为侯,而众心始安。素轻儒者,摘其冠为溺器,陆贾说之曰:“马上得之,安能马上治之?”乃用叔孙通制礼。此即所谓“天亶聪明”,所以能开皇汉数百年之基业也。秀全有此聪明乎?己虽不才,而能利用他人之才,可以“集千万人之知,以成吾一人之知”。故凡作领袖而欲成事者,无不以知人善任为惟一条件。如不谙此理,即令“天亶聪明”,亦且不能成功。盖察察以为明,未有不偾事者,古之桀、纣,明之崇祯,即其例已。汉高祖尝曰:“夫运筹帷幄之中,决胜千里之外,吾不如子房;战必胜攻必克,吾不如韩信;运输转饷不绝,吾不如萧何:此三者,皆人杰也。吾能用之,此吾之所以得天下也。项羽有一范增而不能用,此其所以失天下也。”又曰:“诸君知猎乎?驰逐狡兔者猎狗也,发纵指示者人也,诸君功狗耳,萧何功人也。”是以韩信谓高祖“不善将兵,而善将将”。历代史实,皆可证明得人则昌,失人则亡,秀全于得人之道,盖懵然一无所知。洪大全为太平天国厘订军制,教以用兵之法,实为太平天国创业最大之特色,而秀全陷之,使被俘以死。钱江建议东下南京,而秀全舍之,使投雷以诚,乃倡抽厘法以与湘军添翼,卒灭太平。五王中惟冯云山稍有学识而先亡,杨秀清能将兵而被杀,石达开颇谙治术而不见容,李秀成有才力,有心性,亦且较有谋略,而独立于群小环视之中,所谓:"一木安能支大厦?"安、福二王,蒙得恩、林绍璋辈,则皆庸碌奴才耳。洪仁玕在其家族亲戚中似属翘楚,宜有可为者,但心量太狭,不能容人,而又不敢批鳞强谏,终且鼻陋混同,无以表异。此何能与曾国藩、胡林翼之汲引人才,惶惶若有所不及者比乎?以胡林翼之利用官文,拔擢多隆阿、鲍超,敬礼罗泽南及二李而论,则已高出秀全百倍。若曾国藩之破格保荐左、李,搜罗遗俊,置之幕府,量才器使,则较之秀全,更高出万倍矣。二者相角逐,其胜败何待言哉!太平天国因人才之缺乏,故政治无方策,战争无韬略。以政治言之,只攻城而不治理,只掠食而不抚民,只加征而不顾人民生活,只用军事管理,而缺乏政治组织。罗孝全所谓:"他们的政治系统和他们的神学,是一样的薄弱可怜,我不相信他们有任何政治组织,并且不相信他们知道要组织一个政府。一切要务,好像完全存于军法,由最上级到最下级的当权者,都是在杀人这条线上走。"似此杀人政策,尚何政治可言?咸丰十一年英国驻华特使布鲁斯(F. Bruce)根据米捷(A. Michie)之报告,转呈政府云:

> 他们除了急需购买枪械火药轮船以外,绝无奖进商业的表征。……事实上,他们的生活,全靠掳掠,在他们能够掳掠的时期以内,他们既不工作,又不营商。我看他们内部,现在的生活状况,比我所预思的好。他们穿的极好,吃的也好。南京的人差不多完全是公职员,没有一只船一件东西与军政界无关系的,可被允许进入他们的大门。我估计他们的人口,恐怕在两万人以下,这个数目,军人极少,大部分皆为由国内各处掳俘而来的,或竟为奴隶。南京城及其附郭一切皆被破坏,城垣极高,周围约二十英里,但是城内以前宽广平坦的市街,只留下一些穿过瓦砾堆中的小径了。诸王的宫殿,很刺目地挺立在那些残垣废墟之中,这些宫殿都是新的,旧衙署旧寺庙及满人

驻防城,一切都被破坏了。路旁此处彼处稀落落排列的房屋,据我看起来,至多不过能供给两万人的住居而已。天王有一所极大的宫殿,他的使役人员,都是女子,其数有三百以外,还有嫔妃六十八人。除了诸王之外,没有人可以看见他,他的身体尊严神圣,是不可亵渎的。但他决不是一个木偶,因为他是结合此次运动的惟一人物。

我对于这种叛党的运动,认为绝无良好的希望,也没有一个正当中国人愿意和他们行动。他们的工作,就是烧、杀、破坏,除此以外,别无所事。国内一切人民都嫌恶他们,就是南京城内的人民,除了他们的所谓"老兄弟"外,都恨他们。他们占领了南京,已有八年,没有一点谋兴复改造的征兆。工商业是他们禁止的。他们的土地税比清政府加重三倍。他们绝不采用何种安慰人民的政策,他们的行动,并且不像与这块地方有永久利益关系的。他们不注意通常缓慢而永固的收入财源,专靠劫掠来维持生存。我可以坚决地说:在他们里面,我不能看出一点有永固的要素,也没有一点可以博取我们的同情的东西。……

以上为外人之客观的批评,洪秀全之政治情况可知矣。至于军略,则只顾向前,不顾后方,破武昌、破安庆而不守。孤处南京,受江南大营、江北大营之包围。反令林凤祥、李开芳深入华北,为清兵消灭。上海刘丽川请援,亦不肯攫此商业要地,打通长江,联络外人。其用兵上游,只有石达开在安庆之工作,方可维持近十年之久。经略湖、广、赣、浙,往来飙忽,形同流寇,有何战略可言?至李秀成出而执兵事,始有声东击西之法,劳徕安集之策,惜乎湘军已以脚踏实地步步为营之军略,而牢不可拔矣。总之,秀全乃一狂夫,遭逢际会,得承天地会之民族革命运动而勃兴,固非由于其本身之力也。犹之清末袁世凯袭湘淮军之余绪而得为民国总统,同属掌握时代枢纽之人物(中山先生创造枢纽,并未掌握枢纽。此中国之不幸也)。但因其本身之缺点,致丧失民族复兴之机会,或亦历史渐变之自然趋势欤?后有兴者,当知鉴矣。

(五) 外国之干涉

太平天国革命之失败除以上诸因外,尚有一外在的原因,即英、法两国之干涉是已。鸦片战争以后,开五口通商,英、法、美、俄四国之势力,已伸入中国。清廷应付失宜,致复有英、法联军之役,此役虽系英、法为主,而美、俄亦暗助之,四国协以谋我,于是造成天津、北京、瑷珲三条约,丧权失地,已集不平等条约之大成。其时正值太平天国兴建于南京,与五口中最繁盛之上海,相距密迩,自不能不与外人发生关系。法国以保护天主教,而与洪、扬之基督教异趣,故始终不愿见太平天国得势。美国因欲与英人在远东角逐争雄,初拟交好天朝,以获得特殊利益,其专使马绍尔(Col. Humphrey Marshall)西上天京,至镇江搁浅而回,乃转向清吏要结,对政府建议:"美国最高的利益,端在支持满清政府以安定中国。"盖深恐俄国之侵华野心,必派兵助清平乱,以便予取予求也。惟以美军总司令培理(Mathew Perry)方有事于日本之开港,坚持观望政策,不与合作。马绍尔志不得达,仅力助上海道吴健彰脱险于小刀会之手,并主张代收关税而已。及马绍尔被召回国,继任驻华公使麦莲(Robert M. McLane)仍守马氏安定中国之政策,对巡抚吉尔杭阿表示"恭顺",又将商人应完新旧税银,逐一追缴清楚,使中华税务,有盈无绌。当时刘丽川据上海,英、法、美三国商人,不肯交税,视为自由港,清军饷源无着,乃由麦莲之怂恿,英领事阿礼国(Alcock)之建议,中国海关由外人监督管理。英派威妥玛(T. F. Wade),美派加鲁义(L. Carr),法派史密斯(A. Smith)与上海道吴健彰签订海关用外人管理条约。自此中国海关自主权丧失矣。(翌年威去职,李泰国〔H. N. Lay〕代之,咸丰九年,清廷任其为总监督。)然清廷得借此税收,以维持江南之军队,对于太平天国作战多年,终获成功者,亦以马麦二氏之政策助之也。英国香港总督文翰(Sir George Bonham)亲莅天京访问,先遣翻译官麦迪乐(Thomas T. Meadows),海军上尉施普烈(Spratt)二人往见北王韦昌辉、翼王石达开,昌辉书:"天王即真主,真主不仅是中国之主,也是你们的主。"次日,赖汉英、梁凤超来访文翰,相谈甚洽,已订期约见东王。文翰恐发生礼仪上之争执,乃以身体不适辞,仅将开口通商之事,照会天王,询以对上海外人之态度。东王复文言:"尔海外英民,不远千里而来,归顺我朝,不仅天朝将士兵卒踊跃欢迎,即上天之天父天兄,当亦嘉汝忠义也。兹特降谕:准尔英酋带尔人民自由出入,随意进退,论协助我天兵歼灭妖敌,或照常经营商业,悉听其便。”此与乾隆时饬谕英国国王之措辞何异乎?文翰当然不满,乃移文施以恐吓曰:

> 来文已收到,其中有为吾人所不能明白者,尤其是暗指英人隶属于贵君主一层。因来文所言如此,不得不申言:敝国与中国政府曾签订条约,有在广州、福州、厦门、宁波、上海五口岸经商之权利。如贵军或其他人等在任何形式之下对于英侨生命财产有所侵害,英国亦必采取与十年前抵拒各种侵害之同样手段,施以抵拒。彼时曾将镇江、南京及附近各城占据,并签订和约,和约内容前日已送上抄本一份,谅已得知矣。

其后法使蒲步龙(de Bourpoulon)及美使麦莲,亦均到天京,均因礼节问题,未得与太平天国诸王会晤,其结果与文翰同,皆不快而返。盖太平天国诸王生长粤西,对外人一无接触,洪秀全虽学道于罗孝全,其国际知识,亦极有限,既不娴外交礼节,却仍抱天朝大国之观念,视英、美、法为藩属,强其使者跪拜,颁给饬谕,自丧尊严,受人抗议,逊至遭其干涉。尤以上海为通商巨口,不早图之,终成心腹之患,殊堪慨叹焉。最可笑者,竟有人问文翰,耶稣母亲马利亚之妹,可否匹配天王?荒谬怪诞,故文翰等视其教为离经叛道,亵渎神圣,非西洋之基督教也。但以英国当时之处境,正联法抗俄,不久发生克里米尔之战,而中国内战双方之胜负未分,不得不持观望态度。因建议政府:“对于中国政府与革命军目前所演之政治斗争,吾等应绝对保守中立,而吾等所当决办者,仅是求避免上海租界与外间发生任何冲突,以危害我国人生命财产而已。”然英驻沪领事阿礼国,则密呈文翰,请采取干涉行动,或联合法、美,先占领镇江,“把清帝从迫在眉睫的瓦解情势中援救出来”,以索取报酬。——在北京建立直接外交关系,无限制进入内地和沿海一切口岸,及鸦片贸易合法化。文翰以英国在华武力不足以干预,决抱中立政策,至亘七八年之久。法虽一度助攻小刀会,但军力不足,表面上仍追随英国。及英、法联军入犯,二国兵力加强,既获得其所欲求之权益,则又以保护条约执行者之清朝为要务,于是政策一变,乃公然助清平乱,以消灭太平天国为事矣。咸丰十年江南大营再破,李秀成下苏州,直趋上海。英公使布鲁斯(F. W. A. Bruce)咨会海陆军将士,宣布防卫上海之旨,其借口为协助当局以维持安宁,实则欲扫平各种反叛运动。两江总督何桂清与上海道吴煦先约英法使臣,请借军舰助攻,英、法使臣即以条约批准为条件而许之。在清人欲救目前之急,舍此别无良策;在英、法则利益之收获甚丰,必须予以保障。此破坏中立,干涉内战之责,由布鲁斯负之,然从中怂恿最力者,则威妥玛与李泰国也。此二人为英使领之翻译官,对太平天国之报告,尽量诋毁,与前任翻译官之麦迪乐(Meadows)、麦都思牧师(Wm. Medhurst)态度大异,盖麦氏等皆尚能公允陈辞,不率作左右袒耳。法公使蒲步龙(Bourboulon)及陆军司令蒙他班(Montauban)固早已跃跃欲试,至是乃联合设防。秀成惑于外国教士欢迎入沪之言(或谓此英人故设陷阱),误认英、法人召之,乃自率三千人往,更无作战准备,致遭英、法兵之痛击而退。此后英、法军与常胜军担任上海防务,太平军虽二次包围,亦终有所忌而不敢力攻。英海军司令何伯(Vice Admiral James Hope)、参赞巴夏礼(Harry S. Parkes)、陆军中校吴士礼(Wolseley)等,巡视长江,西抵汉口,于天京要求太平军不得侵及沿江各口岸英商之生命财产,与开进上海附近百里内之地。天王尽允之,惟后者仅以一年为限。英军舰停留南京,且借地三丈,盖屋贮煤焉(见赞嗣君蒙时雍复梁凤超书)。斯时,李秀成、陈玉成欲抒安庆之围,有合攻武、汉之计划,而巴夏礼复劝告阻挠之,于是秀成顿兵鄂东,玉成北出德安,其失败与上海正等,皆太平天国命运之所系也。总之,太平天国于刘丽川据上海时,不立加援助,以攫取此一要港。而又对外人处以慢然自大之态度,不与联络。及后再欲取之,而英人之态度已变,莫可挽回矣。上海一地,不仅关系国际贸易之财源,且为兵略要地,交通枢纽,满清保之以为根据,太平失之,遂终成致命之伤,此不能不为太平惜已!然据李秀成《供状》云:"天王本广东滨海之人,素知洋人反复,故不肯与之合伙。"又云:"鬼子到过天京,与天王叙过,要与天王平分土地,渠愿助之。天王不肯,云:‘我争中国,欲想全图,若与洋鬼同事,事成平分,天下失笑。不成之后,引鬼入邦。’此语是与朝臣讲及。鬼云:‘尔天王兵虽众,不及洋兵万人,有我洋兵三二万,又有火舟,一手而平。我万余之众,打入北京,后说和。尔不与和,尔王朝不久。’”天王与秀成既均有不愿与外人合伙之意见,即不肯牺牲国家之权益以成就个人之事业,则虽败犹荣焉。其对方满清当局,曾以法、俄两使借兵助战之议,咨询江、浙督抚及漕运总督之意见,袁甲三谓有百害而无一利,曾国藩等亦谓:“夷性贪婪,一经允许,必至索请多端,经费任其开销,地方被其蹂躏。”等语。清廷因谕:“借夷剿贼,流弊滋多,不可因目前之利,而贻无穷之患。”但以初与换约,拒绝过甚,夷性猜疑,转生叵测。乃不得已而利用洋将,以成立常胜军,购买枪炮,诱以小利,阻其出师。是清人亦不敢公然引鬼入室也。乃英、法公使及军官,藉图私利,以保护租界地为名,出兵攻上海附近各地,远达宁波,虽其效绩未彰,而假此以图买卖重利,索取饷银,目的已达,何有道义与公法乎?呤唎批评曰:

> 我抗议牺牲我们国族的荣誉,以为贪鄙的利益,即是牺牲主义以为金钱。英国不管以前的中立政策,不惜与太平军交战,是由于《天津条约》之订立,外人主持之海关,战事赔款之勒榨及鸦片贸易之保护。这简直是不公不义,罪过恶毒的。

伦敦传教会理雅各博士(Dr. James Legge)亦云:

> 试问:乱党曾毁坏英人的财产而拒绝赔偿损失吗?他们曾与我们立约而强横任意或明知故犯地违反之吗?他们曾恐吓停止我们通商,或曾设法实行此举吗?我未曾得闻有关这些问题之任何一点提出来以反对太平军的。我觉得,我们轻忽卤莽,向他们启衅!

然而英保守党政府惑于布鲁斯何伯之言,以条约之利益为词,铸成此“错谬之悲剧”(众议员白士德〔Baxter〕语),后虽悔而无及。诚如呤唎所言:“阻止这个光荣的成就(指太平军为基督教国家),而必须独负其全责之国家,就是——英国。”此即十九世纪自诩为世界最文明之国也。

三十　太平天国革命之影响

(一) 对于民族革命之影响

太平天国虽失败,仅失败于宗教之神权主义,而非失败于民族主义。后来中外学者之表彰洪氏,加以赞扬,几无不以民族革命为立场。如在忠王麾下服务之英人呤唎(Lin Le 原名 Lindley,著《太平天国革命史》〔*The History of the Tai-Ping Revolution*〕,孟译作《太平天国外纪》)所云:“我亦永不能忘记他们崇高的、开明的和爱国的大计划,即是他们鞠躬尽瘁、生死以赴而期实现的:——传播《圣经》,毁灭偶像,驱除鞑虏于中国之外,而建立一个完全的,不分裂的民族的帝国。成为西方基督教国家之兄弟,而且输入欧洲的科学与工业。——这都是他们主要的欲望与决心。”可作代表已。但呤唎所接触之人物,乃李秀成而非洪秀全,李秀成确为一民族革命中之健者,而洪秀全则已渐变为神权主义,惟革命之事实不可掩,故太平天国在历史上仍有其相当之价值。

孙中山先生云:“朱元璋、洪秀全各起自布衣,提三尺剑,驱逐异胡,即位于南京。朱明不数年奄有汉家故土,传世数百而皇祀弗衰。洪朝不十余年,及身而亡。无识者特唱种种谬说,是朱非洪。是盖以成败论豪杰也。……满清窃国二百余年,明逸老之流风余韵,荡然无存,士大夫又久处异族笼络压抑之下,习与相忘,廉耻道丧,莫此为甚。虽以罗、曾、左、郭号称学者,终不明《春秋》大义,日陷于以汉攻汉之策。太平天国遂底于亡。”又云:“五十年前,太平天国即纯为民族革命的代表,但只是民族革命,革命后仍不免为专制,此等革命,不能算成功。”孙先生既以洪氏之覆亡,由于汉人不明《春秋》大义,又以其知有民族而不知有民权,知有君主而不知有民主。此所以诫后人耳。实则洪氏之可称者,惟在实行民族革命一端。天地会所创之大业,赖洪氏以承其绪,虽天国灭亡不旋踵,而民族革命之势力,不仅未衰,且昌大焉。何以言之?盖满清政府之腐败与无能,在鸦片战争后,已完全暴露无遗。汉人欲推翻此政权,以维护民族之生存与独立,亦为显明较著之事实。天地会犹拘泥于“反清复明”之口号,徒众流杂,不克负荷此一使命,而洪秀全代之以兴,所谓“时势造英雄”也。倘洪秀全能再造时势,不假神权迷信,惟以改革政治社会,抵抗帝国主义为目的,则不但清朝无法保持其告朔之位,即中国亦可免受制于列强之惨。中国复兴,世界改观,又何至有今日举世之阢陧不安乎?惜秀全知识太陋,不能认清历史背景,好逞己意,妄事更张。明明以上帝为中国古教,(如《太平诏书·原道醒世诏》云:“历究中国前代上古之世,君民一体,皆敬拜皇上帝也。坏自少昊时,九黎初信妖魔,祸延三苗效尤。三代时颇杂有邪神,及有用人为尸之错。然其时皆敬拜皇上帝仍如故也。至秦政出,遂开神仙怪事之厉阶。汉武祠灶,祠泰乙,遣方士,求神仙。汉宣祠后土,遣求金马碧鸡。汉明崇沙门,遣求天竺佛法。汉桓祠老聃,梁武三舍身,唐宪迎佛骨,至宋徽出,又改称皇上帝为昊天金阙玉皇大帝。夫称昊天金阙,犹可说也,乃称玉皇大帝,则诚亵渎皇上帝之甚者也。”《天情道理书》云:“试思上古之世,只有真道,无论君臣士庶,皆是崇奉皇上帝。《书》曰:‘肆类于上帝。’又曰:‘惟上帝不常,作善降之百祥,作不善降之百殃。’《诗》曰:‘昭事上帝。’又曰:‘克配上帝。’《孟子》曰:‘虽有恶人,斋戒沐俗,则可以事上帝。’从可知上帝当敬,简篇犹存,彰彰可考。且自有天地以来,只上帝真神为主宰,并无有泥团木石偶像,得以淆其中也。”)何必假耶稣、麦基、洗德之名?明明以天子为受命之符,何需天父、天兄下凡带作主乎?明明用儒家学说,周礼制度,又何为禁读孔、孟之书?洪秀全不以西洋之科学输入中国,而欲以西洋之神教强人信从,宜当时社会之不能接受也。曾国藩之起兵,即以维护礼教为名,此正中国之文化主义。孔子曰:“夷狄进于中国则中国之,诸夏退于夷狄则夷狄之。”洪秀全以诸夏而退于夷狄,爱新氏以夷狄而进于中国,如以《春秋》大义责曾氏,岂能令曾氏心服?盖曾氏之所攘者,乃夷狄之教耳。倘使洪秀全能信仰上帝而不假耶稣,倡排满革命而振兴皇汉,是则曾氏尚有辞以攘之乎?如斯攘之,诚吾民族之大罪人也。顾洪秀全后虽不重民族主义,究属承袭民族革命之薪传,其影响于当时后世者綦大,兹分三端述之:

一曰：满清政权之转移 清人入关，其政策以与汉人共治相号召，如内阁六部即用满、汉堂官并设是已。但汉人之权力，究不如满人，观英使马戛特尼之《日记》中所述，汉人委屈受制之情况可知。曾国藩练湘军平乱，亘十年均无统兵之名，仅以侍郎衔督师，有责无权。同时满臣如赛尚阿、官文、都兴阿、和春、胜保等，则皆钦差大臣矣。因满人向来对于汉人之防闲甚严，出征将帅，从无汉人居之者。盖拟以兵权维护政权，故不放手耳。洪、杨之起，满将领无一能奏功者，乃不得不利用曾国藩。及国藩部将皆积功任专阃疆吏，如胡林翼、李续宾、李续宜、杨岳斌、彭玉麟等，而国藩仍为侍郎空衔，故江西、安徽巡抚皆揶揄之。可见清廷仍存有猜忌之心，不肯遽予兵权也。咸丰晚年，肃顺执政，始主张用汉人，而曾国藩遂得以两江总督节制四省，兼钦差大臣。从此各省督抚，尽属湘军。如郭嵩焘所谓："苟能军无不将帅者，苟能事无不轩冕者。"(《与曾沅甫书》)督抚前此虽可典兵，却无实权。因清朝有统一之军制，军政操之兵部，军令则由皇帝直接指挥。钦差大臣之职，即代表皇帝以总司兵符者也。然钦差大臣必需有实际带兵将领之支持，方可胜任，如官文之与胡林翼，向荣、和春之与张国樑皆是。赛尚阿不得向荣支持，故终获严谴。曾国藩以自己所练之军队为基础，始成名符其实之钦差大臣，自是钦差大臣不徒为傀儡矣。是故兵权由朝廷转移于非经制之湘军领袖，又从而转移于以军功取得之各省督抚。于是乎清廷之军权政权，均由地方大吏操之，而中枢亦不得不利用汉人入掌军机矣。自文祥引用冯桂芬始，其后孙毓汶、徐用仪、李鸿藻、翁同龢、王文韶等，迄于清亡，在实际上汉人已操统治之权，皇位已不啻尸居余气耳。袁世凯所以能利用镇将通电胁迫清帝退位者，即以其有载舟覆舟之力也。总而言之：满清政权在洪杨战役中，已发生莫大之变化：其一为各省督抚取得军事上之实权，其势渐重，湘军虽撤，而淮军继之，淮军败后，而新军继之，一脉相承，皆由兵权之转移故也。其二为军队由一元体化作多元体，中央失去掌握之机枢。因湘军、淮军皆由练勇而成，而新军亦以中日战后，各省皆假自强为名以编练之，仍属湘淮军之性质也。凡此皆清廷颠覆之原因，亦民国时代军阀割据之张本。而若无太平天国之革命，则何有于湘、淮军之组织？是故曾国藩一呼而聚数万人，在表面上为相清,在骨子里实取得满人政权,是则民族革命“反清”之目的,业已成功一半矣。

二曰:会党势力之扩大 太平天国失败后,其余党相率加入天地会,仍从事于民族革命运动,是以天地会之势力复大张。曾国荃攻破南京,曾氏兄弟之威名震天下。而妒功忌能者,造蜚语中伤之,清廷更怀疑忌。曾国藩为避嫌远谤保全令名计,毅然解散湘军,使之各归田伍。此种百战余生之将士,岂复能力田耕作哉?“谋生无路”、“愤郁惨沮”,于是皆流为会党,以与天地会、太平余众合作而反清矣。天地会党人最初参加太平军,既不相容,即投降清军以为之敌,如张国樑、张钊、冯子材、刘永福等皆是已。湘军平定洪、杨,其结果则谋生无路,愤而反清,乃当然耳。《官场现形记》云:“所有从前打长毛得过保举的人,一齐歇了下来,谋生无路。很有些提、镇、副、参,个个弄到穷极不堪,便拿了饬知奖札沿门兜卖。这时只要有人出上百十吊钱,便可得个一二品功名,亦要算得不值钱了。”《中国秘密社会史》云:“平定粤匪以后,湘军撤营,穷于衣食之途,从而组织各团体,于是哥老会始盛。除有依为水陆军将弁者外,余则皆以赌博盗劫为业。”以出生入死之汗马功劳,仅换得不值钱之一纸札凭,衣食既穷,何言忠义?会党之兴,有由来矣。彼辈皆为军人,军人又系旧伙,于是“民族主义更流传到军队”。而江南提督杨金龙即属哥老会之首领,虽位高权重如左宗棠、曾国荃亦不免被迫加入(见《民族主义》第三讲及《清稗类钞》会党类),则会党势力之大,可以想见矣。

三曰:辛亥革命之成功 辛亥革命成功,人皆知国父领导之力。但国父革命思想之来源,则由于太平天国之影响也。《总理年谱》云:“十三岁闻太平天国某老遗兵讲洪、杨故事,即以洪秀全第二自许,革命动机,于是萌芽。”陈少白《讲演录》亦言之,可为确证。今之《国父年谱初稿》云:“先生所居乡里及就学乡塾间,颇流行关于太平天国之故事。时有太平天国老兵谈洪、杨轶闻,娓娓不倦。先生探本寻源,对明、清间递嬗史迹,了如指掌,光复汉族之革命思想,油然而生。认洪秀全起自布衣,驱逐异族,虽及身而亡,固不能以成败论英雄也,因深慕其为人。”此条系于十一岁下。盖以据国父中年所作之《太平天国战史序》,加以增饰,非十一岁之儿童所应有矣。但仍不能否认国父之革命思想，系从洪、杨而来。美人贾希尔（C. Cahili）云：

> 太平天国革命，不是野蛮的破坏的强盗之乱事，它是一种扫除一个已归无用的异族政府的企图。这革命是源于社会的不宁，而这种不宁状态，是由于近代的满洲皇帝治下政府的腐败所产生的。西洋思潮之冲突及满洲人因在鸦片之役战败之丢脸，皆为革命的原因。太平天国的革命是一种突起，——所以宣布旧中国之死亡及可怕的劳工时期之开始，结果乃为中华民国之诞生。太平军虽败亡而消灭多时，但其革命的支流则仍灌注于中国之将来。中华民国的国父孙中山先生，早年即受太平军余众的影响。幼年即饫闻各种起义的故事，及在初期革命时，已有“洪秀全第二”之称——即有驱除满人，重生中国之志也。
>
> 太平军是一派特别的基督教徒，而人们一向即根据他们的基督教而判断太平军，这是不幸的事。因为他们的革命是有重要的政治与社会的动机。

贾希尔氏之批评太平天国，相当客观正确，对于革命之原因及影响，尤能一语中的。中山先生之革命思想，系受太平天国之影响，固无疑也。其《自传》云：“同学中的郑士良号弼臣者，其为人豪侠尚义，广交游，所结纳皆江湖之士。予一见奇之，稍与相习，则与之谈革命。士良一闻而悦服，并告以彼曾投入会党，如他日有事，可为我罗致会党以听指挥云。”是国父第一个同志即会党。至檀香山又亲自加入洪门（党史会有名册可稽）。是故在外侨方面活动，即以“孙大哥”之名义募集资金，以接济国内之革命义师。武昌起义，发于新军，亦赖会党之关系而联络者。黄克强先生之华兴会，陶成章之龙华会，皆哥老会之别名也。辛亥革命所以能迅得各省响应，无一非新军会党之关系，即无一不受太平天国之影响。故谓辛亥革命之成功，乃天地会反清复明之结果，亦太平天国革命潜伏之支流，方与历史真相相符。此太平天国对于民族革命之影响也。

(二) 对于政治革命之影响

中山先生批评太平天国失败,在知有民族而不知有民权,知有君主而不知有民主,盖有慨于秀全之威行专制,不能运用政治耳。但洪、杨对政治改革、民权主义,亦有其主张与见解,惟主张不能贯彻,见解又太浮浅,故成就殊为有限。如平等观念,原由天地会指天地为父母,结异姓为一家之拜盟结社办法而来,故皆称兄弟、姊妹,此正合乎基督教以天父为老亲之说也。是以秀全对人类持平等之观念,因而解放奴隶,禁绝娼妓,考试有女科,任职有女官,上下一体称兄弟姊妹,五王之家族,同属国宗。由梁山聚义之成法,作新朝开创之规模,倘能扩而充之,至少可造成一联治之政体,如尧、舜之禅让,清初之八旗然。但秀全之阶级意识和帝王独尊之念始终未除,故杨秀清以下自九千岁至五千岁不等,而又以秀清节制诸王,诸王皆累代世袭。规定:“内外强健将兵,不得僭分干名。”“凡诸王驾出,侯丞相轿出,朝内军中大小官员兵士,如不回避,或不跪道傍者,斩首不留;凡指挥检点各官轿出,卑小之官兵士,亦照路遇列王规矩之令。”又规定上下等级之称呼:“王世子称幼主万岁,王长女称天长金,东世子称东嗣君千岁,女称东金,妻称王娘。”西南诸王类此。丞相至军帅皆称大人,子称公子,女称玉,妻称贵嫔、贵姬、贵嫱,均加称贞人。师帅至两司马,皆称善人,子称将子,女称雪,妻称贵娴、贵婕、贵妯、贵娌,均称夫人。此非封建社会残余之思想乎?与腐败之满清何异焉。其严格禁止男女同居,夫妻会合,谓:“创业之初,必有国而后有家,先公而后及私……不惮目前之劳,必享将来之福。”“太平一统,那时天父开恩,论功封赏,富贵显扬,使一般兄弟,室家相庆,夫妇和谐,猗欤庥哉!千万年之功业在此,千万年之福禄亦在此。”此本因起事诸人,多携眷自随,有碍军事,特制此律,期以到达南京后,即可如愿。及奠都南京,女馆之设如故,家室之乐未遂,数年鳏寡,岂谁能堪?老干部亦纷纷私逃矣。五年解散女馆,分配诸女与将士,按等级得一女至十数女,此其男女平等之制欤?秀全在永安,即有三十六宫,至南京,乃有八十八后妃。诸王亦至少七王娘,多达三十六人。而征歌选色,任意取求,尤以杨秀清假女馆之便,荒淫特甚。傅善祥以女状元入东府,即属秀清禁脔。《贼情汇纂》论之曰:

夫首逆诸人,起自草莽结盟,寝食必俱,情同骨肉,且有事聚商于一堂,为计便机警迅速,故能成燎原之势。今踞江宁,为繁华迷惑,养尊处优,专务声色货利,往日倚为心腹股肱者,今乃彼此睽隔,猜忌日生。禁令则徒立科条,军务则全凭文告,气脉不通,已成麻痹不仁之象,贼之败亡,可烛照而数计矣。

此评语甚鞭辟近里,盖以初起结盟,情同手足,朝夕相处,如臂使指,地位平等,毫无隔阂;及养尊处优,专务声色,而秀全高拱深宫,诸王人怀异见,遂成麻痹不仁之现象,政治殆无可言矣。荒淫由于女色,秀全等极尽玩弄之能事,甚至因男女不同居之故,养成娈童风气,饰男作女,等于童奴。何言平等耶?“只许州官放火,不许百姓点灯”,仍是旧官僚之作风,何能建设新国家新社会,以成新人新世哉?洪仁玕在香港多年,目睹英人为治之迹,既娴旧学,尤富新知。九年抵南京后,受封干王,秀全依助甚殷,权位之隆,盖仿佛太平初年之杨秀清也。此为天国政治转戾之机,仁玕著有《开国精忠军师干王洪宝制》、《军次实录》、《诛妖檄文》、《太平天日》、《己未九年会试题》、《英杰归真》及《资政新篇》等书。《英杰归真》借投降者问答之词,以解释太平之制度,《资政新篇》则为仁玕对政治之建议书也,极为重要。是书首为干王宣谕,述旨准刊刻之经过,次即作书陈献之原奏,略谓:“小弟自粤来京,不避艰险,非图爵禄之荣,实欲备陈方策,以广圣闻,以报知遇。”又云:“昔周武有弟名旦,作《周礼》以肇八百之基;高宗梦帝赍弼,以致殷商有中叶之盛。”是仁玕以周公、傅说自况,而此书即拟于《周礼》也。其论治首在用人察失,禁朋党之弊,谓:“用人不当,适足以坏法,设法不当,适足以害人,于斯二者,并行不悖,必于立法之中,得乎权济。”因推其要为三类:曰“以风风之”,“以法法之”,“以刑刑之”。所谓以风风之者,即草上之风必偃,导之以德之意也。如长指甲,喜缠足,吉凶军宾,琐屑仪文,养鸟斗蟀,打鹌赛胜,戒箍手镯,金玉粉饰,皆小人骄奢之习,在上者以为可耻,鄙之忽之,则民自厌弃之,是不刑而自化,不禁而自革矣。以宗教为上宝,有用之物为中宝,诗画金石为下宝。所谓有用之物,如火船、火车、钟表、电火表、寒暑表、风雨表、日晷表、千里镜、量天尺、连环枪、天球、地球仪等,皆西洋科学之新发明也。所谓以法法之者,如纲常伦纪,教养大典,则宜立法以为准焉。首举“由上而下,权应归一”(按即权力不可分说)。上下情通,无壅无弊,莫若许卖新闻纸,或设暗柜(按即意见箱)。下举铁道、公路、火船、火车、银行、器皿、技艺、矿产、邮亭、新闻馆、书信馆(邮政局)、钱谷库、市镇公司、士民公会、医院、乡官乡兵、保险、丈量官、跛盲聋哑院、鳏寡孤独院,以及屋宇、街衢制度之办法甚详。并禁革溺女、卖子、烟酒、鸦片、庙宇、寺观、修斋建醮、阴阳八煞、迷信风水、私门请谒等。谓:惰民宜归于正业,若每日无三个时辰(即六小时)工作者,即富贵亦是惰民。此非最新之市政建设,与夫“劳动神圣”之说乎? 所谓以刑刑之者,即天条戒杀,善待囚犯,恩威并济,有耻且格之意也。最后附论“将学”、“将德”、“将律”、“将方”诸端,而以孔明“器使群材,赏罚严明,慎于平素,诡在一时”为原则,颇能阐革心之术,绝非纸上谈兵矣。至于缕述英、美、德、法、俄、土、日、印十六国大势,均能洞见肯綮。论外交则必有章程,许通商则禁入内地,谓:“今后所宜,量度时势,当行当断,变通为律。”此全书之要旨也。综其所陈,无论科学用品,或建设制度,皆属欧美近代文明,在当时旧社会中,不特为一般人所未见,亦且为一般人所未闻。即后日有能见能知者,而提倡之,又大遭一般人之反对,以致数十年来,革新事业阻滞不进,国运日就衰微。倘使太平不亡,仁玕之说,早得推行,则中国久已步入世界列强之林,至少物质科学之建设,亦不必待数十年后而始积极提倡之矣。惜乎! 秀全迷信天父,不顾人理,虽此书诸策,均加批奖,如“是”或“此策是也”。终以“杀绝妖魔行未迟”推托之,以致全未实行。对当时后世均无甚影响,至可叹矣! 仁玕亦知己所窥见之治法,为“前古未有”,而“领袖朝纲”,身任总揆,毫无法家任事之勇,徒令后人惊其远识,佩其卓见,仅足供维新史料之谈助,而无补于太平天国之兴亡,则秀全之不学无术,更可得一明证已。(英人福礼赐〔Forest〕批评仁玕曰:“他是我所认识的最开通之中国人,极熟悉地理,又略懂机械工程,又承认西洋文明之优越。性情慷慨,极愿为善。然而他却是苟且偷安,好发议论而不实行的。彼欲改革而事事受各王之牵制,可惜他立志甚高而赋性疏懒,顾面子的自重心及中国人好隐瞒好用术之性常在其人格发展。……他的自尊自大心毁灭了一切由他的经验而得之智识,鄙俗的歌颂赞扬,都不免有相当的恶果。”此可知仁玕不能有所作为之故矣。)然秀全政治虽无大建树,而对于地方自治,却有其乡官民选之法:“令各州县造户册,即于乡里公举军帅旅帅,议定书册。”《贼情汇纂》谓:“其计无谲于此者。”盖赞之也。章炳麟《检论》云:“曾、左知失民不可与共危难,又自以拔起田舍,始出治戎,即数为长吏牵掣,是以所至延进耆秀,与共地治,而杀官司之威,民之得伸,自曾、左始也。”可见秀全有乡治之规模,以表现民主政治之精神;而曾、左亦以“与共地治”,延揽乡里之耆秀。两方皆有伸张民权之举措。惟曾、左“终身衣不过大细,食不过一肉,时时与人围棋宴游,或具酒肴,杂以茶荈,言谈时及载籍,文辞恢啁间之,其山泽之仪不替也”(亦章炳麟语)。而洪秀全则设屈丐重城,“自奉甚奢,深居简出”(见《瓮牖余谈》),“除了诸王之外,没有人可以看见他,他的身体尊严神圣,是不可亵视的”(见英使布鲁斯《报告》)。两者相较,胜负立决。此太平天国影响于政治革命者也。

(三)对于社会革命之影响

太平天国对于后世影响之最大者,为民族革命,其次即社会革命,而社会革命不仅影响中国,抑且影响世界,此则非洪秀全之所及料也。国父说:“我们中国四万万不但是很和平的民族,并且是很文明的民族。近来欧洲盛行的新文化,和所讲的无政府主义与共产主义,都是我们中国几千年以前的旧东西。譬如黄老的政治学说,就是无政府主义;《列子》所说华胥氏之国:‘其人无君长,无法律,自然而已。’是不是无政府主义呢?我们中国的新青年,未曾细考究中国的旧学说,便以为这些学说,就是世界上顶新的了,殊不知道在欧洲是最新的,在中国就有几千年了。俄国所行的,其实不是纯粹共产主义,是马克思主义。马克思主义不是真共产主义,蒲鲁东、巴古宁所主张的才是真共产主义,共产主义在外国只有言论,还没有完全实行,在中国洪秀全时代,便实行过了。洪秀全所行的经济制度,是共产的事实,不是言论”(《民族主义》第四讲)。可见太平天国之经济制度,即共产之事实,当时与马克斯信徒以相当之刺激和鼓励,而其说始大昌也。但中山先生极言马克斯非真共产主义,蒲鲁东、巴古宁虽是共产主义,并未实行,而洪秀全已实行之,仍系"中国几千年以前的旧东西"。是洪秀全之思想,不仅非西洋之思想,乃能以"中国旧东西"而影响西洋,国父所指之旧东西,盖即古代之井田制、王田制与均田制也。此为人所尽知,故不烦列举耳。洪秀全之实行共产制,最初由于经济困难,不得不沿用秘密社会之通财办法。如天地会誓词有:"到内兄弟家下,逢饭吃饭,逢粥吃粥。"以及"科甲银钱"、"患难相扶"诸条。始规定公有制度,凡掠获之物,一切"尽缴圣库,不得私藏。"衣食所需,皆向各典官衙取给。如《千字诏》所谓:"库满珍珠,食储菽粟,亿兆供求,臣僚辑睦。"甚至食肉亦有限制,天王每日十斤,以次递减至总制每日半斤,其下无与。此就军队及公职人员而言也。若农村社会,则颁布《天朝田亩制度》,先分田为九等(早晚二季可出一千二百斤者为尚尚田,递减一百斤,至四百斤者为下下田),不论男妇,自十六岁以上受田,十五岁以下减半,好丑田平均配给。人民除耕作外,必需树桑养蚕,织布缝衣,养鸡养猪,除留足用度外,余则归国库。当时人纪载,太平辄取农民收入之半,不知确否。银钱亦归圣库,所有婚娶弥月喜事,给钱一千,谷一百斤,不得多用。陶冶木石等匠,农隙治事。社会组织,按照军队编制,以一万三千一百五十六家设一军帅,二十五家"设国库一,礼拜堂一",由两司马主持军政民政司法。平日教育儿童,礼拜日"讲道理"。每家出一人为兵,有警则杀敌捕贼,无事则耕田奉上。鳏寡孤独废疾,则颁国库以养。每一"军管区"内,设典分田二,典刑法二,典钱谷二,典入二,典出二,俱一正一副,即以师旅帅兼摄。不当其事者,亦赞其事,颇有分工合作之意。有才能者,每年由两司马选举,依次上闻。三年一黜陟,各官互相保升奏贬,以剔上下相蒙之弊。此为世界社会主义者梦寐以求之理想,不意洪秀全能于百年前实行之,以故外国学者常称秀全为社会革命家也。秀全所以有此思想,据《天朝田亩制度》云:

凡天下田天下人同耕,此处不足,则迁彼处,彼处不足,则迁此处。凡天下田丰荒相通,此处荒则移彼丰处,以赈此荒处,彼处荒则移此丰处以赈彼荒处。务使天下共享天父上主皇上帝大福,有田同耕,有饭同食,有衣同穿,有钱同使,无处不均匀,无人不饱暖也。……盖天下皆是天父一大家,天下人人不受私,物物归上主,则主有所运用,天下大家,处处平匀,人人饱暖矣。此乃天父特命太平真主救世旨意也。

又在《天情道理书》中解释云:

万姓同出一姓,一姓同出一祖,其原未始不同。我们蒙天父生养以来,异体同形,异地同气,所谓四海之内,皆兄弟也。今者深沐天恩,共成一家,兄弟姊妹,皆是同胞,共一魂爷所生,何分尔我?何分异同?有衣同衣,有食同食。

《太平诏书》及其他颁行诏书亦多言此义,岂非显出于基督教义有原始之共产制乎?实则秀全借教义以说明其理想,非理想之出于基督教也。其思想仍由中国大同之说而来,《原道醒世训》乃明言之曰:

遐想唐、虞三代之世,有无相恤,患难相救,门不闭户,道不拾遗,男女别涂,举选上德。尧、舜病博施,何分此土彼土?禹、稷忧饥溺,何分此民彼民,汤、武伐暴除残,何分此国彼国?孔、孟殆车烦马,何分此邦彼邦?盖实夫天下凡间,分言之,则有万国,统言之,则实一家……何得存此疆彼界之私,何可起尔吞我并之念?是故孔丘曰:"大道之行也,天下为公。选贤与能,讲信修睦,故人不独亲其亲,不独子其子,使老有所终,壮有所用,幼有所长,鳏寡孤独废疾者皆有所养,男有分,女有归。货恶其弃于地也,不必藏于已,力恶其不出于身也,不必为已。是故奸邪谋闭而不兴,盗窃乱贼而不作,故外户而不闭,是为大同。"而今尚何望哉?然而乱极则治,暗极则光,天之道也。

初刻本虽无此语,而系甲寅四年以后所加,但秀全思想由“四海之内,皆兄弟也”一观念而来,殊无可疑。其干部有三种人,一矿工,二炭工,三佃农,佃农因无田受地主之剥朘,乐岁尚难温饱,凶岁不免饥寒,秀全出身农家,备悉其苦,故以“天道好还”之理而更张之,何待基督教之启发哉?据《贼情汇纂》云:

> 贼曾出示:“天下农民米谷,商贾货本,皆天父所有,全应解归圣库,大口岁给一石,小口岁给五斗,以为口食。”……此令已无人理,究不能行。

可见秀全之理想虽高超,究以军事倥偬,未暇为治,没收土地公有,按人分田之制,似未实行。惟社会组织已照乡官制度由乡里选举矣。《汇纂》云:“无耻之徒,不学之辈,妄希荣显,趋之如鹜。谨饬之士,为众共推,委曲维持,不能自脱。而土著生计,丝粟难隐,裹胁逃民,并得稽察。贼之牢笼人心,联络方域,计盖无谲于此者。”足见“为众共推”之选举制及“丝粟难隐”之共产制,确已实行有效,惟不及分田耳。国父之“平均地权”思想,早在赴欧美前已有之,而又解释民生主义即共产主义,再三言世界上只有洪秀全曾实行过共产。谓非受洪氏思想之影响可乎?此太平天国对于社会革命之影响也。

总而言之:太平天国衍天地会之余绪,受基督教之影响,一方揭民族革命之旗,一方倡平等博爱之说:谓拜上帝为中国古代遗教,而其初则禁读孔孟之书;谓满洲人为鞑靼妖胡异种,而其后有天下一家之训。矛盾支离,卒用覆败。虽据位江左,厥年不永,然两世之朝,差胜于新莽;十四为期,祚迈于公孙。凡百典制,率多更新,治平之略,亦有特色。观其用司马之兵法,军备严肃;守摩西之十诫,精神团结;典田国有,流风未息;大道为公,义训垂后:影响所及,殊足以翻旧史而开新运,固不仅在近百年史上为一重要之事变已也。此余于《太平天国丛书》序中已纵论之,可以作为太平天国失败与影响之归结矣。

第八章　太平天国典制述略

三十一　军政制度

（一）军制

太平天国以军属人，以军统政，大有军国制度之风，故军制为一切基本组织。其制仿自《周官》，盖洪大全之规划也。以五人为伍，一伍长，四伍卒，卒称"冲锋"、"破敌"、"制胜"、"奏捷"。五伍为两，设两司马，辖二十五人，伍长称"刚强"、"勇敢"、"雄猛"、"果毅"、"威武"。四两为卒，设卒长，辖一百零四人，两司马分"东"、"南"、"西"、"北"。五卒为旅，设旅帅，辖五百二十五人，卒长分前后左右中，各加一二三四五以资区别。五旅为师，设师帅，辖二千六百二十五人，五师为军，设军帅，共管一万三千一百二十五人，合师帅、旅帅共一万三千一百五十五人，师、旅皆分前、后、左、右、中五营。此即夏官司马万有二千五百人为军之古制也。一军中有伍卒一万人，伍长二千五百人，两司马五百人，卒长一百二十五人，旅帅二十五人，师帅五人。军帅以上，复有监军总制，监军每军一人，分炎水木金土，以五行配正副天干数目，以次推衍，共监军一百人，即有一百军矣。平时辖军，军帅独任，至出师，乃以监军统之，受总制之节制。总制亦每军一人，分炎、水、木、金、土，更配以数目字至土十九总制至，应有九十五人。总制以上，有将军、指挥、检点、丞相，奉命出征，并辖数军。总制以下，皆听约束。又其上则国宗及侯、王也。凡攻城略定，常以王、侯、国宗及丞相等领军，而操练士卒，条分队伍，屯营结垒，接阵进师，皆责成于军帅。由监军、总制上达于领兵大员以取决。其大小相制，视众如寡，臂使指应，颇能联络一气,分合咸宜。其所以揭竿而起,得成偏安之局十数年者,皆由所立军制,统系分明,得驭众之道也。《贼情汇纂》于太平制度,诋毁备至,谓其"百事妄诞",而独称其于"队伍之制,条目井井,虽时有损益,于初制终无改移。盖自矜行之有效,而愈以其法为足恃也"。又谓:"蔓延数省,未见穷蹙,所恃无他,盖始定军目,不愆于法,有以启之。"壬子二年所颁《太平军目》,首载人数及旗帜,两司马旗长阔俱二尺五寸,以上递加五寸,至丞相为七尺五寸;皆三角旗。翼王旗长阔俱八尺,副军师二旗(南、北二王)长阔俱八尺五寸,正军师(东、西二王)二旗长阔俱九尺:皆四方旗,而不及边色。三年以后,定都南京,增封侯王国宗,丞相以下旗式仍旧,惟丞相、检点、指挥改用绸制红字水红边(指挥黑字)耳。侯旗七尺八寸。豫、燕二王及国宗旗八尺,皆绸制三角形红字水红边,惟国宗边色同本王。翼王方旗红字蓝边,长阔俱八尺五寸,南、北二王旗俱九尺,红字红边,红字黑边。东、西二王旗俱九尺五寸,红字绿边,红字白边。号衣如背心,天王统下,全黄背心无边。东王统下,黄背心绿边。西王统下,黄背心白边。南王统下,黄背心红边。北王统下,黄背心黑边。翼王统下,黄背心蓝边。燕、豫王至指挥统下,皆黄背心水红边。将军至监军统下,红背心黄边。军帅至两司马统下,皆红背心绿边。前后各缀一五寸见方之黄布,后则精其制,改为镂板刷印,前为太平二字,后为某军圣兵,或某衙听使之类。号衣外,又有腰牌,用火印烙制,书其姓名于上。然此皆俘获裹胁之"新兄弟",若金田起义时之"老兄弟"数千人,则已尽居显职,无复卑官矣。每出仗以新军居前,殿以老军,为督队,其法至严,凡有失利取败,违令私财,重则立斩,轻则降责,不稍徇情。有功亦破格升迁,赏不逾时,故其众皆甘心服役,至身临矢石而不惴,膏涂草野而无悔也。曾国藩所谓:"粤匪初兴,粗有条理,颇能禁止奸淫,以安裹胁之众;听民耕种,以安占据之地。……仍擅长江之利,挹不竭之源,傍江人民,亦且安之若素。"对方赞许,当系事实,盖太平军对于淫掠之禁甚严,犯者杀无赦,又以生活取之于公,不假他求,故能聚精专力于战争,所至获胜。英人摩尔斯云:"太平军是有纪律,最勇敢,远胜清兵,惟因领袖们无学识,无才干,故尔失败。"(H. B. Morse, *In the Days of Taiping*)诚一语破的矣。而汪士铎《乙丙日记》复分析其致胜原因曰：

> 贼以所掠百姓为下驷，当我精兵，以其精卒当我乡勇，以其次卒当我羸弱，故一败而两胜。我所杀若干则民也，贼自若也。然虽民，亦无延颈就僇之势，故我兵之杀贼，力亦疲惫。待我精兵之疲而彼乘之，故我精兵亦败。我败则兵日少，贼日掠民则日多。我以惟正之供军饷，而仪文不能废，故军台官吏侵蚀虚冒杂费去其饷之半，故饷日匮。贼兵虽众，以劫掠为生，故千里不持一钱，无转饷之费。官以直雇民役一事，民避重就轻，且多怨言。贼日驱民掘壕树栅更樵汲厮养，而民老弱妇女不敢不从，且无怨言，而延颈以望贼至者，除水次之民外，比比皆是。……贼驱民以御兵，而老贼依然，譬根株未拔，萌蘖甚易。贼掳掠以为饷，而源流不问，故附从欢乐，而披离甚难。

汪氏谓太平用兵之法，避实击虚，以新附当精锐，以老兵乘疲弱，故能一败两胜而终致威克也。又何况行师抢掠因粮于人，不需筹饷乎？此对官军言之，则诚为精辟之论，惟对于湘军言，则又不同矣。盖太平军之组织，系三千年前之旧制，而湘军则用戚继光之新法，以五百人为一营，能以少御众。同有条理，而后者则较灵活。以素质而论，太平军裹胁之众，多无暇训练，老兄弟人数殊少；而湘军则尽纯朴之乡农，非训练数月不出战，其经制固优于乌合矣。然此皆非胜败之主因，最要者，则为太平军湮没其民族主义而另倡神权主义，不特不合于当时多数人之对神观念，且秀全假神权以迷人，而自便私图，非真欲为宗教改革之事也。曾国藩之礼教主义，在中国有根深蒂固之历史，无待宣传，即可得人信仰。而曾氏又以身作则，力求言行相顾。斯有真主义、真精神之军队，以与假主义而无精神之军队相角逐，则胜负何待蓍龟哉？观李秀成《供状》，即可知太平军中能事之人，无一信仰神权者，反之，都批评天王迷信神权，其内心仍存一“人生斯世，既为其用，不得不从”，“各扶其主，各有一忠”之礼教观念，而拳拳于“主与我母，被困在京，我在全（全椒）邑，日夜流涕”，当“尽臣心力”而为也。其次乃太平军无水师，而湘军有之。太平水师，自益阳至武、汉,始得民船三千余只,以船户唐正财搭浮桥济师有功,令为指挥,总统水营船务。逮下江南,清长江水师,尽为所抚,船只愈多,几于浮江万艘,乃升正财为殿前丞相。编五军,旋增至九军。每军自军帅至两司马,编制亦如旱营。但船只大小不一,未经训练,不能作战,故专以人众船多威敌。住则樯若丛芦,行则帆如叠雪,炮声遥震,莫不望风披靡。及再攻武昌,城上开炮击沉数艘,余船即紧贴北岸而走,不复成列。正财大惭,尽将船只封入小河专供转运之用,不使接仗矣。湘军编练水师,彭玉麟、杨岳斌皆以战功显。曾国藩初焚太平舟师于湘潭,约二千艘,再焚于岳州城陵矶,各数百艘,再焚于汉阳小河,约四千艘,再焚于田家镇,约三千艘,两次浮尸蔽江,损失尤大。杨秀清知徒众不足恃,始命正财重练水师,改船制,造枪炮,习阵法,练之经年,稍稍能与湘军相拒,而声势已不复如前之盛。迨正财战死苏州,太平之舟师遂熸。以故都金陵而不能擅长江之险,虽百万之众,亦终不免灭亡耳。然太平军略虽不善,而战术军律则甚佳,阵法有牵线阵、螃蟹阵、百鸟阵、伏地阵,用兵神速,动合机宜。列营则有夹江为营,夹河为营,浮筏为营,阻山为营,夹市为营,据庄为营,板屋望楼,重墙重壕,以及木桩、竹签诸障碍物。而掠城征丁布间,均颇得法。所刊《行军总要》一书,内有陆路号令、水路号令、点兵号令、传官号令、防敌要道、禁止号令、体恤号令、试兵号令等共九种。军律先只五条(一、遵条命;二、别男行女行;三、秋毫莫犯;四、公心和摊,各遵约束;五、同心合力,不得临阵退缩),继有天令六十二条,及《太平条规》——定营规条十要,行营规矩。一切甚详备云。

(二) 职官

太平政制,殊无可称,因其于设官分职之义,封赏锡爵之荣,全无区别。品级皆视军职为等次,虽列朝内、军中、守土官为三途,而实则系统如一也。职同恩赏之名,纷繁冗滥,不可胜纪,反不如初制之仅有丞相侍卫军帅名称简单,员无废事耳。天王府皆宫廷给事官,等于清朝之内务府,无关于政治。而政府首长亦无内阁六部,初由东王府揽其成,后则安、福二王,幼西王,与干王而已。王本一名,分为四等:一等东、西二王,二等南、北二王，三等翼王，四等燕、豫二王。九年以后，英王、忠王、勇信（原称安福）二王、邱王、干王、辅王、侍王、顾王、赞王、航王、章王、慕王、堵王、听王、护王、纳王、康王、归王、金王、偕王、裕王、来王、扶王、启王、遵王、端王、湘王、孝王、佑王、昭王等多至九十余人。侯本顶天侯、护天侯二爵，自改封为燕、豫二王后，则有主收发文书襄理朝政之佐天侯（陈承瑢），卫天侯（翼王岳父黄玉昆），辅天侯（卢贤拔），补天侯（李俊昌）。北征诸将更加封靖湖侯、平湖侯、定湖侯、剿胡侯、灭胡侯。皆因人而设，无关定制。燕、豫二王废，则以"天燕"、"天豫"为王下侯上之二爵。安、福二王废，则又以"天安"、"天福"列燕、豫上。内乱后改封石达开为义王，达开不肯受，则又以"天义"列"安"、"福"上。因形成义、安、福、燕、豫、侯六等爵。侯亦曰天侯，如贞天侯林启荣是。王、侯以下，丞相、检点、指挥、将军、总制、监军、军帅、师帅、旅帅、卒长、两司马，凡十一等，合王、侯之四等六级而言，则有二十一等矣。朝内官职，以王之品级最尊，次侯、次丞相、次检点、次指挥、次将军。军中官职，以总制最高，次监军，次军帅，次师帅，次旅帅，最下为卒长两司马。各官铨选，不由吏部，所谓天官丞相亦仅虚名而已。铨选之法，丞相等皆各举其属，列名具禀，呈于翼王、北王，转申东王，东王可其议，始会名同奏于天王，以取上谕，榜示朝堂，使周知，乃颁给印凭而授职焉。兹将各王府官属分述于下：

一、东王府　东王衔系圣神风，禾乃师，赎病主，左辅正军师，其下称九千岁。所属东殿吏户礼兵刑工六部尚书，每部十二人，共七十二人。主分受各官禀奏，封赏归吏部，钱谷归户部，以下类推，如六房所掌，皆以广西老兄弟识字者充之。承宣二十四人，主发号施令。仆射三十二人，主侍东王服食起居，如奚童。左右掌门二人，引赞八人，典东舆头目二人，大旗手一人，左右指使四人，参护（即牌刀手）一千六百人，主出入侍从，直宿东王府，如侍卫。典东舆八百人，典东马八十人，典东龙三百人，东王出行，前有龙灯一条，故有此名称。典东彩三百人，典东乐二百四十人，典东锣三十二人，典东炮二十四人，典东更二十人，典东牢、典东刑各四人。典东袍、典东靴、典东厨、典东水、典东柴各二人。自尚书至左右指使，均职同检点。余俱职同将军。统计三千五百六十四人，皆给事东王及仪从之官。头目若是之多,其属下更可想而知矣。如六部尚书之下有六部掌书,亦职同总制。位高如此,其下当有给事之人。属官虽众,而多半皆如仆役之职,是洪、杨诸人之不谙政治,乃有此公私不分之政府也。

二、西王府　南王府　西王衔系圣神雨右弼又正军师,其下称八千岁。所属官本与东王等。萧朝贵在长沙战死,其子有和袭爵,称幼西王。属官多改调他职,仅留西参护八十人,典西舆一百人,附于东王统下。东王死后,幼西王稍稍增置,而规模已替矣。南王衔系云师前导副军师,其下称七千岁,所属本与北王等。及冯云山中炮死,属官亦多改调别职,仅余南参护四十人,典南袍二人,附北王统下。

三、北王府　北王衔系雷师后护又副军师,其下称六千岁。所属六部尚书三十六人,承宣二十四人,仆射十六人,掌门二人,左右指使二人,大旗手一人,左右参护八百人,典北舆头目正副各一人,典北舆八百人,典北马六十人,典北袍二人,典北乐八十人,典北彩八十人,典北锣二十四人,典北炮二十人,典北刑二人,典北牢二人,典北更十二人,典北水二人,典北柴二人。自尚书至大旗手,皆职同指挥,典北舆头目,职同将军,余俱职同总制。六部尚书则分曹治事,自承宣以下,皆宿卫奔走之官,所事著于其名。如承宣主传命,典厨主治膳,余可类推。仆射皆以童子为之,供伺应之役。

四、翼王府　翼王衔系电师开朝公忠军师。内乱后则称神圣电通军主将。其下称五千岁。所属各官与北王同。

五、燕王府　豫王府　燕王衔系霜师。所属有燕大旗手一人,燕经历二人,燕通传六人,主出入将命。燕吏书、户书、礼书、兵书、刑书、工书各一人。燕尉六百人,燕伺二十人,燕典袍、燕典厨、燕典舆、燕典乐各一人。大旗手职同将军,历传六部掌书职同总制,尉、伺各典官俱职同监军。豫王衔系露师,属官与燕王同。自东王以下,所属署衔,俱冠以某殿。杨、韦构难以后,东、西、南、北、燕、豫六王皆死,翼王又他去,于是洪氏四王、幼西王代起,然其权已不能如初时之专,其位已不能如初时之尊,其职制可以等第类推也。自陈玉成总军旅封英王,李秀成防其变封忠王,陈坤书以犨金王宗封护王,其后日封日众,有功劳之老兄弟,欲封以服其心,无功劳者得贿司任保官之部，于是闲丁亦可封王，不免有烂羊头之概矣。李秀成《供状》云：“自此以后，日封日多，然封这有功之人，又思那个前劳之不服，故而尽乱封之。不问何人，有人保者俱准。司任保官之部，得私肥己，故而保之。……无功偷闲之人，各有封王。外带兵之将，日夜勤劳之人，观之不忿？……主见失尊，封出许多之王。言如箭发难收，又无法解，然后封王俱为列王者，因此之由来也。”秀全亦病其滥，因于王上加三点以为“𤣥”之封，人心益不服。盖王位已无足轻重，而职官之冗滥，更莫可究诘。据黄文英《供辞》：“起初是有大功的才封王，到后来就乱了。由广西跟出来的都封王，本家亲戚也都封王，捐钱粮的也都封王，竟有二千七百多王。”而执掌朝纲者是一等王，执掌兵权者是二等王，会打仗的是三等王，余则四等、五等矣。洪仁玕颁布特称体制时，谓东、西、南、北、翼、忠、英、侍、辅为特爵，其他诸王为别爵。干王亦特爵也。当太平建国之初，所颁诏令，已有“朝内”、“军中”之称，而未著其制。至奠都金陵，虽定内外之分，然文武并途，前后错出，官名阶位，日新月异，而授官之滥，尝一日封赏丞相、检点至数百人，如妇妪操饼，以饵群儿。迨至印绂充途，无可资给，则假以事端，使出征略。于是私署属官，私镌印信，私给官凭，种种流弊，均不免发生。总之，太平官制，大都以军领政，以人为治，殆无法规可言。其曼衍错综，名器混淆，自古以来所未有也。

（三）宫内官

宫内给事官有左右掌朝门各二人，左右侍臣四十八人，十二日干侍卫正副各一人，共二十四人，典天舆头目正副各一人，皆职同检点。二十四节气侍卫正副各一人，共四十八人。典天舆一千人，典天马一百人，典天乐三百人，典天锣四十八人，典天炮三十人，典天更六人，典天厨二人，典天水六人，典天鱼一人，典天柴二人。皆职同指挥。典花官四人，典天鸟四人，典天兽四人，典钟表二十人，典风琴四人。皆职同将军。以上各官，皆朝夕执事于朝门，专供禁内役使者，统计一千六百五十七人。但皆为头目，至于头目所属执役之人，则不可以数计。朝上官左史主纪事，右史主记言，俱正副各一人，左右掌朝仪二人，主议定礼乐。左右通赞，引赞各八人,主传天王视朝时出入言语。朝内疏附二人,提报二人,主接递文报。典簿书正副四人,典诏令正副二人,主缮写诏旨。宣诏书正副四人,主收发奏稿上谕。提中关一人,主龙江关榷税。典刑罚四人,主监狱刑法。典镌刻四人,主刊刻诏旨天书。总圣库、总圣粮正副各四人,典圣库、典圣粮正副各四人,另有总圣库协理二人,分主库藏粮米之出入。典油盐四人,主收发油盐。典买办二人,主采买物料。舂人四人,主舂碾粮米。酱人四人,主收发酱醋。宰夫四人,主宰割牲畜。典天茶二人,主收发茶叶。典茶点二人,主收发果品点心。典金官二人,主铸印并熔金银为器饰。典玉局一人,主雕琢玉器。典绣锦二人,主督男绣工刺绣。织锦匠二人,主织刻丝妆缎。典结彩四人,主张挂灯彩。典角帽四人,主制造冠帽。典金靴二人,主制造靴鞋。整舆匠四人,主修理舆轿。督铳炮一人,主督制火铳、枪炮。铸铅码四人,主铸造大小铅弹。典红粉四人,主制造火药。典硝四人,主煎熬硝磺。铸铜炮二人,主督造铜炮。督造战船二人,主造战船。典铁二人,统领铁工,制造兵器。典铜匠二人,主制造铜器。典木匠、典竹匠、典石匠各一人,皆各领工匠,主制造器具。凡所典之事,俱兼收发。又有典妆官一人,主宫闱脂粉。医骡马一人,即兽医。以上共一百二十八人,自左右史至总圣粮均职同检点,协理职同将军,其余各典官俱职同指挥。又有头关提船将军一人,主收发攻获民船战舰。各门巡守将军十八人,分守天京九门。育才官无员数,亦不常设。胡万智天试进士,以育才官领湖北兴光州,在东殿训读授是职,职似教谕,而位较尊,间亦任事。殿前国医一人,封真忠报国补天侯,属官至多。天朝内医四人,职同指挥,天朝掌医四人,专治外科。又内医十八人,四人职同将军,七人职同总制,七人职同将军。各军内医十八人,四人职同总制,十四人职同军帅。恩赏检点督医将军一人,掌医二十五人,留朝内诊脉医生九人,分设各街道医生六十人,并职同军帅。太平朝于将士病者,医治甚勤,药饵无缺,左右常有服役之人。又设朝内拯危急一人,职同将军;各军拯危急,职同监军,属官无数,则皆治外科主疗受伤之人。将士成废疾者,设病废院收抚之,所以优恤军士者甚至。医官琐碎,增封无定员,品级亦无定制。天朝总巡查一人职同指挥,各街道巡查无定员。天京左右巡江河道各三人,均职同总制。又秀全别男女之防,既立女馆,而宫内给事之人,不用阉寺,多用女官。今可考者:天王府有内掌门三百人职同检点,女锦绣指挥二百四十人,女锦绣将军二百人,女锦绣总制一百二十人,女锦绣监军一百六十人。复有女承宣、女宣诏,及理文、理袍、理靴、理茶、统教、提教等女官。各王亦有内掌门、内贵使等女官。后并以六等世爵封女官,一曰女贞姜(由天义改),二曰女贞安,三曰女贞福,四曰女贞燕,五曰女贞豫,六曰女贞侯。皆称"贞人"。皇后称"正月宫"(原配)、"又正月宫"(继配)。盖秀全自称"洪日",其妻则为"月"也。妃嫔则曰娘娘,亦有副月宫、两十宫之称。天父称之曰天媳、小媳,天兄称之曰天婶、小婶。众娘娘称又正月宫为二姊。惟秀全性情暴躁,御下极严,不时冲亮(即撞火)、起亮(即起火),对各妇女责骂打踢,甚至有处死者、贬冷宫者。杨秀清特假天父降凡以杖责之。令将杨长妹、石汀兰各归王府,安享天福。并命将有功之朱九妹居东王府。旨准颁行诏书中之《天父诗》五百首,几尽属宫闱训诫语也。

(四) 乡官

初太平军攻破州郡,辄取其库藏军备,委其土而去,未尝设官据守。自定都金陵,分兵攻下各府州县,遂即其地立军帅以下各官,而统于监军,镇以总制。监军、总制,皆受命于天朝为守土官,自军帅至两司马为乡官。乡官者,以选其乡人为之也。乡官选举,必先大张诰谕,声以兵威,令各州县并造户册,即于乡里使人民公举军帅、旅帅,举定书册,并所辖地方户籍及赋税,呈于国宗检点,申送天京,是谓受降。其军帅假以令旗,得操征调之柄,催科理刑,皆专责成。自师帅至两司马,悉设公堂刑具,建三角旗,以旗帜大小长短定尊卑。军帅得备彩舆,四人舁之,旛盖仪卫甚盛。最下两司马亦有随从,得断乡曲。是以地方政制,颇有民主自治之风,惟守土乡官皆世袭,则又同于封建也。而无耻之徒,不学之辈,皆趋之若鹜。亦有谨饬之士,为众姓所推,委曲维持,志全乡里,不能自脱者。土著生计,丝粟难隐,兴利除弊,亦时收效,盖《周礼》以乡大夫士任军政,无事仍复其常,太平之合军民而为一,似又本此矣。今分述其职制于下:

一、总制 每府一人,主辖监军军帅,凡地方之讼狱钱粮,均由军帅监军区划,而取成于总制。民事之重,皆得决之,虽大辟不以上闻。如湖北黄州郡总制是也。

二、监军 每州县一人,小县或竟属总制,不设监军。凡军刑政之事,由军帅议定,乃禀监军,以上达于总制。如湖北蕲州监军、安徽青阳县监军是也。

三、乡军帅 每一万二千五百家为一军,设军帅一人,家籍一丁,所属师旅卒两一如军中之制。每一州县三军五军不等,亦分前后左右中一二三等名称。如安徽安庆郡总制,东流县监军,华阳镇乡前一军军帅是也。其未置监军统之者,则以一人为总军帅。所职上给贡赋,下理民事,如清之乡长,而权过之。得发民为兵,所辖伍卒,亦有冲锋勇敢等名。家备戎装,人执军械,其意盖寓兵于农,令乡军帅兼理军民之政也。《天朝田亩制度》云:"每军每家设一人为伍卒,有警则首领统之为兵,杀敌捕贼;无事则首领督之为农,耕田奉尚。"此即"因内政以寄军令"之意矣。

四、师旅帅卒长两司马 师旅帅以下至两司马,皆由二千五百家,五百家,一百家,二十五家,而组成。略等乡镇以下之村里保甲。如湖北黄州郡黄冈县监军团风乡前一军前营师帅,前一旅帅,前一卒长,东两司马是也。自军帅至两司马所辖人数虽多,而职不若军中之尊。军中卒长亦得治乡官军帅,可见太平制度,无论中央及地方,均以军统政也。

太平乡官,虽近地方自治,实亦系《周礼》之古制。地方分三级,曰省,曰郡,曰县。郡即清之府也。盖以有王府之称而避其重复耳。故一郡总制,等于知府,一县监军,等于知县。惟因无通省之占领,则一省之督抚缺焉。清以江苏、安徽为江南省,而太平则分江苏为苏福、天浦二省。改直隶名为罪隶,以北燕地为妖穴而贬之也。李秀成既下苏州,委刘肇均为总理苏福省民务,此一省民政官之仅见者,余无闻矣。乡官选举之制,太平晚年,仍极力实行。如李秀成在苏州之谆谕云:

为谆谕四乡百姓举官造册事:照得轸恤不深,则招安不力;而恫瘝既切,则绥辑弥殷。本藩前抵苏郡,查尔百姓当士兵云集之时,多有流亡失所之惨。每一念及,痛不可支。业已委令逄天安(按即刘肇均,后累升逄天义、凛王)、左同检(按即左职同检点之熊万荃也)在此镇抚,已经谆谕在案,谅尔等已共见共闻矣。但不举官则民事无人办理,不造册则户口无从核查。何以为安抚之地乎?为此再行谆谕,仰尔百姓一体知悉:凡乡里熟识之人,举为乡官,办理民务,其五家举一伍长,二十五家举一两司马,一百家举一卒长,五百家举一旅帅,二千五百家举一师帅,万二千五百家举一军帅。盖所举之人,必度其干事才能称职者,充当其任。尔等一面开造民册,一面将所举之人,令其概行来城,听候补派。(见吴清卿《太史日记》)

太平对于乡官之制度,虽恪守甚谨,然家数未必能核实,如以一都置一师旅,而此都未必有二千五百家也。一镇置一军帅,而此乡未必有万二千五百家也。推之一村一里亦然。如储枝芙《皖樵纪实》所述潜山县(改潜珊县,避南王讳)有六军帅、十八师帅、七十二旅帅。此一偏僻小县,岂能有八万家之多乎?又名虽选举,其实皆由上级主官遴任派充,如浙江诸暨县前营二军帅许蕙田札示三十七都溪北徐君连之公文,即委为该都师帅,令其迅速开局也(见《太平天国革命文物图录》)。但亦有公同保举者,如浙江绍兴监军潘兰(见杨德荣之《夏虫自语》)。惟此种事例甚少耳。《贼情汇纂》谓总制得决死刑,而《天朝田亩制度》则云:

凡二十五家中力农者有赏,惰农者有罚。或各家有争讼,两造赴两司马。两司马听其曲直,不息,则两司马挈两造赴卒长。卒长听其曲直,不息,则卒长尚其事于旅帅,师帅,典执法及军帅。军帅会同典执法判断之。既成狱辞,军帅又必上其事于监军,监军次详总制,将军,侍卫,指挥,检点及丞相。丞相禀军师,军师奏天王。天王降旨,命军师、丞相、检点及典执法等详核其事。无出入,然后军师、丞相、检点及典执法等直启天王主断。天王乃降旨主断,或生或死,或予或夺,军师遵旨处决。

此亦如《大清律》秋谳奏闻之例,乃所以慎重民命也。惟《天朝田亩制度》并未施行。而在军事倥偬之情状下,不仅总制有杀人之权,即下至监军军帅,恐亦有如俗称"灭门知县"之威风也。乡官制度虽颇近似现代之民权自治法则,然太平诸人全未谙西洋情状,亦未受基督教影响,其思想仍由中国之传统的乡治而来。秦、汉之乡三老、县三老即皆由选举,而清代之乡长、族长乃至里正、保甲,固无一不由于推选也。

(五) 女官

太平天国起义之初,以团营为名,集中教徒于金田村,加以私斗失败之来人,多携全家资产以从。秀全以军队无携带眷属之理,而又不能委弃以听清吏之屠戮,乃分隔男营女营,男任杀妖作战,女任运粮筑营等事,盖恐军众顾家,不肯力战,而又挈眷同行以系恋之,计至深也。《天情道理书》云:

> 我们兄弟荷蒙天父化醒心肠,早日投营扶主,多有父母妻子伯叔兄弟举家齐来,固宜侍奉父母,携带妻子。但当创业之初,必先有国而后有家,先及公而后及私。况内外贵避嫌疑,男女均当分别。故必男有男行,女有女行,方昭严肃而免混淆。断不可男女行中或相丛杂,致起奸淫,有犯天条。即有时省视父母,探看妻子,此亦人情之常,原属在所不禁,然只宜在门首问答,相离数武之地,声音务要响亮。不得径进姊妹营中,男女混杂。斯遵条遵令,方得成为天堂子女也。

自有此制,凡夫妻私行合好,或与女营姊妹通奸者,一经查出,即被处斩或重究。如功勋谢三与梁郭溱及韦大妹夫妇是。既设女营而令其执军中杂役,则女官之设,乃属必然。惟每军帅辖卒长二十五人,两司马一百人,女卒二千五百人,无师旅帅。共四十军,由前一至中八,凡女总制、女监军、女军师各四十人。女卒长自前一军前一卒长至中八军中二十五卒长共一千人。女两司马复改名女管长，自前一军前一东管长至中八军中二十五北管长共四千人。合计十万余人。总制以上，更有女丞相十二人、女检点三十六人、女指挥七十二人、女将军四十人，另有职同恩赏等名称。初时女营皆广西"蛮婆"，勇健过于男子，临阵接仗，登陴助守，皆所优为。如《贼情汇纂》云："贼素有女军，皆伪王亲属，瑶僮丑类，生长洞穴，赤足裹头，攀援岩穴，勇健过于男子。临阵皆持械接仗，官军或受其衄。"《金陵癸甲摭谈》云："贼众少，于是使大脚蛮婆上城头守夜。又使挑糠出城，使随打仗贼后，以备填塞濠沟之用。"《张继庚遗稿·上向帅书》云："广西妇女，断不可姑息赦之，以其人皆勇悍，曾妆牌刀手（即诸王卫队），出城拒战。……昨伪夏官丞相传令广西女贼，听令出师。"涤浮道人《金陵杂记》云："恶者皆系广西真贼女眷，能于持刀拒敌，则为该犯等贴身女兵。"陈徽言《武昌纪事》亦云："妇女亦有职与官相等，间尝出战，红绡抹额，着芒鞋，颇矫健。"黄钧宰《金壶遁墨》云："女贼萧三娘，伪称元帅，年二十余，长身猿臂，能立马上左右射。镇江失守时，率女兵数百登城，见者骇异。又萧朝贵妻洪宣娇亦骑马临阵，第只作壁上观，不能交锋。或云萧三娘即朝贵妹，与其妻皆侍秀清，洪逆明知之，而不能禁也。"此皆可见女营之设，绝非赘累，且以为劲旅矣。既著男女平等之新义，又可挟家属以为质，而使其部众效死，军行所至，掳胁益多，亦可防止奸淫之弊。是以广西从来者仅万余人（见《武昌兵燹纪略》），洎入南京，设女馆四百余户，多至二十三万人，渐减至十余万人（见《张继庚遗稿》）。而广西"蛮婆"，强半入王府作女官，在馆者不过二千余人，亦皆头目矣。湖南最少，仅数百人，湖北约二万五千人，安徽约三千人，镇、扬约万人，金陵约十万人（见李圭《金陵兵事汇略》）。然江南妇女，既与家人离散，又使操作苦役，缠足纤腰，备受凌辱，因而自杀殒命者甚多。汪士铎《乙丙日记》云：

贼本山乡之人，其妇女耕耘织染，无非素习，而不知金陵妇女不能也。于是以己之能谓人必能，凡负米、舂稻、伐竹、掘壕、担砖、刈麦、获稻、负盐、担水之事，皆责其各自为谋，各自效力。又以裹足不便,责其放足,而不知既小则不能复大也。因而哗然谓其暴虐。然此特江苏妇女苦之尔,若安徽妇女,则视为固然,无足怪也。

由此可知在南京之女馆,已不如广西偕来之女营,人数虽众,不仅不能接仗,且亦不能操作矣。加以夫妇咫尺天涯,无法团聚,而民怨沸腾,势所必然,何况诸王征色选美,假此便利,暧昧淫毒之事,亦有未免哉!会曾水源事发,有老兄弟私逃者。或言在永安时,许至金陵夫妻团聚,今仍不准有家,恐此后逃者更多。天王乃下令凡十五岁以上至五十岁者,皆报名指配。于是乱点鸳鸯,颠倒鸦凤,而全节守贞之妇女,尽遭浩劫矣。金陵女馆虽解散,而女官之设如故。宫中及王府之任职者,凿池挖塘,修整宫殿,皆女官操作其事。或织锦司厨,实杂役耳。故杨秀清假托天父下凡,令秀全将诸王功臣亲属如杨长妹、石汀兰、谭晚妹、谢晚妹等放出享福。其位至丞相,如杨水娇、胡九妹等又稍稍不同矣。女官之设,原无足奇,《周礼》有女史、世妇,后汉有女尚书,明有尚功局女秀才,惟秀全以男女并举,诏令"男将女将尽持刀,同心放胆同杀妖"之精神,实过于古之"娘子军",而官爵世职亦不偏废,则确为太平朝之一大特色也。

三十二 文教制度

(一) 宗教

太平天国以民族主义而兴,以神权主义而败,论太平革命之性质,宗教色彩重于民族意识,社会改造重于政治维新,是故有教条,而无法律,忽视政府之组织,端赖军队之扫荡。盖秀全自以奉上帝之命,下临凡间而诛妖,因与冯云山各铸三尺"斩妖剑"以佩之,其军队乃天兵天将也。一手持剑,一手持宗教书,信者兄弟之,姊妹之,衣食之,不信者则视为妖魔而杀之,其事实,其性质,大有类于谟罕默德之风焉。盖秀全既欲利用宗教,乃将其天王观念与宗教意识融为一片,以宗教行革命,以革命传宗教,革命与宗教遂混合而不可分矣。其宗教知识由何而来,则梁发之《劝世良言》是已。秀全以获《劝世良言》而有升天之异梦,以有精神病型之异梦而细读《劝世良言》，于是掺合基督教义，与中国古说，而自创一上帝教，其言行无一能出《劝世良言》之外者，即后以《旧新遗诏》、《圣书》及《天理要论》刊为钦定颁行之书，但秀全之思想行动未变。换言之，即其宗教观始终不脱《劝世良言》之范围，若《新旧约》及《天理要论》之义谛，对秀全之影响甚少。《劝世良言》者，乃中国第一位基督教牧师梁发所著之宣传书也。署名"学善者"，道光十二年（一八三二年）在马六甲出版，共九本，每本约五十页。其内容总目如下：

一、真传救世文　二、崇真辟邪论　三、真经圣理　四、圣经杂解　五、圣经杂译　六、熟学真理论　七、安危获福篇　八、真经格言　九、古经辑要

此书体裁，每篇多先引旧新约圣经语句，而后由梁发自撰长篇大论之释义，类似注疏讲辞，以发挥教理者也。《圣经》皆出自马礼逊译本。马礼逊（Robert Morrison）英之苏格兰人，属长老会，承伦敦布道会（London Missionary Society）之命，于嘉庆十二年（一八〇七）来广州传教。即着手翻译《圣经》。六年后，该会派米怜牧师（Wm. Milne）为之助。又二年，米怜赴马六甲设英华书院，携手民梁发偕往刻书，梁受洗为教徒。道光二年（一八二二）米怜卒，梁始回国为马礼逊助手。马译《圣经》于道光三年刻印完成，是为《新旧约》最初之汉译本。惟马氏汉学程度不深，译文佶屈聱牙，语多不通，梁发评之曰："译文与本土方言相差太远，有时用字太多，有时用倒装法及不通用之词句，以致意义晦暗不明。《圣经》教训之本身已属深奥神秘，如再加以文体之晦涩，则人自更难明了其意义矣。"因此译文欠佳，故洪秀全对基督教义，多附会曲解。道光十四年马礼逊卒，梁发继之以主持宣教工作。因其活动甚力，为清吏所严缉，复逃亡澳门、马六甲、新加坡。道光十九年，始遄返故乡——高明县。咸丰五年卒，年六十七。《劝世良言》称上帝曰神爷火华（God Jehovah）又有"神天上帝"、"天父"、"上主"等名，谓为"造化天地人万物之大主"，及"管理全世界富贵荣华之神"。因基督教认上帝为独一真神，乃力辟多神之迷信，此

其影响于秀全毕生之宗教信仰为最大最要者,兹摘录其言如次:

独有一位造化天地万物之主系神,俗称神天上帝,惟启示真经本字音义,称之爷火华三个字。斯乃真神,而普世万国之人,皆当尊崇敬奉之,其余所有什么神佛菩萨之像,悉不应该敬拜的。若违逆神天上帝之命,奉拜各样神佛菩萨者,即是获罪于天。

只因真经既不能明,是以各皆随邪魔邪道之路,不识有造养人物之大主,而不知敬拜之,反去拜人手所造各偶像为神。盖上古之世,不过拜山川社稷忠臣义士之偶像,则近来之世代,士农工商,上下人等,各用自己之意,做出无数神佛之像而拜求之,或用纸画的像,或纸写的字,或石琢的像,或木板刻的字,或木雕的像,或泥塑的像,或四方之石,或三尖之石,或瓦烧的像,总总之物,不能屈指而算,各以自己之意立之,亦用自己之心拜求之,朝上香灯,晚化纸钱,竭力诚心,都系向些死物而求庇佑,诚为可笑,亦实可怜!

即如儒、释、道三教,各处人尊重者,即儒教亦有偏向虚妄也。所以把文昌、魁星二像,立之为神而敬之,欲求其保庇睿智广开,快进才能,考试联捷高中之意。然中国之人,大率为儒教读书者,亦必立此二像奉拜之,各人亦都求其保佑中举,中进士,点翰林,出身做官治民矣。何故各人都系同拜此两像,而有些自少年读书考试,乃至七十、八十岁,尚不能进黉门为秀才呢?还讲什么高中乎?难道他不是年年亦拜这两个神像么?何故不保佑他高中啊?由此推论之,亦是儒教中人妄想功名之切,遂受惑而拜这两个偶像,而不以虚灵之志,追想尊敬天地之大主,管理全世荣华之神,乃合正经大道之圣理也。乃以人之主意,用手作之像,拜之为神,岂合天理乎?

或说神天上帝不能管理世界偌大之事,致要各神佛帮理,如君王要众大臣管理国事一般。或越拜越信,不拜其心亦不安也。夫混沌未开,乾坤未定,神天上帝乃自无而化生天地万物万类者,岂有不能管理全世界之事乎?且天地虽大,万类人物虽多,在神天上帝看来,不过如一家之人耳。何难管理之?况且神天上帝乃系纯灵,无所不知,无所不在,无所不能,非君王可比之也。

自元祖犯了天条之后,子孙代代犯罪行恶,迷惑于偶像邪神仙佛,上干神天上帝之义怒。……于是乎宇宙内所有之人,险些殄灭之,死后灵魂尤要受苦罚。如此惨酷大变,人类的灵魂,几不尽陷于地狱之中乎?且神天上帝,虽常施好生之恩,而欲尽然赦恕全世界之恶逆,怎奈又阻于公义至严之律,是以公义恩怜不能并施,因于无可如何之中,特差遣爱子自天降地,以神之性投在贞女之胎,结合人之性,出世为人,名曰耶稣,即是救世主之意,使其自负担当世人犯罪之任……受万般苦难之极,钉死其肉身在十字架之上,遂成代赎罪救世之功。但其人之性虽死,而神之性死后三昼夜复再生活,仍居地上四旬之久,指示门徒明知代赎罪救世奥妙之义,令门徒亦宣传福音真道往普天下万国之人,凡敬信而行之者,免受永苦也。……故曰:神天上帝遣耶稣,非为审定世人之罪,乃欲世人可因其赎罪之功,可望获救而得福。

以上所录梁发《劝世良言》之大义,最足以动洪秀全之心者,即每年拜文昌、魁星,而自少年读书考试,至老尚不能进黉门为秀才,还讲什么高中乎?秀全累试不第,抑郁,羞忿,失望,因愤而反清革命,其所以憎恨儒书,亦由此种刺激而来也。梁发承袭最初东来之基督教,属于正统派(Orthodoxy)之基本主义(Fundamentalism),乃《旧约》犹太人之上帝观,上帝之性格是公义、威怒与战斗之神,等于世间之专制君主。秀全受此影响,始终模仿上帝,"手握乾坤杀伐权,斩邪留正惠元元",以力服人,以军传教,惟我独尊,不容他神。此与耶稣救世之旨,从伦理上、精神上谓上帝为慈爱之天父者,迥不同矣。西洋人辄谓秀全之教,不合于基督教义者,即因此也。独尊上帝而排斥异教,虽孔子亦不免焉。《太平天日》云:

又推勘妖魔作怪之由,总追究孔子教人之书多错。天父上主皇上帝摆列三等书指主看曰:"此一等书是朕当前下凡显迹投诫所遗传之书,此书是真无有差错。又此一等书,是朕当前差尔兄基督下凡

> 显神迹捐命赎罪及行为所遗传之书,此书亦是真无有差错。彼一等书,这是孔丘所遗传之书,即是尔在凡间所读之书,此书甚多差谬,连尔读之亦被其书教坏了。"天父因责孔丘曰:"尔因何教人糊涂了事?致凡人不识朕,尔声名反大过于朕?"孔丘始则强辩,终则默想无辞。天兄基督亦责备孔丘曰:"尔造出这样书教人,连朕胞弟读尔书,亦被尔书教坏了!"众天使亦尽归咎他。主(洪氏)亦斥孔丘曰:"尔作出这样书教人,尔这样会作书乎?"孔丘见高天人人归咎他,他便私逃下天,欲与妖魔头偕走。天父即遣主及天使追孔丘,将孔丘捆绑见天父,天父怒甚,命天使鞭挞他。孔丘跪在天兄基督前再三讨饶。鞭挞甚多,孔丘哀求不已。天父乃念他功可补过,准他在天享福,永不准他下凡。

此段叙述虽颇滑稽,但可表示秀全之基本观念,所谓天父所遗之书,即《旧约》也,所谓基督所遗之书,即《新约》也。所谓孔丘所遗之书,即中国之《五经》、《四书》也。秀全惟崇上帝,信《旧约》,对耶稣之言行,甚少述及,只视耶稣为信仰之神,为上帝之子,而不注重《新约》对于耶稣之宗教经验,崇高伦理,完善品格,示范行为,仁爱教训,牺牲救人之精神,此为历来西洋神学上之大缺陷。马礼逊、梁发所传之基督教,即系超自然的来自天上的神秘主义之基督,而非历史上真实教主之基督也。秀全接受此神秘主义,而不曰基督教,却改称拜上帝会,已可见其堂奥微意矣。至论及儒教,则梁发有"儒教所谓仁义礼智之性,至精至善之极,与救世真经圣理,略相符合。惟知性而不知灵魂者,焉得全成天理本末之义乎?"数语,秀全受此影响,故斥责孔子,而仍谓其"功可补过","在天享福"。历来流行于中国之基督教,无论新旧(旧曰天主新曰耶稣)皆趋向于合耶儒为一,而将儒家之伦理,纳入其宗教之系统中,欲沟通中西之精神文明,秀全所创之新宗教,亦犹是耳。总之,太平天国之宗教,乃由《劝世良言》所启迪之基本主义的《旧约》上帝观以为内容,故其后倾向于专制神权主义,失宗教劝人为善之旨,皆由于此也。

（二）天条书

据《旧约·出埃及记》，摩西在西奈山得上帝授以十条宗教道德之律令，称为"十诫"，太平天国即以此为统治世人最高之法规，恪遵勿逾，违者处以极刑。惟改摩西十诫曰天条十款，稍稍扩充其内容，兹录如下：

时时遵守十款天条（十款天条是皇上帝所设。）

第一天条　崇拜皇上帝　（皇上帝为天下万国大共之父，保佑人人，皆当朝晚敬拜，酬谢其恩。俗语云天生天养天保佑，又俗语云得食莫瞒天，故凡不拜皇上帝者，是犯天条。）

诗曰　皇天上帝是真神　朝拜夕拜自超升　天条十款当遵守　切莫鬼迷昧性真

第二天条　不好拜邪神　（皇上帝曰除我外不可有别神也。故皇上帝以外，皆是邪神，迷惑害累世人者，断不可拜。凡拜一切邪神者，是犯天条。）

诗曰　邪魔最易惑人灵　错信终为地狱身　劝尔豪雄当醒悟　堂堂天父急相亲

第三天条　不好妄题皇上帝之名　（皇上帝本名爷火华，世人不可妄题，凡妄题皇上帝之名及咒骂天者，是犯天条。）

诗曰　巍巍天父极尊崇　犯分干名鲜克终　真道未知须醒悟　轻狂亵渎罪无穷

第四天条　七日礼拜颂赞皇上帝恩德　（皇上帝当初六日造成天地山海人物，第七日完工，名安息日。故世人享皇上帝之福，每七日要分外虔敬礼拜，颂赞皇上帝恩德。）

诗曰　世间享福尽由天　颂德歌功理固然　朝夕饔飧须感谢　还期七日拜尤虔

第五天条　孝顺父母　（皇上帝曰：孝顺父母，则可遐龄。凡忤逆父母者，是犯天条。）

诗曰　大孝终身记有虞　双亲底豫笑欢娱　昊天罔极宜深报　不负生前七尺躯

第六天条　不好杀人害人　(杀人即是杀自己。害人即是害自己。凡杀人害人者,是犯天条。)

诗曰　天下一家尽兄弟　奚容残杀害群生　成形赋性皆天授　各自相安享太平

第七天条　不好奸邪淫乱　(天下多男人,尽是兄弟之辈,天下多女子,尽皆姊妹之群,天堂子女,男有男行,女有女行,不得混杂。凡男人女人奸淫者,名为变怪,最大犯天条。即丢邪眼、起邪心向人,及吹洋烟、唱邪歌,皆是犯天条。)

诗曰　邪淫最是恶之魁　变怪成妖最可哀　欲享天堂真实福　须从克己苦修来

第八天条　不好偷窃劫抢　(贫穷富贵皆皇上帝赐定。凡偷窃人物,劫抢人物者,是犯天条。)

诗曰　安贫守分不宜偷　劫抢横行最下流　暴害人民还自害　英雄何不早回头

第九天条　不好讲谎话　(凡讲谎诞鬼怪奸诈之话,及讲一切粗言烂语者是犯天条。)

诗曰　谎言怪语切莫捐　诡谲横生获罪天　口孽既多终自受　不如慎密正心田

第十天条　不好起贪心　(凡见人妻女好,便贪人妻女,见人物产好,便贪人物产,及赌博买票围姓皆是犯天条。)

诗曰　为人切莫起贪心　欲海牵缠祸实深　西奈山前垂诰诫　天条款款烈于今

遵天条,拜真神,分手时天堂易上;泥地俗,信魔鬼,尽头处地狱难逃。

此天条十款,虽本摩西十诫,但内容较十诫更精审,所以针对中国人之弊病。麦都思牧师极称赞其理论正确,为太平最佳之作品。然此十诫非《劝世良言》所有,乃秀全于广州罗孝全处学道时而得者也。大致同罗氏一八四〇年所印之小册子,而加以捐益,始成为太平天国独具之条规,以后诰谕训诫,颁书宣传,皆以十款天条为基本原则,如《原道救世歌》之第一不正淫为首,第二不正忤父母,第三不正行杀害,第四不正为盗贼,第五不正为巫觋,第六不正为赌博。以及定营规条十要,行营规矩十条,禁律六十条,东王诰谕,燕王告示,皆由此原则而发挥者。无所谓法律也。处刑仅杖责与死罪,如《天父诗》云:

尔们真真无大胆,不用打骂何讲斩,尔无奸心脱净苦,从今切莫有半点!

打千打万因大胆,大胆莫怪天法严,杀千杀万因奸心,奸心云中雪难堪!

问尔怕打不怕打,怕打莫炼曲恶假,问尔怕斩不怕斩,怕斩心莫邪半点。

怕打怕斩速遵旨,遵旨脱苦苦就止,尔们分别在遵旨,遵旨好心好自己。

头顶紧关十天条,款款遵守福禄高,第七天条些犯着,云中雪下罪难饶。

看尔试想云中雪,天情道理不识得,看尔试想五马分,因何大胆自作孽?

十款天条款款遵,犯着五七罪该分,千祈正气遵爷旨,至紧孝顺重天伦。

一个遵旨是真妻,一个逆旨是鬼迷,半点怠慢云中雪,后来结局尔就知。

毁谤冒渎五马分,鬼入心缠听不闻,心内谤渎罪更大,想上高天赶早遵。

打开知错是单重,打不知错是双重,单重打过罪消融,双重雪下罪难容。

《天父诗》凡五百首,虽多对宫人而言,亦适用于一般民众,表面上似训诫,实则太平天国之刑法,有犯罪戾者,该打该斩,全凭直觉判断,初犯者罪轻,再犯者罪重。凡犯天条之罪,几无不处斩,诗中所谓云中雪即刀也。斩后并枭首示众,鸣钲游行,枷示亦然。最惨之刑罚,为“五马分尸”与“点天灯”。点天灯即将罪人裹纸麻浸油而倒植之,以松子白蜡推足心,用火燃之。五马分尸,以笼头络颈和发缠系于马后足,四肢各系一马,数卒齐鞭之,瞬息肢解颈脱,而胸腹仍趯趯跳跃。行杖则老兄弟可以悔罪求情,或他人为之缓颊,如系新附者,或与清军有关之人,则严刑拷掠,必杖至血肉俱枯,仅余胫骨。受竹篦之击立死者有之,不耐煆炼甘即就戮者有之。寓刑法于宗教之中,不采感化政策,而惟用酷刑威胁,此太平之所以为宗教军也。惟审理人民之诉讼极公允,原被告及证人皆得立于堂上,自由辩护,然后以教义而判断其是非曲直。有西洋中世纪之风焉。若死罪,则必由天王批准而后行刑,留为生全之地,其慎狱之意,亦犹清律之大辟必奏闻勾决,惟仅天京行之耳。

(三)讲道理

太平军所至之地,动辄设高座说法,谓之“讲道理”。即宣传宗教开导人民之谓也。凡刑人必讲道理,募兵必讲道理,仓卒行军,临时授令,必讲道理,驱使群卒为苦役,必讲道理,逃者日多,必讲道理,劝人贡献,必讲道理:总之所谓讲道理者,乃劝谕兵众士民,特借宗教以行之者也。破武昌、江宁时,一般人多伏匿不敢出,遂传令阖城百姓赴何处听讲道理,给予“外小”(太平军中百姓之称)腰牌,准其为民。如一名不到,身无腰牌,见即斩首。百姓私幸可为外小,惧无腰牌被杀,无不争赴。其时数头目高坐台上,演讲曰:“凡外小各报姓名,令先生记簿,按名散给腰牌。”当报名给牌之时,则又曰:“如得腰牌先走者立斩。”其时已先杀一二人横尸地上以警众,众皆莫敢动。头目复肆言曰:“天王列王皆天父差下凡间,为太平真主,乃理(军中以此二字作救字解)世人。你等早该投营效力,还待鸣锣传集,可见都是妖魔。本当全杀,姑念俱来听讲,从此要敬拜上帝,练习天情,顶天报国。现新封两司马五百人,各领二十五人归馆。如有一名违拗,立即斩首。此等本是应杀之人,天父开恩暂留,倘不知悔罪,犯令变妖,定斩不留!”讲论既毕,台下万人数千人面面相觑,俯首而随两司马归馆，顷刻可成一军。此募兵讲道理情形也。若仓卒行军，则不传百姓，专指名传某几军兵众，必大呼各带衣装刀械于何处听讲，俟齐集时，头目先演说教中律规一番。然后大言曰："今已有密令交某丞相某国宗往何处打江山，你等立刻随行，不准归馆。"数军之众，各随军帅起程，毋敢回顾，且不知何往。此行军捷速借讲道理以谕众也。每选女色，则传令阖城妇女听讲，如一名不至，全家斩首。俟齐集时，头目亦令报名如掳人法，先宣讲宗教之言，女流茫然不解，头目登台大呼，各随女指挥管长归馆，违者斩首。其时碰死者有之，卧地不行甘受屠割者有之，鞭仆胁行痛哭者有之，亦有自得以为侥幸得选者有之。此选女色而讲道理之大概也。遇有苦难之役，亦传群众集台下，头目先宣讲宗教禁令，谓之天情。旋称天父七日造成山海，莫大功德，天王列王操心费力，乃理世人，你等何得浪费天父之禄？兄弟们要享天福，必要吃些辛苦，果到阻隔艰难之处，自有天父看顾，切不可退悔，至前功尽弃。速随何官往何处充当何役，大抵皆开山填河伐林木封闭城垛等事。此役使苦差借讲道理以鼓舞众心也。又于乡村征粮，必先集乡民听讲，大抵所说皆天父造山海之功，天王列王乃理世人之德，你等身家田亩，皆天父所赐，理应将银钱米谷进贡。屡经出示，未见献来，本该全行诛杀，今天王大开天恩，怜尔愚民，命本检点前来讲说道理，限来日交负，如有藏匿，斩首不留。乡民震骇，纷纷进贡钱米，择所贡多者，给予乡官执照。其余给予贡单。富贵所献不足，复行抄抢，杀其人焚其庐。此征粮之先必讲道理也。又战败之后，逃者日多，则传齐兵众，登台演说："万事皆由天父排定，你等都要练得正正真真，不怕妖魔一面一面变，都难逃天父手内过。众兄弟切不要慌，兄弟们升天乃是好事，胜败常事，总是兄弟中多有不肯真心顶天之人，才被妖魔侵害，此是天父磨炼我们的，务要放胆放草，自有天父看顾。天父自然大显权能，你想在永安时，尚蒙天父救出，此时还怕妖魔何事？切不可反草变妖逃走，天父曾说：任你三更逃黑夜，难逃天父眼睁睁。即如某某是打算逃走的，天父下凡，业经指出，遂当堂杀一二人，使众悚惧。又说现立卡房多处，谅你等难逃，一经捉获，五马分尸，你等放着天福不享，自寻死路，真是被鬼迷鬼捉，真下贱矣！"此防人逃走讲道理之故套也。若遇王侯各官生日、生子弥月，亦必集众听讲,宣述某王、某官恩德,各宜备具礼物进献。如藏匿金银,即是反草,天父下凡指出,定即斩首不留。此又劝人贡献因而讲道理也。以上诸事虽名为讲道,实即行法,若真有宗教意味者,则《天条书》中所列之《悔罪规矩》、《悔罪奏章》。朝晚、食饭、灾病、生日、满月、嫁娶、作灶、做屋、推石、动土、升天各项祈祷文,及礼拜颂赞等是。兹录数则,以见一斑。

悔罪规矩

当天跪下,求皇上帝赦罪,或用奏章祈祷。祷毕,或用面盆水周身洗净,或在江河浸洗更妙。悔罪后,朝晚礼拜皇上帝,求皇上帝看顾,赐圣神风化心,食饭感谢皇上帝,七日礼拜,颂赞皇上帝恩德,时时遵守十款天条,切不可拜世间一切邪神,尤不可行世间一切邪事,如是则成皇上帝子女,在世皇上帝看顾,升天皇上帝恩爱,永远在高天享福。天下凡间,不论中国番国,男人妇人,总要如是,方升得天堂。

悔罪奏章

小子〇〇〇
小女〇〇〇　跪在地下,真心悔罪,祈祷

天父皇上帝格外恩怜,赦从前无知,屡犯天条,恳求

天父皇上帝开恩,准赦前愆,准改过自新,魂得升天。自今真心悔改,不拜邪神,不行邪事,遵守天条。恳求

天父皇上帝时赐圣神风,化恶心,永不准妖魔迷,时时看顾,永不准妖魔害,有衣有食,无灾无难,今世见平安,升天见永福。托

救世主天兄耶稣赎罪功劳,转求

天父皇上帝在天圣旨成行,在地如在天焉。俯准所求,心诚所愿。

其余祈祷文,皆大同小异,较《悔罪奏章》稍简单,盖所谓悔罪者,即基督教之受洗礼也。最妙者为作灶动工等事之祈祷,有"家中大小,个个安康,百无禁忌,怪魔遁藏,万事胜意,大吉大昌"等句。礼拜祈祷,必供茶三杯,肴三盘,饭二盂,置灯二盏,花瓶或帽筒一对,各插黄绸令旗,桌前

立三尺小竹板，上写奉天令三字，此为两司马所设之常格，若官阶高者，则珍错杂陈，铺张侈丽，莫可殚述矣。礼拜先鸣锣以集众，犹钟声也。侯相四十八声，检指三十六声，总监二十四声，军帅二十声，师帅十六声，旅帅十二声，卒长十声，两司马八声。自王至指挥得奏乐。天王鸣钲六十四声，奏乐三次，率妃嫔女官同声赞美曰：

赞美上帝为天圣父　赞美耶稣为救世圣主
赞美圣神风为圣灵　赞美三位为合一真神
真道岂与世道相同　能救人灵享福无穷
智者踊跃接之为福　愚者省悟天堂路通
天父鸿恩广大无边　不惜太子遣降凡间
捐命代赎吾侪罪孽　人知悔改魂得升天

圣父、圣子、圣灵三位一体之系统的教义，系基督教传入希腊、罗马后，受希腊哲学之影响而形成。上帝之本体为道，如《约翰福音》所谓“元始有道，道与上帝共在，道即上帝”是也。基督为“道成人身”，而鼓舞感化人心者则是圣灵。故本体惟一，而妙用分三，即中国哲学所谓“道生于一，一而二，二而三，三则复归于一”之义也。（天地之数以奇而生，以偶而成，一则生两，两则还归于一。两之所赅分而为三，故还归于一。一奇一偶，互为其用。）此虽为基督教自第四世纪后传统之象征，然教会中人对此多不求甚解，故马礼逊、梁发于所译著之《圣经》及《劝世良言》中全无发挥，洪秀全惟因袭浸信会（罗孝全）之《三一颂》为《赞美歌》，而实不明此教义，自属必然。是以独尊上帝，而不认圣子、圣灵与圣父同体，亦犹欧美之改正宗教徒所谓一位一体（Unitarians）者也。换言之，即三位一体本皆为形上之神，若“洛迦”（Logos），位含品格功用之意，秀全人而化之，遂有尊卑之分。简又文《太平天国典制通考》有《宗教考》三篇，议论精辟，贡献独多，倘能参考，即可知太平天国新教之性质矣。总之，秀全所创之教，本欲融中西文化而一之，其初见甚伟，奈行之不久，即变本加厉，“凡一切孔孟诸子百家妖书邪说者，尽行焚除，皆不准买卖藏读”（见《诏书盖玺颁行论》）。又迷信神权，不顾人理，学不足以济才，此其所以败也。

（四）礼制

《太平礼制》一书，只规定称呼而未及其他，如世子称幼主万岁，三子称王三殿千岁等，女称天长金、天二金，以下皆仿此。东世子称东嗣君千岁，第二子称东二殿下万福，女称东长金、东二金等。西、南、北、翼世子女同。丞相至军帅皆称大人，子称公子，女称玉。师帅至两司马皆称善人，子称将子，女称雪。女丞相检点指挥将军皆称贞人。诸王妻称王娘，丞相至两司马，称贵嫔、贵姒、贵姬、贵嫱、贵媪、贵奶、贵姻、贵婀、贵婕、贵妯、贵娌。丞相至军师妻加称贞人，师帅至两司马妻加称夫人。王长次兄称国兄，伯叔称国伯、国叔，堂兄弟称国宗兄弟。后宫父母称国丈、国外母，伯叔称国外伯叔，兄弟称国舅。诸王岳父母称贵丈、贵岳母。此《礼制》之大要也。普通称呼或见诏令，如对上帝称皇，称天父、圣父、真神、上主、爷；对耶稣称救世主、救世圣主、长兄、太兄、天兄、哥。幼主称上帝、耶稣曰天爷、天爹。最怪者则上帝有妻曰天母、天妈，耶稣有妻曰天嫂，外人直斥为“亵渎神圣”者矣。天王自称曰朕，诸王称为我主二兄。对下级称官弟，惟五王称胞。少壮能战者称牌面，老幼服役者称牌尾，识字任书手者，统称先生。对敌人则称妖，对外人则称洋兄弟、番兄弟。《贼情汇纂》评之曰：“《太平礼制》，摭拾烦琐，群贼多不遵奉，如丞相下至两司马，伪制虽有分别，而皆呼大人。伪官之子，皆呼公子之类。亦有寻常称谓与其制不同者，如两司马或呼管长、卒长或呼百长，各贼所带幼童均称老弟，贵者称小大人。”可见太平称呼，并未全制施行，其故则由于天王等任意杜撰，不合古今之谊耳。在伦敦所藏原书中，即有当时人手书之注释云：

> 《太平礼制》者，定上下尊卑之称呼，使知臣之称上，当称何名，臣与臣相称，当用何号，然其称谓名字，皆自己杜撰，中国所未有也。
>
> 《太平礼制》一书，毫无出典，分别称呼处，殊觉无谓，所言亦非引经据古，乃自古所未闻，不过流寇之行为，乌合之规矩而已，岂能成

事哉？

世子只称殿下，不称幼主，只称千岁，不能称万岁。中国之例，帝王之子则曰太子，诸侯之子曰世子。春秋时诸侯长子，亦得称太子，余则曰世子、公子，自秦以下，惟帝之子得称太子，其余不敢僭焉。

古者偏安之国则称主，臣室大家之奴仆，称其主之子曰幼主。帝王之女称公主，帝之姊妹称长公主，姑称大长公主。民间称女曰千金，俗例也，岂可依之？加一天字，尤为不通。中国王之女称郡主，今称东金尤奇。丞玉师雪，奇之至矣，中国官员之女，南边多称小姐，北边多称姑娘，从无此号。郡王之妻则曰郡妃，母曰太妃，称王娘实所罕见。以下纠缠国岳相称，殊无体统。

冠服由粤西至长沙，尚皆布衣蓝缕，缝数寸黄布于衣襟，以为记号。囚首垢面、鹑衣百结者，比比皆是。即首事诸王，亦止红袍、红风帽而已。打仗则短衣赤足，取其登步轻便，故新从军之人，无论士、农、工、商，必先尽褫其衣冠履袜，惟以包巾分别新旧尊卑。新兵皆扎红巾，长官与老兄弟则包黄巾。旅帅以下黄布巾，其上则黄绸巾，拖长一寸，官大一级。百姓男女概令包蓝布巾。逮克武昌，逐户搜索，所得貂褕狐裘，虽觉华丽可喜，然多不能辨识，于任意截裁，男女不分，五色错杂，丑怪百出。其时职官不多，惟以风帽分别阶级，诸王亲戚，戴全红风帽，其余职官皆红风帽，以黄边宽狭定官职大小，另用白绫一小块，或写或织，揭其官衔，标于帽额正中。洪、杨各王，则戴绣龙黄风帽，及龙凤金冠。袍服则掠得戏班中所服者，天王龙袍，诸王分用红袍、紫袍，金盔则丞相以下，自分等次攫取。盖犹未有"锦绣匠"为之执役也。定都以后，江南为锦绣缎匹出产之区，于是变易服饰，更张礼制。平时，戴风帽，凡金田起义时之老兄弟，皆加"功勋"二字于帽额，并有赏穿黄马褂之事。东、北、翼三王会奏朝冠制度如下：

（天王）朝帽用双龙双凤，帽额上绣一统山河，下绣满天星斗。弟（东王）朝帽用双龙单凤，帽额绣单凤企云中。正弟（北王）朝帽亦用双龙单凤，帽额绣单凤企山冈。达弟(翼王)亦用双龙单凤，帽额一边加绣一蝶，内绣单凤企牡丹。帽额皆如一把扇式。侯相以下朝帽，俊弟等议定再奏。(载《贼情汇纂》)

朝帽有喜庆朝会大事则戴之，一如头盔。天王冠如圆纱帽式，中间留空格，凿金为“天王”二字，冠后挂黄缨二。东、北、翼三王朝帽如古制兜鍪式，冠额凿金字职衔。皆黏贴金箔，称金冠。侯丞相朝帽，如无翅正方纱帽式，亦系纸骨贴金，上缀双龙单凤，龙头向下。帽额绣百蝶穿花，中列职衔。自检点至两司马，皆兽头兜鍪式，将军总制为麒麟，军帅为虎，职衔绣红字。师帅为豹，旅帅为熊，卒长为彪，两司马为犀牛，职衔绣黑字。双龙以节数分等差：诸王九节，侯相七节，检点、指挥、将军五节，总制、监军、军帅三节。此各官朝帽之制也。至袍服仅黄龙袍、红袍、黄红马褂而已。天王黄缎袍绣龙九条，东杨绣龙八条，北韦绣龙七条，翼王绣龙六条，燕、豫二王绣龙五条，国宗绣龙从各王制，侯、丞相绣龙四条，检点素黄袍，指挥至两司马皆以素红袍。其等差于黄红马褂内分别：天王黄马褂绣九龙，中一团双龙。东杨绣八团龙，韦、石、秦、胡皆绣四团龙，自侯至指挥皆绣二团龙。将军至旅帅前后绣牡丹二团，惟军帅以下为红马褂。卒长两司马不绣花。团内书职衔，亦分金字、红字、黑字，如帽之制。太平军初呼靴�服，只准着鞋，后立典金靴，方头绣龙，石翼以下皆素黄靴，侯以下素红靴，将军以下皆皂靴。女官冠服如男制，惟无朝冠，仅风帽及绣花纱罗围帽，如草帽形，空其顶，露发髻于外。军人发长者皆挽髻，打红辫线，作战时着号衣短袄。馆书先生准穿长衫。夜卧不准光身，白昼不得裸上体，犯则枷打。金饰亦有轻重规定，如军帅五两，旅帅四两，过此则缴库，防人之私积脱逃也。其朝会必由天王批定日期，遇有大喜庆时方设，非历代帝王五更临朝之制。届时由东王率百官毕集宫外(禁城周围十余里，墙高数丈，内外两重，外曰太阳城，内曰金龙城，殿曰金龙殿，苑曰复林苑)，天朝门以黄缎绘双龙双凤，金沤兽环，五色缤纷，宫殿堂庑，下及厢簃庖湢，无不如是。门外挂硃漆金字牌四扇：其文曰：“大小众臣工，到此止行踪，有诏方准进，否则云中雪。”门之两旁，设东西朝房二所，内外各三层，用红黄油绉扎成彩栅，任其淋漓，月余则更。门前丈余，开御沟宽深数丈，上横三桥，以通往来。过桥一里，砌大照壁高数丈，宽十余丈，适中搭造天台，为天王谢天之所。台旁数丈外，建木牌楼二：左书“天子万年”，右书“太平一统”。天朝门（李圭《金陵兵事汇略》谓：大门额曰荣光门，二门曰圣天门，皆冠以“真神”两字。此所谓天朝门，或系俗称）洞开，外立引赞官，传呼各官进。惟东、北、翼诸王得进见，余俱排列于门内，引赞官呼跪，则皆跪。左右史跪于阶下。引赞官呼曰：“天王有诏：众官员珠贯而入，各肃班联，趋跄起跪，不得嚣喧！三呼万岁，听旨传宣，朝觐已毕，站立两边。”读讫，百官如仪起立。东王白事毕，出，转身向内而立，百官皆跪其后，又三呼万岁，然后掩门而散。此朝仪大略也。惟秀全甚少临朝，尝批：“勤理天事，便是朝见。”故平时多具本请安。秀全至南京十余年仅出宫两次：第一次为三年十月，新宫甫成，即不戒于火，仓卒避居北王府。第二次为六年夏间，天王幸东王府，被东王逼封万岁，是为内讧之导火线。然秀全既不见臣下，几无人能望见其颜色。一切军政概由东王把持，因养成其专擅弄权之弊，私图篡窃，盖有由矣。

附　朝天朝主图

燕豫下各大臣	皇天门												荣光大殿
		福	义	副掌	正掌	豫	辅	赞	英	干	长兄	东儿	
				西父	天东驸马	天四驸马	定	唐	长	崇			
				天八驸马	天西驸马	汉	次	见	元	巨	次兄	西儿	
		安	又副掌	又正掌	天将	璋	侍	忠	翼	南			

（五）考试

洪秀全为一累试不第之秀才，尝愤然欲自开科取士，既建都南京，即果行之。不论出身、门第、籍贯、学历，凡布衣、绅士、倡优、隶卒均得赴考。榜分三甲取录，元甲三人，状元、榜眼、探花封职同指挥；二甲无定额，称翰林，封职同将军；三甲无定额，称进士，封职同总制。据《贼情汇纂》云：

"定例:试取一等为军帅,二等为师帅,三等为旅帅,后乃易之,"如上制。又云:"已应试取中者,值期仍须入试,中则署以某试某官,封赏加一等,官从其大。"其后大局渐定,疆土日拓,乃由外省乡试中式举人入京会试,与清制略同。惟会试有四种:一曰天试,原在十二月初十日天王万寿节举行,旋改十月初一日,以其月初十日为幼主诞辰也。二曰翼试,在二月初一日。三曰北试,在六月二十日。四曰东试,在八月初十日。盖翼、北、东三王之生辰也。内乱后,翼、北、东三试当然取消。太平天国三年,首科即为东试。先期出示,令士子于试期前十日,各赴典诏命衙报名,来者不及五十人,于是展限十日,鸣钲传令,不应试者斩。届期应试者士子及官员,仍不及三百人。或作诗刺之云:

> 不是高攀桂一枝,文章结到尽头时。功名如我成羊质,军令驱人步凤池。厦广万千仍有限,才搜三百已无遗。可怜等第分军旅,珍重三更矮屋思!

是科诗题为:《四海之内有东王》。有秀才王某被胁应试,公然作诗叱骂云:"四海皆清土,何容此陆梁?人惟知北阙,世竟有东王!心为红巾碎,愁随白发长,伤心怜弟妹,含泪别爹娘。杀贼应凭尚(指向荣),殃民总是杨(指秀清)。避秦何处好?回首问斜阳。"东王怒杀之。论题为:《真道岂与世道相同?》。文题为:《皇上帝为万郭大父母,人人是其所生,人人是其所养》。所取鼎甲三人:状元朱世杰,榜眼王廷福,探花方兴(或何震川)。以黄纸写榜,在东王府悬挂。朱世杰撰联贺东王曰:"众诸侯自东自西自南自北,予一人乃神乃圣乃武乃文。"遂被取为状元。中式者赐袍赐宴,元甲三人更簪花挂红,乘马游街。或言状元三日后即逃去,不知所终云。是冬首科天试,题为:《天父七日造成山海颂》、《天王东王操心劳力安养世人功德巍巍论》。张汝南《省难纪略》述考试情形,翔实可信,特录于下:

> 各王寿辰则开科,贡院号舍平时监囚,至公堂作讯囚处。至是又

以考试改辟门钥。俊字为天朝试院,大门画龙虎。先日示试期,无论何色人,上至丞相,下至听使,均准与考。无官职者给予风帽,谓以壮观瞻。至日五更,各齐集试院,有圣兵护卫栅栏,无许拥挤。北王监试,至则声炮开门,众旅而进。考官点名毕,声炮封门。人给卷一本,卷长一尺二寸,无开宽尺余,各归号。号派人侍茶汤,给油烛、茶点及汤饭,皆丰厚。次日便毕场。三日后出榜,声炮鼓乐,悬于天王府前。大约应考人无不中试者,中者三元翰林进士均膺官职,俱赐黄缎一匹,红绉二匹。又晓示大众,谓"状元"等名色,与妖相同,但此名色,实是天父向来排定,被妖窃用,尔等勿疑。择日令状元游街以宠之。每考一文一诗,另有一论一解不等,亦有添作寿对数联者,文仍八股式,诗仍试帖式。其题则皆天王所命,悉出官书中。某王寿则称某试,如东试题曰:《东风吹清好凉爽,他名禾乃救饥荒,名说饥荒便是疾,乃理世人水深长》。翼试诗题:《翼化如春润》。美其安恤安庆之功。每试皆有状元,有连试得鼎甲者。

此后每年天试,均照例举行。得中状元者,有武立勋、吴容宽、乔彦材、叶春森、刘盛培、范朴园、沈抡元、吴镇坤、汪顺祥、陆培英、徐首长、刘达忠等人。《贼情汇纂》并载韦昌辉于试后自作一诗贴榜尾云:"橹声听未了,山水送孤帆。对面青如画,回头绿满岩。半空余嫋嫋,一带认巉巉。舵尾澄流回,峰腰旭照衔。青凝留古岸,翠欲上征衫。流响惊凫雁,浓荫郁桧杉。"以试题为《欸乃一声山水绿》,特拟此以为范,盖昌辉曾纳粟捐监,自诩为衡文高手也。会试文科外,复有武科,有女科。仅甲寅四年一度举行,余无闻耳。武科先由佐天侯陈承镕赴校场阅马步箭,取中谷光辉等一百四十七人,称为武举。韦昌辉又加试马上炮三声,取中刘元合等二百三十余名,为武进士。因昌辉谓陈侯所取人数过隘,出示未中武举者,亦一体会试。刘元合授武状元职同指挥,谷光辉、周得三授武榜眼、探花,俱职同将军。余皆为武进士,职同总制。女科,则由洪宣娇主试,副主试为张婉如、王自珍。婉如皖人,自珍鄂人。题为《惟女子与小人为难养也》。应试者二百余人,金陵傅槐女善祥所作,独力辟难养之说,引古来贤女内助之功。卷荐后,为天王所激赏,拔置第一。饰以花冠锦服,鼓吹游街三日,闾阎群呼为女状元。第二名为钟氏,三名为林氏。此会试之大概情形也。乡试只安徽、湖北二省曾举行,中式者为举人,资送天京会试。安徽正掌考为天试状元武立勋,试题《真命天子福命将》。湖北正掌考为翼试状元杨启福,副为榜眼张友勋。题为《真神独一皇上帝》。试题曰:《天父下凡事因谁? 耶稣舍命待何为?》。安徽应试者二十七县,中式举人七百八十五名。湖北应试者不及千人,取中者至八百余名。盖皆游手之徒,欲借此以获衣食,虽文理悖谬,无不入彀云。自洪仁玕莅京,始于十一年颁行《士阶条例》,谓:"在昔设科,名实不符,士风日下,值此天命维新之会,道既切乎性命身心,制自超乎古今前后,岂若承讹袭谬因陋就简之所为哉?"乃重新规定如下:

一拟每年试期,于二月举行乡试,先考乡文学一场,其首一名曰信士。乡武学一场,其首一名曰艺士。三月举行县试,首二名曰秀士、英士(即文武秀才),四月郡试,取贤士、能士,各二人。五月,省试,每五人取俊士、毅士一人。逢荣酉两年,考拔每五十人取杰士一人。子午荣酉每三年七月省提考文武闱,中式者,曰约士(先称博士)、猛士(即文武举人)。

一拟每逢辰戌好未年集各省新旧科约士、猛士及杰士来京恭应天试,考取元甲状元、榜眼、探花,二甲国士、威士,三甲达士、壮士(即文武进士)。

一拟京士元甲职同指挥,二甲首名传胪,职同将军,国士、威士职同总制,三甲首名会元,职同监军。达士、壮士职同军帅。省试约士、猛士及各郡提学拔取之杰士,均职同师帅。俊士、毅士俱职同旅帅。贤士、能士职同卒长。秀士、英士职同两司马。信士、艺士职同伍长。俱免差役,使之奋志求进,共沐天恩。

一拟文武士子品级相等,其袍帽遵制照办。惟元甲加着黄马褂。其浪俱长二尺五寸。职同指挥将军总制者,用黄布为之,不镶边,不绘彩。至职同监军以下,俱用红布为之。其锣制,俱阔二尺,指挥三十三点,将军三十点,总制二十七点,监军二十四点,军帅二十一点,师帅十八点,旅帅十五点,卒长十二点,两司马九点。伍长无浪无锣。

钦定《士阶条例》并将各士所戴之帽,镌图说明。惟此新制度除乡试、郡试有已照办者,天试应于十二年实行。省试应于十四年实行。或只一次,或尚未行,而天国亡矣。

(六) 文书

太平天国之策士论文,仍沿用八股,曾刊闱墨三种为官书,即《建天京于金陵论》、《贬妖穴为罪隶论》及《诏书盖玺颁行论》是也。文字浅薄,较清人所作,殊有逊色。惟秀全因受天地会之影响,诏书时用诗句俚语,用标点符号,不须古典之言,谓:"要实叙其事……证据一一叙明,语语确凿,不得一词娇艳,毋庸半字虚浮!"又谓:"但有虔敬之意,不须古典之言,故朕改'字典'为'字义'也。"(见《军次实录·干王宣谕》)如在武昌东下时诏云:

> 外言永不准入,内言永不准出,今凡后宫,臣下宜谨慎,总称娘娘。后宫姓名、位次,永不准臣称及谈及……臣下有敢起眼窥看后宫面者,斩不赦也。后宫声,永不准臣下传……臣下话有敢传入者,斩不赦也。……朕非好严刑,诚体天父天兄圣旨,斩邪留正,有偶不如此,亦断断不得也。自今朕既诏明,不独眼前臣下宜遵,天朝天万万年,子子孙孙暨所有臣下俱宜遵循今日朕语也。钦此。

又《天父诗》云:"一些恶样看不得,一些恶声听不得,一些鬼心容不得,一些鬼计宽不得。"又云:"小事议打大事奏,奏照本心莫执仇,报仇连己逆天令,半斤八两空两头!"《醒世文》云:"普天下大众军民,一体齐听醒世文,当初上帝恩广大,大伸能手大显权。"《天条书》改正本序云:"当初几千年,中国番国俱是同行这条大路(拜皇上帝),但西洋各番国,行这条大路到底,中国行这条大路,到秦汉以下,则差入鬼路,致被阎罗妖所捉。故今皇上帝哀怜世人,大伸能手,救世人脱魔鬼之手,挽世人回头复行转当初这条大路,生前不至受鬼气,死后不至被鬼捉,得上天堂享永福。此乃皇上帝莫大之恩典也。不醒者,反说是从番,难道周武、周文、商汤、颛顼尽是从番乎?”此类文字,触目皆是,举不胜举,可见秀全以通俗之白话文为主体,又假天父言:“一直是名读某名,双直地名读出声。”于人名地名旁,加一直线及双直线,每句皆加圈或点。若谓秀全为文学革命之先声,固无不可也。太平军将士,多起自田野,椎鲁无文,及绾兵符,踞高位,不得不倚赖文士为之读写及应酬。且诸王除杨、萧外,洪、冯、韦、石皆读书应试之士子,思及从前不第之痛苦,得志以泽及同侪,盖亦意中事耳。故行军所至,遇俘虏中有识字能文者,必待如上宾,优加敬礼。委充书手,称为先生,甚至出榜招贤,量才使用。如《贼情汇纂》所载之招贤榜云:

体国经野,致治必在于兴贤;幼学壮行,怀才必期于见用。况值天命维新之际,正属人文蔚起之时。天朝任官惟贤,需材孔亟,凡属武达文通之彦,久列于朝,专家曲艺之流,不遗于野。但恐采访难周,搜罗未遍,抱璞者耻于自献,徒韫椟而深藏;怀珠者虑其暗投,亦韬光而不市。当知天朝见贤即用,望治惟殷,勿以自荐为可羞,即宜乘时而利见。倘有一技之长,仰即报名投效,自贡所长,或由管长具禀,保荐入朝,量才录用。家口厚给资粮,不致失所,俾免内顾之忧,以慰从公之志。

李圭《思痛记》述太平军对文人之优待云:

是晚,贼敬天父后,将写文书与伪侍王贺金邑(金坛)攻破也。……陆贼(名畴阶,任掌书者)手拂黄纸,捉笔苦思,良久写一二十字,不惬意则扯碎入口,烂嚼唾去,如是者三。余立他贼后,窃观之。……李贼(头目:“性颇仁慈,尚不嗜杀。”)询为谁?贼曰:“老周。”曰:“渠既能写,即令渠写。”曰:“汝来试写几字与掌书看!”余欲借以稍养息也，因书余揑造之姓名“周继成”三字与看。李贼大赞赏，连称写字颇光，盖贼不识丁，见笔画略整，即以光字称之。陆贼则尚能辨也。陆命人取凳令坐，与黄纸一，折叠如禀折然，曰：“金坛已破，头子应申贺侍王，汝好好写来！”且教以格式称谓。余就其语义书之，陆贼气平，令读使李听，李亦喜。……李即命人收拾卧处，与陆间壁居，他事不令作，专帮陆写字。后乘机请准钱复保来帮助。贼欣然诺，即与余同住一室。自是两人遂不供诸苦差。盖贼中对于文人，大有礼贤下士之风，每得一人，辄解衣推食，延纳惟恐不周，即拂其意，亦柔气假借，不加呵斥也。

周邦福《蒙难述钞》有云：

陈享荣（翼王髦下右参护）是本馆贼首，旁边站一位先生，一个个叫落姓名。问到镇伙：“做何业？”他回：“做朝奉。”贼首说：“识字否？”他回：“识字。”便叫他做先生。问到我，我说：“姓周，名大文，做生意。”问“识字否？”我说：“识字”。贼云：“做先生。”……本城吴玉山在本馆做先生，贼首待之甚好。释放回家，教老兄弟送出大东门，送到土城外。

当时人笔记被掳而以识字得充先生者，甚多不备引。一作先生，则每食必召同饮，旨酒佳肴，彩杯象箸，命坐首位，立除苦差。士兵亦敬重之，甚或托其照应（见《劫余杂识》、《虎穴生还记》等书）。故高望曾诗云：“而我坐书馆，魂散转不惊，贼众顾我喜，草檄须书生，责我勿逃逸，分我先杯羹。”石达开以文士出身，在离京远征之际，军事倥偬，席不暇暖，而其属下仍到处报贤开科，可见太平军人对文士之尊重，仍守一般社会重文轻武之风气，此与湘军大将鲍超因受某学政之轻视，即愤然作色，胡林翼以乱世重武，为之安排首席，令学政作陪，始转怒为喜者，亦可作强烈之对照矣。太平天国之避讳字甚多，干王特颁谕文宣布之，如“爷”字只称天父，不得别用“火”字，以“焼”、“伙”、“夥”、“炎”代，“华”以“花”代，“上”

以“尚”代,皇上帝惟尊天父可用,古代帝皇皆贬为“侯”、“狂”(改“王”为“狂”,最无道理)。称上帝曰高老,按天地会开山堂之例,自称高老山山令。此可见秀全于起义前必有参加会党之事,洪大全之供词不诬也。“神”以“辰”代,“基”以“居”代,“督”以“总”字、“统”字代,“耶”以“也”代,“稣”以“苏”代。“洪”以“宏”、“鸿”代,除本族外洪姓皆为童,如童容海是。“秀”以“繡”、“绣”字代。“全”以“荃”、“诠”、“铨”字代。“贵”以“桂”代,“福”改作“褔”,或作“復”或“馥”。“王”姓改“汪”姓或“黄”姓。“镜”以“鉴”代,秀全第三子名天光,第四子名天明,用此二字者加水旁作“洸”、作“淍”。“清”以“菁”代,“云”、“山”以“芸”字、“珊”字代。“昌”亦需讳,如秦日昌改“日纲”。“武昌”改“武玱”。“达”改“闼”,“开”改“来”。如李开方作“来方”,刘达忠作“闼忠”。“朝贵”二字作“潮桂”。又改“鬼”为“人”,如“魂”字作“⿰云人”,“魏”字作“⿰委人”,“魁”字作“⿰斗人”,“魄”字作“⿰白人”。“丁酉”作“天酉”,以秀全上天之岁也。“亥”改“开”,“辛亥”作“辛开”,以起义之年也。“丑”改“好”,“卯”改“荣”,“國”改“国”。更造新字如“⿱正心”,即正心之义,“⿱合共”即“合共”之义。此皆本天地会腰凭而来,如“共同合和”作“⿰禾⿱同合”,“忠心义气”作“⿰氵⿱義心”等是。二字读音,应作共格,乃“共同合和”四字之拼音。今儿语常曰:“我俩⿱合共。”亦犹北平语合“不用”二字为甭字也。太平制度沿用天地会者颇多,如隐语、暗号(“三八廿一”为“洪”字,“千八乃”为“秀”字,“人坐一土”为“全”字)、诗句、白话皆是矣。

(七) 天历

金田起义以后,冯云山为一懂历数之人,即有改正朔之计划,惟因军事偬卒,未暇颁订历书也。洎入永安,困守达半年之久,既建号改元,乃于十月颁订壬子二年之新历书。其历法以三百六十六日为一年,单月三十一日,双月三十日,立春、清明、芒种、立秋、寒露、大雪俱十六日,余俱十五日。所谓十六日、十五日者,非该月之十六日、十五日也,乃以正月初一日为立春,隔十六日即十七日为雨水也。二月初一日为惊蛰,隔十五日即十六日为春分也。以后清明、芒种、立秋、寒露、大雪皆在单月初一日,谷雨、夏至、处暑、霜降、冬至皆在单月十七日。立夏、小暑、白露、立冬、小寒皆在双月初一日，小满、大暑、秋分、小雪、大寒皆在双月十六日。其历以干支二十八宿编排，仍系旧历法之系统，但不用定气法，而用恒气法。又不知闰年之义，则每四年必有三日之差。故九年十月，洪仁玕始奏定四十年一斡旋，斡年每月二十八日，则四十年中三十日之差，可以由此补足，周而复始焉。兹将天王诏旨节录如下：

天父上帝太平天，太平天国万万年，天国天历无穷尽，四十年加诏在前。兹据玕胞恳裁定，诏每四十年斡旋，斡年每月念八日，节气平均义更全。……当前南王困桂平，见天启天使将天历畀南王看，天历永远永无穷尽。……朕前业准东王、西王、南王暨众臣等，天历每年三百六十六日，单月三十一日，双月三十日，每四十年一加，每月三十三日，取真福无边，有加无已之意。兹据玕胞等朝奏：天历永远高深，固非凡例浅识所能窥，而便民耕种兴作，亦属天情真道不可少。恳请每四十年一斡旋，斡之年每月二十八日，节气俱十四日平均，令善有便于民，自四十年至八十年，一百二十年，一百六十年，至千年万载万万载，永远如是。每四十年一斡为总。朕业准奏，为此再诏，除却从前每四十年一加之诏外，继自今史官，每年遵今诏，每四十年一斡，斡年每月二十八日，余俱照前例，每年三百六十六日，例制造天历颁行。

天历颁行后，因历书仅有月日、干支、星宿、节气、礼拜，未能与阴历、阳历对照，而当时人之纪载，亦有误算误书者，以故研究天历之人持有不同之三说：

一、相同说　主张天历日期与阴历、阳历之干支，日曜（礼拜）始终完全相同者，日本史家田中萃一郎为代表。其说见《太平天国之革命的意义》，附对照简表。谢兴尧之《太平天国历法考》大致相同。

二、相异说 主张天历日期干支及礼拜,比阴阳历提早一天,可以吾国史家郭廷以为代表。其说见《太平天国历法考订》,载《太平天国史丛考》。罗尔纲之《天历考》从之。

三、先同后异说 主张太平天历开始实行于壬子二年元旦丙申,礼拜三。即阴历咸丰元年十二月十五日,丙申立春。阳历一八五二年二月四日,礼拜三。但是年不知如何错一日,故先同而后异也。考古家董作宾《天历发微》持此说,太平天国史专家简又文从之,并假定脱漏之日,为壬子二年正月初八日,见《太平天国典制通考·历法考》。

以上三说,均有相当之证据与理由,然以余考之,则以第三说为是。盖太平制历,虽系创造,但以古法"朞三百有六旬有六日"(见《尧典》)。定四时成岁,而是岁适值阳历之闰年,正三百六十六日也。其用恒气法,以排定节日,在每月之朔日,及单月十七日,双月十六日,为便于记忆耳。其开始绝不能故违定例以提早一日,吾人以常识揆之,决无是理也。故实行之首日,必定节日与阴历相合,礼拜与阳历相合,董作宾先生对天历之研究,极为透彻,惟不知错落在何日耳。按王韬之《瓮牖余谈》,对此已有说明,可以解决此一疑难,其《洪逆琐记》曰:

> 贼中别刊时宪书,谓之颁历,略仿西国法。单月三十一日,双月三十日,每年以三百六十六日为率,不复置闰。且以每四十年为一斡旋,每月念八日,更为无理。又以不知时日算法,时多舛误。癸丑二月初十日,又讹一日,故干支亦迟一日。初不许用日月二字,后仍用之。谓由天父改还,真堪喷饭。咸丰四年岁在甲寅正月元日,贼营为十二月二十四日,合计之,前后共差六日。

据王氏说,则知太平历法错落之一日,为癸好三年二月初十日,其时正在攻破金陵,仓猝间误记一日,故以后即提前一日矣。董氏谓:"天历在中国历法史中,是一个具有革命精神又颇合理想标准的特殊历法,虽然内容简单,不免疏失,也很值得我们注意的。”但观其初诏,有每四十年一加,每月三十三日之事,则未免胡闹。洪仁玕始为订正每四十年一斡旋,以地球绕日一周之太阳历为标准,减少每十年多出之三日,改闰为斡,意义相等。惟尚未届实行之年,而太平天国已亡,即令不亡,则四十年有三十日之差,与定气制历之法,纰缪殊多。但不用阴阳五行吉凶祸福之说,是其特色耳。

附　　　　太平新历与夏历阳历对照表

新开元年正月元日庚寅 仍用阴历	咸丰元年正月初三日庚寅 本年有闰八月	一八五一年二月三日
壬子二年正月元日礼拜三 丙申　立春	咸丰元年十二月十五日 丙申　立春	一八五二年二月四日礼拜三 立春
癸好三年正月元日礼拜五 壬寅　立春	咸丰二年十二月二十七日 壬寅　立春	一八五三年二月四日礼拜五 立春
(二月初十日错落一日自此以后立春与礼拜比阴阳历均有一日之差)		
甲寅四年正月元日礼拜日 戊申　立春	咸丰四年正月初七日 (此与《瓮牖余谈》所述日期正合)	一八五四年二月四日礼拜六
乙荣五年正月元日甲寅	咸丰四年十二月十九日	一八五五年二月五日
丙辰六年正月元日庚申	咸丰六年正月初一日	一八五六年二月六日
丁巳七年正月元日丙寅	咸丰七年正月二十二日	一八五七年二月六日
戊午八年正月元日壬申	咸丰七年十二月二十四日	一八五八年二月七日
己未九年正月元日戊寅	咸丰九年正月初六日	一八五九年二月八日
庚申十年正月元日甲申	咸丰十年正月十八日	一八六〇年二月九日
(小建为二十九日,大建为三十日)		
辛酉十一年正月元日庚寅	咸丰十一年十二月除夕日	一八六一年二月九日
壬戌十二年正月元日丙申	同治元年正月十二日	一八六二年二月十日
癸开十三年正月元日壬寅	同治元年十二月廿四日	一八六三年二月十一日
甲子十四年正月元日戊申	同治三年正月五日	一八六四年二月十二日

三十三 经济制度

(一) 田制

太平天国之田制,见于癸好三年所颁《天朝田亩制度》一书,其规定:

凡一军典分田二,典刑法二,典钱谷二,典入二,典出二,俱一正一副,即以师帅、旅帅兼摄。当其任者掌其事,不当其事者亦赞其事。凡一军一切生死黜陟等事,军帅详监军,监军详钦命总制,钦命总制次详将军、侍卫、指挥、丞相,丞相禀军师,军师奏天王。天王降旨,军师遵行。功勋等臣,世食天禄。其后来归从者,每军一家,设一人为伍卒,有警则首领统之为兵,杀敌捕贼;无事,则首领督之为农,耕田奉尚。凡田分九等:其田一亩,早晚二季,可出一千二百斤者为尚尚田,可出一千一百斤者为尚中田,可出一千斤者为尚下田,可出九百斤者为中尚田,可出八百斤者为中中田,可出七百斤者为中下田,可出六百斤者为下尚田,可出五百斤者为下中田,可出四百斤者为下下田。尚尚田一亩,当尚中田一亩一分,当尚下田一亩二分,当中尚田一亩三分五厘,当中中田一亩五分,当中下田一亩七分五厘,当下尚田二亩,当下中田二亩四分,当下下田三亩。凡分田照人口不论男妇,算其家口多寡,人多则分多,人寡则分寡,杂以九等,如一家六人,分三人好田,分三人丑田,好丑各一半。凡天下田,天下人同耕,此处不足,则迁彼处,彼处不足,则迁此处。凡天下田,丰荒相通,此处荒则移彼丰处,以赈此荒处,彼处荒则移此丰处,以赈彼荒处。务使天下共享天父上主皇上帝大福,有田同耕,有饭同食,有衣同穿,有钱同使,无处不均匀,无人不饱暖也。凡男妇每一人自十六岁以上受田,逾十五岁以下减其半。凡天下树墙下以桑,凡妇蚕绩缝衣裳,每家五母鸡,二母彘,无失其时。凡当收成时,两司马督伍长,除足其二十五家每人所食,可接新谷外,余则归国库。凡麦豆、苎麻、布帛、鸡犬各物,及银钱亦然。盖天下皆是天父一大家,天下人人不受私,物物归上主,则主有所运用,天下大家处处平均,人人饱暖矣。此乃天父特命太平真主救世旨意也。但两司马存其钱谷于簿,上其数于典钱谷,及典出入,凡二十五家中设国库一、礼拜堂一,两司马居之,凡二十五家中所有婚娶弥月喜事,俱用国库,但有限式,不得多用一钱,如一家有婚娶弥月事给钱一千,谷一百斤,通天下皆一式,总要用之有节,以备兵荒。凡天下婚姻,不论财,凡二十五家中陶冶木石等处,俱用伍长及伍卒为之,农隙治事。凡两司马办其二十五家婚娶吉庆等事,总是祭告天父上主皇上帝,一切旧时歪倒尽除。其二十五家中童子俱日至礼拜堂,两司马教读旧遗诏圣书、新遗诏圣书及真命诏旨书焉。

此均田之制,曾国藩谓:"即贾生官田之法。"我国以重农主义立国,自古圣王,无不以足衣食励耕织为施政要端,王莽之王田,北魏之均田,唐之露田,及民生主义之平均地权,皆以吾国传统之思想为根据,洪秀全出身于农村社会,干部又多佃农,其注意于分田,而以公平为原则,固其宜也。故《原道醒世训》已明言遐想唐、虞三代之有无相恤、患难相顾、门不闭户、道不拾遗之盛世矣。引《礼运·大同》"天下为公"之说以证之,引《易经》"同人于野"、"同人于宗"则亨吝以喻之,借基督教之信仰以归功于上帝,特假此为符耳,非其源出于宗教之公产制度也。盖秀全对基督教之知识甚浅,不但基督徒之生活方式,全不明了,甚至耶稣创教救人之旨,亦全不明了,观其自托为天父之子,天兄之弟,且有天妈、天嫂,即可知。其所谓创造"新天新地",建设"新朝新国",只有口号,而无方略。如某天将之安民告示有云:"天王尊周攘夷,以复中华之盛治;分疆画井,以救黎庶之艰辛。从此沟涂畎浍有其经,青白赤黄有其纬。熙熙攘攘之群,共喜耕口而余口;林林总总之众,咸称耕九而余三,此如何之善治也哉?"此示明显指出秀全革命之宗旨,在民族革命与社会革命,即攘夷狄与救黎庶是已。何以秀全有此理想之规划而不能实行?大概因军事倥偬,统治之区域甚暂甚狭,户籍尚未编定,若强制执行,则必激成民变,且余粮无多,不能供给需要,故一动不如一静也。此新田制虽具社会主义公有之特色,然缺漏甚多,如有受田而无退田(周制六十归田于官,北魏殁则还田,北齐年六十六退田,唐年六十还露田,另有永业毋须还),人死将以田归官耶?归遗产耶?婚娶弥月俱用国库,丧葬之费属之私有乎?劳力者之所得,仅“每人所食可接新谷”,衣住行之问题如何解决?且每人所食,究有几何?《贼情汇纂》谓:“大口岁给一石,小口五斗,以为口食而已。”是大口每月仅八升余食粮,则每日不及三合,何以充饥乎?俗谚云:“大口小口每月三斗。”是言无论大小口,其消耗量每日必需米粮一升也。如岁给一石,仅三、四分之一;岁给五斗,仅七分之一。此何能行?又逾十五岁以下受半田,究竟是十五岁抑系出生即有半田?及成年又如何增加?好丑各半,又如何分配?丰荒相通,如何迁移?用之有节,如何备荒?皆无明确规定。无怪简又文先生于太平田制谓:“在此制度之下,天下农民皆变为国家的佃奴,国家为天下之总地主,为农民之侵略者与剥削者。这田制理想似崇高,而实效不妥善。农民在鞭捶之下,迫当劳工,是真奴隶生活,工作并无兴趣,苦上加苦,诚牛马之不若矣。”其结论曰:“吾人分析研究,以为太平天国的新田制,出发由宗教信仰,动机在救民养民,原则基于公平,男女待遇平等,有中西文化之折衷,有推陈出新之创制,从大体上言,本未可厚非。惟是政策太不完善,办法过于草率,在这个人口众多,生活复杂,文化优越的社会中,尤其在当时战事不息之时期中,断难见诸实行的。结果只有流为一种乌托邦式的社会空想而已。试观其后十余年间,在各省占领区内所实施的‘田政’,凡《天朝田亩制度》所定的田制,一切均未实施,则可由其本身事实足以证明,此均田制之仅为纸上空谈,为断不能实施的计划也。”斯言可作确评。至太平天国所实行之田政,则是“照旧交粮纳税”。此系东、北、翼三王会奏经天王批准者,见《贼情汇纂》。其税则大约亦照清朝旧例,什取其一,不重亦不轻也。(《太平典制通考》据恋天福董顺泰告示:浙江每亩额上田米二升五合,银二分五厘,新中田米一升五合,银一分五厘。下口田米一升,银五厘。以产米二石计,谓合百分之二.五,即四十之一。其实不然,上上田岁产一石以为律,即百分之五矣。清制略同,惟合杂项计之,约近什一耳。)太平天国后期,于正赋之外,另抽多种苛捐杂税,按田亩应派勒收,遂使人民负担綦重。且有乡官乘机舞弊,勒

索浮收,又加降卒败兵团勇,劫掠滋扰,为害尤烈。人民无辜横受灾殃,尽行归罪太平军。如《海虞贼乱志》云:

> 出伪示,着旅帅卒长按田造花名册,以实种作准,业户不得挂名收租,各分疆界。……完现年漕米,补完现年下忙银两,幸是年秋收大熟,各项皆能依示。惟收租度日者,及城中难民无业无资者甚属难过。……同治元年二月,分派统下头目散往各镇,将庙神佛像移置别处,大殿改作天父堂,排书案,群毛执刀列两行,拘农民,具限期,每亩赋役折价,涨价至二千零六十文,农民何力完办?到麦熟有未清者,伪职坐天父堂,着司马伍长交出欠户,当堂行杖。命听差随至其家,将所收麦子蚕豆尽行拿出,作价抵偿,老幼男女,见此情状,泣泪如雨。……更有贫户无春熟者,责成司马伍长垫赔,不足,关锁黑牢。……俟他熬苦不过,送信到家,将衣服器皿抵偿赔数,再出差钱及开销之费。

又沈梓《养拙轩日记》云:

> 贼于四月间在常州沿途□□,共有十四伪王更番造主,以故贼迹所至,鸡犬不遗。自常州至无锡数百里人烟皆无。有宜兴贩卖酱者言:常州自去年今日地价甚贵,市面经商亦得利。至今年累次被杀、被焚、被掳以来,种田之人,百仅存其一,人丁稀少,田地荒墟矣。富家大族,挈眷远避,其存者皆寒俭之人,仅于乡间聚一二小市,然负贩路绝,百物昂贵,颇难聊生。……其嘉定、昆山一带亦属遭大劫掳,百里为墟云。

此种纪载甚多,而《太仓州志》所载日出焚掠,谓之"打先锋",敛民间财物,谓之"进贡",乡官计亩造册,着佃收粮,恐吓需索,不胜其扰。可见大凡矣。

(二)贡献与劫掠

太平尝以《天朝三大政赋》为题考试秀士,是以耕田、铸钱、取粮为至要之三政矣。昔人谓兵无粮草不行,故起事必先积草屯粮。太平之兴,盖未尝先计及此也。虽韦昌辉富甲一方,每年收租谷二万余担,石达开献赀达十余万金,胡以晃亦有十余万担之谷,但以之供给万人之口食,能支几月?携家来归者,田产变卖,尽缴圣库,而数亦无几,故《天情道理书》云:"金田起义之始,天父始试我们弟妹心肠,默思粮草暂时短少,东王、西王诰谕众弟妹,概行食粥,以示节省。时有大头妖(指大头羊)在江口,全无一点真心,借名敬拜上帝,于沿江一带地方,滋扰虐害,肆行无忌,只图目下决心,不图来日永福。我们兄弟间有不知天父权能凭据者,因一时困苦,遂易其操,欲改其初志,同流合污,跟随大头妖,利其货财,贪一时之衣食,几为所诱。蒙天父下凡唤醒弟妹,指出大头妖乃是贼匪,我们若随其徒,必致中其计,受其惑,遭其荼毒,入其网罗,那时悔之将何及乎?于是众兄弟憬然醒,恍然悟,因之不敢前往。未几而大头妖果然叛逆。……壬子岁,时在永安州粮草殆尽,红粉亦无,妖魔十余万,四面重围,无路可出。是时妖魔知此情节,猖獗异常,俱自以为得计矣。三月天父大显权能,命我们弟妹,同扶真主,攻取桂林,其时移营,冲围而出。蒙得天父化心,俱各奋不顾身,打破铜关铁卡,诛灭无数妖魔,直抵广西省城。"可见太平军在广西时之困难情形,其所以能"秋毫无犯",而称"仁义之师"者,盖以乡里所在,即俗谚所谓"兔子不吃卧边草"之意耳。据李秀成《供状》云:"由金田冲出上永安时,久饥无粮,不得不沿途搜索。……西王、北王带旱兵由大黎经过,屯扎五日,将里内之粮谷衣服,逢村即取。民众将粮谷盘入深山,亦被拿去。"可见搜取食粮之事,即乡里亦不能免。此所谓不得已也。永安溃围后,尽载其所有以去,城中仅余老弱数人。过湖南,人民亦有"不奸淫,不焚掠,不屠杀"之颂。乃因攻克数县城,而仓廪府库之资财,已足招徕天地会余党及土工矣。至武昌则军众粮寡,始有令人民进贡之举。以后每至一处,辄张示述教中语,盛称天父、天王及列王恩德,继而言责纳贡之本意谓:"本军师于行军相距数百里之先,即遍张诰谕,令尔百姓富者出资,穷者效力,候太平江山一统,定加擢用。讵尔人民,不知悔罪，执迷不悟，天兵压境，来营投效者，既属寥寥，进贡之人愈少，此是尔等为妖魔所迷，本当立遣兵士屠杀不留。姑念尔某地尚无显著帮妖之事，本军师特再出示，差某检点前来收贡，限三日齐解圣库，赏给贡单，诸兄弟不得骚扰，如有一户不到，定将全家斩首”云。此示一出，胆怯者，希幸者，以及有种族思想者，无不担负银钱粮米，络绎于途以献之。城市乡镇皆然。如出示所得无几，则派士卒逐户搜刮，然尚专掠城市，不扰乡民。于乡村则仍出示督民贡献，屯驻数日，谓之“打馆”。必盈其欲而后去，大抵近水地方，收贡后役使乡民搬运至船，而后遣之。或径付船上交货，乡民方幸领得贡单，高揭门首，可为护符。孰知不数日而收贡之军又至，至再至三，以次递减，初或纳数百金，数百担米者，最后即斗米只鸡，亦可塞责。民怨沸腾，天王、东王等亦知非计，乃复订科派之令。设稽查所，检查乡官一军之地，共有若干田亩，终岁应责交钱粮若干，著以为例，订立册籍，存于州县监军处备查。无上下卯限诸章程，催粮之军，不绝于道，赖数乡官支吾而供给之，以苟延性命。其立乡官之处，仍旧骚扰者有之，绝不敢私取一物者有之，此则视乡官为何如人耳。苟得良乡官，偶有抢劫之事，一禀遥达，即将劫掠之人斩首悬示，民情甚安之。故行军所需，或锹锄千柄，或苇席千张，或划子百只，公文一下，咄嗟立办。而清军则甚恨之，谓乡民处处助贼打仗，太平军偶有所挫，清军进占其地，又必毒杀乡民。民之无告，莫甚于此时矣。初破城市，间亦劫掳，美其名曰“没人”。然必择达官富商行之，民间则丝毫无扰也。且每以攫得衣物散给贫者，并言将来治平，概免租税三年，乡民德之。迨下武汉及沿江州邑，辎重已如山积，船不敷载，寄顿数万石米菽于积谷之家，命官守之，曰“积谷仓”，以备赈饥。以故太平军所至，湘、楚之民争迎之，官军至皆罢市。盖以清军有强买强卖之事，而太平军与商民则公平交易也。然太平军士逾百万人，良莠不齐，有纪律严明之官长，亦有到处滋扰之队伍，其能安抚民众，严禁掠掳者固多，而四出焚杀强掠奸淫者亦不少。若“野长毛”、“打先锋”之事，常见当时人之记载，固不能为之讳矣。外国人常以此为太平军名誉之累，而太平军解答之曰：“妖军有地丁钱粮厘卡关税，然所过之处，赤地千里。太平军军兴以来，无所仰给，不取之地方，将自涸为枯鱼乎？且清军每弃一城邑,必先造妖言,谓太平军如何暴虐,迫其地方人民以俱去。迨我军至,衣物零乱,室多无人,掳取此等衣物,谓之强劫,不如谓之拾弃之为当。况吾人兴兵,即有所获,亦不敢自匿,必上之长官。长官复献之天京,登记收库,以为军需之用,亦甚不得已也。"其言至可玩味。但后来各王府自毁大法,厚积宝货,私心日盛,贪风愈炽,各将官留以自肥者,亦所难免。试观忠王李秀成之贤明,可以报效巨赀,可以私纳重贿,可以救济饥民,至逃难时犹身带大批珍宝,其余贪残之将领,若杨辅清、刘官方、古隆贤、赖文鸿、陈坤书、洪春元、黄文英等,更无论矣。以故太平晚年,各私其私,各求所欲,而公产之制,名存实亡,等于告朔饩羊。已非"前此官军有骚扰之名,贼匪(太平军)有要结之术,百姓不甚怨贼,不甚惧贼,且有甘心从逆者也"(曾国藩语)。钞掠归公,则人何乐而为之?故军纪不整而自肃;钞掠归私,则人何苦而不为?故军纪虽整而亦坏。《瑞州府志》云:"初次陷瑞(咸丰三年)被害犹轻。二次(咸丰五年)则民不堪蹂躏,然而淫掠焚杀,犹未甚也。至辛酉(咸丰十一年)逆首李秀成至,而祸斯极矣。盖此次复陷郡城,分扰各属,放手焚杀,恣意淫掠,各乡勇男妇死者不下数千百人,所过成焦土,丁壮老弱被掳者不可胜计,甚至有一村余丁一二十人者。此诚瑞郡数百年来未遭之劫也。"同为太平军所破之城池,而叙述不同如此?岂曾天养、石达开果优于李秀成乎?非也。盖内讧以前太平军之公有制尚未全废,故军纪较严,内讧以后,虽爱民抚民,军纪至佳之李秀成,有时亦不能控制其下矣。施建烈《纪县城失守克复始末》云:

> 贼入城(无锡)后,即出示各乡,言吊民伐罪,秋毫无犯。越日而四出剽掠,谓之"打先锋"。妇女被虏,更迭奸淫,多或十余人,少或四五人,谓之"打水炮"。死则弃诸道路,其不死者,藏诸密室,幽而奸之,或据为妻。……五月守贼黄和锦上表于洪逆,略云打破无锡、金匮,计城厢内外离城五里之地,共杀男妇老幼妖民十九万七千八百余口,请天恩降敕封刀。

封刀者,即戒杀意也。李秀成《供状》云:"我克无锡之次日,行营而下苏郡,百姓多有来迎,自李文炳、何信义等献苏城而降,收其众五六万人,未杀一人。清朝文武候补大员无数,满将多员,俱未伤害,各欲回家,我给其资。非我贪是好言,光我之薄面,皇天明照,不敢隐瞒。复城之后,当即招民,苏民蛮恶,不服抚恤,每日抢掳。我将欲出兵杀尽,我万不从,亲身带数十只舟直入民间,舍死来抚苏民,矛枪指我,并不回手,将理说明,民心顺服,收其器械,以近及远,不战自抚。……后,十二年回到苏省,民已失散,房屋被拆,良民流涕来禀。……苏省之民,又被陈坤书扰坏,我回省,贴出为民之钱米,用去甚多,各铺户穷家不能度日者,俱给本钱。田家未种,速令开耕。我在省时,斯民概安。后又将郡县百姓民粮,各卡关之税轻收,以酬民苦。"曾国藩谓:"李秀成权术要结,颇得民心。"是秀成为太平晚年最优秀之将领,受军民爱戴者,其治军甚严明,奈其下之阳奉阴违何?故一离无锡,黄和锦即滥杀,一离苏城,陈坤书即扰坏,瑞州想亦同然耳。总之,太平军纪优良,乃初期事而非晚叶事也。有一李秀成,何能鉴临万方乎?公牍之言,未足尽信,可概见矣。

(三) 贸易

太平天国有"农民米谷,商贾赀本,皆天父所有,全应解归圣库"之告示,于是一般人附会"铺店照常买卖,但本利皆归天王,不许百姓使用"(见《金陵被难记》)。以故曾国藩檄文云:"农不能自耕以纳赋,谓田皆天主之田也;商不能自贾以取息,谓货皆天主之货也"等语。其实《天朝田亩制度》并未实行,而本利皆归天王之商业行为,自更难施矣。《醒世文》谓:"士农工商各安业,纳款当差凛遵行,百般贸易可俱做,烟酒禁物莫私营。"可见除烟酒外,一切商贾,均可自由贸易,照常营业,其承认私人资本,绝非共产制度,殆可断言。中山先生谓洪秀全所行的经济制度,是共产的事实,不是言论,即就其军中公产制而论之,非真共产主义也。且不仅私人交易,凡所征之物过多者或不济用者皆于村镇囤积,命三五头目招徕交易,较常价倍减。乡民始犹疑惧,既见靡他,遂趋利争赴,或以钱买,或以豆米互易,不数日销售净尽。船载钱米,赍送天京。百货之中,尤以淮盐及湖北布棉为大宗。载江淮之盐运至兴国、蕲、黄,卖于民间。虏得湖北布匹、棉花,复卖与安徽、江南百姓。物系掳来,全无赀本,似贡献、掳劫、科派而外,即此所入亦复甚巨。大都交易多在已立乡官之处,若甫陷之地,亦恒招民交易,然民皆疑惧,殊不旺也。至后期,公卖掳物之风尤盛。据沈梓《养拙轩日记》太平军经略浙江各郡邑"不杀戮,不奸淫,专以掳财物为事"。其所得财物,公然以船载运至他邑出卖。如在杭州打先锋之船,来嘉兴卖货,非只衣服而已,凡门窗桌椅,无物不有,并及寿椋棺木。此等船不来则已,每来,一切之货,无不卸空。又载太平军官开设商行,凡所掳衣服货物,皆入此行,以品第价目而卖之,不得私自贸易,致启争端。此为公卖掳物之最好的例证。及军纪废弛,而私掠私卖者,又与此公掠公卖不同矣。沈氏又记天京"城中皆长毛馆子,皆老兄弟有家室者,无复百姓也,街上惟有茶坊、酒肆及肉店、豆腐店,亦皆长毛所开"。此类商店,《金陵省难纪略·贼开市篇》述之甚详,云:

> 掳掠之外,所无者仍须添购。物又渐乏,听人出城自买。于是逃者纷纷,乃令老贼出城买物,设肆于北门桥,转卖之各馆。人有愿为某业者,禀佐天侯(陈承镕)给照赴圣库领本,货利悉有限制。……有杂货、绸缎、布匹、米油、茶点、海味各店。其店皆有文凭,称天朝某店,不准私卖。间有自藏珠玉玩物求售者,巡查没其物,责其人。酱人衔开酱园,男女均集,贼嫌混杂,分男店女店。又有天朝鱼行,天朝腆行。腆是肉店,"腆"取蠲洁意,大约亦并用"典肉"二字。许老人馆开茶肆。……聚饮者纷纷。贼恐生事禁止,后不两月各店俱歇。

由此可见金陵商业,多半公营,曾出示云:"天京乃定鼎之地,安能妄作生理,潜通商贾?"但于城外设买卖街,听人民交易。故《金陵癸甲新乐府》云:"初言商贾勿潜通,虏物殆尽势且穷,城外直如五都市,外人负贩时相从。"是已。英人富礼赐报告亦言:"天王诏禁城内商务,许在城外买卖。"此买卖街即两方交通之路线也。其他各处,则借其本钱,听令自营,在李秀成《供状》中述之甚多。但亦有军官亲属"开设市肆,权力甚重"者。又"凡开设行铺,必用伪帖,必与人和局头目合伙。庶不为贼欺凌"

者,官商合营,与民争利,此则清律所严禁者耳。至太平对于国际之贸易,则侍王答各国领事书云:"我天王与汝各国之英雄志士,相见以诚。各国人民在我境内自由游历经商,不受阻碍,甚盛事也。……今则湖北、安徽已开放互市,东西南北,无不通行。"(见《太平天国外纪》)又忠王答外教士艾约瑟等之言曰:"天朝确欲商业继续,将照章抽税。"英人呤唎在忠王部下,即负责联络外商贸易之事。其输出以茶丝为大宗,兹照呤唎《太平天国外纪》所附天朝前后期茶丝出口总计表如下:

年　期	茶	丝
一八五〇——八五一	六四〇二〇〇〇〇磅	二二一四三包
一八五一——八五二	六五一三〇〇〇〇磅	二三〇四〇包
一八五二——八五三	七二九〇〇〇〇〇磅	二五五七一包
一八五三——八五四	七七二一〇〇〇〇磅	六一九八四包
一八五四——八五五	八六五〇〇〇〇〇磅	五一四八六包
一八五五——八五六	九一九三〇〇〇〇磅	五〇四八九包
一八五六——八五七	六一四六〇〇〇〇磅	七四二一五包
一八五七——八五八	七六七四〇〇〇〇磅	六〇七三六包
一八五八——八五九	六五七八九〇〇〇磅	八一一三六包
一八五九——八六〇	八五九三八四九三磅	六九一三七包
一八六〇——八六一	八七二二〇七五四磅	八八七五四包
一八六一——八六二	一〇七三五一六四九磅	七三三二二包
一八六二——八六三	一一八六九二一三八磅	八三二六四包

以上为呤唎所附六表中之第二至第五表之数字,可证明太平天国之兴,对外贸易额不特未减,且均有显著之增加,尤以后数年太平军占领全部产丝区为然。其第一表自一八四五——八五〇年,茶不过五千万磅左右,丝不过一二万包而已。及太平灭亡,一八六三——八六五,则茶数未减而稍增,丝却跌至半数矣。输入以军火为大宗,鸦片次之。军火为战争所必需,太平初仅有土制之枪炮,至九年,始有洋枪队,杨辅清首用之,其

后忠、护、侍、听各王皆有此编制。如李鸿章《复曾沅帅书》云:“贼中多用洋枪,皆牛芒鬼子(即闲散洋人)广东、宁波商船转运者,无法禁止。”又云:“李秀成所部最众,洋枪最多,牛芒鬼子满船购运,以获大利。”白齐文投降太平军,即携外人二百余为制大小炸炮,并经手购买。据法人狄氏(de Jesus) *Historic Shanghai* 记载,一八六二年四月,上海一家洋行,供给太平军步枪三〇四六枝,野炮七九五尊,火药四八四桶,万余磅,子弹一万八千发,炮盖四亿五千万个以上。且不仅外商居奇计赢,可获厚利,即英、法军人亦争以军火相售。最奇者,常胜军统领戈登,表面为清朝军官,带兵与太平军作战,实际则暗通忠王、慕王,接济太平军火,保护洋商往来。今《戈登文书》尚有忠王、慕王致彼函件,余已于《太平天国书翰》中考证之,如其一云:

> 顷接来信,知欲放出受伤诸人,以便医治,并欲往来买卖枪炮,兼有回去之人,道及我处情谊,故来候函。具见桂台义重情挚。日前马敦在荡口,夺获炮船,正应赏功,不知其因何事,不辞而去,令人思念。马敦去后,又有白聚文所带数人,因前受伤,各愿回去医治,是以厚给盘缠,备船派人发给路凭,已于初四日送赴南浔,令上洋船,听其归去,其余人等,仍在我处,相待如初。……从前白聚文等来此相依,数月之间,宾礼款待,尚未立有功绩,已经用去银五万。今者桂台之助清朝,亦犹白聚文之前来我处,各从其便。至各人军装炮械,彼此皆知底细,你处图利,我处置办,听从通商,原无禁令。此时你处如有枪炮、洋货,仍即照常来此交易。若或桂台肯到我处,我等亦乐共事。

此函对白齐文事已明言其虚耗银五万两,“尚未立有功绩”,呤唎纪载说:“白齐文自愿至上海招募欧人,采购军火,屡携巨款,而每归辄带勃兰地数百箱,终以酗酒败事,虚縻公帑,枪械不增。”而李鸿章反谓:“太平军又给数十万金为购枪炮,因商请英、法、美各领事出示严禁,不准各国流氓偷入济敌,并准前路各营卡查拿捆办。若外洋炮火难以运入,白齐文党羽虽众,其计亦穷。”(见《上曾相书》)又云:“各营卡查拿头头是道,而偷漏仍多，幸英、法酋长明攻而不暗助，或有一线转机。”（《复曾沅帅书》）其实白齐文对太平军之帮助不大，而暗中包庇偷运者，乃戈登也。李鸿章只知英人明攻而不知其暗助，故虽“查拿头头是道，而偷漏仍多”。盖外人惟以图利为目的，所谓“中立”，所谓“外交”，所谓“助攻”，所谓“防卫”，则皆榨取中国金银之障眼法耳。观拙编《太平天国书翰》中，有李明成、莫仕暌、洪仁玕等致大英翻译官福礼赐（R. J. Forest）书多通，除交际应酬外，皆言买卖粮米绉纱、风琴洋酒之事。而福氏固上海英领事馆之馆员也。其投机发财，与戈登正等，足见外国人之存心，无论对何方，对何事，均有其本身之立场，李秀成称“尔处图利”，可谓一语道破矣。

（四）榷关

据《贼情汇纂》云：“自武昌至江宁，向设四关。武昌、芜湖因与官军相持，不暇榷税。其龙江关则专设提中关税官一人，职同指挥。九江关则以九江郡总制陈作霖兼收关税，仓卒草创，无一切抽税章程及则例。其报料也，以船长一丈，抽税千钱。所载之货，分粗细货，粗货抽税钱二千，细货倍之。大率以盐布棉花煤米为粗货，丝绸苏货为细货。抽税之后，给以船票一张，如遇他军，可以验票放行，无票则没收之。及获陈作霖之子，口供云：‘九江榷关，一月不过数千钱，无非附近贫民小贸易于数十里之内，若满载客船，殊未多见。’以此类推，其龙江关之税，亦不能多获可知。”此所谓四关，除武昌、九江、芜湖外，余一即龙江，似指江宁而言也。《金陵杂记》谓天京设三关：曰提中关，曰提头关，曰提下关。中关在仪凤门外鲜鱼巷口河卡，设官司之，正副各一，职同指挥，兼辖其他二关。头关设上河夹江，下关设七里洲河内，各有协理书手听使等员。又称：天朝于沿江上游分设六关：一太平府，二芜湖，三安庆，四九江，五武穴，六武昌。每处派主官一名，率兵数十驻守，督关将军专查来往民船货载征税，并给单据。各关上下，每隔二三十里，即设一卡，由大关派小头目在彼复查，有单者再索照单钱一百文，无则照查收税。长江千余里，共设卡无数。所遇私盐，每担征百文，故长江一带民间，遭兵劫后仍无食淡之虞。是四关外，又有太平、安庆、武穴三关矣。惟辛酉十一年七月敛天安梁凤超所发之悬赏告示,自称任天海关正佐将,是月底升义爵,任江南水师主将,仍兼司海关税务。是则所谓天海关者,盖即七里洲河内之下关,或已总天京三关为一,其主持人又位高于总制矣。龙江关,据《华北先驱报》通信,当在芜湖。主其事者,为王宗脉天安洪仁茂,彼有谕令所有长江外国轮船洋兄弟云:"天朝设立海关,征收关税,本有定章。凡商船往来,不论何人所有,一律须照章纳税,不得偷漏。洋人在长江所有商船甚多,如每经一海关,必须停泊纳税,必至延阻不便。为此特谕令各外国军舰得知,凡各外商货船在长江行驶,其上行者在龙江关 Ning-chiang(原注即芜湖)纳税"云云。呤唎谓太平天国关税制度优良简便,货税只须缴纳一次,即运输无碍。盖指此而言,故拙编《太平天国诏谕》有仁茂发给洋人之路凭一件。外人称仁茂为天王兄,实秀全同族兄弟也。安庆设关,据《平定粤寇纪略》云:"贼于安庆大星桥立榷关,因沙洲基地增筑丈余,四围甃以石,上建崇楼,以炮船十只环之,铁锁木筏横截江滨以阻民船。"可见太平天国后期所设之海关,并非如《贼情汇纂》所云,有名无实也。呤唎纪载英国商船满载丝茧经过海关不肯纳税,致被扣留。经英官出面交涉,先将货船放还,并提出通知云:"贵国商人所被扣留之丝,系不肯纳税,暂时扣留,并非抢劫。太平天国定制,商船经过税局,有一定之税金。今贵国商人之行为,既背定制,而贵国官长,强为干涉,于国际交谊甚不合,特此告知。"此事可为例证。太平榷关虽有七,然能控制较久而收税较多者,只龙江、天海二关,其关吏爵位皆甚高,非复职同指挥总制之旧制矣。其丈量之尺,改用铜制,尺背铸"钦定天朝正尺"六字,尺之长短,较清人通用之尺长七分。权衡无改,仍以斤两计,无斗斛也。

(五) 粮食

自起义之初,即实行军事公产制,一切财物,均归圣库,日用所需,按口配给。虽贵为王侯,并无常俸,惟食肉有制:天王日给肉十斤,以次递减,至总制半斤,以下无与焉。其朝内各官,一切衣食,皆向各典官衙取给,军中亦然。圣库充足,恣取浪掷,来源不继,亦甘淡泊。然诸贵者每有私积,足以自奉,若卑下之官,日餍粗粝,有以盐水为肴者。洪仁玕《致大英翻译官富礼赐书》，即谓粮仓不用再买，各府各衙，或私买若干。可见在公产制中各府衙亦有私储也。犹之烟酒之禁甚严，而李明成（秀成之弟）招待富礼赐："菜式甚佳，有两瓶来路雪梨酒，另一银壶所盛猛烈的天酒，均爽快的传递于席上各大人间，由此显见他们高级领袖并不遵行天王之荒谬的禁令。因席上人人尽量畅饮。洋酒固人所共赏，天酒亦一再满斟，壶干了又倒新的。抽烟亦是常事，为座中人人所好者。"（见《太平天国杂记》载富氏《天国游记》）不特烟酒未禁，即鸦片烟亦多私吸者。李圭《思痛记》云在浙江军中公然横床直竹，大抽鸦片，长官熟视不禁，兄弟恬然不怪。《苏台麋鹿记》载苏州太平军凡"搜夺烟膏及老枪等具，喜形于色"。艾约瑟访问苏州后，即发表报告，谓天朝官兵多有私吸鸦片者，故鸦片与军械是其所需（见《华北先驱报》）。以故鸦片烟之输入，在太平天国占领江南期间，实有增无减也（大约一八五三年为二四二〇〇〇箱，五七年为三一九〇〇〇箱，五八年为三三〇〇〇〇箱，一八五九年为三三七〇〇〇箱，一八六〇年为二八四〇〇〇箱）。由此二事可见太平天国之新创规制，真能彻底施行者固甚少矣。每逢礼拜日，各官必开单赴各典官领敬天父之物，典官亦视其官之当事与否，或盈筐以献，或戋戋塞责。惟礼拜钱及粮米油盐，皆有定例，如两司马每人每七日给钱百文，散卒半之。每二十五人每七日给米二百斤，油七斤盐七斤而已。虽圣库充盈亦毫无加增，若资乏粮尽之时，或减半或全不给发。如天京粮缺，城中一概吃粥，扬州被围，城中煮皮箱充饥，此时无礼拜钱米及油盐可知矣。另外有所谓买菜钱，则系军中私情，上官用以恩给属下者，如监军、总制获有金银肯挥霍者，多随时散给各馆为买菜用。而属下穷困时，亦得向上官情索。有卒长每月向功勋领取买菜钱多至银一二十两，银首饰数十两者，其卒长又悉数易钱买猪鸡以供众啖。盖所发礼拜钱每人每日止钱七文，即蔬食亦复不敷，故不得不向其上乞取也。女馆每人日给米一升，嗣给谷半升，至四年夏又改发米六两三两不等，其数又少于男子，仅足吃粥耳。天京存粮，初甚丰裕，圣粮库分丰备仓、复成仓、贡院三处囤积，共存谷一百二十七万石，米七十五万石。天京口粮，每月约放米三十余万石，合计米谷，足支四月。自建圣库馆后，实存银二百六十三万两，银首饰一百二十五万两，赤金叶条饼锭首饰实存十八万四千七百余两,钱三百三十五万五千串,每月发礼拜钱约二十万串。油盐缎匹布帛,则不知确数。但数月以后,粮尽用银购,一年以后,则银亦不足百万矣。其故由于食用浩繁,而上下游均无米粮接济,乃不得不疏散人口,令男女出城割稻,听其自逸,天京仅存数万人,牌面(即精壮出战者)每日发米半斤,牌尾(即老弱守馆者)四两,女子三两,均以稻代,作粥亦不饱,咸有怨言。天王乃下诏慰众,有云:“神爷试草桥水深,如何吃粥就变心?不见天兄舍命顶,十字架上血漓淋。不见先锋与前导,立功天国人所钦。”此时招募各馆愿打先锋者,加米准吃饭,余令食粥,否则杀。自上游军事胜利,皖、赣、鄂已有米粮运来,而情势始渐好转,五年以后,长江上下游均归掌握,水路全通,运粮便利,天京始无匮乏之虞。此为太平天国之全盛时期。江南大营既破,而金陵无围师,镇、扬、皖、赣之粮,源源而至,于是杨秀清志得意满,引起内讧之惨祸。七年,翼王远引,张国樑卷土重来,再施长围,而湘军亦大举东下,天京之运输与接济,遂大受影响矣。李秀成《供状》云:“幸得粮米丰足,件件有余,是以八九年之困不碍。那时,上有皖省无为、巢县、芜湖、东西梁山之固,有和州之屯粮,又有两浦之通,虽两浦破而和州未动,京中兼有余粮,故而稳也。”及江南大营再破,秀成下苏州,运粮入京,足供四十万人一年之需,缴库银七十五万两,自取者倍于是。盖其时长江上游之军事已坏,皖省为湘军所控制,秀成不得不于下游苏、浙发展。及左宗棠图浙,李鸿章图苏,而秀成即屡因缺粮致失败。《供状》云:“兵又无粮,未能成事者此也。”又云:“民苦万分,官兵又未得食,饿死者多,食不充饥,如何为力?”九洑洲之役,前后失去战士十数万人,皆因无粮无柴,扎脚不稳,或逃散,或丧身也。其时各省受大乱影响,普遍灾荒,太平军“攻野不攻城,野荒城自破”(见《金坛见闻记》)之战略,已自食其果,广掳人民,何人耕种?收复城池,钱粮何着?湘军步步为营,四面围困,天京完全孤立,粮尽援绝,“实处必穷之道,岂有能久之理?”(曾国藩语)秀成关怀民食兵粮,请天京诸王侯要多买米粮,切勿留存银两。无奈天王二兄,发洪氏帖以重剥之,则人皆裹足。苏州失后,秀成谓:“京城不能保守,兵困甚严,内少粮草,外救不来,莫如让城别走。”天王不听。秀成出己资以救济七万余人,至十三年底,亦"无银无米",而"苦穷"矣。洪仁玕奉旨催兵解围,"各路天兵,惮于无粮,多不应命"(见洪仁玕《供词》)。如此情形,其败亡只时间问题耳。秀成《自述》云:"九帅之兵严困,内外不通,无粮养众。京内穷家男妇,叠在门前求为救命。国库无存银米……不得已将自己家存之米谷发救城内穷人。自辖之官兵又不均匀,再不得已,将家内母亲以及妇女首饰金银概变为军资。家内无存金银者,因此之由来也。自发谷米救过此穷人,亦不济于事……阖城男女饥饿,日日哭求我救,不得已强行密令城中男妇,准出城外逃生,去年自今,各门分出足有十三四万人之数。"(按曾国藩奏报金陵两次放出难民,一次仅万余人。秀成或嫌夸张。)阖城尽饥民,秩序焉能维持?于是"抢劫杀人,炮声不绝。"秀成仍劝天王突围就食江西,天王反以摩西叫人食吗哪(Manna)之故智,令:"俱食甜露,可以养生。"迷信至此,终殉其道,天京亦不待攻而自破矣。

(六) 钱币

太平天国初铸钱,面曰"太平通宝",背画龙虎及会风云三字。简又文先生称之为起义钱,其实乃压胜物或纪念品,非通用之钱币也。太平三年,都南京,经迭次铸范,不谙铸法,又以铅铜互杂,分配不匀,铸皆不成轮廓,字亦模糊莫辨,民间多不信用,遂停止。四年秋冬复鼓铸成功,面为太平天国四字,背为圣宝二字,亦间有作通宝者。惟城内既无商业可言,城外则通用清铸制钱,钱藏圣库,无人敢用。《金陵癸甲新乐府》云:

> 贼人虏得铜无数,大开洪炉资鼓铸,谁为老成垂典型?古来款识都变更。一面直行书圣宝,一面直行书太平,商旅不许妄藏市(原注:伪示有云,天京乃定鼎之地,安能妄作生理,潜通商贾。又《金陵杂记》云:"缘贼有伪例,私藏至十文者即有罪。"不知其铸钱何用也?)城里无用人不争。出城与人互交易,依旧咸丰通宝行,何异邓通铜山高插云,到死一钱仍不名。

其后领土拓展,势力扩张,太平天国钱通用至湘、鄂各地,而铸式渐不一律。有面作“太平通宝”,背作新月形,及“日”、“月”二字者,谓新月形为天王指甲痕,亦有作“天国通宝”或“太平天国”四字分铸两面者。常见者,则为面作“太平天国”四字,背作“圣宝”二字耳。又有特大钱及龙凤大花钱作开炉范型,或镇库之用。更有金币、银币,金银币均为铜钱式有孔,文作“太平天国圣宝”。金币值银五两,或曰二十五两。银币有大小两种,大者等于英金一镑,小者如英之先令。惟金、银币虽外人常言之,而迄未发现原物,殊难证明。李明成《致翻译官福书》云,致送太平天国银钱贰拾元、青钱拾元,与福氏玩赏,后又赠以大花钱一元。似太平天国确有银钱之鼓铸,惟仅作玩赏之用,未通行于民间,故甚少流存者也。太平军占领安徽,及朗天义陈炳文(后封听王)据嘉兴、杭州,亦有铸钱之事,推之他处,均所不免。但原料、制工、式样、分量、类别、文字、图形一切均可自定,不必与天京一律,以故后人所见之太平天国钱,种类繁杂,花样百出,记不胜记矣。以太平天国钱币之质量论,较之咸丰朝之滥铸大钱,当五以至当千,及私铸砂钱,优良甚多。又清廷滥发纸币,曰官票,曰宝钞,而太平天国无之,其财政虽未能量入为出,或开源节流,然尚不至影响民生,如清方之紊乱而不可究诘。此亦太平朝之一种特色,粲然足述者耳。